中国社会科学院创新工程学术出版资助项目

全面深化改革二十论

TWENTY ESSAYS ON CHINA'S COMPREHENSIVE REFORM

李培林／主编

社会科学文献出版社
SOCIAL SCIENCES ACADEMIC PRESS (CHINA)

努力推进国家治理体系和治理能力现代化（代前言）

王伟光*

完善和发展中国特色社会主义制度，推进国家治理体系和治理能力现代化，是党的十八届三中全会提出的全面深化改革总目标。在省部级主要领导干部学习贯彻十八届三中全会精神全面深化改革专题研讨班开班式上，习近平总书记以广阔的世界历史眼光，纵观近代以来我国社会变革的历史过程，对全面深化改革的总目标作了精辟论述。深刻领会和贯彻落实习近平总书记重要论述精神，努力推进国家治理体系和治理能力现代化，是当前党和国家面临的一项重要任务，也是哲学社会科学界必须深入研究的一个重大课题。

一　充分认识推进国家治理体系和治理能力现代化的重要性和紧迫性

明确提出完善和发展中国特色社会主义制度、推进国家治理体系和治理能力现代化，集中反映了我们党对领导中国人民建设中国特色社会主义所面临的形势和任务作出的新判断，是对我们党治国理政思想的重大创新，是对中国特色社会主义理论宝库的重要贡献，是对马克思主义国家学说的丰富和发展，标志着我们党对人类社会发展规律、社会主义建设规律和共产党执政规律的认识达到了一个新的高度。这是我们党总结近代以来

* 王伟光，中国社会科学院院长、党组书记。

特别是20世纪80年代末90年代初以来国际国内在国家治理问题上的经验教训得到的深刻启示，也是我们党领导中国人民历经革命、建设、改革进程得出的必然结论。

100多年来，中华民族在寻找适合中国国情的国家治理体系方面走过了艰难曲折的历史过程。辛亥革命后，各种社会力量在建立什么样的国家治理体系问题上进行了激烈的斗争和较量。一些人企图复辟帝制，一些人尝试建立君主立宪制、议会制、多党制、总统制，但最终都以失败而告终。在中国社会各阶级、各政党迷茫、困惑和彷徨之际，俄国爆发了十月社会主义革命。这场革命不仅开辟了人类历史的新纪元，而且给中国送来了马克思列宁主义，同时也向中国人民展现了一种全新的国家治理理念。选择以马克思列宁主义为指导思想的中国共产党，肩负历史赋予的实现中华民族伟大复兴的重任，深刻分析中国社会状况，深入思考中国前途命运，认为只有社会主义才能解决中国的问题，才是真正实现民族独立和人民解放、国家富强和人民幸福的正确道路。以毛泽东同志为代表的中国共产党人在领导中国革命的进程中，一直在思考未来建立什么样的国家治理体系问题。特别是在新中国成立前夕，这一问题已经现实而紧迫地摆在了中国共产党人面前。新中国成立后，我们党在建设社会主义的实践中继续坚持不懈地探索这一问题并取得重要成果。但是，后来由于对全面建设社会主义的思想准备不足，在对国际国内形势的认识上和指导思想上出现偏差，导致发生十年“文化大革命”这样全局性的、长时间的严重错误，使新中国成立初期开始的这一实践探索没有坚持下去。

实行改革开放后，党和国家进入一个新的历史时期，以邓小平同志为代表的中国共产党人开始以全新的角度思考国家治理体系问题。邓小平同志曾经明确指出，我们进行社会主义现代化建设，是要在经济上赶上发达资本主义国家，在政治上创造比资本主义国家的民主更高更切实的民主，并且造就比这些国家更多更优秀的人才。他一再强调，领导制度、组织制度问题更带有根本性、全局性、稳定性和长期性，关系到党和国家是否改变颜色，必须引起全党的高度重视。在1992年“南方谈话”中，邓小平同志曾经预计，再有30年的时间，中国将在各方面形成一整套更加成熟、更加定型的制度，在这个制度下的方针、政策也将更加定型化。邓小平同

志之所以反复强调制度问题，反复强调要使我们的制度更加成熟、更加定型，不仅是要解决好制约党和国家事业发展的体制机制弊端问题，而且更重要的是要解决好事关党和国家长治久安的制度现代化问题。

国家治理体系的完善程度及治理能力的强弱，是一个国家综合国力和竞争力的重要标志。从世界上看，不同国家的治理体系各不相同，治理能力也存在差异。但是，对任何一个国家来说，如果没有比较完善的国家治理体系和比较强大的国家治理能力，就不可能有效地解决各种社会矛盾和问题，就不可能形成国家建设和发展所必需的向心力、凝聚力，就会导致社会动荡、政权更迭等严重政治后果。在这方面，一些国家和政党给我们留下了非常惨痛的经验教训。

今天，我们党已经从领导人民为夺取全国政权而奋斗的党，成为领导人民掌握全国政权并长期执政的党；已经从在受到外部封锁和实行计划经济条件下领导国家建设的党，成为在对外开放和发展社会主义市场经济条件下领导国家建设的党。我们党所面临的一项重大历史任务，就是坚持和完善中国特色社会主义制度，为党和国家事业发展、为人民幸福安康、为社会和谐稳定、为国家长治久安提供一整套更完备、更稳定、更管用的制度体系。在继承邓小平同志战略思想及对新的历史方位和历史任务作出正确判断的基础上，党的十八大从经济、政治、文化、社会、生态文明五个方面提出了全面深化改革开放的制度目标，并强调全面建成小康社会，必须构建系统完备、科学规范、运行有效的制度体系。党的十八届三中全会进而把完善和发展中国特色社会主义制度、推进国家治理体系和治理能力现代化确定为全面深化改革的总目标。正如习近平总书记指出的，这是坚持和发展中国特色社会主义的必然要求，也是实现社会主义现代化的应有之义。

二　准确把握国家治理体系和治理能力现代化的科学内涵

以习近平同志为总书记的党中央继承和发展我们党关于社会主义现代化建设的理论，明确提出推进国家治理体系和治理能力现代化，实现从工业、农业、国防和科学技术现代化向全面现代化目标的历史跨越。需要指出的是，这不是简单的概念或范畴的变化，不是在工业、农业、国防和科技现代化之后附加的第五“化”，而是蕴含着全新内容的政治理念。它不仅反映了我们党对国家现代化认识的深化和系统化，而且体现了我们党对改革认识的深化和系统化。

习近平总书记明确指出：“国家治理体系和治理能力是一个国家制度和制度执行能力的集中体现。国家治理体系是在党领导下管理国家的制度体系，包括经济、政治、文化、社会、生态文明和党的建设等各领域体制机制、法律法规安排，也就是一整套紧密相连、相互协调的国家制度；国家治理能力则是运用国家制度管理社会各方面事务的能力，包括改革发展稳定、内政外交国防、治党治国治军等各个方面。”这一重要论述，对国家治理体系和治理能力的内涵作出了科学的界定。正确理解和准确把握两个概念的科学内涵，是在实践中推进治理体系和治理能力现代化的思想认识基础。

国家治理体系和治理能力是一个相辅相成的有机整体，有了好的国家治理体系才能真正提高治理能力，提高国家治理能力才能充分发挥国家治理体系的效能。作为治理体系核心内容的制度，其作用具有根本性、全局性、长远性，但是没有有效的治理能力，再好的制度和制度体系也难以发挥作用。经过36年的改革开放，我们已经走出了一条不同于其他国家特别是西方发达资本主义国家的成功发展道路，取得了举世瞩目的经济社会发展成就，而且形成了一套不同于西方国家的成功制度体系。事实雄辩地证明，治理一个国家，推动一个国家实现现代化，并不是只有一种模式、一条道路，各国完全可以走出适合自己国情的道路来。中国特色社会主义的成功实践，为人类社会开辟了一种新的发展前景，也向其他国家和民族提供了一种新的制度模式和道路选择，同时也宣告了“历史终结论”“中国崩溃论”等的破产。

从总体上讲，我们的国家治理体系和治理能力是好的，是有独特优势的，是适合我国国情和发展要求的，得到国际上越来越多人的肯定和赞扬。但是，我们也必须清醒认识到，与我国经济社会发展的要求相比，与人民群众的期待相比，与当今世界日趋激烈的国际竞争相比，与实现国家长治久安的历史任务相比，我们在国家治理体系和治理能力方面还有许多不足，还有许多亟待改进的地方；我们的制度还没有达到当年邓小平同志

提出的更加成熟、更加定型的要求，有些方面甚至已经成为影响和制约发展稳定的重要因素；我们已经有了比较完善的制度体系，但制度的效能和作用还没有得到充分发挥。因此，必须适应时代的变化和国家现代化的总进程，从各个领域推进国家治理体系和治理能力现代化，保持国家治理体系的有效运转，在着力提高国家治理能力上下功夫。既要改革不适应实践发展要求的体制机制、法律法规，又要不断构建新的体制机制、法律法规，使各方面制度更加科学、更加完善，实现党、国家、社会各项事务治理制度化、规范化、程序化。要不断提高党科学执政、民主执政、依法执政水平，提高国家机构履职能力，提高人民群众依法管理国家事务、经济社会文化事务和自身事务的能力；把各方面的制度优势转化为国家治理的实际效能，不断提高运用中国特色社会主义制度有效治理国家的水平。

三　始终坚持推进国家治理体系和治理能力现代化的正确方向

习近平总书记指出，推进国家治理体系和治理能力现代化，必须完整理解和准确把握全面深化改革的总目标。这个总目标是由两句话组成的一个整体，即完善和发展中国特色社会主义制度、推进国家治理体系和治理能力现代化。前一句话是根本前提、根本性质和根本方向，就是国家治理体系和治理能力现代化必须在中国特色社会主义制度的框架内进行，必须坚持走中国特色社会主义道路，而不是其他什么道路，既不能走封闭僵化的老路，也不能走改旗易帜的邪路。后一句话讲的是实现形式和基本途径，就是说完善和发展中国特色社会主义制度，必须不断完善国家治理体系和提升国家治理能力；或者说，推进国家治理体系和治理能力现代化的根本目的是完善和发展中国特色社会主义。这两句话必须一起讲，如果只讲推进国家治理体系和治理能力现代化，不讲完善和发展中国特色社会主义制度，就是不完整、不全面的，就会迷失推进国家治理体系和治理能力现代化的正确方向。

推进国家治理体系和治理能力现代化，必须切实解决好制度模式的选择问题。一个国家选择什么样的治理体系，是由这个国家的历史传承、文化传统、经济社会发展水平决定的，是由这个国家的人民决定的。世界上没有放之四海而皆准的发展模式，也没有一成不变的发展道路。一种制度模式在一个国家是适用的，在其他国家则不一定适用。历史和现实一再昭示我们，世界上没有哪个国家或民族是可以完全依赖外部力量、跟在他人后面亦步亦趋实现发展、强大和振兴的。不顾国情照抄照搬别人的制度模式和发展道路，从来都不会成功，不仅不能真正解决实际问题，还会造成经济停滞、政权更迭、社会动荡、主权丧失等严重后果。在这方面，同样有深刻的经验教训值得我们汲取。

中华民族是一个兼容并蓄、海纳百川的民族，在漫长历史进程中，不断学习他人的好东西，把他人的好东西转化成我们自己的东西，从而形成我们的民族特色。这也就是中华民族绵延五千年而始终充满生机和活力的秘密所在。我国今天的国家治理体系，是在我国历史传承、文化传统、经济社会发展的基础上长期发展、渐进改进、内生性演化的结果。我们的国家治理体系无疑需要改进和完善，但怎么改、怎么完善，我们自己要有主张，要有定力。我们需要借鉴包括政治文明在内的人类文明的一切有益成果，但绝不照搬西方的制度模式和别国的发展道路，当然也绝不把自己的制度模式和发展道路强加给他人。中国的事情必须由中国人民自己作主张、自己来处理，否则就必然遭遇失败，成为他人的附庸。

在纪念毛泽东同志诞辰 120 周年座谈会上，习近平总书记曾经指出："站立在 960 万平方公里的广袤土地上，吸吮着中华民族漫长奋斗积累的文化养分，拥有 13 亿中国人民聚合的磅礴之力，我们走自己的路，具有无比广阔的舞台，具有无比深厚的历史底蕴，具有无比强大的前进定力。"这充分显示出当代中国共产党人对中国特色社会主义制度的坚定自信。没有坚定的制度自信，就不可能有全面深化改革的勇气，当然，离开不断改革和完善，制度自信不可能彻底，也不可能久远。全面深化改革，推进国家治理体系和治理能力现代化，是为了更好地完善和发展中国特色社会主义制度，而不是削弱、改变或放弃这个制度。坚定制度自信不是要故步自封，而是要不断革除体制机制弊端，让我们的制度更加成熟而持久。不讲或淡化完善和发展中国特色社会主义制度，只讲推进国家治理体系和治理能力现代化，是对全面深化改革总目标的误读和曲解。坚持中国共产党的领导，完善和发展中国特色社会主义制度，是我们治国理政的根

本，不容有任何含糊和动摇。必须始终坚持推进国家治理体系和治理能力现代化的正确方向，在思想上进一步明确，我们的国家治理体系和治理能力现代化也要吸纳人类文明的一切优秀成果，但不是接受西方发达资本主义国家的政治理念和话语体系，不是实行西方的多党轮流执政、三权鼎立、两院制，不是实行经济私有化、政治自由化、军队国家化等等。一句话，推进国家治理体系和治理能力现代化，绝不是西方化和资本主义化。

四　不断巩固推进国家治理体系和治理能力现代化的价值体系基础

习近平总书记从把握正确方向、汇聚强大力量的战略高度明确指出，推进国家治理体系和治理能力现代化，要大力培育和弘扬社会主义核心价值体系和核心价值观，加快构建充分反映中国特色、民族特性、时代特征的价值体系。这一重要论述，深刻阐明了社会主义核心价值体系和核心价值观对于推进国家治理体系和治理能力现代化的极端重要性。

一个国家的治理体系和治理能力是与这个国家的历史传承、文化传统密切相关的，任何政治制度、经济制度、社会制度和对外政策，都无不蕴含着特定国家和民族的核心价值观。马克思主义认为，世界上的任何事物都是普遍性和特殊性的统一，普遍性寓于特殊性之中，特殊性包含着普遍性，不存在只有普遍性而没有特殊性或者只有特殊性而没有普遍性的东西。所有价值观念都是历史的、具体的，都是由社会经济关系决定的，不存在永恒的、不变的、抽象的价值观念。自由、民主、人权、公平、正义等价值观念也都不是抽象的，而是有着具体的社会政治内容，也是随着经济社会条件的变化而变化的。从这个意义上可以说，所谓“普世价值”实际上是一个伪命题，它在现实生活中是不存在的。正如一位美国学者所说的那样，普世主义是西方对付非西方社会的意识形态。西方某些人把他们的那套价值观念标榜为“普世价值”，把他们诠释的自由、民主、人权等说成放之四海而皆准的标尺，极力在世界范围内叫卖和推销，台前幕后策动了一场又一场“颜色革命”，其目的就在于渗透、破坏和颠覆别国政权。国内外一些敌对势力假借“普世价值”之名，抹黑中国共产党，抹黑中国特色社会主义制度，抹黑我国主流意识形态，企图用西方价值观念改造中国，其目的也就在于让中国人民放弃中国共产党的领导，放弃中国特色社会主义制度，使中国再次沦为某些发达资本主义国家的殖民地。

社会主义政治文明批判继承了包括资本主义政治文明在内的一切人类政治文明成果。自由、民主、人权是资产阶级在推翻封建专制制度的革命中所确立的观念，具有巨大的历史进步意义；同时，由于资产阶级民主是建立在私有制基础之上的，它从一开始就是以少数人对多数人的统治为前提，是形式上的民主、“资本”的民主。中国共产党人借用了资产阶级自由、民主、人权等概念，但赋予其完全不同的政治含义。作为社会主义核心价值观的有机组成部分，民主、自由、平等、公正、法治已经鲜明地写在中国共产党人的旗帜上。社会主义核心价值体系不仅决定着中国特色社会主义的发展方向，而且也是顺利推进国家治理体系和治理能力现代化的重要基础。对于一个国家和民族来说，如果不坚持自己的价值体系和价值观，如果没有自己的精神独立性，那么，其政治、思想、文化、制度等方面也就失去了自主性和独立性的根基。我们要理直气壮地继承和弘扬中华民族传统美德，坚守在中国大地上形成和发展起来的价值体系，努力抢占价值体系的制高点，实现中华传统美德的创造性转化和创新性发展，使中华民族最基本的文化基因与当代文化相适应、与现代社会相协调。要把跨越时空、超越国度、富有永恒魅力、具有当代价值的文化精神弘扬起来，把继承优秀传统文化又弘扬时代精神、立足中国又面向世界的当代中国文化创新成果传播出去，向世界展示中华文化的独特魅力。要认真学习借鉴世界各国人民创造的优秀文明成果，不断增强国家文化软实力，使我们的文化成为抵御西方价值观念渗透的强大思想武器。

推进国家治理体系和治理能力现代化，是一项极为宏大的系统工程，在一定意义上可以说是一场国家治理领域的革命。它涉及经济、政治、文化、社会、生态文明和党的建设等各领域，需要全党全社会共同努力。哲学社会科学界要认真学习、深刻领会党的十八届三中全会决定和习近平总书记重要论述精神，发挥自身优势，围绕相关重大理论和现实问题，组织精干力量开展深入研究，努力推出高水平的研究成果，及时提供有价值的决策建议，为全面深化改革、完善和发展中国特色社会主义制度、推进国家治理体系和治理能力现代化作出应有的贡献。

目　录

第一篇　经济体制改革

第二篇　政治、文化体制改革

第三篇　社会体制改革

第四篇　生态文明、党的建设体制改革

第一篇

经济体制改革

使市场在资源配置中发挥决定性作用及更好发挥政府作用

常　欣　朱恒鹏　张　磊　张　琦*

政府与市场关系的问题，是经济学研究中长久不变的主题。纵观整个经济思想史，在两者关系的问题上，从早期的自由市场经济到20世纪30年代伴随“大萧条”而生的国家干预主义，再到70～80年代社会思潮大变革背景下主张恢复自由市场经济和强有力个人主义刺激的新自由主义，又到近年来（特别是新一轮全球金融危机后）出现的再度强调政府干预必要性的新国家干预主义，经济思潮呈现出一种交替更迭的特征。

政府与市场关系的问题，也是中国经济体制改革的核心问题。随着中国改革开放的发展，对两者关系的认识不断深化。党的十四大明确提出，经济体制改革的目标“是建立社会主义市场经济体制”①，“要使市场在社

* 常欣，中国社会科学院经济研究所宏观经济研究室研究员；朱恒鹏，中国社会科学院经济研究所微观经济研究室研究员；张磊，中国社会科学院经济研究所宏观经济研究室副研究员；张琦，中国社会科学院经济研究所微观经济研究室副研究员。

① 中共中央文献研究室编《十四大以来重要文献选编》（上卷），人民出版社，1996，第180页。

会主义国家宏观调控下对资源配置起基础性作用”①，这是在两者关系认识上的重大突破。此后，中国一直在探索市场作用的准确定位。党的十六大提出“在更大程度上发挥市场在资源配置中的基础性作用”②，党的十七大提出“从制度上更好发挥市场在资源配置中的基础性作用”③，党的十八大提出“更大程度更广范围发挥市场在资源配置中的基础性作用”④，这些论断都集中强调改革的取向是增强市场的作用。在此基础上，党的十八届三中全会进一步提出“紧紧围绕使市场在资源配置中起决定性作用深化经济体制改革”⑤。从“基础性作用”到“决定性作用”，不仅是强度、力度、深度等量的变化，更是某种质的提升，是在政府与市场关系认识上的又一重大进展。

在我们看来，在当前形势下处理好政府与市场的关系，更好地发挥政府的作用，并使市场在资源配置中起决定性作用，核心是要合理地界定政府与市场之间的边界，而其中的关键又在于厘清政府行为的边界。基于这样一种判断，本研究将围绕政府行为重塑与政府职能再配置这一主题展开分析。

一　矫正地方政府的准市场主体化行为，弱化其直接参与微观经济活动的动机

近年来，伴随着发展理念的更新，各级政府加强了以实现基本公共服务均等化为目标的公共财政体系建设，政府的公共服务职能得到一定程度

① 中共中央文献研究室编《十四大以来重要文献选编》（上卷），人民出版社，1996，第19页。

② 中共中央文献研究室编《十六大以来重要文献选编》（上卷），中央文献出版社，2005，第20页。

③ 胡锦涛：《高举中国特色社会主义伟大旗帜　为夺取全面建设小康社会新胜利而奋斗——在中国共产党第十七次全国代表大会上的报告》，人民出版社，2007，第21页。

④ 胡锦涛：《坚定不移沿着中国特色社会主义道路前进　为全面建成小康社会而奋斗——在中国共产党第十八次全国代表大会上的报告》，人民出版社，2012，第18页。

⑤《中共中央关于全面深化改革若干重大问题的决定》，《人民日报》2013年11月16日，第1~3版。

的强化。与此同时，在经济发展中心主义理念的支配下，政府的职能边界仍然存在外扩倾向，突出表现在将精力相对较多地投入生产经营领域，承担了大量的经济建设职能。

一是政府直接从事招商引资工作。在各级政府的工作部署中，招商引资通常被视为各项工作的重中之重，甚至被作为第一要事列为党政部门的中心任务，政府将很大精力投入其中，“抢”商“抢”资。而且，在通常情况下，党政部门主要领导作为第一责任人亲自从事招商工作。

二是政府直接经营城市，或者更确切地说，直接运营土地。地方政府往往凭借自身的“双重垄断”地位，也就是面对现有土地使用者（无论是农民还是城市居民）进行土地使用权强制征用的买方垄断和作为土地唯一供给者的卖方垄断，热衷于城市建设和房地产开发，近年来在中国已经成为比较普遍的现象。最近几年，地方政府运作土地的又一着力点是充分利用城乡建设用地增减挂钩的政策，积极推进土地整理特别是宅基地整理，实施农民集中居住点建设，借此实现建设用地指标置换。在这样一场“新圈地运动”中，由于行政权力介入过多，直接导致公权力对私权利的侵犯，行政权对财产权的侵蚀，出现农民“被上楼”“被城市化”以及土地“被流转”的趋向。

在我们看来，地方政府过度渗入微观领域、直接参与经济运作，特别是在招商引资、土地经营方面所具有的强烈冲动，都表现出鲜明的公司化行为特征。美国斯坦福大学政治系教授戴慕珍（Jean Oi）曾使用“地方政府公司主义”（local state corporatism）① 这一概念相对直接地剖析了中国地方政府的企业化行为：一方面，在发展经济的过程中，地方政府具有公司的许多特征，官员们如董事会成员那样行动；另一方面，在发展经济的过程中，地方政府与企业密切合作。戴慕珍教授当初提出这一概念，主要是指20世纪80年代，社区政府（乡镇政府）与乡镇企业尤其是具有集体产权性质的乡镇企业之间存在较为密切的依存关系。特别是在乡镇企业建立的过程中，社区政府出面组织资金、土地、劳动力等初始的要素投

① Jean Oi, “Fiscal Reform and the Economic Foundations of Local State Corporatism in China”, *World Politics*, 45, 1992.

入，并指派“能人”来担任企业负责人。目前来看，这种“地方政府公司主义”或者说“地方发展型政府”的特征仍然广泛存在。

客观地说，在经济发展水平尚低、工业化进程尚处在起步加速阶段、市场尚不完善的情况下，地方政府在发展经济的过程中的积极介入有一定的合理性。特别是应当看到，地方政府在引资竞争中所表现出的种种“亲企业行为”对于改善企业运营环境很有裨益，尤其是对于民营企业而言。

但是，在政府介入的过程中，有一条基本的原则必须明确，就是不能混淆相关行为方的权利边界和风险承担区间，造成过大的行政渗透和扭曲，从而影响市场的有效运行。有一种观点认为，在经济尚不发达的阶段，没有经济的增长、社会财富的增加、政府财力的累积，没有所有这些条件作为支撑的基础，就无法有效提供公共服务和提高居民福利。因此，政府应对本地经济总量和财政收入的增加给予高度关注。但是我们认为，这种关注并不必然意味着政府可以过度干预经济、主导经济，直接进行招商引资、直接介入生产经营等微观事务。事实上，企业和居民个人才是创造财富的主体，政府所有行为的基点应该是最大限度地调动微观主体内生自主的力量，为其提供必要的服务，改善其运营环境（当然，这里的创造环境不是简单地提供优惠政策，而是应该营造高效宽松的行政环境、诚信法治的市场环境、稳定和谐的社会环境），在此基础上获得必要的财力，以保障基本公共服务的提供。

需要指出的是，在政府主导型经济发展模式所引发的政府行为微观化、企业化、趋利化的背景下，尤其应该防止“坏的市场经济”的出现，也就是政府强势介入过程中所产生的权力与资本合谋、权力与利益交换的权力市场化倾向。应该看到，这可能引发利益集团的内生形成。这种内生性利益集团不同于市场化过程中由公平竞争产生的一般性利益集团，它们往往会受到更强烈的激励去维持现状，抵制某些具有帕累托改进性质的改革政策的引入。由于这些特殊的利益集团具有比一般的利益集团更强的行动能力，可以对政治决策过程施加更强的政治影响力，因此更有可能妨碍尚未完成的市场化转轨，使深度介入的政府权力无法随着经济发展阶段和市场成熟度的变化而适时退出，进而使制度安排长期被锁定在低效率均衡

状态。对我们来说，世界上一些国家（如一些拉美国家和东南亚国家）因为一个无处不在、极为强势的趋利性政府而带来的危害就是前车之鉴。这些由权贵控制和主导的市场经济国家纷纷落入发展的陷阱，无法顺利实现现代化的教训，值得我们深刻吸取。

进一步来看，中国地方政府超强干预模式的形成，除了受现行政绩考核体制（包括考核内容和考核主体）的深刻影响外，还同中央与地方财政关系的现状密切相关。概言之，在现行的财税体制下，由于地方的自主性财政收入不足，引致地方政府对于财政自给的强烈需求，从而强化了地方的投资冲动和微观介入。

为此，应在坚持分权原则的前提下，合理划分各级政府的财权和事权，改变由此衍生的地方政府融资压力和扭曲的行为模式。

1. 在事权划分上，继续充分发挥地方政府的作用，同时适当强化中央政府的支出责任

（1）重视地方政府在提供公共服务过程中的作用，一是有利于解决信息不对称的问题，二是有利于加强公共参与。

根据分权理论，地区之间的巨大差异必然导致各地使用者对公共服务的异质性偏好，而辖区范围较小的基层政府能利用其信息优势更准确地对当地的需求作出决策，能更有效地提供符合当地偏好和当地具体条件的公共服务，从而能更好地满足使用者，保证基层政府在公共服务提供方面的效率更高。而且，基层政府更能够监督服务质量，也更容易负起责任。

公共选择理论的研究则表明，成员数量较少的“小集体”比成员数量较多的“大集体”具有更高的公共服务效率。将支出责任下沉到地方，有利于在公共预算、决算和财务管理的过程中，把财政决策纳入普遍的公共选择过程，确保利益相关者能在某种程度上参与决策，使政府更好地把握辖区内居民的公共品需求偏好，尽可能使决策兼顾各个方面的利益。通过公众、独立专家及民间组织构成的社会评价监督力量，对财政预算执行情况进行绩效评估，并相应建立起政府问责机制，可以提高对政府预算的民主监督和政府行为的约束力。这种基于辖区内居民自下而上的财政监督制度，更有利于对财政资金的使用进行监督，评估其方向是否合理、效率是否较高，从而确保财政支出能够真正满足民众需求、完成公共预算的预期目标，并且确保以尽可能低的支出成本获得尽可能高的社会收益。

（2）重视地方政府的作用，并不意味着中央政府由此可以“甩包袱”。在确定中央和地方的支出责任边界时，总的原则是要考虑公共服务的受益范围。对于受益范围遍及全国、具有显著规模效应和溢出效应的全国性的公共服务，中央政府应负有主要的支出责任。

近年来，随着人口流动规模的不断扩大，一些原先具有地方属性的公共品产生了显著的跨地区甚至全国性的溢出效应，如公共卫生和基本医疗、义务教育、养老保险、失业保险等。以基本养老金为例，从国际上一些国家的做法看，普遍由中央政府统筹资金的筹集和管理，从而使养老金账户具有了可携性。全国性的养老金体系的整合形成，不仅有利于劳动力在全国范围内的自由流动，也使养老金标准在不同区域之间趋向均等。而中国是世界上少有的养老保险由地方管理的国家。在碎片化的管理模式下，养老金账户跨省跨市转移困难，给劳动力市场的流动性以及产业在区域之间的转移带来了负面影响。

在下一个阶段中，为构造中央与地方政府之间合理的职能分工格局，可考虑将养老、流动人口子女义务教育、司法、食品药品监管、跨流域大江大河的治理和跨区域的污染治理等领域的支出责任，适度上划到中央，并借此降低专项转移支付的比重，削弱财政部门自由支配资金的权力，杜绝“跑步（部）进京”的不正常现象。

需要指出的是，充分发挥地方政府在提供公共服务过程中的作用与适当强化中央政府的支出责任在某些情况下可以是并行不悖的。这实际上涉及公共服务筹资与服务的分离问题。以基础教育为例，在世界上一些国家，是由基层政府负责提供服务，而由高层政府负责提供资金。这样，不仅可以在提供服务的过程中让决策者尽可能了解需求，也可以在公共支出过程中贯彻平等标准，实施普遍覆盖，确保区域之间的公平。

2. 在财权划分上，以设法增加地方自主性财政收入为核心目标，完善地方主体税种，合理划分共享税，改革税权过度集中的体制

国际上关于财政分权研究的结果表明，为了更好地实现问责，政府的大部分支出应来自自身的收入，这样更有利于地方政府对辖区内居民

（课税对象）负起责任，为本地区提供合意的公共产品。为此，应在收入层面实施更积极的分权化改革，以此矫正目前支出责任和收入权力非对称性分权和地方财政高度依赖转移支付的格局。

（1）合理划分各级政府的税种。在各级政府之间，特别是中央与地方政府之间税种的划分原则上，国际上不少财政学者提出了各自的理论。综合他们的研究成果，比较适宜划归地方、成为地方主体财源的税种主要应具备以下特征：①税源具有明显的区域性、不易流动性；②以居住地为基础，可以有效地按照受益原则征收；③信息要求较细，地方征管效率更高。按照此特征衡量，财产税特别是课征于不动产的物业税，被公认为最适合地方政府掌握的税种，具有成为地方税主体税种的优良潜质。首先，不动产具有难以位移、非流动性的特征，税源比较稳定。其次，不动产税所负担提供的公共品具有明显的受益区域和受益对象范围，可以体现受益征税的原则。最后，不动产差异性显著，征税信息需求量大，地方政府具有管理优势。

从国际上看，在许多国家，财产税都划归地方，成为不少实行分税制国家级次较低的政府（主要是县市一级）财政的主要财源。比如，从美国的情况来看，在联邦、州、地方三级政府构架下，地方政府，包括市、县、镇、学区和专区等都开征了财产税，在地方税收收入中占有绝对比重。财产税作为地方政府的主要资金来源，支撑着地方政府的公共管理活动。对于财产税，地方政府拥有部分立法权和全部执法权，可以相对自主地决定财产税的税基与税率，并进行税款征收、日常管理和监督检查等一系列工作。在其他一些发达国家，地方政府的财产税规模也普遍较大，成为其地方财政收入的重要组成部分，甚至是地方税收体系中的主体税种。

而从中国的税制结构看，目前主要课之于不动产（房地产）的财产税收入也基本上划归地方，在地方税收收入中也占有一定的份额。但是，总的来看，财产税收入规模偏小，离地方税主体税种地位或地方主要财源地位还有一定的距离。政府税收收入多以商品税为主，所依赖的主体税种主要是增值税、营业税，而财产税占地方财政收入总额的比重却非常低。客观而论，不同的经济发展阶段，特别是不同的工业化和城市化水平，会导致不同的税制结构，因此中国的地方政府与发达国家的地方政府不具备可比性。但是，即使考虑到这一发展水平的差异，中国地方层面的财产税规模也系统地低于发达国家。有研究就表明，即使在一些城镇化水平已经达到一定程度的基层政府，财政收入结构也并无本质性变化①。

有鉴于此，我们认为，应结合土地、房屋税制改革，通过开征物业税或不动产税来优化地方税结构，将其逐步培育成为地方政府的主要税源和地方税的主体税种，以此提高地方财政的自给率。除了财产税外，从国际上地方税体系的普遍特征看，资源类税种，以及目的和行为类的税种也是地方税的主体形式。为此，应加快资源税的改革，并尽快开征环境税、碳税，作为地方主体收入来源的重要补充。

在发展基层政府支柱财源的同时，也可考虑适当缩小共享税的比重，并对地方财政和中央财政的收入比例作出一些调整，适度提高基层财政的共享税分成标准。尤其是省以下各级政府之间财政收入的划分，也应采取按税种或按比例分享等规范办法，合理界定各级政府的收入来源，科学划分收入级次及共享收入分成比例。

（2）合理划分各级政府的税权。为改变目前税权过于集中的局面，应进行更加深入的分权改革，适当扩大地方政府的税收管理权限，使其拥有更大的财政收入自主权。具体而言，对某些全国性影响相对不显著的税种，可在中央制定统一税收条例的前提下，允许地方政府根据各自的实际情况，对税目、税率、税基等税制要素，在一定的限度内作出适当的规定和调整。比如，中央可设定统一的税率浮动范围，允许地方政府在此范围内自行选择。而对某些征税效应具有明显区域性的地方税，则应扩大地方政府在税种方面的选择权，允许地方政府在中央必要约束条件下通过地方人大的立法程序自行开征自己的税种。

3. 寻求地方政府之间竞争机制的新路径

在谈到财税体制调整和矫正政府行为这一问题时，还有必要对财政分权所引发的地方政府之间的竞争进行深入分析。长期以来，中国地方政府

---

① 参见周业安《税费改革与乡镇民主建设》，《管理世界》2001 年第 5 期。

强大的分权激励和地方政府之间的竞争被认为是促进经济增长的重要动力。“中国特色的联邦主义”假说和“晋升锦标赛”模式都对此进行了考察。如果说经济增长是过去阶段唯一发展目的的话，那么，随着发展视野融入更多的“人文关怀”以及由此所呼唤的政府职能转变，我们需要考虑的问题是，如何将地方政府之间的竞争从单纯地促进经济增长更多地导入促进公共服务质量的改善。

按照传统的财政分权理论特别是财政联邦主义理论的一般性观点，政府间财政竞争（当然也包括地方政府的信息优势）应该有助于改善公共品的提供，进而提高居民的福利水平。这是因为，对于理性的居民而言，他们要比较享受居住地公共服务的收益与履行纳税义务的成本；在这一比较的约束下，地方政府有最有效地提供公共品的动力。

具体到未来的地方实践，我们认为，可考虑借助物业税的推出，通过人口自由流动条件下的迁徙和“用脚投票”（流动性要素的退出威胁）机制来形成地方政府之间的竞争。也就是说，居民通过变换居住地选择公共服务（如教育），可以在很大程度上影响地方的经济容量尤其是影响房地产的价值，进而对基于地方房地产价值的不动产税产生实质性影响。于是，地方政府就具有了努力改善公共服务的激励，专心致力于优化辖区公共服务提供，以使本地区的吸引力逐步提升。当作为未来地方主体税种的物业税价值在很大程度上取决于地方政府所创造的治理环境时，地方财源的培养与当地居民的安居乐业就直接联系了起来，从而将地方政府之间的竞争机制和地方政府的行为引入与其职能定位相符的更加规范合理的方向，并借此把地方上短期行为的土地财政改造成为长期行为的土地财政，即从过分关注经营城市，转向努力提供公共服务。

需要指出的是，我们所主张的财政竞争是吸引人口要素流入所带来的财产税税源之争，可以相应地提升居民的福利水平，是一种良性竞争。而目前各地普遍采取的财政竞争是为吸引资本要素和产业流入的税收减免之争，主要出于招商引资和促进生产的目的，在一些地方已逐渐演变成为某种“竞次”策略，即所谓“打到底线”（race to the bottom）的竞争，有恶性竞争之嫌。因此，这两种财政竞争具有本质的不同。

二　强化政府的公共服务职责，选择合理的公共服务供给模式

在政府与市场关系的语境下，如果说市场是实现效率的途径和手段，那么确保公平和正义的实现就是政府的重要职责之一。在这个方面，很重要的是要强化政府在教育、医疗、社会保障等公共服务领域的基本职责，这是促进社会公平和社会正义的重要途径。

一是保障基本的公民权利。确保公民享受教育、健康和最低生活保障的权利，这在西方被统称为“福利权利”或“社会权利”，被视为对基本公民权的拓展，或社会公民权（social citizenship）的一部分。公民享受教育、健康和最低生活保障的权利主要体现在生存价值：每个人的某些生存需要必须运用公共资源来满足，以达到一种社会确定的最低值，不应使任何人跌落到营养、住房、医疗、教育等方面的最低值之下。这种必须满足的“基本需要”，主要是针对经济生活中某些不确定性而表现出来的“风险厌恶”的社会偏好的反应，是从某些道德准则中派生出来的，属于底线公正或底线伦理的范畴。从这个意义上可以说，以生存价值为基础的公民享受教育、健康和最低生活保障的权利，首先属于道德上的权利，而这种权利又常常通过国家法律的形式规定下来，从而上升为法律上的权利。尊重并保护这种权利，也就实现了诺齐克所强调的程序公平。

二是确保机会的公平或均等。也就是说，一个人的成就应该是努力以及才能的结果，而不是由其所拥有的背景（包括某些先天条件和社会关系等因素）决定的。一般来说，教育和健康是重要的机会均等工具，它们直接影响到一个人的生存能力、经济参与能力、收入和财富创造能力。而社会保障体系主要通过为人们提供安全网的方式改变或增加人们的机会，通过帮助人们管理风险，扩大了他们的能力。因此，无论是教育和医疗，还是社会保障，都有利于实现机会均等或起点意义上的公平。但要强调的是，只有当所有社会成员无论背景如何，都能够拥有平等地接受教育、获得健康和社会保障的机会时，其对于（成就实现）机会均等的保障机制才会发生作用。也就是说，第一层意义上的机会均等是第二层意义上的机会均等的前提。公共行动应当致力于第一层次的机会均等化，确保

全体社会成员接受教育、获得健康和社会保障的机会平等，从而确保他们在未来获得进步和成就的机会均等。

三是避免绝对贫困。在现实世界中，绝对的机会平等往往是难以实现的。即使有真正的机会均等，由于天赋、努力和运气的不同，结果也总是存在一些差别。在这种情况下，对绝对贫困或者结果不平等十分厌恶的罗尔斯主义说明，需要通过公共干预，也就是收入再分配机制，保护社会的极端贫困人口（即在绝对生存需求线以下的群体）。不仅绝对贫困本身要求公共干预，而且绝对贫困还会对机会平等产生影响。因为和高收入群体相比，低收入阶层和弱势群体的平均受教育年限往往更低，享用的健康服务更少，从风险管理获得的保护也是最不完善的。这就意味着，结果不公平导致了机会不公平，并可能导致新的结果不公平，由此落入所谓的“贫困陷阱”或“不公平陷阱”。而要摆脱这种恶性循环，政府就有必要实施收入再分配，确保一定程度上的结果公平。这种公平机制在社会救济方面表现得最为明显。

这里我们想重点指出的是，强化政府在教育、医疗、社会保障等公共服务领域的基本职责，必须注意政府责任的限度问题。我们认为，强调政府在公共服务领域的基本责任，并不意味着主张回归过去那种政府大包大揽的局面，而只是强调政府在提供最基本的公共服务过程中的支付责任。这不仅是因为发展中国家面临政府财力的限制，更重要的是还要避免因过度保障而带来负面激励和道德风险问题。部分高福利国家经济活力不足、经济增长迟缓的教训值得吸取，拉美民粹主义的危害也是前车之鉴。

与政府责任限度相关的另一个重要问题是公共服务供给模式的合理选择。政府有责任确保社会性公共服务得到满意的提供，但并不意味着完全由政府直接生产。在这个方面，无论是理论发展还是已有实践都表明，依托于市场机制的私人部门，以及依托于自愿机制的第三部门（包括社区组织），都是可以充分利用的公共服务供给力量。在我们看来，应探索公共服务供给主体多元化，建立公共部门—营利性民间部门—非营利性第三部门合作伙伴关系。也就是说，不宜过分强调政府的供给责任，而应更多地强调竞争①、私人参与等市场化运作机制的作用，政府只需加强相应的监管责任即可。

1. 供给主体多元化的理论发展

按照传统的公共经济理论，由于公共产品具有非竞争性和非排他性的特点，通过市场方式供给公共产品是不可能的或者是成本高昂的，尤其是很难消除“免费搭车”等外部性问题，难免会陷入“公共地悲剧”。因此，由政府供给公共产品比通过市场方式即通过私人供给具有更高的效率。

从20世纪60年代开始，随着经济自由主义和反国家干预思潮在西方的兴起，现代公共经济学、新公共管理理论等学术思想的发展对传统的公共产品理论提出了挑战。他们怀疑政府作为公共产品唯一供给者的合理性，强调现实世界中的“政府失灵”，也就是由公共机构作为垄断性的供给者来提供公共产品可能并不会产生好的结果。更重要的是，他们开始探索通过非政府方式供给公共产品的可行性。

（1）关于现代公共经济学的理论贡献。现代公共经济学对于公共产品非政府供给可能性的论证，主要是从克服非排他性和避免“免费搭车”这样两个角度着手的。

比如，戈尔丁（Goldin）强调了公共产品消费方式上的“选择性进入”及非政府供给的可行性。他认为，在公共产品的消费上存在“平等进入”（equal access）和“选择性进入”（selective access）两种方式。“平等进入”指公共产品可由任何人来消费，其消费者群体在从部分社会成员扩大到全体社会成员的过程中，边际成本始终为零。而“选择性进入”指消费者只有在满足一定的约束条件（例如付费）后，才可以进行消费，这是因为消费者群体在扩大到一定数量时边际成本开始上升。一般而言，可以“平等进入”的公共产品是纯公共产品，而“选择性进入”

① 在提供公共服务的过程中，应重视各种类型竞争机制的作用，包括市场中的竞争（competition in the market）、争夺市场的竞争（competition for the market）以及基准竞争或标杆竞争（benchmark competition，yardstick competition）等。此外，通过引入需方补贴机制，如发放消费券（如教育券）的方式，也可以将补贴与扩大消费者选择和增强服务供给者之间的竞争联系起来。

的公共产品是俱乐部产品。如果存在“选择性进入”的方式，就可以通过私人付费、非政府投资和生产的方式来供给。

再如，德姆塞茨（Demsetz）强调了排他性技术和个人偏好多样化在决定公共产品供给方式中的作用。他认为，在能够排除不付费者的情况下，即如果存在排他性技术并且在经济上可行，私人企业就能够有效地供给公共产品；同时他认为，如果不同的消费者对同一公共产品有不同的偏好，那么就可以通过价格歧视的方法来对不同的消费者进行收费。这两个方面都论证了私人供给公共产品的可能性。

又如，布坎南（Buchanan）从规避“免费搭车”行为和避免“公共地悲剧”的视角出发，强调了公共产品集团供给的可行性。他的俱乐部理论认为，出于相同个人偏好而参加到同一俱乐部的成员，对集团供给的俱乐部产品评价大致相同，于是在制度上就存在一种激励，这种激励能够消除各个成员“免费搭车”的动机；同时，在集团俱乐部产品不能满足成员需求的情况下，成员也会离开该集团，从而使集团蕴含特有的激励与约束机制，促使集团高效供给公共产品。这就意味着，集团组织能够成为借助非政府手段供给准公共产品的一支力量①。

（2）关于新公共管理理论等的学术贡献。新公共管理理论的本质是对公共产品市场价值的重新发现与利用。该理论相信市场作为资源配置机制的效率，认为提高政府部门的效率，纠正“政府失灵”的最佳方法是在公共领域引入市场机制，并将私人部门的管理手段运用到公共部门，以促进竞争，提高公共产品的供给质量和效率②。

除新公共管理理论外，20 世纪 80 年代后出现的多中心治理和新公共服务理论，由于更多地强调政府—市场—社会共治的合作网络型治理架

---

① 除此之外，布鲁贝克尔（Brubaker）认为，公共产品消费上的“免费搭车”问题缺乏经验方面的科学根据，它忽视了现实中许多影响人们表明自己对公共产品需求的重要因素。比如对他人信任的重视，使人们“免费搭车”的动机大大减弱。史密兹（Schmidtz）进一步认为，消费者在一致性同意原则下，通过彼此之间订立契约来供给公共产品，可以解决“免费搭车”的问题。而科斯（Coase）对灯塔的经验研究则表明，人们一向认为必须由政府经营的公共产品也是可以由私人供给和经营的。

② 当然，对新公共管理理论所极力主张的市场导向原则、私人部门管理技术的嵌入以及顾客至上的价值取向，至今在国际学术界仍然争议不断。但不可否认的是，这些基本原则和理念还是对公营部门的改革产生了深远的影响。

构，强调社会各个单元（公共部门、非政府组织、私人企业和个人）多方参与的机制，从而也为公共服务供给主体的多元化提供了理论支撑。

2. 供给主体多元化的机理分析

实际上，上述理论发展已经隐含了供给主体多元化的实现机制。这里拟就此进行进一步的展开分析。

（1）公共产品的属性变异。应该看到，纯粹的公共性并不是绝对的和一成不变的，而是随着客观条件的变化而发生改变。这种从纯粹公共性向非纯粹性或准公共性的转变建立在两个重要的基础之上。

其一，需求水平的提升和需求弹性的增大。一方面，随着经济的发展和需求的扩张，原来意义上的纯粹公共品开始变得“拥挤”，也就是说具有了竞争性，从而使增加额外使用者的边际供给成本不再为零，这时向消费者收取一定的使用费来排除私人消费就有了必要。另一方面，随着经济发展水平的不断提高，在居民收入的增长超过只为生存这一基本水准的时候，人们对产品的需求开始变得富有弹性，这也使收费和价格制度成为必要。

其二，技术的发展。产品设计方面的技术改进，特别是排除性量化技术的出现，部分地改变了原有的非竞争性和非排他性的特点，使得在一定程度上排除私人消费成为可能，这样就可以通过“受益者负担”的原则向使用者收取受益费用。

伴随上述这种转化，价格形成和收费制度具备了必要性和可能性，从而为私人部门以市场化方式供给产品开辟了广阔的空间。

（2）公共产品的多元特征。公共产品是一个外延广阔的范畴，除了纯公共产品，还包括大量存在的介于纯公共产品和纯私人产品之间、不同时具备非排他性和非竞争性的准公共产品或混合物品。根据竞争性和排他性的程度，准公共产品又可以分为两类：一类是消费上具有非竞争性，但是却可以较容易地做到排他，一般被称为俱乐部产品；另一类是在消费上具有竞争性，但是无法有效地排他，一般被称为共同资源。

对于准公共产品，特别是俱乐部产品，由于涉及的消费者数量相对有限，因此彼此之间达成契约的交易成本较小。这容易使消费者根据一致性同意原则订立契约，自主地通过非政府方式来供给。不仅如此，对于俱乐部产品，由于存在“选择性进入”方式，即可以在受益者范围内实现排

他性消费，于是可以通过向俱乐部的成员收费来补偿供给公共产品而支出的成本，从而可以有效地将“免费搭车者”排除在外，大幅度地降低非政府供给产品的交易成本，进而为非政府方式介入提供激励。

（3）提供与生产的严格区分，这主要是针对纯粹公共产品而言的。应当明确的是，政府在公共产品提供方面负有责任，主要是确保公共产品供给目标的实现，也就是对公共产品提供的最终结果承担终极责任。但是，政府有责任保障公共产品得到满意的提供，并不完全意味着由政府直接生产，甚至不意味着由政府直接投资。事实上，可以在政府部门与非政府部门（私人部门、第三部门等）之间构筑起广泛的合作、协商与伙伴关系，如公私合作伙伴关系（PPP 方式）等，通过市场机制或自愿机制，来提高公共服务的供给水平和效率。这样，政府就由直接的生产者或投资者转变为服务的购买者或者服务供给的撬动者。

3. 供给主体多元化的具体路径分析

（1）私人部门的参与。首先是单纯生产层面的参与。从理论上来讲①，究竟是公共生产还是私人生产，取决于产品或服务的性质。私人部门有充分的激励降低生产成本，因此，当产品或服务的质量比较容易监督的时候，通过市场来组织生产就比较有效。但是，当产品或服务的质量非常难以监督的时候，如果通过市场来组织生产，私人部门的生产者就可能会牺牲质量而降低成本，这时，由政府来生产这些产品或服务就更加有效②。这意味着，除了那些可度量性和可立约性比较低的领域外，原则上应允许私人部门进入所有适宜进入的领域，通过服务合同外包或政府采购合同、服务管理合同、特许经营合同等，充分发挥私人部门在服务供给中的作用，政府同时加强相应的监管责任③。这也意味着，即使是在政府投

① 有关这个方面的理论分析，参见 Oliver Hart, Andrei Shleifer and Robert W. Vishny, “The Proper Scope of Government: Theory and an Application to Prisons”, *The Quarterly Journal of Economics*, Nov., 1997, pp. 1127 - 1161; April Harding, Alex Preker, *Private Participation in Health Services*, Washington, D. C.: The World Bank, 2003。

② 此外，公立机构一般也比较适合满足同质性比较高的需求，而民间营利性机构在适应异质性需求方面一般具有较大优势。

③ 除了合同监督机制外，在必要的情况下还需配合价格监管以及确保有效和公平竞争的监管。特别是针对信息不完全和信息不对称问题，在某些领域和环节也有必要加强社会性监管，如对服务质量的监管等。

资的领域，也可将某些生产经营环节和服务环节通过经营权拍卖、招投标制度以及承包和委托经营等形式，外包给私人部门。

其次是投资层面的参与。对于私人资本不愿进入的非营利性和公益性领域，可通过政策设计，如在权衡投资风险和道德风险基础之上的政府担保、税收减免或实物支持等，尽可能撬动和吸引私人部门的投资。特别是可通过顺应市场规律和借助市场力量的机制设计，使私人参与满足某种社会目标①，这个方面很重要的是引入绩效基础之上的财政补贴以及补贴的公开拍卖和竞标机制②。

（2）第三部门的参与。从国际经验看，在公民社会比较成熟的国家，包括行业自治组织、具有利他主义特点的社会组织（not-for-profit organizations，NPOs，如福利性中介机构、志愿者组织、慈善组织等）以及社区组织等在内的第三部门，凭借其自发性、自治性、创新性、灵活性和响应性（即对服务需求作出更好的回应）的特征，在公共服务供给方面发挥了独特的作用，促进了公平与效率的良好契合。而且，这些国家的政府对第三部门参与公共服务，大多采取鼓励、扶持的政策，通过合同外包、政府采购、资金扶助、税收优惠等方式，在彼此之间建立起一种合作互动的关系。

需要指出的是，就目前阶段农村基层的公共服务提供而言，应重视农村社区自我供给和管理的模式，或者说消费者自主联合供给的方式。显然，这里的社区组织应是体现公民社会特征的新型自治性社区，而不是政社不分体制下的传统社区。就其实质而言，是建立在信任和互利基础上的社会协调网络，是基于伙伴关系进行合作的自主自治的管理网络。社区供给机制能够发挥作用，有利于集体行动，主要得益于三个方面的因素：其一，社区成员对于关乎自身利益的社区公共事务，具有一致行动的强烈愿望；对于受益范围相对明确的具有俱乐部性质的公共产品，具有参与供给

① 理论和实践表明，私人参与从整体上有利于促进普遍服务，包括扩大服务供给覆盖范围，通过创新供给技术和服务模式、提高效率来降低服务成本和价格（中长期内），改善服务质量，提高对用户不同需求的反应能力等。

② 竞争的标的可以是提供服务所需的最低补贴额，然后由政府根据特定服务标准进行监督；或在固定补贴额的情况下就某些服务进行招标。

的内在动力。其二，社区成员彼此之间相互熟悉，充分信赖，沟通良好，降低了集体行动中的交易成本；社区供给机制又对个人行为的非一致性构成有力的约束，这些都使农村社区在自我供给具有俱乐部性质的公共产品时具有良好的合作基础。其三，随着居民收入水平的提升，自我分摊的筹资方式成为可能。而且，农民通过提供劳动力、通过集聚建设和维护公共产品中所需的物资设备等，也会节约资金投入。另外，农村社区成员还可以动用各种社会关系，动员非社区成员参与资金筹措，在某些情况下类似于第三部门供给机制的自愿捐助形式。于是，通过利益共同体内部各个成员的平等协商，以及通过某些具备较强组织能力和一定权威声望的发起人，可以有效地进行社区公共服务的自主供给。

三　调整政府的微观事务管理方式，由事前审批更多地向事中、事后监管转变

长期以来，政府部门在微观经济管理过程中，习惯于以审批制作为主要管理方式，“重审批、轻监管”的倾向较为普遍。由于政府对微观经济活动直接干预过多，特别是前置审批过多，妨碍了企业的自主经营、消费者的自由选择和自主消费，以及商品和要素的自由流动，扼制了市场经济的活力。同时，由于行政裁量权过大，也增大了政府部门寻租的空间。为此，应改变以行政审批为主要手段的政府管理模式，逐步引入“负面清单”管理方式。凡是市场主体能够自主决定、市场机制能够有效调节、行业组织能够自律管理、行政机关采用事后监督能够解决的事项，不应再设立审批制度，尤其应减少投资项目审批和生产经营活动审批。要通过约束政府对微观经济活动的不当干预，还权于市场和社会，激发各类主体的创造活力。

为实现有效的微观治理，在减少审批的同时，还应优化政府的微观监管职能。规范意义上的微观监管（规制）是政府依据法律权限对微观经济主体的行为进行直接控制和干预，以弥补“市场失灵”，实现社会福利的最大化。在我们看来，当前就“市场失灵”的各种表现而言，垄断是最值得关注的一种，其中又以行政性垄断的问题最为突出。应该说，这是中国现阶段反垄断的主要对象之所在。

所谓行政性垄断，是指政府（主要是国家经济主管部门和地方政府）滥用行政权力，排除、限制或妨碍企业之间的合法竞争。其主要表现形式是行业垄断和地区垄断，或者形象地概括为条条垄断和块块垄断。行政性垄断是一种具有典型中国特色的垄断，在西方国家并不多见。这与中国特定的历史和特殊的体制密切相关。从历史上看，长期封建专制制度下的中央集权体制导致了政府权力的普遍介入。新中国成立后，在推行国家工业化战略中所采取的高度集中的计划经济体制也在一定程度上强化了政府对社会经济生活的干预。在向市场经济体制转轨的过程中，在放权让利的同时并没有对政府职能进行清晰界定，也没有对权力部门形成有效制衡，使得某些部门和地方的利益膨胀，导致一部分原来由计划所控制的资源配置权力逐渐转化为垄断权力，形成行政性垄断。

在破除行政性垄断的过程中，应特别注意两种隐蔽的形态。

一是假借“自然垄断”而实施行政性垄断的情形。在真正自然垄断的情况下，基本上不需要政府动用行政或法律的力量实施进入管制。而某些行政性垄断却常常以自然垄断为借口，带来一种凌驾于市场交易之上的排他性力量，形成一种权力性的绝对垄断。它凭借行政和法律方面的权力，排除任何可能的潜在竞争者，造成长期的市场独占，使市场竞争遭到毁灭性的打击。这不但损害了效率和社会进步，还为寻租行为提供了机会，造成社会利益的重大损失。

目前来看，在某些具有自然垄断特征的行业，政府依然保持着对市场准入的控制权，而企业则拥有政府授予的特许经营权。从这个意义上可以说，这些行业的垄断型市场结构虽然从技术角度看具有某种程度的自然垄断性，但从深层次分析，则是一种典型的“行政性垄断”，而不是真正意义上的“自然垄断”。因为这种垄断不是市场竞争的结果，而是一种以国家强制力为特征的人为性质的垄断，是彻底否定市场、排斥竞争、阻碍其他主体进入的结果，这与在市场经济条件下以及完善的竞争制度基础之上发展起来的自然垄断有着本质的不同。

二是假借“规模经营”而实施行政性垄断的情形。由于受到传统计划经济和“条块分割”体制的束缚与影响，在很长一段时间内，对规模型大企业的培育和扶植充满了政府撮合的成分和行政干预的色彩，而建立

在企业自愿基础之上通过市场竞争机制成长起来的自组织型的大企业却不多见。近年来，基于提高产业国际竞争力的诉求，在一些竞争性产业重组的过程中，用行政性垄断替代经济性垄断，过多依赖行政干预手段促进产业集中，忽视企业的自组织机制和市场机制的问题仍比较突出。

经济性垄断是在集中的基础之上形成的，这种集中是市场竞争机制作用的必然结果。而行政性垄断是政企合一的产物，具有超经济的强制性和排斥竞争的封闭性等特点。由于行政性垄断具有更大的权威性和强制性，因此比在市场竞争条件下形成的经济性垄断具有更大的危害性。

除了行政性垄断，还有以网络运营为特征（产品或服务只有借助于传输网络才能传递和提供给用户）的所谓自然垄断行业的监管问题，主要涉及铁路、航空、公路等交通运输部门，电信部门以及给排水、电力、管道燃气、供热等公用事业部门。在这些部门中，监管的重点包括以下四个方面。

（1）对残存的自然垄断领域实施激励性规制（incentive regulation）。在自然垄断性尚存的领域和环节，为了实现配置效率和生产效率的统一，还需要政府进行合理的规制。当然这种规制是需要改革的：①要尽可能放松进入规制，特别是应放弃传统的基于许可证的规制方式（license-based regulation），而改行核准制或登记备案制。即便在需要进入规制的场合，如使用电波、频谱、空域等稀缺资源的情况下，也应通过更好的市场化拍卖、招投标等形式，公开竞争稀缺资源的使用权，以替代现行的管制配置。②在仍需实施的价格规制和服务质量规制方面，为提高规制的效率，尽可能避免规制失效的出现，特别是尽力克服规制过程中规制机构与被规制企业之间的信息不对称问题，应改革传统的服务成本规制（典型的是美国式的公正报酬率规制），引入价格上限规制（price cap regulation）、特许投标制（franchise bidding）、区域间标杆竞争等含有利润刺激或竞争刺激的激励性规制。尽管各种激励性规制方式都有其局限性和有限的适用范围，也就是说，同引入（直接的和市场内的）竞争的终极目标相比，激励性规制只能作为在自然垄断性尚存的情况下一种次优的选择，但它在自然垄断监管中的作用是不容忽视的。

（2）对自然垄断与竞争的界面或在从自然垄断向充分竞争过渡过程

中实现以保护有效竞争为目的的规制，这里提出具有过渡性质的“不对称规制”（asymmetric regulation）。在自然垄断行业，支配市场的原有垄断企业通常在竞争方面比新进入企业具有压倒性的先动优势，同时它还凭借自己的优势（特别是控制着“瓶颈”环节和网络基本设施）采取一些阻碍竞争的策略性行为，使得有效竞争难以实现。在从自然垄断向充分竞争过渡的过程中，为确保新进入企业和原有垄断企业（在位企业）之间能够进行公平竞争，政府应着力解决四个问题：一是接入政策特别是接入定价（access pricing）的问题，二是网络租借或网间互联互通（interconnection）的问题，三是普遍服务与交叉补贴（universal service & cross subsidization）的问题，四是搁浅成本的补偿（recovery of stranded cost）问题。特别需要指出的是，在从自然垄断向充分竞争过渡的初期，为了尽快改变不对等竞争的局面，需要政府对原有垄断企业和新进入企业实行待遇有所不同的不对称规制，管住大的，扶植小的。这种偏向新进入者的不对称规制政策可能对原有企业并不公平，但是，这是为了最终公平而暂时保持的不公平，从而体现了不对称规制政策的过渡性质。在市场真正形成有效竞争的局面后，政府就可以把不对称规制政策改为中性的干预政策，以充分发挥市场的调节功能。

（3）在充分竞争实现后健全反垄断规制。在充分竞争的条件下，经济性垄断将成为阻碍自由竞争的主要因素，此时以制裁厂商限制竞争为目的的反垄断间接规制的作用会越来越重要。这里要指出的是，作为产业组织理论发展（从结构学派到行为学派或称效率学派）的一个结果，西方的反托拉斯实践也经历了一个演变过程，特别是在反垄断的指向和实施的严厉程度上发生了不小的改变。作为效率准则的体现，新的反托拉斯实践认为，垄断结构本身并不能说明问题，只有出现滥用集中优势的垄断行为时，才应动用反垄断法；同时，在西方反托拉斯的实践中，运用推理原则（要求对被质询的行为造成的影响进行调查）而非本身非法原则（可以在不考虑某些行为造成的影响的情况下禁止这些行为）正在成为一种趋势；注重行为的效果而非行为人的意图，也是一个重要的政策发展。总之，实施反垄断规制，首先要保证公平竞争，但不能因此将其作为对失败者进行救济和对成功者进行惩罚的手段。这一效率标准必须成为自然垄断行业今

后在充分竞争条件下实施反垄断规制的重要指导原则。

（4）在推行上述经济性规制的同时，完善社会性规制。在放松经济性规制成为一种大趋势的同时，为了增进社会福利，应对经济活动中存在的外部性（特别是外部不经济）、非价值性物品、信息不完全和信息不对称以及为提供某些公共产品，在某些领域和环节也有必要加强或维持社会性规制，如对安全、健康、环境、服务质量以及技术标准的规制等。但是，对于社会性规制的内容，应该采取灵活机动的原则，适时进行调整，以保证规制的有效性。

四 完善政府的宏观调控职能，寻求放松管制与宏观稳定之间的内在统一

1. 重塑宏观调控的体制基础

宏观稳定政策（特别是货币政策）的有效实施需要有一个良好的政策传导系统。在这个系统中，企业部门、银行部门和利率体系，是三个关键性的环节。而从中国现实的情况来看，由于与这三个环节相关的各种不合理的管制措施仍然存在，间接型的市场化调控政策的传导机制（链条）出现不畅。

首先，在微观基础层面，仍然存在各种进入管制。特别是在垄断性行业中，至今仍在市场准入方面实行比较严格的管制，由于进入壁垒依然严重，限制了不同所有制企业的进入。在一些竞争性行业，非国有企业的生存空间近年来也被某些行政力量进一步挤压。这就使得国有企业在整个经济体系中仍占有较大比重，因为缺乏必要的产权软约束和市场竞争，尚无法按照市场化的原则自觉接受政策信号的反馈。加之地方政府在一定意义上表现出微观主体的某些特征，进一步放大了软约束的问题。

其次，在银行部门，同样由于市场准入环境远未宽松，造成国有股权结构过于集中。在此情况下，政府作为其主要出资人，凭借着国家信誉和最后救助者的身份为其提供了某种隐性风险担保，由此所导致的预算软约束和道德风险，再加上资金的行政化配置特征依然在一定程度上存在，使得银行机构无法根据经济形势和金融市场的变化按照市场化的原则完全自主决定资金流向，阻碍了政策信号的有效传导。

最后，由于利率管制，利率市场化程度依然不足，特别是作为资金价格主体的存贷款利率（尤其是存款利率）改革相对滞后，表现在金融机构自主确定存贷款利率（尤其是存款利率）水平的权限较小，根据经济形势和金融市场变化调整利率的灵活度不够，由此造成缺乏必要的市场化基础来提供有效的政策信号。

上述三个方面的体制性障碍，使得在某些情况下只能倚重直接干预式的宏观调控举措，进而在事实上形成了对行政性调控的某种“路径依赖”。如果这种自我强化机制不断持续下去，就有可能使宏观调控长期停留在低效率状态。

基于此，未来的宏观调控，还需要坚持市场化改革方向，进一步推进体制机制改革。应该汲取20世纪70年代末出现的供给学派以及在此基础上形成的“里根经济学”“撒切尔夫人经济学”的理论精华，进一步放松管制。一方面，放松市场准入的管制，简化和取消不必要的行政审批，给各类市场主体公平地进入市场的机会；另一方面，改变国有银行主导的金融体制，鼓励发展非国有银行，并进一步推进利率市场化进程，促使金融资源的配置进一步向市场导向转变。由此完善宏观调控的体制基础，减弱对行政性调控的依赖，使市场化调控得以畅通无阻。

2. 把握宏观调控职能与微观规制职能之间的清晰边界

长期以来，在对宏观调控的把握上，有一种泛化的倾向。也就是说，将政府等同于宏观，将政府所有管理经济社会的职能都视为宏观调控，宏观调控也由此成为政府干预的代名词。按照这一理解，既然微观规制也是一种政府的职能，那么就应归入宏观调控职能中。这样就将宏观调控扩大到微观规制领域，把一些本属微观规制的职能，也当成了调节宏观经济的手段。

鉴于宏观调控与微观规制职能之间始终存在一定程度的模糊倾向，因此亟须作出必要的厘清。

我们应该看到，作为两种不同的政府干预政策，宏观调控政策与微观规制政策之间确有一定的相通性。两者最显著的共同之处是都在纠正“市场失灵”方面发挥作用。宏观调控政策纠正的是宏观层面的“市场失灵”，而微观规制政策纠正的是微观层面的“市场失灵”。

如果说微观层面的“市场失灵”是一种狭义的“市场失灵”，那么，

宏观层面的“市场失灵”则归属于广义的“市场失灵”，宏观经济不稳定就是其中之一。宏观经济不稳定之所以也是一种“市场失灵”的形式，是因为市场机制不能自动出清，也就是消除超额供给（供给大于需求）或超额需求（供给小于需求），从而无法自发地达到供给等于需求的均衡状态。

由于有了狭义“市场失灵”和广义“市场失灵”的界定，有的经济学家也将规制进行了广义和狭义的区分。日本著名规制经济学家植草益就认为广义的（公的）规制涵盖了所有与广义“市场失灵”相关的法律和政策，具体包括了八项内容。其中第一项是与宏观经济有关的政策，主要是以保证分配的公平和经济增长—稳定为目的的政策；其余七项政策是与微观经济有关的政策，包括提供公共物品的政策、处理不完全竞争的政策、以处理自然垄断为目的的政策、以处理非价值性物品和外部不经济为目的的政策、以处理信息不完全为目的的政策、产业政策和科学技术振兴政策、劳动政策以及与土地和自然资源相关的政策。由此来看，广义的规制涵盖的范围较宽，几乎包括政府干预经济的所有职能。《新帕尔格雷夫经济学大辞典》对规制的两种解释①实际上也对应于广义和狭义的规制，针对的就是广义的“市场失灵”和狭义的“市场失灵”。

在具有相通性的同时，宏观调控政策和微观规制政策也具有一定的差异性，主要体现在如下几个方面。

第一，两者作用的范围不同。宏观调控政策主要作用于经济总量，其影响是整体性和全局性的；而微观规制政策主要作用于经济个量，其影响的局部性更强。

第二，两者作用的目的不同。宏观调控政策旨在调节社会总供给和总需求之间的不平衡，以实现经济增长、物价稳定、充分就业和国际收支平衡为目标；而微观规制政策则着重解决微观层面的市场缺陷问题，以增进社会福利为目的。

---

① 一种解释是指国家以经济管理的名义进行干预。在经济政策领域，按照凯恩斯主义的概念，规制是指经过一些反周期的预算或货币干预手段对宏观经济活动进行调节。另一种解释是指政府为控制企业的价格、销售和生产决策而采取的各种行动，政府公开宣布这些行动是要努力制止不充分重视“社会利益”的私人决策。

第三，两者作用的手段和方式不同。宏观调控政策的实施以经济手段为主，通过调节一些政策变量来引导微观经济主体的行为，从而使经济总量发生变化，进而实现宏观经济的平衡。宏观调控政策的这一作用机制，使其更多地具有非强制性和间接引导的特征。而微观规制政策的实施以行政手段和法律手段为主，通过控制微观经济主体的行为而达到矫正市场缺陷的目的。微观规制政策的这一作用机制，使其更多地具有强制性和直接干预的特征。

当然，上述作用手段和方式的区分也不是绝对的。比如，在实施宏观调控政策的过程中，有时也会辅之以法律手段和行政手段。而在实施微观规制政策的过程中，也不排斥经济手段的使用。特别是 20 世纪 70 年代末 80 年代初以来兴起的激励性规制政策，就是针对信息不对称条件下被规制企业可能存在的隐藏信息和隐藏行动，以及相应的逆向选择和道德风险问题，通过利润刺激或竞争性刺激的经济手段，来诱导被规制企业采取与规制目标相一致的最优行动。

第四，两者作用的方向特征不同。宏观调控政策主要关注的是短期内的问题，其政策作用的方向具有周期性和更迭性的特征；而微观规制政策作用的方向具有相对长期性和稳定性的特征。

客观而言，微观规制在特定情况下可以作为宏观调控的手段，因为两者具有一致的政策效果。但是，微观规制并不能作为宏观调控的常规手段，只能作为特殊条件下宏观调控的辅助性手段和临时性手段。毕竟两者的行为方式是有本质区别的。宏观调控是针对经济运行的短期波动和变化而采取的措施，需要根据经济形势的冷热变化，相机调整其方向和力度。但是，微观规制却有着刚性和常态化的特征，不论经济过热还是偏冷，政策方向和力度都应保持相对一致，而不应随着经济波动时紧时松，随着宏观政策的松紧而同步振荡。

在近年来宏观调控的实践中，特别是 2003 年下半年以来几次治理经济过热的过程中，出现了宏观调控微观化和行政化的倾向，各种行政性直接干预的手段被显著强化，比如行业市场准入、项目的行政审批与核准、土地的行政审批、对银行信贷的窗口指导和贷款规模控制、强制性清理（淘汰落后产能）等。在近两年的房地产调控中，也大量依靠行政性的管

控举措，比如限购、限贷、限制土地供给，甚至直接进行价格管制①。

应该强调的是，尽管中国在市场经济体制还不够完善的情况下，还有必要运用某些行政手段；而且从调控结果看，行政性直接调控方式也确实可以取得立竿见影的效果，但对它的局限性和副作用应有充分的估计。特别是它可能无法实现宏观调控的政策初衷，反而会加剧经济的波动。这是因为，在以经济诱导为主的间接调控体系下，调控当局通过向市场参与者传递政策信号，来引导各个经济主体的预期和调整微观主体的行为。这样一种基于市场的调节方式一般是温和的，而不是大起大落的。但是，在以直接干预为特征的调控体系下，由于缺少市场反馈链条的平滑作用，容易加大经济起、降的幅度。计划调控时期“一放就乱，一乱就收，一收就死，一死再放”的怪圈就深刻反映了这一矛盾。

3. 注重微观审慎监管与宏观审慎管理的相互协调配合

当前中国面临着紧迫的金融监管改革任务。一方面，中国长期实施政府动员性货币、金融体制，依赖国家隐性担保下的信贷扩张支持投资推动的出口导向型工业化或“在干中学”的经济增长，以致最终难以避免宏观跨期错配难题。另一方面，中国银行利率管制还压抑了证券市场的发展，削弱了企业长期资本融资能力。正是为了配合银行利率管制，避免出现严重的脱媒现象，中国长期实行企业债多头监管，造成企业债市场发展滞后。至于股票市场长期以来更是从发行、上市、配股权，一直到退市资格的确认上都充斥着行政管制，本应作为监管核心的上市公司强制信息披露制度建设却遭到忽视。在监管机构和上市公司存在信息不对称的情况下，这样的行政管制反而会激励上市公司行为扭曲，损害公司价值和投资者利益。由此可见，跨期错配问题严重和证券市场发展滞后共同构成了中国金融监管的初始条件。

得益于银行利率市场化改革的逐步推进，中国在缓解跨期错配难题、促进证券市场发展方面都取得了进步。不过，无论是推进银行利率市场化

① 以“宏观调控”的名义加强对微观经济的行政干预和控制，这是有着深刻的传统体制色彩的。对于这一点，从宏观调控一词的翻译中就可窥见一斑。“macro-economic control”所表达的意思就是政府对宏观经济的调节和控制，这显然带有较浓厚的计划经济或者管制（命令）经济的色彩。

改革还是发展证券市场，都还应采取如下一系列改革措施，进一步完善金融监管，以更好地缓解投资者逆向选择问题，并控制金融机构自身的道德风险。

（1）结合存款保险制度建设，进一步完善对银行业以风险为基础的资本充足性监管，继续稳健推进银行利率市场化改革，并巩固已取得的成果。银行利率市场化无疑将加剧银行业竞争，降低存、贷利差，证券市场发展则又会造成低风险，甚至中等风险的银行优质客户流失，转向信贷资产证券化。这两者相结合将可能产生对银行资本充足性的负面冲击，进而引发道德风险。因此，必须结合存款保险制度建设，更为全面地考核信用风险、市场风险和流动性风险对银行资本充足性的影响。只有这样，才能激励银行审慎经营，最终完成银行利率市场化改革。

（2）进一步完善强制信息披露制度，尽快实施企业上市、发行的注册制，在切实保护投资者利益的基础上，方便上市公司融资，加速证券市场发展。由于存在较为严重的跨期错配问题，银行利率市场化改革势必会造成中国银行业长期资本供给职能有所削弱，这就要求加速证券市场发展，满足企业相应的融资需求。更为幸运的是，随着强制信息披露制度的日趋完善，中国实施企业上市、发行的注册制条件已经成熟，能够有效减少对证券市场不必要的行政管制及其引发的上市公司行为扭曲。这就可以在切实保护投资者利益的基础上，方便上市公司融资。

（3）将以风险为基础的资本充足性监管扩展至具有流动性创造职能的所有金融机构，促进金融市场化发展和产业融合。一方面，市场化和产业融合是金融发展不可避免的趋势，这就意味着非银行金融机构同样可以具有流动性创造职能；另一方面，保持包括影子银行在内的金融机构流动性创造职能又具有外部性，需得到政府的适时援助。因此，将以风险为基础的资本充足性监管扩展至影子银行体系就是理所当然的事。只有这样，才能全面和有效地抑制金融机构道德风险，更好地促进金融市场化发展和产业融合。

在完善金融监管的过程中，还应重视国际金融危机之后出现的新的调控和风险管理工具：宏观审慎管理。

宏观审慎政策框架形成于2008年国际金融危机深化以后。2009年初，

国际清算银行提出用宏观审慎性的概念来概括导致危机中“大而不能倒”、顺周期性、监管不足、标准不高等问题。在2009年9月的二十国集团匹兹堡峰会上，最终形成的会议文件及其附件中开始正式引用了“宏观审慎管理”和“宏观审慎政策”的提法。

所谓宏观审慎管理（prudent macro-management），是从宏观的、逆周期的视角采取措施，防范由金融体系顺周期波动和跨部门传染导致的系统性风险，维护货币和金融体系的稳定。

宏观审慎管理的核心是防范金融体系的系统性风险。这一风险主要来自两个方面：跨行业方面的风险，主要是由于金融机构之间、金融机构与市场和基础设施之间的相互关联性导致金融体系的脆弱性；跨时间方面的风险，主要是由于金融体系存在顺周期性，在经济周期的更迭过程中，金融风险通过金融体系内部以及金融体系与宏观经济的相互作用被催生甚至放大。

宏观审慎性政策本质上是宏观调控的组成部分，因为它以维护宏观经济和金融稳定为目标，旨在建立更强的、体现逆周期性的政策体系。其具体内容包括：对银行的资本要求、流动性要求、杠杆率要求、拨备规则，对系统重要性机构的特别要求，会计标准，信用评级，衍生产品交易的集中清算，影子银行的监管等。这些宏观审慎管理工具与常规的宏观经济政策之间具有内在关联性。特别是在金融危机之后，各国普遍认识到在制定宏观经济政策时需更多地考虑金融稳定，货币当局的政策目标也逐渐从单一的价格稳定转为兼顾价格稳定与金融稳定。在此背景下，主要经济体和国际组织都在积极探索拓展新的宏观调控和系统风险管理工具，宏观审慎政策工具遂进入了国际社会的视野，成为金融危机后国际金融管理改革的核心内容。

从宏观审慎管理与微观审慎监管的关系看，后者主要关注单个金融机构的风险敞口和稳健运行，而前者则着眼于维护整个金融体系的稳定。微观审慎性的总和并不等于宏观审慎性。考虑到金融风险的外部性和溢出效应，需要宏观审慎政策工具来管理整个金融体系的风险。当然，宏观审慎政策工具的实施，也依赖于微观监管工具，如资本、流动性监管要求等。正是在这个意义上，构建宏观审慎管理与微观审慎监管协调配合、互为补充的金融监管框架正成为各国金融改革的重要内容。

4. 确保产业政策的有效实施

政府究竟应该在产业发展中扮演何种角色？自从现代经济学诞生以来，关于这一问题的理论争论就从来没有停止过。在《国富论》中，亚当·斯密极力批判重商主义，总体上反对各种形式的产业政策并倡导自由贸易。但是，时隔不久，美国第一任财长亚历山大·汉密尔顿便抛出《关于制造业的报告》，明确主张“幼稚产业保护论”。到了19世纪，德国经济学家弗里德里希·李斯特在其《政治经济学的国民体系》一书中，更加系统地为国家保护主义辩护。进入20世纪，经济学界对产业政策的争论更趋激烈，并且，无论是支持者还是反对者，都能从不同国家的经济发展史中找到产业政策成功或失败的例证。

对于产业政策，特别是产业升级政策，我们的基本看法是：一方面应承认，在产业升级和技术创新过程中，一些外部效应没有办法被市场完全考虑。比如企业创新升级会为其他企业提供公共知识，基础设施建设会降低企业的交易成本并提高投资回报率。由于这些外部效应无法完全通过市场途径解决，需要政府在产业升级和技术创新方面发挥应有作用。另一方面也应强调，政府在产业选择、技术选择方面，不能过度干预。近年来政府在推动战略性新兴产业发展过程中，通常以自身对市场供需状况的判断以及对未来供需形势变化的预测来判断某个行业是否具有发展前景，并以政府的判断和预测为依据制定相应的行业发展规划。事实上，由于存在不确定性和政府的有限理性，政府可能无法对经济形势作出较为准确的判断。这实际上是以政府的判断和控制来代替市场的协调机制，具有强烈的管制经济色彩。近期以光伏产业为代表的一些新兴产业所经历的巨幅震荡，就与政府主导背景下押注错误的技术方向，以及大规模重复投资不无关系。我们认为，在有必要实行产业政策的情形下，为克服“政府失灵”，有必要区分选择性产业政策和功能性产业政策①，也要区分直接干预型和间接诱导型产业政策。这里的核心要义是，产业政策应被作为矫正

① S. Lall, “Industrial Policy: The Role of Government in Promoting Industrial and Technological Development”, *UNCTAD Review*, 1994, pp. 65 - 90.

市场失效的工具，而不是替代市场的工具。也就是说，政府在实施产业政策的过程中，不应设法取代市场，而应设法强化市场信号和私人活动。

除了产业升级政策，近年来政府还相继出台了一系列具体的产业政策以抑制一些行业的盲目投资和产能过剩。但是，从产能过剩形成的原因看，尽管有周期性因素的影响，但主要还是体制性、供给面的原因。一方面是投资主体扭曲造成的预算软约束问题，特别是一些国有企业和作为准市场主体的地方政府，在扩张过程中不计成本、不顾后果，导致过度投资。另一方面是投资成本的扭曲。围绕招商引资展开的地方政府之间的竞争，使得地方政府和其辖区内企业形成利益上的共生关系。地方政府通过压低土地价格、变相减免税收、以政府信誉担保方式利用银行信贷等种种“父爱主义”的方法，诱使企业投资，使其投资行为发生扭曲。我们应该看到，由于要素市场化改革滞后，价格不能真实地反映要素的稀缺性和供求关系以及环境损害程度，潜在进入者往往会对收益产生偏高预期，而对进入成本产生偏低预期，从而自然会作出过度投资、过度进入的选择。因此，治理产能过剩问题，除了依靠政府的产业政策，还需要进一步释放改革红利，培育市场化的投资主体，释放正确的价格信号。

坚持和完善基本经济制度

“完善社会主义基本经济制度”课题组*

党的十八届三中全会发布的《中共中央关于全面深化改革若干重大问题的决定》（以下简称《决定》）强调：“公有制为主体、多种所有制经济共同发展的基本经济制度，是中国特色社会主义制度的重要支柱，也是社会主义市场经济体制的根基。”①《决定》对如何完善这一社会主义基本经济制度，作出了内涵更加充分的表达，且包含着进一步改革的基本思路和丰富的政策内容。所有制结构的发展方向，应该与让市场在“资源配置中起决定性作用”的改革指导思想相适应。在实践中，我国一直面临着如何构建多种所有制经济之间良性互动的机制问题。根据《决定》的有关精神，从现实出发，坚持和完善基本经济制度，需要从以下四个方面着手：一是完善产权保护制度，二是发展混合所有制经济，三是推动国有企业完善现代企业制度，四是支持非公有制经济健康发展。

---

* 课题组成员：杨春学，中国社会科学院经济研究所副所长、研究员；胡家勇，中国社会科学院经济研究所政治经济学研究室主任、研究员；杨新铭，中国社会科学院经济研究所政治经济学研究室副主任、副研究员；刘剑雄，中国社会科学院经济研究所副研究员；武鹏，中国社会科学院经济研究所博士。

① 《中共中央关于全面深化改革若干重大问题的决定》，《人民日报》2013 年 11 月 16 日，第 1 ~ 3 版。

一　从法律入手，完善产权保护制度

产权界定和保护的重要性，体现在它能为各种经济主体提供正当的激励，并鼓励充分的竞争。经济学把产权的清晰界定和有效保护，以及合同的有效执行和纠纷的公平仲裁视为市场经济最基本的支持性制度。各种类型的财产获得有效而同等的法律保护，是市场经济顺利运转的制度基础，也是各种所有制经济平等竞争的前提条件。可以说，**完善的产权保护制度，是我国“多种所有制经济共同发展”的核心基础。**

改革开放以来，非公有制经济及其财产的法律地位和受保护程度是不断上升的，最近十多年来更为显著。2004 年通过的《宪法》修正案指出：“国家保护个体经济、私营经济等非公有制经济的合法的权益和利益。”“公民的合法的私有财产不受侵犯。”“国家依照法律规定保护公民的私有财产权和继承权。”2007 年通过的《物权法》规定：“保障一切市场主体的平等法律地位和发展权利。”“国家、集体、私人的物权和其他权利人的物权受法律保护，任何单位和个人不得侵犯。”2007 年党的十七大报告指出：“坚持平等保护物权，形成各种所有制经济平等竞争、相互促进新格局。”①

尽管有关保护非公有制经济产权和确立它们平等法律地位的立法取得了历史性的进步，但在现实中，非公有制经济的产权保护状况和平等法律地位不容乐观。企业家论坛 2010 年的调查结果表明，有 28.6% 的企业家表示财产不安全，有 44.2% 的企业家认为企业法规不能够保障企业的利益，有半数企业家认为知识产权保护不到位。据世界银行与国际金融公司研究报告《中国营商环境（2012）》测算，2011 ~ 2012 年，在 182 个国家和地区中，中国投资者保护分别排第 93 位和第 97 位，投资者保护强度指数（1 ~ 10）为 5，属于中等强度保护。

财产权得不到有效保护的一个严重后果是投资移民潮的不断涌现。根据招商银行和贝恩公司联合发布的《2011 私人财富报告》中的数据，中

① 胡锦涛：《高举中国特色社会主义伟大旗帜　为夺取全面建设小康社会新胜利而奋斗——在中国共产党第十七次全国代表大会上的报告》，人民出版社，2007，第 25 页。

国个人境外资产增长迅速，2008～2010年年均复合增长率达到约100%。与此同时，近年来中国向境外投资移民人数出现快速增加，接受调研的高净值人群中近60%已经完成投资移民或有相关考虑。最近5年来，中国向美国累计投资移民人数年复合增长率达73%。据招商银行和贝恩公司的调查，出于保障财富安全目的而移民的比例高达43%。中国银行和胡润研究院对全国18个重点城市拥有千万元级别以上财富的富人进行了调查，调查结果是，有1/3的富人拥有海外资产，海外资产平均占总资产的19%，有60%的富人有移民意向或已申请移民，以投资移民为主，拥有亿万财富的人群的海外投资比例更是超过50%。在移民中，掌握财富、知识和技术的人最多，其中很多是民营企业家，他们的离去将给中国经济社会发展造成不利影响。

《决定》把完善产权保护制度提到了新的理论和实践高度，提出“产权是所有制的核心”，“公有制经济财产权不可侵犯，非公有制经济财产权同样不可侵犯”，各种所有制经济产权和合法利益“同等受到法律保护”①。这些原则对于完善我国产权保护制度，进而完善社会主义基本经济制度提供了明确的指导。

在实践中，不论是公有财产，还是非公有财产，都存在保护不力的问题。其中，非公有财产的保护问题更为突出。非公有制财产之所以得不到公平、有效的保护，既有意识形态、理论方面的原因，也有法律、政策和执行等层面的原因。其中，最直接的有两大因素。

第一，政府机构拥有巨大的行政权力，而不受限制的行政权力往往成为侵害非公有制经济产权的一个根源。“有些地方个人产权受到非常粗暴的侵犯，用各种莫须有的罪名，侵犯、占有个人产权，甚至让一些企业家倾家荡产。”② 在这种情况下，政府不仅没有充当合法私人财产的保护者，而且扮演了“掠夺之手”的角色。

第二，司法系统没能做到对非公有制经济的公平裁决。当非公有企业

---

① 《中共中央关于全面深化改革若干重大问题的决定》，《人民日报》2013年11月16日，第1～3版。

② 李剑阁：《下一步改革的两条主线：市场化取向，多种经济成分共同发展》，《中国改革》2013年第1期。

的财产受到侵害时，立案、判决和执行都面临许多困难。当非公有制企业与国有企业发生财产、合同等方面的经济纠纷时，裁决及其执行往往偏向于国有企业。

因此，构建公平而有效的保护非公有制财产的法治环境，需要从以下几个层面努力。

第一，要营造有利于非公有制经济发展的社会舆论环境。这需要从社会意识形态和理论方面着手。在社会意识形态方面，不能再把“公”和“私”、“公”和“非公”绝对对立起来，更不能把“非公有制经济”与“自私”“剥削”等直接联系起来，不能认为，只要是“非公有制经济”就丧失了“道德的制高点”。我们必须调动一切积极因素，最大限度地激发各类资本、技术和智力的潜力，让一切劳动、知识、技术、管理和资本的活力竞相迸发。因此，无论是“公”还是“非公”，只要是创造社会财富的源泉，都应该得到积极评价和公平对待。

从理论上来讲，还需要进一步深化对“财富”和“私有财产”的认识。在现代市场经济中，“财富”不仅仅是用于消费的金钱，更是经济循环过程中的一种“生产要素”。财富，无论是“公有”还是“私有”，只要它重新投入经济流转过程，就能创造出新的就业岗位，生产出新的产品和服务，就是在为社会利益服务，就具有“社会性”。从现实来看，大量私有财产和非公有制经济的存在，创造了大量就业岗位，特别是适合于弱势群体的就业岗位，提高了低收入者的收入，产生了“涓滴效应”。对于私有财产，我们则应该把它放在社会财产结构和企业产权结构的变迁中去理解它的性质。用传统的“公”和“私”的概念来区分企业经济属性已不再适应社会主义市场经济发展的现实。经过多年的发展，各种企业内部股权结构已经发生了深刻变化，相当多的民营企业通过股份制改造或上市，实现了股权结构社会化和分散化，成为公众公司；特别是基金公司和投资公司等新的经济组织形式大量涌现，企业社会化的程度相当高。因此，民营经济中的股份制公司、混合所有制公司、全员持股等股权社会化的企业，不仅为社会上众多民众创造了财产性收入，也将企业置于政府、社会和人民群众的监督之下，已经成为社会主义市场经济中公有制的一种有效实现形式。马克思、恩格斯当年对股份制性质的论述，对于我们当下认识私有财产的性质具有重要的启迪作用。马克思指出，公司的资本“在这里直接取得了社会资本（即那些直接联合起来的个人的资本）的形式，而与私人资本相对立，并且它的企业也表现为社会企业，而与私人企业相对立”①。

第二，法律、政策条文或解释需要进一步完善。从根源上来讲，许多法律和政策条文，或者对这些条文的理解不利于营造非公有制经济发展的公平法治环境。我们需要对“公有制”的主体地位作出科学的理解，不能把公有制的主体地位理解为公有制企业可以在法律和市场竞争规则面前凌驾于非公有制企业之上，在产权保护和合同仲裁上天然享有特殊地位。

一些法律条文有时也容易导致对非公有财产的侵害。例如，《宪法》第十三条规定：“公民的合法的私有财产不受侵犯”，“国家依照法律规定保护公民的私有财产权和继承权”，同时又规定“国家为了公共利益的需要，可以依照法律规定对公民的私有财产实行征收或者征用并给予补偿”。但是，对“公共利益”目前还没有明确的界定，对如何界定“公共利益”也没有明确的规定，这就容易导致借“公共利益”之名侵害和掠夺非公有财产的现象。

第三，要消除对非公有制经济的司法偏见。在构建公平的法治环境方面，执法和司法环节至关重要。从立法层面上看，平等保护各类财产和经济活动的法律、法规和政策并不缺乏，问题是它们并没有得到有效执行。美国学者艾利森曾指出：“在达到政府目标的过程中，方案确定的功能只占10%，而其余90%取决于有效执行。”② 这同样可以用在法律、法规和政策的制定与执行上。强化已有法律、法规和政策的执行，是构建各类所有制经济平等竞争、共同发展的关键。这就要求司法机关和政策执行机关在面对公有制经济单位与非公有制经济单位的财产、合同及其他经济纠纷时，能够抛弃所有制偏见，依据法律条文，公平、公正裁决。

① 《马克思恩格斯文集》第7卷，人民出版社，2009，第494页。

② 转引自陈振明《公共政策分析》，中国人民大学出版社，2003，第235页。

二　以健全的方式，积极发展混合所有制经济

党的十五大提出要“探索公有制多种有效实现形式”①，肯定股份制是公有制的一种有效实现形式。党的十六届三中全会进一步明确指出要“使股份制成为公有制的主要实现形式”②。这在政策上开启了公有资本与非公有资本之间良性互动机制的第一次重大构建，由此推动了国有企业的大规模股份制改革和股票上市，以及一批民营企业的股票上市。这种所有制度改革，一方面通过参股、引入战略投资者等方式，把非公有资本积极引入国有企业股份制改造进程，为非公有制经济开辟了广阔的投资空间，盘活了包括个人资产在内的大量社会闲置资本；另一方面也重构了国有企业的内部机制，带来了国有企业新的辉煌。相关数据显示，目前以股份制公司为主要形式的混合所有制经济，资产总额和税收贡献均已占到全社会的一半左右，且这一比例仍在持续扩大。

发展混合所有制是我国未来优化所有制结构的基本方向，也是放大国有资本功能，增强国有经济活力、控制力、影响力的重要途径。鉴于目前混合所有制发展中存在的问题，发展混合所有制可以从以下两个方面着手。

1. 切实保护投资者的利益，特别是中小投资者的利益

只有有效保护投资者的利益，各类资本才能彼此融合在一起。在目前资本市场发展不完善和公司治理结构不健全的情况下，中小投资者的利益往往受到侵害，这是在发展混合所有制经济的过程中必须解决的问题。为此，需要采取以下措施。

第一，规范和完善公司治理结构。提高信息的准确性和透明度，如建立会计委派制、财务总监制等，以使广大股东能够准确掌握公司的运营状况。切实发挥监事会的作用，在监事会中注意吸收中小股东的代表。规范职业经理人的选拔和管理，一方面，在公司要进行重要人事任免时应由投资者共同讨论决定；另一方面，对管理者除了建立相应的薪酬等激励机制

① 《江泽民文选》第 2 卷，人民出版社，2006，第 71 页。

② 中共中央文献研究室编《十六大以来重要文献选编》（上卷），中央文献出版社，2005，第 466 页。

外，还应建立追责制度，对其在经营过程中出现的重大失误进行调查，并给予必要的处罚。

第二，强化对投资者的法律保护，特别是国家层面的立法保护。可以赋予投资者以“集团诉讼”和“股东代表诉讼”等诉讼权利，保护自身的合法权益。在此方面较为成熟的美国已通过了《证券法》《证券交易法》《私人证券诉讼修改法》《证券诉讼统一标准法》等一系列法案，一旦违法者侵害了投资者的权益，相关责任人，包括公司内部人员和会计师、律师或证券承销商等外部人员，均将面临巨额罚款等严厉惩戒。

第三，尽快出台半强制性的上市公司分红制度。这一制度既可以保护中小投资者的权益和抑制市场剧烈波动，还可以形成一种促使上市公司提高业绩的倒逼机制。虽然目前对上市公司的资质审核仍不到位，退市机制亦难以形成普遍压力，但只要市场信息具有一定的透明度，半强制性分红制度便可以通过“看不见的手”将资金引向最有效率的公司，同时淘汰那些劣质的公司，进而推动证券市场的健康繁荣，吸引包括普通群众在内的各类投资主体持有上市公司的股份。这在推动上市公司资本来源多元化的同时，还将利用市场方式促进经济发展成果的全民共享。在具体操作上，首先，应将目前不定期的上市公司分红活动定期化，将以往分红决策的内部相机决定变为外部硬性规定；其次，推动现金分红成为红利派发的主要形式，限制上市公司以分股的形式代替现金分红；再次，根据公司性质、经营状况和资金需求的不同，分别制定较为合理的分红标准，这个方面可参考美国等成熟市场经济体的经验，将现金分红比例设定为利润的50%左右；最后，上市公司在经营过程中已缴纳了包括企业所得税在内的各种应缴税收，应避免再对红利进行重复计税。

第四，建立和创新长效机制，打击关联交易和内幕交易。出于所有者缺位和股权分散等方面的原因，国家资本和中小资本往往成为关联交易和内幕交易的牺牲品。有效打击这些违法行为，一方面可以防止国有资产的流失和群众利益的损失，另一方面还将提高资本市场的吸引力，促进股份制经济的快速发展。目前，我国相关管理部门已着手加强对关联交易和内幕交易等资本市场违法行为的查处，但是，在违法操作获利巨大、操作手段不断翻新的形势下，查处方式也要不断创新，以形成长效机制。对此，可以考虑从以下几个方面入手：完善和强化关于资本市场中关联交易和内幕交易等违法行为的立法，如拓展对关联交易的调查范围、按非法的财富转移数额而不是所得数额制定量刑标准等；鼓励对内幕交易等非法行为的举报，对举报人给予必要的保护；伴随着我国国有资产管理体制从管企业向管资产的转型，资产管理者很难有足够的精力应对各个投资方向的复杂事项，为此，对于非法占有或转移国有资产的行为应设置更高的惩处标准，以形成事前的威慑力，降低发生概率；逐步改革非流通股等制度，祛除企业经营者从事关联交易和内幕交易等违法行为的动机；广泛构建资本市场中经营主体的激励机制，收紧“老鼠仓”的资金渠道，如将基金管理者的收入与基金绩效相挂钩；等等。

2. 准确发挥国有资本在混合所有制经济中的控制力、影响力

受制于既有利益格局，部分行业或部门内难以实质性推动混合经营的开展。既得利益者往往借口维护公共利益，保障国家对重点行业和关键领域的控制力等，抵制其他经济主体平等、自由地投资入股和共同开展经营活动。

发展混合所有制经济要突破行业限制，不能把“国计民生”“关系国民经济命脉”的行业范围过度扩大。除了军工等涉及国家安全的极少数领域外，金融、石油、电力、铁路、电信、资源开发、公用事业等行业都要采取切实有效的措施向民营资本开放，引入混合所有制企业，在一些领域，国有资本要逐步放弃控股，争取在二级、三级企业全部实现混合所有制。

但是，在这种产权多元化的改革过程中，要特别注意如何保持国有经济的控制力、影响力的问题，要分类进行制度安排，注意国有资本在不同领域所占比例。在重要领域和关键性领域，要由国有资本绝对控股或相对控股，在一些重要但不需要国有资本控股的领域，可以撤出大部分国有股，转而投入更为合适的领域。

在竞争性领域，各类资本的流动和融合完全由市场原则决定。这一领域主要是非国有资本的天地，国有资本可以根据营利性原则参与其中，也可以把它完全让给非国有资本。各类资本所有者的权益由《公司法》规范。

在某些领域，可以考虑建立符合中国国情的“黄金股”制度。“黄金股”是指政府出于维护公共利益的考虑，在关系国计民生和国家安全的公司中所持有的一种“特权优先股”。即使国有股权占比因其他所有制资本的进入而被稀释，乃至失去控股地位，政府依然可以在必要的时候利用这一特权来主导公司的决策，保证国家对重点行业和关键领域的控制。当然，出于股权对等原则的考虑，同时也为了防止出现政府的过度干预，“黄金股”制度在具体实施过程中还须建立相应的制度章程。一般而言，这些制度应旨在保证：政府不能通过其所持有的“黄金股”来干预企业的日常经营行为，而只能在公司发生战略资产转移、企业并购等重大交易事项或经营决策时，根据维护公共利益的需要而酌情考虑是否动用特权。实施“黄金股”制度，一方面可以在不削弱政府控制力和维护公共利益的同时，析出大量国有资本重新进行优化配置，进而提高国有资本收益率，实现保值增值；另一方面可以进一步推动产权主体的多元化，为非公有资本进入传统的行政垄断行业创造条件、释放空间，也将有利于完善企业的法人结构和公司治理，提升企业的经济社会效益，促进市场决定性作用的充分发挥。

三　进一步改革国有经济

只有深化对国有经济的改革，才能真正实现“发挥国有经济主导作用，不断增强国有经济活力、控制力、影响力”①，才能真正体现公有制的主体地位。

在今后的国有经济改革中，我们认为，重点要做好以下几件事：①必须清晰界定“关系国家安全、国民经济命脉的重要行业和关键领域”的界限，逐步使国有资本集中于非竞争性领域，以便对国有企业实行分类监管；②允许各地展开试点，借鉴以控股公司为中心的国家参股管理模式，以独立的国家持股基金为中心的社会分红管理模式，以及以财政部为核心的公共财政管理模式，探索适合本地的国有企业管理运营模式；③进一步

① 《中共中央关于全面深化改革若干重大问题的决定》，《人民日报》2013 年 11 月 16 日，第 1 ~ 3 版。

解决国有企业政企不分、政资不分的问题，实现国有企业的“去行政化”，真正实现公平的市场竞争；④逐步实现国有企业“公共性”的回归，解决“所有人缺位”的问题，逐步建立“收益全民分享机制”；⑤提升国有企业监管效率，提高国有企业运营信息的披露要求，加强对国有企业的独立审计。

1. 深化国有企业管理体制的改革

第一，国有资本逐步集中于非竞争性领域，对国有企业实行分类监管。

国有资本集中于关系国家安全、国民经济命脉的重要行业和关键领域，向“战略性”行业集中，一直是政府配置国有资本的目标之一。在下一步的改革中，必须切实落实早在1999年党的十五届四中全会就作出的对国有资本实施战略性调整的决定，国有资本从一般竞争性行业退出，国家只保留极少数非由国家来支配不可的领域。必须打破“关系国民经济命脉的重要行业和关键领域”[①] 之外国有企业的垄断地位，改善市场竞争环境，国有企业逐步退出竞争性领域。垄断表面上提供了大量利润，却保护了落后的管理体制，固化了既得利益，阻碍了改革的深化。必须打破国有企业的行政垄断，取消国有企业无偿或低价占有和耗费国有资源的特权，规范国有企业的行为，使国有企业成为与民营企业一样平等的市场竞争主体，通过市场的竞争来实现资源利用效率的提升。

要根据国有企业的功能定位、市场属性、股权结构、产业特征和发展阶段，实施分类管理和监管。经过一段时期的调整，国有资本逐步形成布局于关系国家安全、国民经济命脉的重要行业，公共服务、前瞻性战略性行业，一般竞争性行业三个领域。对以上三个领域的国有资本要进行分类监管，实行差异化政策。第一个领域的国有企业，以完成战略任务和重大专项任务为主要目标，兼顾经济效益；第二个领域的国有企业，以确保公共服务的有效提供为目标，以社会效益为主，兼顾经济效益；第三个领域的国有企业，以市场为导向，以企业经济效益最大化为主要目标，兼顾社会效益。

---

① 《江泽民文选》第2卷，人民出版社，2006，第19页。

应确定退出竞争性领域的国有企业目录、实施方案和时间表，对退出后的国有资本明确再投入领域，优先再投入社保、医保基金和文教科卫发展等重要领域。

对竞争性领域的国有企业，尤其是财务业绩比较差的地方国有企业，可通过进一步进行资产证券化，通过公开透明的有序处置，在实现国有资本退出的同时，改善有巨大债务压力的地方政府的资产负债表。

第二，完善国有资产管理相关法律，积极推进国有企业管理体制改革。

目前“统一所有、分级代表”的国有资产管理体制只是一种过渡性质的管理体制。在该体制下，各级政府负责国有资产经营管理，政资不分、政企不分现象严重，政府官员“亦官亦商”，既影响了企业的正常经营，也增加了寻租、腐败的空间；同时，各级政府与相关部门为了各自利益，对国有资产控制权不可避免会展开激烈的争夺。

国资委从成立开始，就面临地位不清、职能模糊的尴尬。按照《企业国有资产监督管理暂行条例》的规定，国资委是代表国务院履行出资人职责、负责监督管理国有资产的直属特设机构。然而，“出资人”是市场概念，“监管者”是政府行政管理概念，因此，《企业国有资产监督管理暂行条例》对国资委的定位本身就存在矛盾。《企业国有资产法》将国资委定位为出资人，要求国资委不得干预出资企业的自主经营，“管资产与管人、管事相结合”被重新诠释，国资委只能通过董事会间接行使这些职能。事实上，国资委作为企业的“股东”，在法律上只是“民事主体”，它所制定的一系列规章制度以及规范性文件，从理论上来说没有任何法律效力，甚至对出资的国有企业也只有参考意义，因为股东与企业也是平等的主体，股东的意志只有通过股东大会决议才能产生内部效力。对于国资委的定位和职能应该进行调整和改革，国资委不能成为国有企业的代言人和辩护者，应加紧《国有资产管理法》的研究并适时推出。

鉴于目前中央和地方各级政府掌控了大量的国有企业，应准许地方政府在各自管辖的范围内进行国有企业管理体制的改革探索，使各级政府可以充分借鉴现有一些国家的成功模式。

（1）以控股公司为中心的国家参股管理模式。其基本特点是，政府

主管部门通过设置大型控股公司来实现对国有资产的管理。例如，意大利、奥地利、瑞典、新加坡、赞比亚等都采取这种管理模式。

（2）以独立的国家持股基金为中心的社会分红管理模式。以美国为例，1978 年，阿拉斯加永久基金公司（APFC）成立。阿拉斯加永久基金公司独立于州财政部门而独立运营，但需接受州议会预算及审计委员会的监督。1980 年，阿拉斯加州议会通过永久基金分红计划，该方案将每年及前 4 年平均下来的永久基金投资净收入的 50% 发放给每一个在阿拉斯加州居住满 6 个月的居民。为防止通货膨胀侵蚀永久基金本金的购买力，州议会随后又通过了法案，将剩余 50% 的永久基金投资净收入优先用于补充基金本金以抗衡通货膨胀。在补充基金本金后，再剩余的净收入存入基金的收入储备账户以供议会立法批准其他用途。

（3）以财政部为核心的公共财政管理模式。德国是以财政部为核心的管理模式的代表，类似的还有英国、法国、日本等国。在这种模式下，国有资产管理与政府财政预算体制直接挂钩。例如，在法国，预算体系与公共行政机构相适应，分为中央预算、地方预算和国家社会预算。法国的中央预算由一般预算、附属预算和国库特别账户构成。一般预算是中央预算的主体部分，其收入主要来自税收，其他为国有企业利润分红和国外收入等。国有企业在按税法规定纳税外，如有赢利，则必须按 50% 的税率上缴所得税。其余利润，一部分按股份向股东发红利，国家股份的红利均上缴法国经济财政部的国库司，另一部分作为企业纯利润，归企业自行支配。

2. 进一步完善国有企业公司法人治理结构

第一，切实解决国有企业所有者缺位问题，为全民监督创造条件。

《企业国有资产法》规定：“国有资产属于国家所有即全民所有。国务院代表国家行使国有资产所有权……国务院和地方人民政府依照法律、行政法规的规定，分别代表国家对国家出资企业履行出资人职责，享有出资人权益。”这只是在法律上解决了国有企业所有者缺位问题，并不能改变国资委也是代理人的现实。

我国根据现行的法律法规确立的国有资产管理体制，通过层层授权，建立了最基本的委托代理关系链条（见图 1）。

图 1　最基本的委托代理关系链条

由于国资委或财政部也无法直接经营成千上万的国有企业，在实践中，便出现了更复杂的委托代理链条（见图 2）。

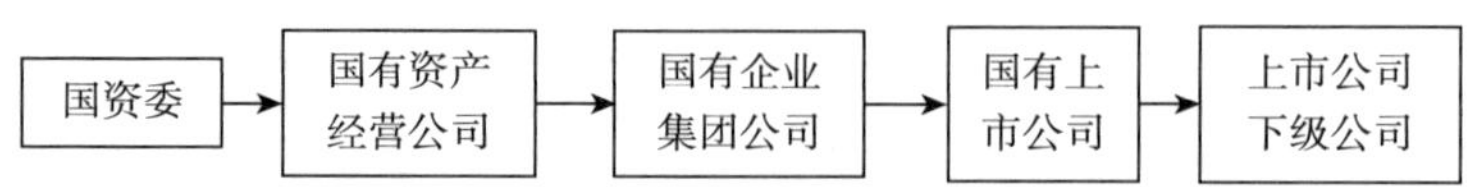

图 2　更复杂的委托代理关系链条

尽管国资委提出央企“扁平化”改革多年，但是根据 2011 年 5 月审计署通报的对 17 家央企的审计结果，有的央企的公司层次多达 11 级，集团公司根本无法管控到各个层面。层次过多必然导致集团战略协同困难，权责关系、治理关系复杂等问题。

国有企业的委托代理链条过长，所有者虚化，导致内部人控制、代理成本高、道德风险大等问题。由此导致在现实当中谁“直接支配”国有资产，谁就实际控制国有资产，可以充分享有占有、使用、受益甚至处分国有资产的实际权利。国家所有嬗变为“地方所有”“部门所有”“单位所有”，国有资产实际上被控制在少数人手中。某些特殊利益群体利用这种制度漏洞，大肆进行职务消费，产生了各种各样的寻租和腐败行为。

因此，必须创造条件，实现全民对国有企业的监督，以真正解决所有者缺位问题。

国有企业不同于其他市场参与主体，由于其本身具有公共属性，因此对其披露信息的要求必须高于普通企业。为减少信息不对称，应强制规定国有企业进行运营情况的定期公报，并对国有企业实行定期独立审计，审计报告应向公众公开。

西方发达国家对国有企业有健全的监督控制体系。在这些国家中，国会或议会对企业主要通过审核企业年度报告、法律执行情况和提起诉讼等方式来行使监控权。英国法律规定，国有企业要向议会提交年度报告和账目，议会通过经常听取企业的财务报告，监督和审核国有企业经营状况；

美国国会有权传国有企业的行政官员到国会作证和陈述法律执行情况及政策落实程度；法国国会通过调查和诉讼方式对国有企业实行监督，并且法律对诉讼提起条件、程序、诉讼和解等都有较为详细的规定，议会监控提高了监控的权威性。

独立审计有利于发现国有企业经营中的违法、违规问题，有利于加强对国有企业的监督。国有企业要真正树立起尊重公众知情权的意识，国资委推动在大型央企建立新闻发言人制度是很好的尝试，但是还远不能满足公众对企业进行监督的要求。国有企业要提升信息透明度，无论上市与否，均应向公众定期提供报告。

第二，逐步实现国有企业的职业经理人制度，更好地发挥企业家的作用。

国有企业要真正成为市场主体，就必须切实解决长期没有得到解决的政企不分、政资不分问题。《决定》提出“以管资本为主加强国有资产监管”，这意味着国有企业改革将从过去的管人、管事、管资产逐渐向以管资产为核心转变。

要实现国有企业的职业经理人制度，必然要求组织部门和国资部门从对国有企业高管的任命中逐步退出。发展混合所有制经济，使市场在资源配置中起决定性作用，构建公平竞争的市场环境，也必然要求国有企业打破行政级别，去行政化。某些国有企业高管与相应的监管机构领导相比，具有平级甚至更高的行政级别，使得对国有企业的监管无从落实。官员与国有企业高管之间存在“旋转门”，如果没有高度透明的监督管理，就很容易形成腐败，甚至国有企业高管的位置，也成了某些官员升官无望的“补偿”，国有企业彻底“公器私用”，成了某些“内部人”控制的资源。

行政管理学和现代企业理论已经充分说明，官员的行为相对于企业家而言，更强调服从上级指示，创新空间有限，而企业家则需要顺应瞬息万变的市场情况，需要有创新精神，实现熊彼特意义上的“破坏性创造”。因此，国有企业的经营管理者要按市场规律来挑选，不能套用官员的选拔模式。国有企业去行政化，也可以使那些具有“企业家才能”的国有企业高管实现由市场来决定其退休，而不是年龄到限“一刀切”。

取消国有企业的行政级别，推进市场化导向的管理层选用和管理机制：国企高管应按职业经理人标准和市场化要求，由股东会、董事会按需选聘，其任免、任期、调动等不再由“主管部门”决定；至于原有国企高管，则可提供两种选择：或者回到机关事业单位，或者留在企业。

第三，逐步建立长效的激励约束机制和与市场相适应的分配机制。

随着国有企业实现政资分离、政企分开，要逐步建立健全国有企业核心骨干长效激励约束机制，建立与市场相容的分配机制。符合相关条件、发展目标明确、具备再融资能力的国有控股上市公司，可实施股权激励或激励基金计划。人力资本密集的高新技术和创新型企业，可实施科技成果入股、专利奖励等方案。

要逐步建立国有企业“容错”机制。企业经营有其自身规律，在市场竞争中，优胜劣汰本身也导致企业经营不可能一帆风顺，因此要逐步建立国有企业“容错”机制，鼓励国有企业的创新尝试。

3. 国有企业“公共”属性的回归及收益全民分享机制的建立和完善

国有企业属于全民所有，因此有其“公共性”。国有企业的“公共性”必然要求其发展成果为全民所共享，因此，应列出时间表和路线图，将现有国有企业逐步改造为“分享型”国有企业，借鉴其他国家成功的国有企业管理模式，使社会公众能普惠分享到国有企业经营的收益。要在宪法框架内明晰国有企业的产权关系，确认全民对国有企业的所有权和受益权，并设计具有可操作性的制度，让公众能够分享国有企业经营的收益，真正体现其“所有权”。国有企业的利润和分红应该上缴国家或划拨社保基金，而不是内部循环。可尝试借鉴美国阿拉斯加永久基金的经验，将国有企业真正改造为“全民所有”。

没有强有力的外部监督，国有资本收益上缴公共财政就会落空，不管规定多高比例的国有资本收益上缴公共财政的比例，在内部人控制下的国有企业总是可以将国有资本收益的基数“做低”，从而在实质上降低上缴比例。甚至在“软预算约束”条件下，国有企业不但没有国有资本收益上缴，反而积极寻求财政补贴。

只有做到了全民监督国有企业的运营情况，全民共享国有企业发展的收益，才能真正解决国有企业的所有者缺位问题和内部人控制问题，国有企业的发展壮大才能真正“促进社会公平正义、增进人民福祉”。

四　切实落实现有政策，支持非公有制经济健康发展

从理论上来讲，非公有制经济发展是我国社会主义市场经济体制建设的必然选择；从现实情况来看，非公有制经济的发展为我国经济社会健康发展作出了巨大贡献，在当前经济从高速增长向中高速增长转变的过程中将作为经济发展的主要动力继续发挥重要作用。然而，非公有制经济发展面临的制约还很多，既有非公有制经济自身的问题，也有外部政策制度环境的制约，还有经济发展的阶段性特征等。而要促进非公有制经济快速发展就必须确实落实《关于鼓励和引导民间投资健康发展的若干意见》（以下简称“非公经济新 36 条”），认真贯彻《决定》提出的负面清单制度，有效解决中小企业融资难等问题。

1. 切实落实“非公经济新 36 条”

2005 年，国务院下发《关于鼓励支持和引导个体私营等非公有制经济发展的若干意见》（以下简称“非公经济 36 条”），标志着垄断行业（除关系经济安全的行业外）在理论和政策层面已经向非公有制经济放开。2010 年，国务院印发“非公经济新 36 条”，旨在进一步拓宽民间投资的领域和范围，鼓励和引导民间资本向多领域发展，如基础产业、基础设施领域、市政公用事业、政策性住房建设领域、金融服务领域、国防科技工业领域等。之所以时隔五年又下发“非公经济新 36 条”，显然是因为非公经济发展依然受到限制。

第一，没有从根本上摆脱意识形态的束缚，非公有制经济作为社会主义经济有益补充[①]的思想根深蒂固。尽管 1997 年党的十五大明确了“公有制为主体，多种所有制经济共同发展”[②] 是我国社会主义初级阶段的基本经济制度，但非公有制作为社会主义经济的重要组成部分存在的描述，与公有制经济的描述在地位上存在明显差异，给人的印象是非公有制经济

---

① 1992 年 12 月党的十四大明确了中国经济体制改革的目标是建立社会主义市场经济体制，并提出要以公有制（包括全民所有制和集体所有制）为主体，个体经济、私营经济、外资经济为补充，多种经济成分长期共同发展。

② 中共中央文献研究室编《十五大以来重要文献选编》（中卷），人民出版社，2001，第 1006 页。

仅仅是阶段性、工具性存在。显然，这种提法具有明显的时代特征，没有从根本上解决非公有制的定位问题。《决定》中明确提出“公有制经济和非公有制经济都是社会主义市场经济的重要组成部分，都是我国经济社会发展的重要基础”①。这一提法将公有制和非公有制经济统一在社会主义市场经济中，体现了市场经济的公平特征，明确了非公有制经济与公有制经济同等重要的地位。然而，仅从党的决定的角度显然并不能从根本上澄清非公有制经济与社会主义之间存在的内在逻辑矛盾，这就需要在理论研究上有所突破，解除非公有制经济与社会主义不相容的思想禁锢。

第二，既得利益者的阻挠不容忽视。当前，长期形成的各种利益格局已经相当稳定，且有不断固化的趋势，而冲破原有制度性障碍，必然会导致原有利益格局的重新划分。这种触及当前既得利益者利益的改革必然会受到既得利益者的阻挠。具体表现为中央政府颁布的新旧“36条”得不到有效落实，各地区各行业出于自身利益而设置资金、技术等方面的不同门槛，阻碍而非帮助非公有制经济进入相关部门、行业形成各种各样的“玻璃门”“弹簧门”“旋转门”。例如，在石油领域，民营企业的实际进入与政府出台的政策相去甚远。2005年，商务部发布《成品油批发企业管理技术规范》《成品油仓储企业管理技术规范》两个征求意见稿，规定申请设立成品油批发企业的申请主体注册资本应不低于1000万元，从事2年以上成品油零售业务，且须拥有30座以上自有或控股加油站。另外，天然气开采准入政策要求注册资本不少于40亿元。全国工商联关于“非公经济36条”落实情况的问卷调查显示，在行业准入方面障碍最大的5个行业分别是电力、电信、石油、金融服务业和公用事业②，而障碍主要来自技术、资金以及从业经验等方面。因此，要促进非公有制经济发展，就必须在思想上突破意识形态束缚，打碎既得利益者的阻碍，消除“玻璃门”“弹簧门”“旋转门”等隐性壁垒，切实落实“非公经济新36条”。

① 《中共中央关于全面深化改革若干重大问题的决定》，《人民日报》2013年11月16日，第1~3版。

② 黄孟复主编《中国民营经济发展报告（2007~2008）》，社会科学文献出版社，2008。

2. 认真贯彻《决定》中提出的负面清单制度

负面清单制度，即政府将不放开的经济领域列出清单，而对于未进入清单的领域一律放开。《决定》中明确："实行统一的市场准入制度，在制定负面清单基础上，各类市场主体可依法平等进入清单之外领域。探索对外商投资实行准入前国民待遇加负面清单的管理模式。"① 这一决定不仅将彻底改变政府管理模式，也将改善民营企业经营环境。对于政府来讲，负面清单制度实际上是在政府与市场之间划出了一条边界，它可以有效约束政府过度干预经济的行为，最大限度地发挥市场配置资源的优势，弥补"市场失灵"等不足。因此，面对"负面清单制度"政府必须放权，简化审批，将经济发展的责任还给市场，而集中精力完成社会保障、国家安全等社会责任。这就需要改革政府管理体制、机制，真正让市场在资源配置中发挥决定性作用。对于非公有制经济来讲，负面清单制度无疑最大限度地放宽了其进入清单外领域的限制，给予了非公有制经济与公有制经济在清单以外领域的同等地位，使非公有制经济投资有了政策基础。由此可见，确立负面清单制度，实行统一的市场准入不仅有利于我国社会主义市场经济体制的完善，纠正资源错配，预防经济腐败等，更能够激发市场活力，特别是非公有制经济的投资积极性，防止经济下滑。因此，负面清单制度对于促进我国经济转型与非公有制经济发展意义重大。

需要指出的是，《决定》中的负面清单还是指导性的，并不具备可操作性，如果这一制度仅仅停留在文字与文件层面，对于政府改革与经济发展将不会产生多大作用。因此，当前需要制定细化的负面清单并及时准确地向社会公开，同时配合政府改革、审批制度改革、登记注册制度改革等一系列改革，真正将负面清单制度落到实处。否则，负面清单制度陷入新旧"36条"的窘境将是不可避免的。

3. 有效解决中小企业融资难问题

除了外资经济和部分民营企业规模较大外，非公有制经济中绝大多数是中小、小微企业，这些市场主体所面临的最大问题是难以获得企业发展

① 《中共中央关于全面深化改革若干重大问题的决定》，《人民日报》2013年11月16日，第1~3版。

所急需的充足资金。从当前的情况看，中小企业既缺乏直接融资渠道，也缺乏间接融资渠道。尽管资本市场开辟了中小企业板，但由于上市的审批制度限制，能够通过上市获得资本市场直接融资的企业非常少。截至目前，中小企业板只有上市公司716家，加上创业板的379家企业，一共也只有1095家企业可以从资本市场通过股票获取直接融资，而与1268.46万户①私营企业相比，通过资本市场获取直接融资的中小企业可以用微不足道来形容。就间接融资来讲，中小企业从银行获取的贷款也少得可怜。以短期贷款为例，2009年私营个体企业从银行获取的短期贷款只有2007亿元，而当年全国短期贷款总额为21383亿元②，私营个体企业短期贷款不足短期贷款总额的10%。为了获取足够的资金，很多非公有制企业不得不依赖民间借贷。虽然民间借贷可以在某种程度上缓解中小企业的融资难题，但这种民间借贷的成本高、风险大，无形中增加了中小企业的融资成本。在此情况下，企业发生道德风险的概率大大提高，这无疑加剧了经济运行风险。2008年金融危机后，东部地区出现很多私营企业老板"跑路"，使得原先经营良好的企业不得不倒闭、关门，加剧了危机。虽然中国人民银行、银监会都曾下发文件鼓励银行创新，解决中小企业融资难问题，但中小企业获取的贷款依然与其对经济的贡献不对等。据全国工商联统计，2007年个体私营经济贷款余额为37525亿元，在非国有经济贷款总额中不足1/4。

需要指出的是，中小企业融资难是各国面临的一个普遍问题，在中国之所以更加严重，原因不在于中国的中小企业比国外资产更少、信用更低，而在于传统的金融体制对中小企业长期重视不足，在于政府对中小企业融资支持力度不够，金融机构特别是能够贷款给中小企业的金融机构明显发育不足。为此，必须创新金融制度，从政府、企业和金融机构多个方面为中小企业发展提供有效的融资渠道。而必须把握的原则是，为了分散中小企业融资的风险，提高融资收益，既要发展直接融资（改审批制为注册制），也要发展间接融资，发展能够为中小企业提供贷款的中小金融

---

① 数据来源：国家工商行政管理总局《2014年1月全国市场主体发展报告》。

② 数据来源：国家统计局编《中国统计年鉴（2010）》，中国统计出版社，2010。2010年及以后不再报告这一指标。

机构。据统计，在美国的银行中，资产规模小于1亿美元的银行，96.7%的贷款贷给中小企业；资产规模在1亿~3亿美元的银行，85%的贷款贷给中小企业；资产规模在3亿~10亿美元的银行，63.2%的贷款贷给中小企业；而资产规模在10亿~50亿美元的银行，只有37.8%的贷款是贷给中小企业的；大于500亿美元的银行，中小企业贷款的比例则只有16.9%①。由此可见，只要坚持政府、企业和金融机构多重创新，确立多种渠道，就一定可以破解中小企业的融资难题。

① 李子彬：《宏观经济调控与中小企业发展面临的机遇与挑战》，载单忠东主编《民营经济三十年——思考与展望》，经济科学出版社，2009。

深化财税体制改革

杨志勇[*]

2013年11月12日，为贯彻落实党的十八大关于全面深化改革的战略部署，中国共产党第十八届中央委员会第三次全体会议通过了《中共中央关于全面深化改革若干重大问题的决定》（以下简称《决定》）。《决定》研究了包括财税改革在内的若干重大问题。《决定》的第五部分“深化财税体制改革”更是对财税改革作出专门部署。《决定》关于财税改革的部署有许多新意。《决定》赋予财政新定位，将财政视为“国家治理的基础和重要支柱”。这是既往改革和中国财政实践中所未曾有过的，也意味着财税改革任务的艰巨性。《决定》提出“建立现代财政制度”。财政制度的现代化将是未来数年内财税改革的重要内容。本文分为三个部分，分别阐述财税改革的总体架构、现实制度与现代财政制度的差距与对策思路。

一　财税改革总体架构

1. 财政的新定位

（1）财政不仅仅是“财”，还是“政”。财政是“国家治理的基础和重要支柱”，这大大提升了财政的地位。财政新定位突破了既往将财政仅仅视为财政收入与财政支出的局限性，突出了财政的固有属性。“财政”

---

* 杨志勇，中国社会科学院财经战略研究院研究员。

不仅指“财”，而且指“政”。财政是国家的神经。国家现代化离不开财政现代化。按此要求，中国需加快建立现代财政制度。良好的国家治理离不开财政。财政活动全面反映国家活动。财政行为的合理与否直接决定着政府活动的合理性。没有健全的财政，国家治理就缺乏财力支持，缺少财力保障。现代财政制度是公共财政制度改革的延续。没有健全的财政配合的国家治理，轻则会影响政府公信力，重则会导致国家衰亡。健全的财政呼唤科学的财税体制。

（2）要发挥财政在国家治理中的作用，需要尽快形成科学的财税体制。科学的财税体制是优化资源配置、维护市场统一、促进社会公平正义、实现国家长治久安的制度保障。科学的财税体制是可持续的财税体制，是能处理好效率和公平关系的体制。在资源配置方面要发挥市场的决定性作用，就必须合理界定市场和政府的边界，正确处理社会和政府的关系。在市场经济条件下，市场能够做到的就应放手交给市场，只有市场做不到且政府能做得更好的领域，政府才能介入其中；社会力量能够做到的，就应放手交给社会力量，只有在社会力量无力做且政府能做得更好的领域，政府才应发挥作用。科学的财税体制要求加快转变政府职能。政府改革直接决定建立科学的财税体制的进度。市场作用和社会力量作用得到充分发挥的社会，必然是繁荣的社会和公平的社会。在这样的社会里，国家的长治久安才有制度保障。

2. 财税改革的总体目标——现代财政制度的总体构架

财税改革的总体目标是建成现代财政制度。具体来说，这主要包括三个方面的内容：政府预算制度、政府收入制度、政府间财政关系。

（1）政府预算制度。全面规范、公开透明是现代国家政府编制预算的基本要求。政府的全部经济活动，都应在预算中得到反映。不全面的数据即使准确，也不足以全面反映政府的经济活动。与现代财政制度的要求相适应，中国应建立全口径政府预算体系，实现政府预算对政府经济活动的“全覆盖”。政府预算须经立法机构审批，才有法律效力。政府预算一经通过，各级政府部门就必须贯彻执行，非经法定程序不得改变预算收支数额与使用方向。应该特别强调预算的公开性与完整性。政府预算的内容除了极少数涉及国家机密的内容外，应及时向社会公布，以便于社会监督。预算监督应从合规性入手，逐步向绩效预算靠拢。

政府预算制度是现代财政制度的重要组成部分。从传统视角来看，政府预算是政府的基本收支计划，它提供了政府活动的基本信息。规范化的政府预算制度应能最大限度地提高财政资金的使用效率，且政府预算资金的配置能为公众所接受，最大限度地提高社会福利。政府预算制度包括编制、执行、监督三个方面的内容。政府预算的编制、执行和监督都应符合现代财政制度的要求。除了预算之外，还要特别重视决算。

政府预算改革正在突破既往的年度预算思维，而越来越突出中长期预算的概念。长期预算主要是进行科学预测。3～5年的中期预算已在许多国家推行。而且，中期预算可以在一定程度上解决年度预算执行中常出现的年末集中花钱的问题。

现代政府预算已不是简单的收支计划。它应能反映政府全面的经济活动。这就意味着政府预算除了能够反映政府收支基本计划外，还应是包括政府资产负债表、现金表等在内的一整套政府财务报告体系。

（2）政府收入制度。税收是现代政府的主要收入形式。行政性收费、政府性基金等属于补充性收入，在政府收入体系中占有重要地位。在确定政府收入制度时，应保证广义宏观税负（体现各种政府收入）大致合理，即政府在取得收入的同时，应保证经济社会可持续发展。

发达国家的税制结构大多以直接税为主，在保证财政收入的同时，能较好地促进社会公平正义。一国税种的选择和税收功能的发挥都应与经济社会发展阶段相适应。中国作为发展中国家，经济发展水平相对较低，在确立税收制度时必须充分考虑经济增长因素。税收制度的选择与税收征管环境和征管水平密切相关。传统的发展中国家以间接税为主的税制结构观念已受到全球化和信息化的很大冲击。一国税收制度和税制结构必然要在其中选择一个均衡点。

行政性收费、政府性基金收入等与税收收入相比，征收门槛较低，但都会加重人民负担。对于政府取得的收入，均应立法约束。法治国家要求税收法治化，就是政府其他形式收入的取得也应该做到有法可依，有法必依，体现法治社会的基本精神。现代国家应严格限制政府收入权限，加强税外收入的立法约束。政府收入形式，应综合权衡，充分考虑税收、行政

性收费、政府性基金等不同形式收入的特点，以实现政府收入结构的合理化。

(3) 中央与地方财政关系。事权与支出责任相匹配，是保证各级政府正常运行的基本条件，中央和地方财政关系的处理应按此原则进行。各级政府的事权和财政支出责任要明确。关于事权和支出责任不能笼统规定，相关制度应具有可操作性。国家治理需要一个强有力的中央政府。中国是一个大国，各地情况千差万别，确定中央和地方财政关系的财政体制应该以调动中央和地方两个积极性为目标。这样的财政体制应是激励相容机制较好实现的体制，应突出“分级财政”的特征，即“一级政府、一级财政”，地方财政应在中央的统一领导下，相对独立运作。

中央和地方财政之间的收入划分应规范，收入与支出应基本相称。政府职能的实现往往需要支出作为保证。支出与政府职能，与公共服务的提供应该相匹配。

在现代国家中，中央和地方财政收入划分后，在一般情况下，地方财政收入不能满足支出需要。这是中央财政调控的需要，是维持国家统一的需要。地方财政支出缺口可以通过财政转移支付制度来解决。财政转移支付包括一般性转移支付和专项转移支付。前者通过测算标准支出和标准收入，以公式法的方式弥补地方财政缺口；后者更是直接体现中央的政策目标。

二　现实制度与现代财政制度的差距

1. 政府预算制度的差距

近年来，中国全口径预算管理改革在加速，已形成了包括公共预算、政府性基金预算、国有资本经营预算和社会保险基金预算在内的政府预算体系。但是，并非所有的政府经济活动都已在政府预算体系中得到充分体现。各种预算之间的有机联系还不够，公共预算的主导地位尚不突出。政府性基金预算支出和收入表面上实现了“收支两条线管理”，但实际上支出规模与收入数量挂钩的做法，影响了财政资金的统筹使用。国有资本经营预算资金基本上在国有经济内部循环。社会保险基金预算还不能充分反映社会保障资金的运用情况。

公共预算的编制还有许多问题。收入预算和现实脱节太多，实际数常常偏离预算数。收入预算意味着完成预算收入是法定任务，在实际操作中很容易带来征收“过头税”问题。

财政支出中法定支出太多，在很大程度上肢解了预算。目前，与财政收支增幅或GDP挂钩的重点支出涉及7类15项规定，涉及教育、科技、农业、文化、医疗卫生、社保和计划生育领域。2012年，仅财政安排的重点支出就达到全国财政支出的48%①。这些重点支出不可谓不重要，但现实复杂多变。法定支出往往不能适应社会发展规律的要求。以财政性教育经费支出占GDP的比例必须达到4%的规定来看，在教育欠账较多的时期，这种规定可以保证教育支出，但如果现实已是教育支出进度偏慢，那么相关规定只会带来预算与实际支出“两张皮”的问题。重点支出的规定在某种程度上也影响了财政资金的统筹，不能充分保证未列入重点支出的其他支出的需要。

预算的准确性也有待进一步提高。有预算不执行或无法执行，预算效率就会深受影响。其背后的原因是多个方面的，有对支出项目缺乏深入分析的因素，有财务管理制度不够合理的因素，有政府会计制度不够合理的因素，还有外部环境发生变化的因素。“一年预算、预算一年”属于老观念，这样的预算多变理念和现代国家的治理要求严重不符，违背了预算编制的初衷。对项目了解不够，自然无法编制准确的预算。财务管理制度不够合理，其结果是：或者项目无法真正执行，或者项目无法按预算开支。政府支出分类不合理可能导致项目支出核算不准确，影响预算约束力，也说明政府会计制度还有完善空间。

现行政府预算还只是年度预算。预算通过时间较晚，一年支出往往是下一年或未来年份预算的基础。这很容易导致年末集中花钱，大量财政资金或者被浪费掉或者被低效率使用。按照年度编制预算，财政支出与政策目标之间的联系也不够密切，不利于中长期政策目标的实现。

现行政府预算还只是收支计划，不能全面反映政府的经济活动，不利于全面防范财政风险，不利于对财政的可持续性作出准确判断，不利于统

---

① 楼继伟：《建立现代财政制度》，《人民日报》2013年12月16日。

筹安排财政资金。

2. 政府收入制度的差距

（1）以间接税为主的税制结构在一定程度上会导致部分消费需求流失。中国的广义宏观税负基本合理，但政府收入结构的优化空间仍然较大。中国当前税制结构以间接税为主，在税收收入中，仅增值税、消费税、营业税和关税4种间接税占税收总收入的比例就超过了70%。所有这些税收，都可能通过税负转嫁的形式，对物价产生影响。增值税是中国的第一大税种，提供了超过40%的税收收入。中国所处的亚太地区的增值税①税率一般较低，许多国家或地区适用的基本税率是5%或10%。中国增值税基本税率为17%，在这一地区属于较高水平。中国在普遍征收增值税的基础上对部分商品课征消费税，这种选择性的消费税征收范围较广，税率较高，进一步提高了不少商品实际售价中所含的税收比例，在一定程度上推高了商品价格。

在经济全球化背景下，人员境内外流动频繁，境外购物机会大量增加，直接导致了海外购物、网络购物、海外代购的流行。结果是，随着人民收入的提高，居民消费随之增加，但本应在境内进行的消费发生在境外，成为其他国家或地区的外需，国家扩大内需的政策目标不能真正实现。

（2）间接税重复征税和直接税调节作用问题亟待解决，间接税体系也需改善。现行的增值税不是严格意义上的消费型增值税。大量固定资产进项税额不能抵扣，重复征税问题尚未得到根本解决。营业税改征增值税试点已在进行，但受制于既有增值税制的约束和试点进程，服务业重复征税问题也同样存在。直接税的调节作用还不能得到很好的发挥，仍有大量税源游离在税收征管范围之外。2012年，个人所得税占税收总收入的比重仅为6%，与经济增长速度很不相称。直接税调节收入分配的作用还不能充分发挥。

从广义宏观税负的分布来看，部分人群、部分商品承担了过重的税负，导致这一部分人群和商品税负畸重，在一定程度上也影响了政府调控

① 各国（地区）增值税的名称不一，如日本的消费税就是中国的增值税。

手段的选择。房地产市场上的广义税负就是突出问题之一。

（3）收入制度法治化的差距。从税收立法形式上看，目前中国只有企业所得税法、个人所得税法、车船税法、税收征管法4部税法，征税中大量依据的是条例、暂行条例、部门规章和规范性文件，甚至还有一些通知。在建设社会主义市场经济体制初期，诸多不确定性因素的客观存在决定了制度选择需要有一定的灵活性。但是，这在一定程度上就意味着税收的固定性不能满足，各种市场经济主体对税收负担稳定性的预期很难得到满足。在现实中，一些不合理的税收优惠政策破坏了市场所需的公平竞争秩序。从税收的实质来看，税收法治化的基础——尊重财产权利精神还不能得到充分的体现，与市场在资源配置中决定性作用的发挥有着较大差距；税收在公平正义方面的作用同样不能得到应有的发挥。

行政性收费和政府性基金收入保证了政府职能的实现，特别是具有专门用途的政府性基金支撑了相关事业的发展。但是，在现实中，一些本来只应短期存在的收费和基金经常长期化，变成了与税收差异不大的政府收入形式。政府要从人民那里获得资源，就需要承担对应的义务。在现实中某些政府部门取得具有专门用途的收入后就将其视为“私房钱”的状况需要得到改变。

经济社会发展对国家治理能力提出了很高的要求。本应政府统筹解决的事务，常常采取收费方式，或设立新的收费项目，或提高收费标准，滥用收费调节手段。其结果常常是问题没有解决，人民负担加重。在现实中，收费与基金的设立标准、征收项目、征收标准、使用管理等立法层次还不够高，还有诸多欠规范之处。行政性收费与政府性基金和税收相比，开征门槛较低，但对于人民来说，它们与税收一样，都要求人民让渡资源。但是，行政性收费和政府性基金的法治化问题也亟待解决。

3. 中央与地方财政关系制度差距

1994年进行分税制财政体制改革之后，中央财政收入明显增加，国家财政宏观调控能力逐步增加。但与此同时，地方财政事权与支出责任不够匹配。现行政府间财政关系制度差距主要体现在以下几个方面。

（1）过多强调财力分配（“分钱”），不利于分级财政的形成。这在一定程度上削弱了分税制对地方政府的激励作用，影响了财政的可持续性。

一方面，地方政府财力不足就会成为它们向上级政府直至中央政府多拿钱的理由，导致一些地方“等、靠、要”依赖心理的形成；另一方面，对于财力相对充足的地方来说，“中央点菜，地方买单”的事情就会相应增加，不利于地方筹措财力积极性的发挥。

（2）地方政府财权不够、财力短缺，在一定程度上扭曲了地方政府行为。地方政府的公司化问题严重，影响了市场的统一，影响了建设公共服务型政府的进程。在现实中，大量事权归属地方，支出责任在地方。由于土地实质上存在地方所有制，再加上正好与房地产市场的快速发展合拍，地方政府严重依赖国有土地使用权出让金收入，“卖地”颇为流行。即使在经济发达地区，基础设施建设等发展性支出也主要靠国有土地使用权出让金收入，地价因此被抬高，这是导致商品住房价格较高的重要原因之一（另一原因是货币发行量较大），房地产调控僵局也由此形成。

（3）转移支付制度的过渡性色彩较浓厚。地方财政支出中的大约40%要靠税收返还和转移支付，巨量转移支付必然带来不必要的资金效率损失。1994年以来，为得到地方政府支持所确立的临时性制度安排——税收返还制度一直在运行，且规模越来越大。2012年，中央对地方的税收返还已超过5000亿元。均衡性转移支付所依据的公式还不够合理，一般性转移支付中有的专项性质的支出也需进一步规范化，专项转移支付的确定也有不规范之处；一般性转移支付公式有待进一步优化，专项转移支付决策的科学化、民主化和法治化也需要增强。

（4）地方税体系不够完善。地方政府的资金来源既包括地方税收收入和自己筹集的其他收入，也包括来自中央政府的税收返还和转移支付。一般来说，具有确定性的地方税比转移支付更有效率，但从目前来看，地方来自转移支付的可支配财力过多，地方税体系亟待完善。当前地方税收入主要靠营业税，但是“营业税改征增值税”的范围逐步扩大，行业间界限的模糊性决定了未来必须另给地方找合适的税收收入来源。地方缺乏税收立法权，在现实中容易出现地方政府违规操作行为，这突出地表现在“财政返还”上。

（5）地方债多以非正式的形式存在，蕴含着巨大风险。地方政府性债务规模庞大，发债信息极度不透明。根据审计署2013年第32号审计结果公告，截至2013年6月底，地方政府负有偿还责任的债务达108859.17亿元，负有担保责任的债务达26655.77亿元，可能承担一定救助责任的债务达43393.72亿元①。地方政府为绕开预算法限制所进行的债务融资所蕴含的财政风险不能小觑。更值得关注的是，既有的地方政府性债务数据由审计部门给出，而不是由管理政府收支的财政部门给出。这种不正常的债务信息披露机制的形成与地方政府正式发债权的缺失有关。虽然地方政府自行发债试点工作已在进行，但发债规模小，所涉及的地方少，还不足以解决地方政府的融资难题。

三　对策思路

1. 政府预算改革

（1）加快公开透明步伐。阳光之下无腐败，只要政府预决算公开透明，财政资金的滥用或低效率使用问题就可以在很大程度上得到纠正。政府预算改革不仅仅是财政改革，而且可以说是从技术层面推进政府改革的重要举措之一。

政府预决算的公开透明，必须是有效的公开透明。除去极少数涉及国家机密的信息外，绝大部分政府预决算信息都应公开。有效公开政府预决算信息，容易为公众所获取。在互联网时代，最经济的公开方式，莫过于政府在网站上主动公布预算信息。公开透明的预算不能只是粗线条公开。政府支出项目除了正常的类、款、项之外，还应包括相关说明信息，以帮助信息使用者判断支出的合理性和有效性。

需要注意的是，即使政府及所有适用财政资金的单位的预决算信息都做到公开透明，也不是所有人都能据此判断政府行为的合理性与有效性。人们常说的“看不懂预算”的问题仍然会存在，只是过去看不懂是因为预算太简略，而今看不懂是因为预算的专业性。

预算的专业性不仅仅体现在预算专业术语上，还体现在预算涉及行业的多样性上。现代社会是知识大爆炸的社会，所有人都只能掌握一定的知

① 《全国政府性债务审计结果》，国家审计署网站，http://www.audit.gov.cn/n1992130/n1992150/n1992500/3432077.html，最后访问日期：2014年6月15日。

识片段。所以，一个人看不懂预算也是正常的。但是，每个人都可以根据有效公开透明的预算对自己熟悉的部分，对政府活动的合理性与有效性作出判断。而且，一个人甚至可以集中关注某一部分内容，通过多年比较的方式，对这部分政府活动作出判断。也就是说，关于预算，一个人看不懂没关系，总有人看得懂；一个人一时看不懂没关系，通过学习，他终究可以看得懂特定部分的预算。这样，只要大家信息互通，知识片段就会形成完整知识。只要预决算真正公开透明，人们最终总是能对政府预决算作出有效评价。

（2）加快政府会计制度改革。要做到预决算的公开透明，政府会计制度的完善仍然很重要。2007 年中国进行的政府收支分类改革是一项意义重大的改革，是预算公开透明的基础工作。但是，与现实的要求相比，政府收支分类改革仍有一定的空间。特别是，一些类型的支出可以分属不同科目，容易导致政府会计信息的披露遭到扭曲。

（3）进一步规范政府预算编制方式。预算的全面规范还包括预算编制方式的规范。2006 年中国已建立了国债余额管理制度，但在现实中，每年政府预算的审核仍停留在平衡状态和赤字规模的大小上。这与国债余额管理制度有内在的冲突关系。现实千变万化，政府收入预测与估计比收入预算更有意义。审核预算的重点应主要是支出，如支出安排的合理性、支出是否充分体现了政府政策目标的要求等。在现实中，预算编制涉及各种政策性或法定支出安排。事实上，只要属于政府职能范围内的事，都缺一不可，强调某一个方面往往意味着忽略其他方面。而且，随着时代背景的变化，重点支出与财政收支增幅或 GDP 挂钩的做法，与法治化国家建设的进程相悖，也导致预算的碎片化。此类做法不仅仅需要清理规范，而且在很大程度上应该改变。

（4）编制中长期预算。当前的政府预算是年度预算，年末集中花钱是年度预算的痼疾。建立跨年度预算平衡机制可谓切合实际。相关举措是引入中期预算管理，将年度预算拓展到 3～5 年的中期预算。在适当的时候，中国还应对长期预算支出进行估计与预测。

（5）形成政府综合财务报告体系。良好的国家治理需要保证财政的可持续性，这要求积极主动地防范财政风险。现代政府预算不能停留在收支计划上，政府预算还应提供包括资产负债、现金状况等在内的综合信息。也就是说，政府预算必须是一个综合财务报告体系。考虑到现收现付制不能很好地反映项目支出的成本与收益，政府在进行会计制度改革时在一定范围内引入权责发生制是必要的。

2. 政府收入制度改革

（1）稳定宏观税负，重视税负归宿。稳定税负，是指稳定广义宏观税负。税收、行政性收费、政府性基金等各种收入结构应该合理，税制结构也应进一步优化。各种形式的政府收入都构成了个人、家庭和企业的负担，要合理考虑不同群体、不同商品和服务的税负。

在总体税负稳定的条件下，收入的增长与减少应同时进行。不是所有个人税负都能轻易地转嫁，要重视税负归宿。衡量税负轻重，还要注意不同群体的税负差异。总体负担需与现实税负分布结合起来，才能更准确地判断实际税负状况。以房地产的广义税负为例，商品房所能承载的税费基金已达到或接近极限。在现实中，落在商品房之上的税费基金种类已经很多，负担已经较重。在这样的前提之下，期望在商品上增加税负，显然是不切实际的。指望通过增加税负来压房价，只会出现与政策目标南辕北辙的结果。要对自住商品房另行征税，就必须以税费基金的下调为前提。房地产税的开征意味着某些税费基金被取消或被替代。

（2）优化税制结构，逐步提高直接税比重。

一是降低间接税比重。全球化和信息化导致相对较高的间接税税负已难以为继。长此以往，这只会导致更多的消费外流，与国家消费政策目标相悖，也不利于扩大内需政策的落实。增值税和消费税税负都需下调，消费税征收范围应作出适当调整，税目税率选择要与消费品的需求弹性有效结合，尽可能避免逆向调节。

二是间接税制内部的改革。“营改增”要在增值税制再造的基础之上推进。增值税制要扩大进项税额抵扣范围，真正实现从生产型到消费型的转型。增值税制设计要摆脱既往主要考虑制造业特点的现实，综合考虑服务业以及其他新增课税行业的属性，以切合实际，真正发挥增值税不重复征税的作用。增值税税率应进一步精简合并，一般纳税人只适用三种税率：基本税率、低税率或零税率。

三是直接税改革。降低间接税比重，就意味着直接税比重上升。此外，直接税也有较大的改进空间。我国企业所得税占税收总收入的20%左右，与发达国家相比偏高，应合理界定企业成本费用，让企业成本费用与利润、应纳税所得额真正配比。只要征管环境和征管制度改善了，哪怕因国际税收竞争和激励个人的需要而进一步减税，个人所得税也还有增收空间。只有金融部门和其他部门合作，才能真正减少现金交易范围，才能从根本上改变个人所得税征管困境，让个人所得税收入与经济增长速度大致相称。房地产税改革要在立法的基础之上稳步推进。应该以房地产税取代现有的房产税、土地增值税、契税、城市土地使用税、耕地占用税和其他相关部分税费（不包括体现产权收入的土地出让金）。

（3）政府收入制度的法治化和纳税服务效率的提高。政府取得收入必须依法进行。政府收入制度的法治化既是建立现代税收制度的要求，也是法治化国家建设的重要内容。要加快税收立法进程，提高税收立法层次，规范税收优惠政策，减少征税中的自由裁量权，保证税收制度的稳定性，形成有利于市场平等竞争和公平正义的税收体系。行政性收费与政府性基金的立法层次也要相应提高，尽可能减少通过行政命令就可以取得政府收入的空间，尽可能减少政府收入调节工具的滥用。

税收制度的现代化呼唤高效率的纳税服务。要进一步优化税收服务，再造税收征管机构，提高税收征管效率。税收征管机构的设立要顾及纳税人的便利。随着信息化进程的加快，税收收入混库问题可以很容易得到解决。在国地税分设的条件下，纳税人同时面对两套税务系统，不胜其烦，同时税收征管成本也偏离最优轨迹。以优化纳税服务为目标，国地税机构应该合并，或在内部协调的基础之上只以单一征税机构的形式面对纳税人提供服务。至于地方税务局存废与否的问题，应该以是否有助于纳税服务效率的提高来衡量。

多年来，中国在税务机构设置方面主要考虑企业征税因素。随着直接税分量的增加，对个人和家庭课税势必要求进一步优化税务征管机构。税务机构再造，还应适应电子商务兴起的需要。有形商品和无形服务的电子商务税收征管的难度不同。随着电子商务交易量的增加，电子商务必然成为重要的税源。税务机构必须有包括税务机构设置等在内的对策。此外，要提高税收征管效率，不仅仅要靠税务部门内部的合作，政府跨部门合作和税务信息交换也很重要。加强反洗钱工作，压缩现金交易范围，是改善税收征管环境的基础工作。

3. 中央与地方财政关系调整

对于中央和地方的财政关系，应在转变政府职能的基础之上重新加以规范。从总体上看，应该坚持分税制改革方向，构建分税、分租与分利相结合的分级财政管理体制。新的政府间财政关系既要保证各级政府公共服务提供的均等化，又要强调分级财政管理体制的激励功能。

（1）新体制应强调事权的确定性与稳定性。中国是一个大国，事权的划分应适应大国国情。适当上移事权，并不意味着中央将包揽一切事务。大国政府间财政关系的确定，一定要注意发挥中央和地方两个积极性，应尽快改变“中央点菜、地方买单”的局面。政府间事权的划分较难，但关键不在于此，而在于如何保持一级政府事权的稳定。考虑到现实世界的多变性，事权也势必要作出动态调整。但是，任何一方改变事权归属，均应调整相应的财权和财力。《决定》指出：“中央出台增支政策形成的地方财力缺口，原则上通过一般性转移支付调节。”① 此举可谓切中要害。应通过修改预算法或制定政府间财政关系法的方法，来落实该文件精神，保证好政策得到真正的实施。

（2）在收入划分上，应强调分税、分租与分利相结合。中国应建立中央和地方、地方各级财政之间的分租与分利体制，形成真正的分级财政。

在税收的划分上，应赋予地方一定的税收立法权，适当扩大地方财权。从现有税制结构来看，房产税暂时还无法承载地方税主体税种的功能，地方税收收入应通过共享主要税种——增值税、消费税、企业所得税和个人所得税来获取。应提高增值税收入中的地方分成比例，将消费税改造成中央和地方共享税，同时保留所得税共享机制。同时，还应创造条件，加快形成和完善地方税体系。

---

① 《中共中央关于全面深化改革若干重大问题的决定》，《人民日报》2013 年 11 月 16 日，第 1～3 版。

中国拥有大量国有土地、国有资源和国有企业（经济）。1994年分税制改革时国企经营困难，利润上缴都成问题，就更谈不上分利，但现在已到了大幅度提高国企分红上缴比例的时候了。市场化的过程是大量资源货币化的过程，其中所产生的租金如不加以规范管理，势必造成更多的"煤老板""油老板"。大量的租金收入、产权收入、分红收入的管理需进一步规范化，且应纳入财政收入划分范围，以规范管理，减少因收入主要归地方而给中央财政宏观调控带来的负面影响，减少因收入监管不足所带来的收入分配不均问题。

（3）进一步规范财政转移支付制度。基于对口支援制度的政治优势，应尽快构建横向转移支付制度，减少政策变动对地方政府预算全面规范的扭曲，以更有效地保证国家对口支援制度的执行。

既有的纵向转移支付制度也需进一步完善。1994年分税制改革设定的中央用20%的收入来调控地方，但中央实际上用于调控地方的收入远多于此。2012年，中央用了大约35%的收入来调控地方。过多的资金转移与最初设定的目标是相悖的。为此，纵向转移支付总量应大规模缩小。税收返还制度运行了20年，已经到了进一步加以规范的时候。基于税收返还是地方重要财力的现实考虑，宜将其并入一般性转移支付来统筹处理。地方政府支出平均有20%来自中央，就足以体现中央对地方的调控。同时，国家应尽快完善一般性转移支付制度，标准收支的测算应更科学，标准收入测算应该融入更多的激励因素，考虑更多的财政努力因素，以尽可能减少其负面影响。要破解专项转移支付难题，最有效的莫过于让决策尽可能公开透明，曝光部门隐藏的利益，并在一定范围内引入竞争机制，提高资金利用效率。

（4）赋予地方政府发债权。正式启动地方债制度，是分级财政的内在要求。"不开前门，后门必然会被打开。"与其这样，不如打开前门并加以规范。由国情所决定，地方政府发债总额应得到上级政府直至中央政府的批准，以统一公债市场，防范财政风险。同时，地方债的发行必须得到同级地方人民代表大会的批准。正式启动地方债制度，就要求地方政府（财政部门）必须编制政府财务报告，全面负责地方债管理工作，以更充分地提供地方政府债务信息，防范可能出现的债务风险。

地方债务问题

刘煜辉*

一 金融生态研究的历史源起和演进

2004年中国人民银行行长周小川提出了“金融生态”概念，尝试用此概念解释地方信用水平的显著差异。因信用等级不同而出现的微观经济主体之间的个体风险差异是存在的，因经济周期影响和经济结构变动而造成的产业之间的风险差异也是存在的，但在统一经济体内部的各个地区之间，不应当存在比较明显的风险差异。

为了回答这个问题，周行长将这一颇为前沿的金融问题的研究任务交给了中国社会科学院金融研究所。时任金融研究所所长李扬教授组织研究力量在中国人民银行相关司局的协助下开展地区金融生态环境评估的研究。这是金融宏观监管部门和国家级专业科研机构一次卓有成效的合作。

这次合作在周小川行长近年来的讲话中被时常提及。“中国人民银行代表金融界和金融所进行了一项非常有效的合作，就是对中国金融地区金融生态进行的深入调查和系统研究，正式列了这么一个课题。中国社会科学院列举的金融生态和评估体系，对全国110个城市进行生态环境评估，并对外公开发表。这项开创性的工作也受到社会各界的高度重视，有力地

---

* 刘煜辉，中国社会科学院金融研究所研究员。

推动了我国金融生态的改善和金融业的改革发展。”①

我们为此创建了金融生态的完整学科体系。李扬教授等为金融生态的概念进行了系统性界说，为解释地区金融生态的差异搭建了一个制度经济学的分析框架，最后形成了一套评估地区金融生态的指标体系和评价模型②。

从理论上来说，金融体系绝非独立地创造金融产品和金融服务的系统，它的运行更广泛地涉及其赖以活动之区域的政治、经济、文化、法治等基本环境要素，涉及这种环境的构成及其变化，以及它们导致的主体行为异化对整个金融体系造成的影响。从这个意义上来讲，中国金融风险的来源之一，是体制和机制层面的系统性风险，是中国政治、经济和发展模式转型过程中的诸多矛盾的集中体现。换言之，中国的金融风险不仅源于金融业自身，而且更广泛地源于金融业赖以生存与发展的外部环境③。

许多因素都可能对地区金融生态环境造成影响。在 2005 年首次发布的中国城市/地区金融生态评价报告当中，我们根据广泛的实地调研、数据分析以及课题论证，提出了评价城市/地区金融生态环境的九项因素：经济基础、企业诚信、金融发展、法治环境、社会诚信文化、社会中介发展、社会保障程度、政府公共服务和金融部门独立性。2007 年发布的地区金融生态评价报告在前期研究基础上又根据这九项因素之间的内在联系进行了进一步整合，围绕转轨经济中政府主导经济资源配置的典型特征提出了评价地区金融生态环境的四个指标：地方政府治理、地区经济基础、地区金融发展、金融信用的制度基础及其基础设施（包括法治环境、诚信文化和中介组织的发展状况等）。鉴于当前国民经济运行具有很强的政府主导色彩，在所有这些可能对地区金融生态环境产生影响的不同因素中，地方政府的行为无疑是最为关键同时又最具有不确定性的一项因素。比如，地方政府债务高企，意味着地方政府融资量大，对经济干预较多，并由此造成对私人经济部门较严重的挤压。从某种意义上可以讲，地方政府的行为对于构建良好的地区金融生态环境，对于防范和化解地区金融风

① 《周小川：希望金融所研究员工持股课题》，新浪财经，http://finance.sina.com.cn/hy/20120822/164212922918.shtml，最后访问日期：2014 年 6 月 16 日。

② 李杨、王国刚、刘煜辉：《中国城市金融生态环境评价（2005）》，人民出版社，2005。

③ 李杨、王国刚、刘煜辉：《中国城市金融生态环境评价（2005）》，人民出版社，2005。

险，具有决定性的影响。因此，探讨和分析地方政府行为的内在机理始终是评价地区金融生态环境状况的一个关键环节。

从现实来看，城镇化是中国经济社会中长期发展战略的重要方面。正如李克强总理所说："城镇化是我们未来最大的内需所在。"① 中国许多地方都面临城镇化所要求的公共基础设施建设资金短缺的压力。根据国家开发银行 2013 年的预测，未来 3 年我国城镇化投融资资金需求量将达到 25 万亿元。从公共财政角度来看，基于公共基础设施建设项目资金的期限结构特征以及成本收益的代际分布原因，公共基础设施建设投资有必要寻求外部融资支持。地方政府举债具有经济学意义上的合理性，但在现有的公共投融资体制下，地方政府对公共基础设施建设的融资需求难以得到合理满足。正是由于这种矛盾，地方政府融资平台和影子银行等融资方式开始繁荣，并导致地方债务激增和失控的风险。

由于"GDP 政绩考核"的导向、缺乏审慎的公共投资计划和严格的预算约束，地方政府总是试图随时把握机会利用所有可能的举债资源，开启尽可能多的投资项目。而通过地方融资平台举债导致的地方政府债务隐形化的趋势，使得监管当局对于地方政府债务风险的监控变得更为困难。如果缺乏有效的债务治理机制，地方政府债务急剧膨胀就有可能引发严重的财政风险和金融风险。

解决问题的根本出路在于促进地方政府职能的根本性转变（地方事权的界定），进行债务约束的预算改革。

党的十八届三中全会发布的《中共中央关于全面深化改革若干重大问题的决定》（以下简称《决定》）提出，要"建立事权和支出责任相适应的制度"，并明确"区域性公共服务作为地方事权"。《决定》提出，要"建立透明规范的城市建设投融资机制，允许地方政府通过发债等多种方式拓宽城市建设融资渠道"②，这为建立权责明晰、多元化的城市建设投融资体制指明了方向。

央行行长周小川近几年来在多个场合都提及了开启市政债试点的重要性。

① 李克强：《在改革开放进程中深入实施扩大内需战略》，《求是》2012 年第 4 期。

② 《中共中央关于全面深化改革若干重大问题的决定》，《人民日报》2013 年 11 月 16 日，第 1～3 版。

所谓市政债，一般是指以政府税收等一般财政收入或项目收益为偿债来源，主要用于城市基础设施建设的债券，其发行主体是地方政府或者其授权的机构。

通过发行市政债融资，一方面可以运作周期较长的项目，在较大程度上帮助地方政府筹集资金、缓解城镇化过程中的资金困难。另一方面，此举以地方政府或者其授权的机构为发行主体，以政府税收等一般财政收入或项目收益为偿债来源，可以促使地方政府以往隐性的、不规范的债务转变成显性的、规范的债务，避免盲目“上马项目”导致的风险。

“市政债”的突破，将从三个方面强化市场对于化解地方政府债务风险的信心：一是体现本届政府对于化解地方政府债务风险的重视；二是通过更加透明的方式赋予政府有约束的持续融资渠道，有助于解决地方政府债务的“期限错配”，缓解地方政府的短期周转压力，并在很大程度上减轻外界对中国地方政府负债率过高的担忧；三是理顺地方政府的法定负债主体和偿债主体的地位，有利于投资者对债权的追偿和对实际偿债风险的判断。

市政债要想以高评级、低风险的身份获得较低利率发行，并且真正起到化解地方政府债务风险的作用，至少必须以完成以下两个任务为前提：一是修改预算法，明确地方政府发债的合法地位和偿付义务；二是发债时要披露地方政府真实的资产负债表和财政收支表，在地方政府财力可以负担的范围内合理确定融资规模，并由市场进行合理定价。

2013 年的中央经济工作会议将着力防控债务风险单独列段，作为 2014 年经济工作的六项主要任务之一；2013 年 12 月，中央组织部发布通知，要求加强对政府债务状况的考核，强化任期内举债情况的考核、审计和责任追究；央行和财政部等部委已经启动市政债的研究工作；特别是全国人民代表大会审议的预算法修正案草案三审稿拟适度放开地方政府举债的权限，同时设立多道“防火墙”，以规范政府举债行为——种种迹象显示，中央决策层已将控制和化解地方债风险列入了议事日程，市政债发行的两个基础前提有望获得推动而加快解决。

构建有效的、健全的技术基础（地方政府信用评级制度）已经是我们迫切需要做在前面的工作。一个可靠和透明的信用评级系统，并逐步由此形成能支撑市政债务定价的利率的期限结构和信用结构，有助于最终形成对微观主体进行约束的市场机制。

正是基于这样一种想法，在周小川行长的倡议下，金融生态的评价工作正在开始向其未来的应用方向——地方政府债信风险的评级转化。为此，我们在2013年和中债资信评级公司（中国人民银行主管）合作，试图将金融生态的评估和地方政府信用评级嫁接起来。该项研究第一阶段的成果在2013年9月已经出来，我们构建了中国地方政府信用评级的两类评级模型，目前已经进入了模型稳健性调试阶段。这也是周行长当初设立“金融生态”这一研究命题的核心目的之一。

二　开展金融生态研究以来的良性效果

1. 有力地配合了中国人民银行的工作，推动了地区金融生态环境体制机制建设

该项研究成果引起了很大的社会反响。从社会反映来看，一些生态当初不太好的地区（如辽宁、吉林、河南等地）都认为我们这一套分析方法是比较客观的，评价结果基本上是令人信服的。不少地方的政府开始把改善地区金融生态放到与改善地区投资环境同等重要的位置，纷纷提出了改善地区金融生态和优化金融资源配置的举措。2006年时任辽宁省委书记李克强同志，专门邀请李扬教授给全省领导干部作过一次系统性的如何改善地区金融生态的报告。

在这样一些正向激励下，地区金融生态环境体制机制建设取得了积极进展，社会信用体系开始加快构建。江苏、河北、河南、湖北、四川5省金融生态创建被列入政府工作内容，纳入目标考核，对在评估中表现突出的县市安排专项资金奖励。湖南首次发布全省县域金融生态评估报告，推动金融生态建设激励机制发展。甘肃、江西、湖南出台《社会信用体系建设“十二五”规划》，对未来五年社会信用体系建设进行全面部署。新疆制定下发《关于加快推进自治区社会信用体系建设的实施意见》，健全联动机制，全面推进“诚信新疆”建设。广西将社会信用体系建设列为全区经济工作的重要内容，企业信用评级成为政府部门评先选优和加强分类管理的重要手段。天津建立社会信用体系建设联席会议制度。广东出台《关于加强广东金融业信用建设的指导意见》，泛珠三角区域九省区共同签署了《社会信用体系共建协议》，定期举办建设磋商会，各地区社会信

用意识普遍增强。

2. 引导金融资源优化配置，维护区域金融稳定运行

一些商业银行逐步开始关注我们关于金融生态的系列研究。中国农业银行和金融生态课题组开展了研究合作，利用中国农业银行内部自上而下的大数据系统，尝试建立中国地区的信用风险评级模型，作为全面风险管理的重要维度之一（个体、行业和地区）。此外，国家开发银行、中国建设银行、中国工商银行与课题组共同研讨地区金融生态的研究结果，开始参考我们的地区金融生态评价结果来控制地区信用风险（特别是在作出地区信贷资产配置决定时）。

对于全国性的商业银行而言，全年信贷规模有限。每年年初，总行会制订计划，并在全国范围内调配。一般而言，经济发达、金融资源丰富的沿海地区，所获信贷额度较多，存贷比也相应较高。但是事实上，除此之外，一个更为形象的概念——地方金融生态，已经影响着银行在全国各地配置信贷资源。各银行总行均强化了集中管理，并主要依据地区之间风险收益的差异进行跨地区资金配置；各类银行之间及银行的各地区分行之间亦积极开展了以贷款交易等市场化的方式调配信贷头寸的活动；新建的商业银行分支机构在区域布局上也相对集中；等等。

以上形势的发展，形成了信贷资金凭借地区金融风险差异而从高风险地区向低风险地区流动的趋势。这不仅整体提高了银行信贷的效率，降低了风险，而且客观上对某些地区形成了压力，迫使其像改善当地投资环境一样，从法治环境、行政监管、金融发展、诚信体系建设等各个方面入手，致力于改善当地的金融生态环境，以便吸纳更多的信贷资金，形成资金洼地效应。这可以说是一种真正意义上的市场压力和正向激励，堪称金融体系与地方政府之间良性互动的典范。这也正是开展地区金融生态环境评价工作希望达成的目标。

在这种良性互动下，中国各个地区的信贷资产质量近年来有了明显改善，银行体系的信贷资产不良率和估计损失率均显著下降。2003～2012年，中国各省份信贷资产不良率和估计损失率的平均水平已经分别从21.04%和12.41%降低至3.8%和4.51%。其中，各地区改善金融生态环境的努力功不可没。

3. 探索科学的政绩考核体系

中央组织部2013年12月下发了《关于改进地方党政领导班子和领导干部政绩考核工作的通知》，这对于贯彻落实党的十八大和十八届三中全会关于改革和完善干部考核评价制度、完善发展成果考核评价体系十分必要。该通知强调，地方政绩考核不能简单以GDP论英雄，要加强对政府债务状况的考核，把政府负债作为政绩考核的重要指标，强化任期内举债情况的考核、审计和责任追究，防止急于求成，以盲目举债搞“政绩工程”。

构建地区金融生态环境的监测评估体系，为破除单纯GDP考核的政绩观开创了一条改革的新思路，为推进社会生态文明建设提供了切入点。

三　地方债务问题是金融生态的异化：软约束

金融生态的良好趋势仅仅刚刚开始，同时我们也不时听到一些杂音。这不仅体现在理论界，也包括一些国际组织。他们认为，“政府依然是银行部门的主要股东”，这导致“大型国有银行的实际运作几乎没有任何变化，许多银行仍将大量资金贷给国有企业，贷款几乎或完全没有根据商业风险进行定价”。尤其是在2008年全球金融危机之后，银行体系与中央和地方政府的互动又重现了改革前的很多模式。

我们一直在监测中国非金融部门债务率的测算。2009~2013年，中国经济的债务率上升了近71个百分点，2013年末，中国的非金融部门债务达到了GDP的2.01倍。在从2012年下半年开始至2013年末的18个月时间内，中国非金融部门债务率上升了31个百分点，社会融资总量的增速一直显著超过名义GDP的增速，特别是地方政府融资平台债务激增和影子银行的信用膨胀尤为突出。

从2009年开始，中国经济明显经历了两轮加杠杆。2009~2010年是第一轮加杠杆，2012~2013年是第二轮加杠杆。2010~2011年中国的杠杆率基本上是平的，这得益于中国人民银行对地方政府信贷平台采取了一系列及时有效的抑制措施，所以2011年中国的债务率没有上升，压了一年（见图1）。但是，2012年6月以后由于重新把稳增长提到所有工作中最重要的位置，信用扩张重新开始，进入了新一轮杠杆快速上升的过程（见图2）。

2013年12月公布的全国地方政府债务的审计结果清晰地反映出这一

过程：2010 年底，地方政府直接承担偿债责任的有 6.71 万亿元，2013 年 6 月底是 10.9 万亿元，在两年半时间内增长了 62.44%；2010 年底，地方政府的“或有债务”（即政府履行了担保责任，或者承诺代为偿还的债务）为 2.34 万亿元，2013 年 6 月底是 7 万亿元，增长了 199.15%；截至 2013 年 6 月，地方政府债务（直接 + 或有）是 17.9 万亿元，比 2010 年底（10.7 万亿元）增长了 67.3%。

图 1　中国整体债务率 2009 年开始迅速上升

注：2009 ~ 2010 年是第一轮加杠杆，2012 ~ 2013 年是第二轮加杠杆。

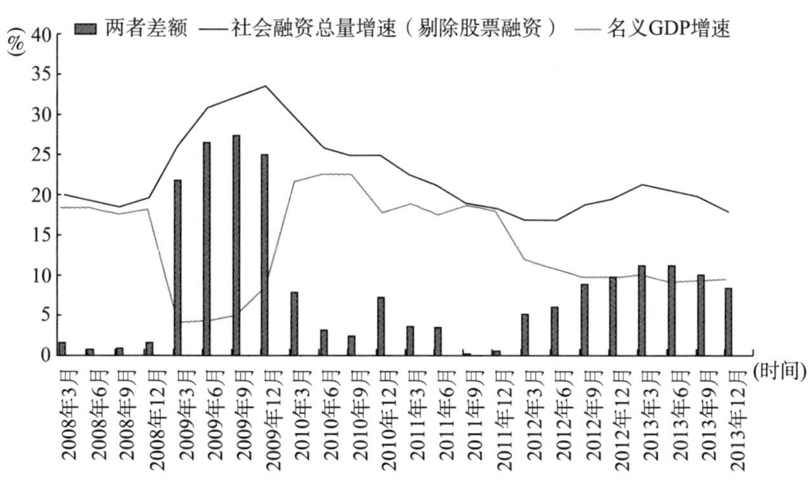

图 2　2009 年以来中国信用扩张速度显著超过名义经济增速

注：2009 ~ 2010 年是第一波高峰，2012 ~ 2013 年是第二波高峰。

我们研究中国金融生态环境问题的出发点之一，就是要认识到现实中的金融业是依托一定的宏观环境和制度条件来运行的。中国的金融风险有金融机构内部治理结构的天然缺陷的因素，更有金融业生存与发展的外部“生态环境”不良的深刻根源。中国金融业的问题事实上是中国政治、经济体制转轨过程中诸多体制性矛盾累积的集中表现。如果这些矛盾得不到有效解决，银行微观治理结构层面的改良并不一定能够保证金融业发挥有效的资源配置作用，金融风险同样也会发生并积累成灾。

2013 年 6 ~ 7 月中国的金融市场经历了比较严重的流动性冲击，此后金融体系的流动性压力丝毫没有得到舒缓，并有频繁发生的迹象。

从经济体内部状态看，流动性错配可能已累积到了相当严重的程度。从非金融部门资产负债表来看，负债端的久期明显变短，这是因为近年来以“票据 + 非银”的影子银行业务规模迅速膨胀，但资产端的久期却明显变长，大量资金流向基建等地方政府项目，形成资金的沉淀，资产周转率大幅下降；从银行的资产负债表来看，由于外汇占款的萎缩和产业部门回报率的下降，银行体系低成本负债资源趋于枯竭，近年来只能用更短的、不稳定的、高成本的负债（同业 + 理财）去支持其信用资产扩张，进一步累积了信用系统的脆弱性。

当长期资产的现金流不能够覆盖短期负债的成本之时，即投入的项目长期不能产出足够的现金流来自我维持（这种状态被称为庞氏融资）之时，举新债还本息模式便开始繁荣。如此滚动下来使得任何地方政府债务都陷于无解状态。因为市场会充斥着借短钱的融资客，这时候要求央行必须时刻保证货币市场流动性充沛，一旦央行不及时对冲，短端利率就会快速飙升，这便是 2013 年 6 月我们观察到的场景。而长短端利息倒挂不可能持续太久，因为短端被“冰冻”后必然传递至长端，高利息会导致经济加速下行和资产价格下跌，局部资金链断裂的风险就可能爆发。

从更深层次来讲，这是一种系统性金融风险，顾名思义，该风险源自体制和机制层面。中国系统性金融风险产生的症结在于缺乏对投资效果负责的机制和体制（在现代经济里叫债务的约束机制）。

现代经济的债务约束机制，无外乎体现在两个方面。其一是制度保证，即所谓现代国家的预算制度（预算民主、支出透明），政府支出要经

过充分反映民意的正当程序，重大项目的实施要经过严格的公众听证程序；其二就是市场机制，投资是把时间引入的消费，所谓投资决定，就是在当下消费还是未来消费之间进行抉择。在今天的消费与明天的消费之间，要有恰当的比例。这种发挥作用的“相对价格机制”正是经济生活中那只“看不见的手”。

以上两个方面恰恰都是中国经济体制转型中的短板。

第一块短板是中国没有各级政府谁借钱、谁负责的机制。“新官”对上新项目、借新债情有独钟，一般都不爱理旧账。中国存在广泛的非市场机制的利益动机，从而刺激投资者和生产者追求收入最大化，而不是利润最大化。

有两个“背离”反映了中国在投资领域中存在非常强的非市场力量。

一是融资成本与投资回报率的背离。资金成本高表明资金需求非常旺盛，而在市场机制中，资金需求应是投资回报率的增函数，但中国的投资回报率却是明显衰退的。

白重恩研究计算了调整价格之后的税后投资回报率：2012 年中国已经降低到 2. 70% 的新低水平。该数据从 1993 年的 15. 67% 的高水平持续下降；在 2000 ~2008 年还曾稳定在 8% ~10% ，但金融危机之后投资回报率水平大幅下降（见图 3）。

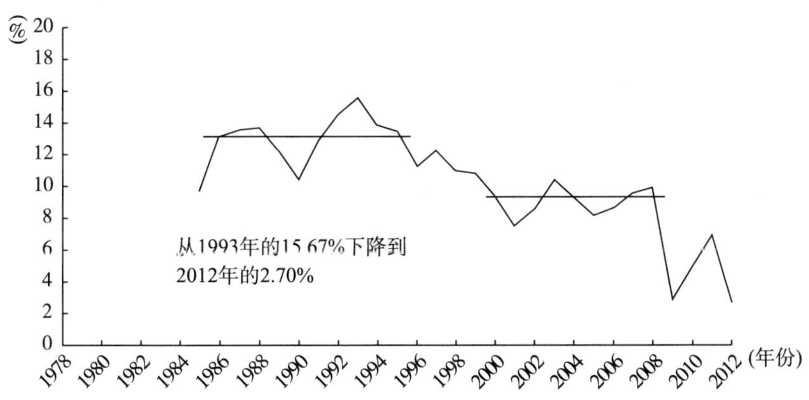

图 3　中国的投资回报率（1978 ~2012 年）

二是在市场机制中，国民生产总值中资本的收入份额会随着资本回报率下降而下降。伍晓鹰计算的中国数据表明，最近 10 年的情况是完全违反规律的，即在边际资本回报率（MPK）下降的同时，资本收入在国民收入中的份额却在迅速上升（见图4）。这在很大程度上说明，是资本收入而不是资本效率在吸引投资。

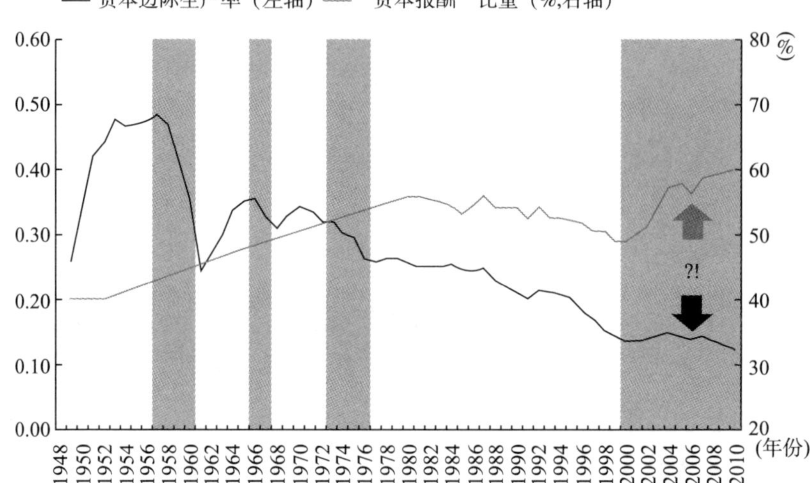

图4　“资本报酬”比重上升与资本边际生产率下降相悖

注：在经济增长理论中，在市场机制中国民生产总值中资本的收入份额会随着资本回报率下降而下降，本图中“?!”是为了突出最近10年中国出现的情况与此相悖。

资料来源：伍晓鹰《中国的比较优势陷阱》，《财经》2012年第27期。

在软预算约束下，未来消费形不成足够的收入，不能为投资埋单，那就只能导致杠杆率的上升。债务快速堆积的实质是收入增长的衰退，简单地讲，就是生产率衰弱了。经济体存在大量的资源错配至不具备经济合理性的项目，大量错配至低效率的部门，以至于许多企业和投资项目已无法产生足够覆盖利息的资产回报率，而在地方政府的竞争体制中，许多僵尸型企业难以灭亡，这些企业占据大量信用资源而得以存活。如此一来，收入增长必然变慢（宏观上叫潜在增长水平下沉），微观上是收入增长速度会越来越显著落后于债务扩张的速度，杠杆会快速上升。

第二块短板是缺乏要素配置的市场机制。经过30多年的改革开放，产成品价格基本上实现了市场化，但在能源、电信、教育、医疗和其他生产性服务等领域存在严重的垄断，特别是政府对资源要素价格有非常强的影响力，地方政府和国有部门通过各种方式控制土地、矿产等要素的价格，并控制着税收、收费、准入等对经济和金融活动有着绝对影响力的多种要素。掌握着这样一些被银行视为最值得信赖的抵押物，事实上使得地方政府更多地掌握了对金融资源的配置权。因此，它能将要素价格压至均衡价格之下，能将利率压至自然利率之下，从而扭曲了微观投资回报，于是金融信用跟着扭曲的回报走。中国的财政活动和准财政活动具有极强的货币创生性，这就是货币经济学中所讲的货币供给的“内生性”，我们称之为“财政决定信用”（货币需求）。财政风险最终都转化为金融风险。

今天中国金融体系的最大脆弱性来自政府配置资源权力过大所导致的严重的道德风险和债务膨胀。从某种程度上可以讲，整个信用系统都在套体制的“利”。

周小川行长在2013年12月的讲话中指出：“推进软约束主体的改革，是利率市场化改革的必要配套工作。所谓软约束就是借了钱没想还，或者说借钱是我的事，还钱是后面人的事。这里面有两种表现，一种是利用行政权力借到钱，另一种是借钱不怕贵，其实都是不想还钱。这就产生了挤出效应，导致剩下的资金量变小，价格平衡点会更高。所以说，利率市场化改革的直接前提还是要强调减少软约束的行为和实体。目前软约束实体主要是地方政府融资平台。”①

软预算约束始终是造成地方金融生态异化的关键因素。

四　地方债务治理：城市建设投融资机制的改革对策

从目前地方政府的债务规模来看，尽管近两年增长较快，但我们认同中央的判断，即地方政府债务的风险整体可控。

其一，中央和地方政府（与财政责任相关的）的债务规模占GDP的比例仍然控制在60%以内。2013年12月发布的全国各级政府债务的审计结果显示，截至2012年底，全国政府负有偿还责任债务占GDP的比例为36.7%。若将政府负有担保责任的债务按照19.13%、可能承担一定救助责任的债务按照14.64%的比率折算，总债务占GDP的比例为39.4%，均处于国际货币基金组织确定的债务率控制标准参考值范围之内。

① 《金改市场化攻坚——专访中国人民银行行长周小川》，《财经》2013年第36期。

其二，在单一制国家中，政府有很强的控制力能将债务在中央政府、地方政府、企业和住户部门之间转移，一个部门的负债对应的往往是另一个部门的资产，只要国家对国外经济部门保持相当规模的净债权状态，发生债务危机的概率不大。

其三，从短期来看，可供我们选择的减杠杆的政策空间很大，包括转卖政府资产；债转股；用长期债务替换短期债务，将负债久期拉长，减少错配的风险；等等。

未来中央政府信用的救助是可以考虑的重要手段。在单一制下，地方政府实际上是没有单独承担风险能力的主体（它的行为可以公司化，但产权关系是模糊的），这好似一艘没有做底舱隔断的船（任何一级政府的风险都可能是上级政府和中央政府的风险）。所以，中国未来要利用好仍处于健康状态的中央政府的表（2012 年中央政府债务占 GDP 的比例只有 23%）。通过低成本融资将企业和地方政府的存量债务逐步有序地转移至中央政府的表上，集中进行债务重组（具体执行的技术细节可以再进一步探讨，比方说中央可能要跟地方和银行谈一个价格，不能全额埋单，要倒逼硬化约束机制的建立，减少未来道德风险的发生）。

先转移杠杆，再行去杠杆，如果组织有序的话，就能最大限度地避免减杠杆过程中的无序相互践踏风险，将有效缓解流动性紧张，可以降低存量债务系统循环的成本，也可以为实体经济提供充裕的流动性。

总之，我们认为地方政府债务风险是完全可控的。

从长期来看，我们认为地方债务治理机制主要解决两个方面的问题。

第一个问题是切实推进政府职能转变、强化债务约束的预算改革，这是落实市场在资源配置中起决定性作用的关键所在，也是一个系统工程，习主席说的是“啃硬骨头”。这可能要改变中国的分权式竞争体制（GDP 竞争的政绩考核制度），重构中国经济增长的引擎。在分权式竞争体制下，一旦经济下滑，重启地方进行融资和进行竞争性发展的这种特征就顽强存在：治一阵子又起来一段，起来一段又治一阵子，永远跳不出这个循环。

第二个问题是地方政府未来要成为一个真正合格的市场融资主体，必须要有配套的制度保障，使其能获得相应的与债务匹配的偿债收入，这样

才能为其设计对应的金融解决方案。

在成熟国家中，与地方政府举债相对应的偿债结构主要是两个制度安排。

第一个是高效率的城市基础设施的市场化运营机制。基础设施的运营不是完全靠政府财政补贴，相当一部分是靠市场化运营和使用者付费，而中国目前主要靠财政补贴。比方说，北京拥有全世界最完善的基础设施，但收费可能是最便宜的。党的十八届三中全会提出，在自然垄断性领域（电网、铁路、油气、水网等），可以根据不同行业特点实行网运分开，放开竞争性业务，推进公共资源配置市场化，进一步破除各种形式的行政垄断。这有利于形成支撑公共基础设施项目的合理偿债收入。

第二个是地方政府要有稳定的主体税源。在成熟国家，地方政府的收入是以不动产税、消费税和资源税为主体的。由于分税制没有形成地方财力与事权相匹配的体制，中国的地方政府越来越依赖于“土地财政”，行为短期化导致了越来越严重的届别机会主义（通过土地出让，50 年或 70 年的土地租金事实上被政府一次性收取，而一届政府的任期只有 3～5 年。这种不对称性是诱使地方政府无休止地占用辖区土地资源的基本原因）和道德风险。

《决定》提出，要“建立事权和支出责任相适应的制度”，并明确“区域性公共服务作为地方事权”，要“建立透明规范的城市建设投融资机制，允许地方政府通过发债等多种方式拓宽城市建设融资渠道”①。这为建立权责明晰、多元化的城市建设投融资体制指明了方向。

根据《决定》的精神，我们就未来城市建设投融资体制（金融解决方案）提出以下四种对策。

一是产权对策。通过资产证券化，实现基础设施产权向社会资本的转让。为此，应建立基础设施的产权交易市场，完善地方政府投资项目的退出机制，以便于地方退出部分国有股权，盘活地方政府融资平台现有的资产，通过资产证券化等金融运作手段为新项目和在建项目筹集资金。

① 《中共中央关于全面深化改革若干重大问题的决定》，《人民日报》2013 年 11 月 16 日，第 1～3 版。

二是机构对策。设立城市基础设施投融资专营机构，或是在国有商业银行设立特别账户，封闭管理平台资金运用和偿债资产收益。

三是市场对策。以城镇化未来收益为支撑，积极探索多样化的市政项目发债模式。根据市政项目收益状况的不同，可以考虑分类处理。

如果项目本身具有完全偿债能力，如水务类公用事业、车流量较大的高速公路等都可以通过收费获取稳定收益，实现还本付息。这类项目可以由地方政府授权机构或代理机构发行债券筹资，并明确以项目收入作为偿债来源，国际上称之为项目收益债券。

如果项目自身收益不能完全偿还债务，但加上其附加价值可以满足偿债要求（港铁公司就是通过开发地铁上盖土地，用上盖土地增值收益偿还债务），国际上一般混合使用市政债券和资产证券化。

如果项目自身收益加上其附加价值不足以完全满足偿债要求，偿债缺口还需要用地方政府财税收入予以弥补。这类项目偿债就需要项目收益、土地增值收益和财政补贴三个方面结合起来建立合理的偿债结构。

国际上通行的是公共部门—私人—企业合作模式（PPP 模式）。应允许有条件的地方，根据实际情况进行不同模式的试点和探索。为此，市政债券应享受税收减免待遇，并在地方政府预算中设立特别账户，封闭管理发债资金运用和偿债资产收益，同时按市政债的要求强化其信息披露和惩罚约束责任。进一步推动利率市场化改革和分层次的信用体系建设，发挥信用评级在强化市场约束中的作用。进一步推动各类金融机构完善公司治理，形成有效的决策、执行、制衡机制，促使投资者按市场化理念和原则，基于透明的地方政府财务信息和信用评级结果进行投资决策。

四是外资对策。继续推动汇率自由化和资本项目开放的进程，以方便境外投资者参与地方政府债券市场。

中国参与全球经济治理

"中国参与全球治理研究"课题组*

一　美国金融危机为中国参与全球经济治理带来契机

美国金融危机将全球经济治理带入了新的发展阶段。金融危机的爆发使得原有的基于"华盛顿共识"的全球经济治理理念发生了根本性动摇，全球经济治理急需新的理念与意识支撑；同时，金融危机也在一定程度上改变了世界经济格局对比，新兴市场经济体的崛起动摇了原有全球经济治理结构倚重的基础。在原有全球经济治理机制弊端日益显露，而新的、广为接受的治理机制尚未形成之际，我国政府应及早做好准备，争取在新一轮全球治理机制改革中取得突破。

1. 美国金融危机暴露了现有全球经济治理的理念缺陷，为中国进一步参与、介入全球经济治理打开了窗口

现有的全球经济治理机制主要形成于第二次世界大战之后，其所建立的国际经济金融秩序也主要反映了以美国为首的西方大国的利益。从总体上来看，在这一时期，全球经济治理理念主要来自自由主义思想。在布雷

* 执笔人：熊爱宗，中国社会科学院世界经济与政治研究所全球治理研究室助理研究员，国际经济与战略研究中心兼职研究员，主要研究方向：全球经济治理、国际金融。本文受到中国社会科学院创新工程重大课题"南北合作、南南合作与全球经济治理"（2014YCXZD008）的资助。

顿森林体系时期，内嵌自由主义（Embedded Liberalism）是影响国际经济活动的主要观念。布雷顿森林体系崩溃后，新自由主义替代内嵌自由主义成为经济活动的指导法则。在这一理念的指导下，各国开始大力推进经济自由化，并逐渐形成了“华盛顿共识”。

新自由主义理念一直持续到20世纪末。亚洲金融危机以及随后其他新兴和发展中国家一系列危机的爆发，促使新兴市场对“华盛顿共识”提出质疑，并以推动国际货币基金组织改革为发力点，呼吁改革全球经济治理方式。不过，由于当时一系列危机对于发达经济体特别是美国的影响较小，因此，改革呼声仅是昙花一现，最终归于沉寂。然而，美国金融危机的爆发改变了此前危机仅是爆发于新兴市场的惯例，美国作为本次危机的直接策源地从根本上暴露了新自由主义的失败。基于新自由主义理念的全球经济治理机制不但未能对全球性金融危机给出预警，同时在危机治理中也显露出诸多不足。创新治理理念成为美国金融危机后全球经济治理亟须完成的任务。

2. 美国金融危机进一步改变了全球经济格局对比，以美国为首的发达经济体的经济实力相对衰落，新兴市场经济体的经济实力进一步状大，为中国参与全球经济治理奠定了现实基础

第二次世界大战之后，全球经济治理机制的变革与主要经济体经济实力的变化息息相关。布雷顿森林体系的建立确立了第二次世界大战之后国际经济秩序的基础，以国际货币基金组织、世界银行、关贸总协定为代表的国际经济机构分别在国际金融、国际发展、国际贸易方面发挥着“国际协调人”的作用。然而，这一全球经济治理格局的建立是以美国的经济实力占据世界绝对优势为基础的，一旦美国的经济实力出现下降，哪怕只是相对下降，维系全球经济治理格局的基础便会动摇。20世纪70年代之后，随着美国经济实力的下降，布雷顿森林体系崩溃，尽管原有三个机构继续存在，但是美国在其中的作用与影响已有所下降，个别机构（如国际货币基金组织）的功能也出现了较大的改变。

美国经济实力的相对下降自布雷顿森林体系崩溃之前就已经开始了。然而在当时，造成这种经济实力格局转变最主要的推动者来自西欧和日本。也因为如此，全球经济治理由布雷顿森林体系下的美国“霸权”治理转变为后布雷顿森林体系下的美欧日“集体”治理，其突出的表现是七国集团开始在全球经济治理中发挥作用，但此时全球经济治理的主动权仍然掌握在发达经济体手中。美国金融危机之后，全球经济格局进一步演变，与此前不同的是，新兴市场的经济实力迅速增长。据国际货币基金组织统计，在2005年之前，新兴市场和发展中经济体现价GDP占全球GDP的比例始终徘徊在25%以下，但从2006年开始这一比例迅速提高，至2012年已经提高至37.7%，而美国GDP占世界经济的份额则从1985年最高时的35.9%下降到2012年的22.5%。如果按购买力平价计算，新兴市场和发展中国家的经济实力则进一步提高。据国际货币基金组织估计，2013年，新兴市场和发展中经济体在全球经济中的占比将首次超过发达经济体，并在随后年份继续保持稳步增长①。

新兴市场经济实力的增长必然要求全球经济治理机制相应变革。二十国集团的出现也适应了这一趋势。正如美国实力削弱、欧日实力上升导致七国集团产生一样，二十国集团的出现也反映了发达经济体经济实力削弱、新兴市场经济实力上升的现实。二十国集团成员除包括原有七国集团外，还包括中国、印度、俄罗斯、巴西、墨西哥等一批新兴市场经济体。这些国家与发达经济体一道，开始参与和制定全球经济治理的新规则，代表新兴市场经济体发声。

在全球经济格局转变中，作为最重要的新兴市场经济体，中国积极参与全球经济治理有其必然性，同时也为其提供了良好的外部条件。以中国为代表的新兴市场经济体的积极参与，有利于公平、公正、包容、有序的全球经济治理规则的形成。

二　中国参与全球经济治理的总体目标与利益诉求

1. 中国政府参与全球经济治理的态度日趋积极

在美国金融危机之后，中国开始以积极姿态参与全球经济治理，提出自己对全球经济治理的主张与看法。2009年7月，在意大利奎拉举行的八国集团加中国、印度、巴西、南非、墨西哥五国的扩大会议上，当时代

① International Monetary Fund, World Economic Outlook Database, October 2013.

表国家主席胡锦涛出席会议的中国国务委员戴秉国详细阐述了中方对全球治理问题的四条意见：第一，要兼顾发达国家和发展中国家的需求；第二，国家无论大小、强弱、贫富，都是全球经济的组成部分，应该以平等身份参与治理过程；第三，要照顾和体现各国特别是发展中国家的利益和诉求，考虑各国不同国情；第四，世界经济发展使现有一些机制难以充分反映国际社会诉求、有效应对全球性挑战，需要扩大代表性①。2011 年 1 月，在回应联合国秘书处有关全球经济治理与发展的观点时，中国常驻联合国代表团代表中国政府表达了对全球经济治理的看法，指出新的全球经济治理机制要反映世界经济格局的变化，应体现三个主要特征：第一，代表性，应该确保各成员广泛参与，特别是优先增加发展中国家的代表性和发言权，使其在全球经济治理中发挥更大的作用；第二，平等性，无论是议程设置，还是议事决策，都要体现各国平等参与，平衡反映各方意见和关切；第三，实效性，应该注重成果，讲求实效，致力于解决问题，避免空谈②。

2011 年 6 月 25 日，在第二届全球智库峰会开幕式上，时任国务院副总理李克强发表演讲指出："为提高经济危机防范能力，需要各国继续发扬在应对危机中形成的齐心协力、加强合作、同舟共济的精神，完善和创新全球经济治理。在相关机制建设中，应遵循相互尊重、集体决策的原则，增加新兴市场国家和发展中国家的代表性和发言权。"③2012 年 11 月，中国共产党第十八次全国代表大会报告指出："中国坚持权利和义务相平衡，积极参与全球经济治理。""我们将积极参与多边事务，支持联合国、二十国集团、上海合作组织、金砖国家等发挥积极作用，推动国际秩序和国际体系朝着公正合理的方向发展。"④

---

① 《中国首次公开提出中方关于全球治理四点意见》，搜狐网，http：//news. sohu. com/20090710/n265113814. shtml，最后访问日期：2014 年 2 月 5 日。

② UN Secretariat, "Views Provided by Member States on Global Economic Governance and Development", http：//www. un. org/esa/ffd/economicgovernance/.

③ 《李克强：完善全球经济治理　促进各国共同发展》，中央人民政府门户网站，http：//www. gov. cn/ldhd/2011 - 06/26/content_ 1893255. htm，最后访问日期：2014 年 2 月 5 日。

④ 胡锦涛：《坚定不移沿着中国特色社会主义道路前进　为全面建成小康社会而奋斗——在中国共产党第十八次全国代表大会上的报告》，人民出版社，2012，第 48 页。

新一届领导人上任之后进一步提出应积极参与全球经济治理。2013年3月27日，在“金砖国家”领导人第五次峰会上中国国家主席习近平指出：“不管全球治理体系如何变革，我们都要积极参与，发挥建设性作用，推动国际秩序朝着更加公正合理的方向发展，为世界和平稳定提供制度保障。”①2013年4月8日，中国国家主席习近平在博鳌会见第67届联合国大会主席耶雷米奇时指出：“中国支持联合国帮助发展中国家发展，完善和创新全球经济治理机制，增加新兴市场国家和发展中国家的代表性和发言权。”②2013年9月5日，中国国家主席习近平在俄罗斯圣彼得堡举行的二十国集团领导人第八次峰会上作了题为《共同维护和发展开放型世界经济》的发言，指出：“完善全球经济治理，使之更加公平公正。”③中国国务院总理李克强2013年9月11日在夏季达沃斯论坛开幕式上发表特别致辞，指出应“加快全球经济治理改革，提升发展中国家在国际事务中的代表性和话语权”④。

2. 中国参与全球经济治理的总体目标与利益诉求

根据国际经济发展环境以及我国经济情况，现阶段我国参与全球经济治理的总体目标是：积极推动旧有经济治理机制的改革和完善，加快建立公平、公正、包容、有序的国际经济秩序。新的全球经济治理机制应该具有广泛的代表性、公平性和有效性。代表性，是指无论国家经济实力大小，都能参与到全球经济治理中来，应该建立能够反映各国利益诉求并为之实现以及解决各国利益冲突的渠道与机制。公平性（既包括过程的公平性也包括结果的公平性），是指应确保各国在处理全球经济事务的过程中都能平等参与，并确保最终结果被各国接受。有效性（包括决策的有效性和政策效果的有效性），是指提高全球经济治理的效率，加强全球经

① 《携手合作·共同发展》，人民网，http://www.people.com.cn/24hour/n/2013/0328/c25408-20944325.html，最后访问日期：2014年2月6日。

② 《完善和创新全球经济治理机制》，新浪网，http://news.sina.com.cn/o/2013-04-09/065926768900.shtml，最后访问日期：2014年2月5日。

③ 《习近平在二十国集团领导人第八次峰会第一阶段会议上的发言》，新华网，http://news.xinhuanet.com/world/2013-09/06/c_117249618.htm，最后访问日期：2014年2月5日。

④ 《李克强在第七届夏季达沃斯论坛上的致辞（全文）》，中国新闻网，http://www.chinanews.com/gn/2013/09-12/5274838.shtml，最后访问日期：2014年2月4日。

济治理解决全球问题的针对性与有效性。

现阶段我国参与全球经济治理的利益诉求是：通过参与全球经济治理，为国内经济发展创造良好的外部环境，以对外开放促进国内改革，推动国内经济发展。与此同时，以参与全球经济治理为契机，对外输出中国的价值观和利益观，提升我国的“软实力”。

自 1978 年实行改革开放以来，中国经济取得了快速发展。改革和开放一直是中国经济增长的两个根本动力，两者相互促进、协调发展，国内改革为对外开放奠定基础，对外开放为国内改革提供动力。在这一过程中，我国参与经济全球化的深度和广度也在不断加深和扩展。特别是 2001 年中国加入世界贸易组织，使中国经济更加融入世界经济体系，为中国经济在 21 世纪头十年快速发展创造了良好的外部环境。积极参与全球经济治理，建立公平、公正、包容、有序的全球经济治理规则，既有利于为中国经济发展创造良好的外部环境，同时也有利于建立深化国内改革的外部促进机制，继续推动国民经济健康快速发展。

第一，积极参与全球经济治理，使中国的声音和诉求正当合理地反映到全球经济规则制定中，为我国经济发展创造良好的外部环境。经济全球化的趋势不可扭转，对外开放是我国的一项基本国策。在这种情况下，唯有积极主动参与全球经济规则的制定与改革，合理利用规则，趋利避害，才能为我国经济发展建立有利的国际规则和机制安排。

第二，积极参与全球经济治理，进一步深化对外开放水平，以对外开放促进国内改革。党的十八届三中全会指出：“适应经济全球化新形势，必须推动对内对外开放相互促进、引进来和走出去更好结合，促进国际国内要素有序自由流动、资源高效配置、市场深度融合，加快培育参与和引领国际经济合作竞争新优势，以开放促改革。”“当前，我国发展进入新阶段，改革进入攻坚期和深水区。”① 从改革开放的历史经验来看，开放已经成为我国改革的主要动力来源。在参与经济全球化的过程中，我们必须按国际经济运行规则办事，这有利于形成国内改革的“倒逼”机制。

① 《中共中央关于全面深化改革若干重大问题的决定》，《人民日报》2013 年 11 月 16 日，第 1～3 版。

然而，需要注意的是，这种以开放促改革的“倒逼”机制，应该是一种有管理的“开放倒逼”机制。党的十八大指出：“必须实行更加积极主动的开放战略。”① 这就要求我们必须积极主动地参与全球经济治理，积极争取全球治理机制改革的主动权和话语权，使现行国际规则对我有利、为我所用，建立公平有序、松紧有度的开放环境。

第三，积极参与全球经济治理，提升中国的“软实力”。随着经济实力的上升，新兴市场对全球经济治理的合理利益诉求理应得到满足，但是改革不会自动完成。作为全球第二大经济体，中国应逐渐承担起合理的国际责任，积极维护新兴国家和发展中国家的团结，站在新兴国家和发展中国家的立场上，关注这些国家的发展，在国际经济领域替新兴国家和发展中国家发声，输出中国的利益观和价值观，增加中国在全球经济治理领域的号召力和影响力。“软实力”的提高，也将会为我国进一步参与全球经济治理提供支撑。

三　中国参与全球经济治理的建议

虽然中国目前具有强烈的参与全球经济治理的需求和意识，但是在总体上，我国仍属于全球经济治理的“新进入者”。为从宏观层面把握我国参与全球经济治理的战略选择，我们将从全球经济治理的参与主体入手，针对不同参与主体，根据我国实际情况，为我国更好地参与全球经济治理提供对策建议。

全球经济治理主体可以分为国家行为体和非国家行为体。其中国家行为体是指各国政府、政府部门及次国家的政府当局；非国家行为体是与国家行为体相对的概念，是指除国家以外能够独立地参与国际事务的实体。非国家行为体可分为国际组织和非国际组织，其中国际组织包括政府间组织和非政府间组织，较为典型的政府间组织既包括协定型国际组织如国际货币基金组织、世界银行、世界贸易组织等，也包括论坛型国际组织如二十国集团、亚太经济合作组织、“金砖国家”集团等，较为典型的非政府

① 胡锦涛：《坚定不移沿着中国特色社会主义道路前进　为全面建成小康社会而奋斗——在中国共产党第十八次全国代表大会上的报告》，人民出版社，2012，第24页。

间组织有世界经济论坛、博鳌亚洲论坛等（见图 1）。非国际组织主要包括跨国公司、智库等非政府行为体，它们在全球经济治理中也发挥着较大的作用。

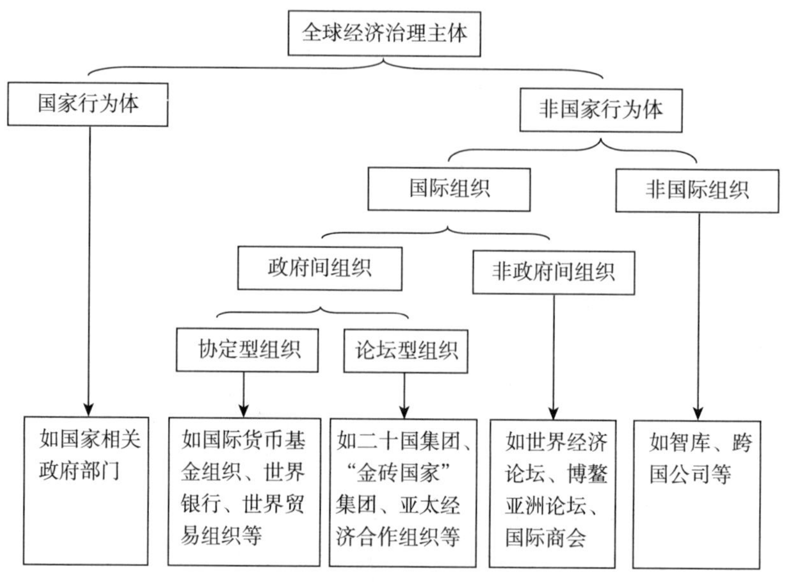

图 1　全球经济治理框架

中国目前参与全球经济治理的主体格局并不均衡，表现在政府因素在全球经济治理中发挥了绝对作用，非政府行为体发挥的作用较小。国家政府以及国家政府间组织是全球经济治理的传统主体，但是随着全球经济治理活动的日益复杂和深入，其所要求的资源投入和能力水平也越来越高，由于国家权力和资源的有限性，其并不能解决所有的国际问题。因此，未来要提升我国参与全球经济治理的水平，一方面需改革、创新、完善现有的以国家政府和国家政府间组织为主体的全球经济治理参与机制；另一方面亟须开发和发展其他非政府组织和行为体，积极引导和鼓励其参与全球经济治理活动，辅助提升我国参与全球经济治理的能力与水平。

1. 完善国家政府对于全球经济治理的参与

国家政府是参与全球经济治理的主体，在全球经济治理活动中发挥着关键和核心作用，是国家利益的代表者，其能力大小、行为方式将直接影响我国参与全球经济治理的效果。以下我们将从政府内部和政府外部两个

层面提出完善政府部门参与全球经济治理的建议。

(1) 加强政府能力建设，提升全球经济治理水平。从政府内部来看，应继续推动政府能力建设，在人力、物力、财力等各个方面加大对全球经济治理参与部门的支持。对于参与全球经济治理的各个政府部门（外交部、财政部、商务部、中国人民银行等相关部门）应该在人员配备的数量和质量上予以倾斜，创新用人制度，除采用基本的公务员录用制度之外，还可从国际经济机构、国内外智库引进全球经济治理人才，积极引入外部智力资源支持（如智库、大学以及相关研究机构），提高相关部门参与全球经济治理的能力。同时，应进一步梳理政府不同部门在全球经济治理中的关系，打破各个部门之间的割裂，降低政府内部的资源消耗。可考虑根据不同部门的情况，进行工作重点划分。例如，可考虑由中国人民银行重点关注国际货币基金组织、国际清算银行等；财政部重点关注世界银行、二十国集团、“金砖国家”集团等；商务部重点关注世界贸易组织等，短期工作和长期跟踪相结合，避免紧跟会议工作、疲于奔命的情况出现。

(2) 以政府双边关系推动全球经济治理。从政府外部来看，应继续加强我国政府同其他国家政府关于全球经济治理的双边沟通与合作，为我国参与全球经济治理创造良好的双边国际关系。积极利用各种双边渠道，表达我国政府对全球经济治理的看法，阐述我方利益关切，争取相关国家支持与认同。例如，在中美战略与经济对话中，全球经济治理问题的磋商就是非常重要的一个方面。未来，应进一步扩展双边沟通机制与平台，与更多国家在全球经济治理问题上进行沟通与协商，同时积极将磋商成果推向深入，从而转化为我国参与全球经济治理的实际效果。

2. 继续推动布雷顿森林机构等协定型政府间组织的治理改革

协定型政府间组织既是全球经济治理的主体，也是全球经济治理机制改革的重点对象。较为典型的有布雷顿森林机构——国际货币基金组织（主要负责国际金融问题）、世界银行（主要负责国际发展问题）、世界贸易组织（主要负责国际贸易问题）。推动协定型政府间组织治理改革主要包括两个方面：一是推动其治理结构改革，以使其更具有公平性和代表性；二是完善其运行功能，提高应对全球经济挑战的能力。

（1）继续推动治理结构改革。治理结构改革主要表现为改革这些机构的投票权和话语权，根据世界经济格局的变化，进一步提升新兴经济体和发展中国家在这些机构中的代表性。以国际货币基金组织为例，世界经济格局的变化已经导致国际货币基金组织的治理结构与现实极不相符，特别是进入21世纪后，有关国际货币基金组织治理结构改革的呼声不绝于耳。2010年，国际货币基金组织执行董事会通过改革方案，宣布将向新兴经济体转移超过6%的份额，从而更好地体现该组织的合法性和有效性。然而，由于美国的反对，其治理结构改革一直步履维艰。

考虑到目前的现实情况，我们建议，国际货币基金组织（包括世界银行）的治理结构改革可以考虑以管理层改革为突破口，暂时不谋求我国在国际货币基金组织中投票权的提高，而是通过投票权改革的舆论压力，促使美国在管理层改革方面作出让步，推动我国更多人才进入国际货币基金组织管理层，进入更高的职位。向国际货币基金组织输入更多高级的管理人才，有助于尽快熟悉全球经济治理机构的运作方式和治理理念，为中国未来进一步参与全球经济治理储备人才和积累经验。

需要注意的是，尽管不以推动投票权改革为直接短期目标，但是投票权改革诉求不应松懈，因为长期的治理结构改革可能就是通过渐进微小的改革累积完成的，应始终保持投票权改革的舆论压力，占据国际道义制高点。

（2）完善协定型政府间组织的运行功能，进一步提高其应对全球经济挑战的能力。①国际货币基金组织。从目前来看，由于我国经济情况仍较为稳健，同时我国拥有较大的抗风险能力，我国对国际货币基金组织的职能改革需求并不是太迫切，但是短期内需注意其在全球经济失衡、货币操纵、溢出效应监督等职能运行方面对我国可能施加的不利影响。②世界银行。应进一步发挥世界银行在促进国际发展合作中的重要作用，进一步增加其发展资源，开发发展项目，帮助发展中国家尤其是最不发达国家实现发展。目前，我国虽然也对世界银行的发展项目存在一定需求，但是随着我国经济的发展，这种需求在逐步降低。③世界贸易组织。继续发挥世界贸易组织作为多边贸易体制的核心作用，继续维护和发展全球贸易体系的开放性和完整性，反对贸易保护主义，避免全球贸易治理体系的碎

片化。

3. 继续加大对论坛型政府间国际组织的参与力度

论坛型政府间国际组织并不是依据政府间条约或协议建立的，它们主要以成员方政府定期召开会议的论坛形式，协调彼此立场，共同制定规则或政策。目前与中国联系较为密切的论坛型政府间国际组织包括二十国集团、“金砖国家”集团、亚太经济合作组织等。

论坛型组织一般不具有机制化的决策机制，其对全球经济的治理主要通过一系列会议（包括领导人峰会以及部长级会议等）进行，其决策机制主要遵循协商一致原则，即各项工作只有在成员方充分讨论、达成共识的基础上，才能成为最终成果。论坛型组织也是全球经济治理的主体和改革对象，同时，这些组织自建立之初，就一直随着全球经济形势的变化而不断变动，相比协定型组织相对僵化的治理结构和固定的功能运作，论坛型组织仍在不断成长和完善。因此，这些组织应该成为我国在参与全球经济治理时重点关注的对象。以下我们以二十国集团和“金砖国家”集团为例，论述我国参与论坛型政府间国际组织的建议。

（1）继续加大对二十国集团关注议题的研究力度。二十国集团主要为应对危机而生，因此其主要以解决问题为导向，中国参与其中的策略我们认为主要在两个方面：一是在目前二十国集团尚未建立明确决策机制的情况下，积极建立一个同各方协调立场的机制，争取各方支持我国的立场。这包括积极加强同成员方的双边协调，特别是加强同美国在相关问题上的沟通与合作；积极促进二十国集团内部新兴市场之间的合作（例如“金砖国家”集团）等。二是加大对二十国集团议题研究的力度，增强我国在二十国集团中的议题控制能力，利用二十国集团平台化解我国面临的国内外挑战。根据目前全球经济面临的挑战与问题，同时结合国内实际经济情况，可以按照“对我有利议题”“对我不利议题”“对我中性议题”进行长短期分类。加强同轮值主席国（特别是后任主席国）的沟通，积极在二十国集团平台提出“对我有利议题”；对于二十国集团可能提出的“对我不利议题”，提早准备并做好研究预案。从目前来看，“对我有利议题”包括基础设施投融资问题、维护全球贸易体系的自由性与完整性、维持大宗商品价格稳定等，“对我不利议题”包括竞争中立问题、全球投资协定问题等。

（2）以“金砖国家”集团为“试验场”，积累中国参与全球经济治理的经验。“金砖国家”集团虽然成立时间不长，但是已成为全球经济治理中一股新兴的重要力量。相比二十国集团，“金砖国家”集团成员数量更少，同时由于同属于新兴经济体，其相关政策立场更容易达成一致，这使得“金砖国家”集团的机制化合作相比二十国集团更为深入。目前，“金砖国家”开发银行即将成立，“金砖国家”外汇储备库也即将启动。因此，“金砖国家”集团已成为具有部分机制化合作同时兼具论坛型灵活性合作的“中间组织形态”。

中国应始终成为“金砖国家”集团的黏合力量，发挥核心作用，并积极利用“金砖国家”合作平台，将其作为参与全球经济治理的“试验场”。作为“金砖国家”集团中经济实力最大的经济体，中国应自觉担当起促进该集团内部团结合作、对外争取该集团整体利益的中坚角色。第一，继续加强和促进该集团内部的协调与实质性合作，促进该集团内部经济稳定与发展。积极争取将“金砖国家”集团合作进行常态化和机制化，在这一过程中，中国不应急于在所有机制化合作中占据优势，在适当情况下可作出让步，以打消其他国家的疑虑，推动“金砖国家”集团合作迈向深入。第二，积极整合“金砖国家”集团资源，推动“金砖国家”集团以“一个共同声音说话”，将该集团打造为七国集团在全球经济治理舞台上的“对手方”，充实新兴市场参与全球经济治理的力量，推动全球经济治理的现代化。例如，可以推动将该集团在重要会议（如二十国集团峰会）之前的会晤进行正式化、机制化，积极推动该集团参与其他政府间组织的活动等。

4. 加大对非政府间组织的支持和参与力度

非政府间组织目前已成为影响全球经济治理的重要行为体，其通过向国家及政府间组织提供咨询和信息，为国际社会提供智力支持，影响各国政府和政府间组织的决策过程①，在全球经济治理中发挥着越来越大的作

① 饶戈平：《论全球化进程中的国际组织》，《中国法学》2001 年第 6 期，第 130 ~ 131 页。

用。目前，与中国联系较为紧密的非政府间组织包括世界经济论坛、博鳌亚洲论坛等。

我们建议从以下三个方面加强对非政府间组织的支持和参与力度，以使其成为我国政府力量之外的另一股全球经济治理力量，为我国参与全球经济治理提供辅助和支持。

第一，积极推进建立以我国为中心的非政府间组织。典型的代表如博鳌亚洲论坛，其通过为亚洲区域内官、学、商各界提供高层对话平台，推动亚洲国家实现共同发展，可以进一步将其打造为中国和亚洲地区推动全球经济治理改革的非政府平台。建议政府相关部门完善相关立法，加强对非政府间组织的注册登记、日常管理、监管等工作，推动我国非政府间组织积极参加全球经济治理活动。

第二，加大对现有非政府间组织的支持力度，在人力、物力、财力上加大对这些组织的支持，在条件允许的情况下，吸收相关非政府间组织参与政府主导的全球经济治理项目与活动，以帮助中国反映、实现正当的全球经济治理利益诉求。

第三，积极参与现有的非政府间组织的活动，加大对其影响力。世界经济论坛就是很好的例子，每年我国政府相关部门都会出席达沃斯冬季论坛，而且从 2006 年起，夏季达沃斯论坛分别在我国大连和天津召开，中国的智库、企业界也加大了对论坛的参与力度，我国对达沃斯世界经济论坛的影响力不断增强。我国应继续加强对非政府间组织活动的支持和参与力度，通过其间接影响全球经济治理进程。

5. 积极引导非国际组织行为体介入全球经济治理

除非政府间组织外，另一股影响全球经济治理的非政府因素就是非国际组织行为体，如智库、跨国公司等。

（1）充分发挥智库在全球经济治理中的作用。

第一，加大对智库研究的支持力度。充分发挥国内智库在全球经济治理中的智力支持作用，加大对社会科学领域特别是国际经济问题的研究投入和支持力度，根据国家参与全球经济治理的需要和重点，对重大国际经济问题提早进行方案研究和准备，并给出符合中国自身利益的应对预案。

第二，探索建立智库和政府部门的人才“旋转”制度。积极促进相关人才在智库和政府部门之间交流，创新人事制度，通过短期借调、长期任职等形式促使智库专家进入政府全球经济治理部门，鼓励一线经济治理政府部门官员到智库进行短期交流、兼职研究。

第三，加强智库在全球经济治理中的纽带作用。利用智库的特殊角色，加强智库与国际组织、相关国家政府、工商界、民间组织的联系，鼓励和支持智库对以上相关机构进行调研和实地考察，听取和收集各方关于全球经济治理的意见，从侧面配合政府推动全球经济治理改革。

（2）加强对工商界市场力量参与全球经济治理的管理与引导，加强对以跨国公司为代表的工商界参与全球经济治理的管理。跨国公司是推动世界经济和全球贸易发展的主力军，是全球经济治理活动中重要的微观个体。工商界在全球经济治理中的作用日益突出，布雷顿森林体系崩溃后，“新自由主义”在全球的扩展在很大程度上就来自国际工商界的推动。

我们建议：第一，针对国际跨国公司，积极利用国内市场等优势对跨国公司在国际贸易、国际投资、国际金融等方面的运行规则诉求施加影响。第二，积极引导国内跨国公司进入全球经济治理活动：一方面可通过促进其参加各种工商业峰会、论坛等活动，提升我国工商界对有关全球经济运行规则的作用；另一方面可以考虑通过建立行业协会或商会，增加工商界对各国政府和政府间组织的影响力。

第二篇

政治、文化体制改革

中国政治建设的策略与展望

房　宁*

中国已经找到了一条适应本国工业化、现代化发展要求的政治发展道路，建立起了中国特色的民主政治模式。中国仍处于工业化、现代化发展进程之中，随着事业的发展、时代的变迁，中国的民主政治建设还会继续探索前进。中国的民主政治发展与政治体制改革在本质上是当代中国社会发展进步的产物，政治制度要不断地适应经济社会结构的变动。民主政治为社会发展所塑造，也为社会发展提供支持和保障。

正确的策略对于未来中国的民主政治建设和政治体制改革的顺利进行十分重要。策略正确与否关键要看是否从实际出发，是否顺应发展的要求。民主政治建设和政治体制改革策略的选择，一方面要受到政治发展路径的制约，受到既有模式形成的内在逻辑的约束；另一方面又要面对新的问题，解决新的问题，满足发展的要求。改革是对既定模式的补足、纠错和完善，改革策略是实现上述目标的手段。

中国现有的政治体制具有历史的合埋性，是国情、时代、环境的产物。而一切事物又会像恩格斯评价黑格尔的那个著名的命题“凡是现实的都是合乎理性的，凡是合乎理性的都是现实的”时所言：“按照黑格尔的思维方法的一切规则，凡是现实的都是合乎理性的这个命题，就变为另

* 房宁，中国社会科学院政治学研究所所长，研究员。

一个命题：凡是现存的，都一定要灭亡。”[①]任何一种政治体制或政治模式都是一定社会发展阶段的产物。当代中国的民主政治模式是中国工业化、现代化时代的民主，它的产生、发展及其自身的特征、特点，都离不开中国的工业化、现代化，都与中国的工业化、现代化密切相关。基于这个原理，中国的民主政治也必然会随着中国工业化、现代化的发展进程而发生变化。今天的人们还无法预估未来中国政治发展和民主政治模式演变的具体结果，但今天的人们可以根据工业化、现代化的发展趋势，对中国政治发展和民主建设的未来作出分析和展望。

一　推动当代中国政治建设的制度供给因素

中国政治建设的未来如何？中国的政治体制改革将如何进行，朝着什么方向发展？这是被广泛关注的问题。预见中国政治的明天，不能从主观愿望出发，更谈不上依据某种理论而进行推论和推断，只能从实际出发。所谓从实际出发，就是要深入分析和了解中国政治发展实践中引发制度创新和体制改革的制度供给因素究竟是什么。通俗地说，就是究竟是什么因素推动着中国的政治体制改革和民主政治发展。

应当说，推动中国政治发展的社会因素是多样的。改革开放以来，不同时期的改革的动力因素也有一定程度的变化，其中也不乏主观因素，特别是在改革开放初期主要领导人和领导集体的主观意识、政治理念对政治体制改革的初期具有显著的影响。但是，随着政治体制改革的展开，特别是到了1989年之后，政治体制改革的主观色彩逐渐淡化，因应客观形势和客观条件的因素日益增强，这一点在高层政治决策中尤其明显。回顾改革开放以来民主政治建设和政治体制改革的推动因素，从总体来看，最主要的有三个方面：适度分权，实现权力制约的需要；实现科学决策，提高执政能力的需要；反腐倡廉，加强执政党建设的需要。

（一）权力制约的需要

1980年8月，邓小平在中共中央政治局扩大会议上发表了后来被命名为《党和国家领导制度的改革》的讲话，正式开启了中国的政治体制

① 《马克思恩格斯文集》，人民出版社，2009，第268～269页。

改革。在这篇讲话中，邓小平指出："从党和国家的领导制度、干部制度方面来说，主要的弊端就是官僚主义现象，权力过分集中的现象，家长制现象，干部领导职务终身制现象和形形色色的特权现象。"①在邓小平列举的四种主要"现象"当中，"权力过分集中"是关键，权力过分集中在一定程度上是其他现象的根源，也是最主要的弊端和问题所在。因此，解决所谓"权力过分集中"问题一直是改革开放以来政治体制改革的核心问题。解决权力过分集中的策略是适度分权和权力制约，这成为贯穿政治体制改革的一条基本的线索。

在改革初期，解决权力过分集中现象的基本思路是实行党政分开。邓小平在《党和国家领导制度的改革》的讲话中，部署了政治体制改革的四项任务，其核心内容就是"权力不宜过分集中"，"解决党政不分、以党代政的问题"②。1986 年，在准备党的十三大的背景下和政治体制改革需要加速以适应经济体制改革的舆论氛围中，邓小平先后四次论述政治体制改革。从这时到党的十三大前后，是中国政治体制改革的又一个高潮期。邓小平在这一年 9 月 13 日听取中央财经领导小组汇报时指出，政治体制改革的内容，"首先是党政要分开，解决党如何善于领导的问题。这是关键，要放在第一位。第二个内容是权力要下放，解决中央和地方的关系，同时地方各级也都有一个权力下放问题。第三个内容是精简机构，这和权力下放有关"③。党政分开的改革思路，在 1989 年以后出现了调整。政治体制改革的主要内容之一，从党政分开转向了适度分权和权力之间的制约。

自从洛克和孟德斯鸠提出并论述权力制衡学说之后，以权力制约权力的理论一直属于"西方理论"即资产阶级政治学说的范畴。同时，分权制衡的制度设计与安排，也被认定是资本主义民主的制度特征。法国大革命中的《人权宣言》称："凡权利无保障和分权未确立的社会，就没有宪法"，就是一个明证。

在马克思主义的话语体系中，在早期经典作家，即马克思、恩格斯的

---

① 《邓小平文选》第 2 卷，人民出版社，1994，第 327 页。

② 《邓小平文选》第 2 卷，人民出版社，1994，第 321 页。

③ 《邓小平文选》第 3 卷，人民出版社，1993，第 177 页。

理论视野中是排斥权力制衡的概念的。在马克思、恩格斯等早期经典作家看来，在社会主义条件下，一切权力都来自人民、属于人民。因此，解决对权力的控制，即消除“异化”[①]，是确保人民对权力的拥有和掌控。在马克思时代仅有的短暂的无产阶级革命实践——巴黎公社的经验总结和理论抽象中，马克思提出了“巴黎公社原则”，即最大限度地消除领导者与被领导者之间的差别，保证为消除“异化”而生的社会主义不产生再次的“异化”。正如马克思所说，巴黎公社的伟大之处就在于“显示出走向属于人民、由人民掌权的政府的趋势”[②]。既然社会主义国家属于人民，由人民掌权，自然就谈不上“权力制约权力”，权力制约本身即属于权力异化的范畴。因此，在马克思关于社会主义的学说和视野中，自然没有权力制约的问题。即使是以今天的观点来解读马克思，即使是有权力制约，那也是由人民群众监督权力，这才是真正的制约。

但是，实践表明，在所有的现实政治体系中，权力制约的需要在客观上是存在的，权力制约的实践也是客观的，只是在方法和程度上有差异。即使是在十月革命后完成的社会主义从理论到实践的飞跃——苏维埃俄国建立后，第一个社会主义国家的缔造者列宁在革命刚刚成功的时候，就发现了社会主义条件下的无产阶级内部的差异性问题。列宁意识到，即使在社会主义条件下，无产阶级内部的领导者与被领导者之间也存在差别，存在客观矛盾。一个由优秀分子组成的、担负重大责任和需要专业技能的领导阶层，是一个稳定的社会阶层，这个阶层并不混同于群众。革命后的现实，与革命前列宁在《国家与革命》中的设想全然不同[③]。面对现实，列

---

① 在马克思看来，资本主义是对人的异化，政治权力是对人权的异化。在《法兰西内战》中，马克思写道：“表面上高高凌驾于社会之上的国家政权，实际上正是这个社会最丑恶的东西，正是这个社会一切腐败事物的温床。”参见《马克思恩格斯文集》第3卷，人民出版社，2009，第154页。根据马克思主义基本原理，在资本主义生产方式和生活方式中，人的自然本性被泯灭，代之以“商品拜物教”强加给一切人的价值去除。而只有消除资本主义制度，人类才有能摆脱“一般等价物”的普遍化，获得自由和全面的发展。

② 《马克思恩格斯文集》第3卷，人民出版社，2009，第163页。

③ 在《国家与革命》中，列宁把社会主义的社会管理设想为“邮政模式”，即极其复杂的整体被分解为极其简单的部分，由普通劳动者即可分担。由此，就可以消除因分工和教育与专业技能造成的社会差别以及管理者与被管理者之间的分离与对立。

宁一方面敏锐地废止了十月革命后一度实行的“巴黎公社原则”，对于干部和技术人员、管理人员实行高于工人的特殊待遇。另一方面，列宁提出了“官僚主义”问题，要求对于事实上超越本阶级的先锋队实行民主监督和制约。列宁当年建立起的“工农检察院”就客观地反映了这段历史中的“无产阶级”与“先锋队”之间的对立统一，体现了列宁的现实主义的监督思想和制度安排。

在苏联以及受苏联模式影响的社会主义政治体制中，在中国以及中国共产党的政治体制以及话语体系中，事实上的权力制约关系一直存在于民主集中制的体制安排和理论论述之中。权力制约的制度安排和理论表述被公开认定并得以进一步体制化、制度化，是在中国1989年以后的政治实践和政治体制改革当中。

1989年的政治风波和接踵而来的苏东剧变，改变了自20世纪80年代以来中国政治体制改革和民主政治建设的思路与走向。党政分开、社会对话的思路转变为更加重视党的领导，即改革和完善以中国共产党领导为核心的政治体制，成为90年代以来的基本思路与走向。在以加强和改善党的领导为指向的改革实践探索中，保证党的领导地位和执政地位不动摇是基本要求，在这一目标范围内权力体系内部的制约逐渐成为改革的客观要求与趋势。加强权力体系内部制约，既可以防止并替代党政分开和社会对话产生的那些“外部性”问题，又可以在内部实现监督和约束。

2000年底，江泽民在十五届中纪委第五次全会讲话中第一次明确提出：“通过深化改革和体制创新，建立结构合理、配置科学、程序严密、相互制约的权力运行机制。”[①]这是党的主要领导人第一次在重要讲话中明确提出在体制创新中建立权力制约机制问题。2002年党的十六大报告正式对权力制约问题进行了专门论述。该报告不仅再次针对建立权力制约体制机制重申“建立结构合理、配置科学、程序严密、制约有效的权力运行机制，从决策和执行等环节加强对权力的监督，保证把人民赋予的权力真正用来为人民谋利益”[②]，还进一步论述了权力制约与监督的制度安排，

---

① 《江泽民文选》第3卷，人民出版社，2006，第190页。

② 中共中央文献研究室编《十六大以来重要文献选编》（上卷），中央文献出版社，2005，第28页。

包括党政主要负责人的人事权、财务管理使用权的制约，党政领导机构与党的纪律检察机关、司法机关以及行政监察、审查部门之间的权力制约，通过党政领导机关政务公开和党政领导干部述职述廉制度、重大事项报告制度形成机关内部上下级之间的制约与监督，等等。这是党的代表大会第一次对“加强对权力运行的制约和监督”进行确认和阐释。2004 年 9 月，党的十六届四中全会通过的《中共中央关于加强党的执政能力建设的决定》中则再一次强调了权力制约。该文件指出：“加强对权力运行的制约和监督，保证把人民赋予的权力用来为人民谋利益。各级党组织和干部都要自觉接受党员和人民群众监督。拓宽和健全监督渠道，把权力运行置于有效的制约和监督之下。”① 2012 年党的十八大正式确认了权力制衡的概念，堪称中国共产党在民主理论上的一个突破。党的十八大报告指出：“要确保决策权、执行权、监督权既相互制约又相互协调，确保国家机关按照法定权限和程序行使权力。”②

从总体来看，自改革开放以来，主要是 20 世纪 90 年代以来，中国通过政治体制改革实现的权力制约主要表现在权力体系中的四个方面。

第一，权力核心内部制约。在中国政治体系中，政治权力结构的核心是中国共产党的各级领导机构，当代中国权力制约首先表现在中国共产党的各级领导机构中主要负责人和领导集体之间的权力制约，即改革开放以来的集体领导和个人分工负责体制逐步形成落实和完善，其标志是“党委议事规则”。尽管长期以来集体领导和个人分工负责制度一直被规定和倡导，但到 20 世纪 90 年代以后才逐渐得到落实。

第二，权力部门之间的制约。这在强调“党的领导”的中国政治体制中是比较敏感的部分，但自改革开放以来，特别是近 20 年来，中国主要权力部门之间的权限划分开始显现，在党中央统一领导的前提下，一定程度的权力部门之间的分工与制约初步形成。这主要表现在两个方面：一是人民代

① 中共中央文献研究室编《十六大以来重要文献选编》（中卷），中央文献出版社，2006，第 282 页。

② 胡锦涛：《坚定不移沿着中国特色社会主义道路前进　为全面建成小康社会而奋斗——在中国共产党第十八次全国代表大会上的报告》，人民出版社，2012，第 29 页。

表大会的实际作用的提升和法制化水平提高，表现在人民代表大会对“一府两院”的监督与制约；二是纪律检查、监察部门相对独立，权限扩大。

第三，中央与地方之间的制约。简政放权是政治体制改革的开端之一。由于中国地域广大、发展不均衡，简政放权的主要方式是中央向地方放权，调动地方的积极性，这是中国取得成功的要诀之一。长期简政放权的体制变迁的结果是地方与中央权限的划分和体制化、机制化，由此形成了一定程度上中央与地方之间的权力制约。

第四，党派之间的制约。中国共产党领导的多党合作和政治协商制度是中国的政党制度。改革开放以来，中国共产党以外的民主党派的实际政治作用提升，政治协商日益体制化、机制化，发挥了实际作用。实际上，党派之间的政治协商过程在一定程度也是权力制约的实践过程。

（二）提高执政能力的需要

改革开放使中国走上了快速实现工业化、现代化的赶超之路。在改革开放的进程中，中国在取得显著进步的同时，也遇到了越来越多、越来越复杂的困难与问题。江泽民在 2002 年党的十六大召开之前，回顾了中国现代化事业遇到的各种困难、风险与挑战。他谈道：“回顾建国以来的历史，我们遇到的波折，可以说是连续不断。从反右斗争开始，经过‘大跃进’、庐山会议、‘四清’运动等，直到‘文化大革命’十年动乱。党的十一届三中全会以后，邓小平同志带领我们否定了‘以阶级斗争为纲’，实行了改革开放的新政策，总的局势是稳定的，但也发生了‘西单墙’、一九八六年学潮和一九八九年政治风波。”回顾 1989 年以后的 13 年，江泽民指出：“我们党面临的国内外环境异常复杂，改革开放和现代化建设的任务十分繁重。可以说是外有压力、内有困难，考验不断。我们遇到了苏东剧变、海湾战争、一九九一年华东大水、‘台独’分裂势力加紧进行分裂祖国的活动、亚洲金融危机、一九九八年严重洪涝灾害、科索沃战争和美国轰炸我国驻南联盟大使馆、中美撞机事件、九一一事件和阿富汗战争等一系列重大事件。”①

改革开放以来，中国在取得工业化、现代化建设发展进步的同时，经

① 《江泽民文选》第 3 卷，人民出版社，2006，第 515 ~ 516 页。

济、社会结构也随之发生了广泛而深刻的变化，社会利益日趋多元、多样；国际环境和国际形势也发生了历史性变化，西方从对中国现代化进程持观望、利用态度，转向全面“遏制”和“封堵”。作为领导中国现代化事业核心力量的中国共产党，在实践上、理论上也遇到了一系列十分复杂的局面和深刻挑战。在21世纪之初，江泽民就明确提到过对待马克思主义的正确态度、从革命党到执政党的转变、党的“两个先锋队”、增强党的阶级基础和扩大党的群众基础等问题①。这一切发展和变化对于中国共产党和中国政府以及各级党政干部提出了新的要求，要求领导现代化事业和管理世界上最大人口规模国家的政权及各级官员具有更加完备的执政能力。在改善和提高政权与官员执政能力的背后，是政治制度、政治体制的改革，提高执政能力的基础是政治制度、政治体制对于新的社会环境的适应性和适应水平提高。

执政能力的问题，最早出现在改革开放之初邓小平关于废除领导干部事实上存在的终身制，实行干部革命化、年轻化、知识化和专业化的干部“四化”的诉求与论述中。应当说，实行改革开放，对于执政党和干部队伍而言同时意味着新的学习和探索，以及相应的执政能力、管理能力和文化知识水平的提高。尽管如此，正式提出“执政能力”问题是在2004年的党的十六届四中全会之上，这次会议通过了《中共中央关于加强党的执政能力建设的决定》，提出了通过“科学执政、民主执政、依法执政，不断完善党的领导方式和执政方式”② 的论断。

改革开放以来，以适应提高执政能力的需要而推进政治体制改革和民主政治制度建设的政治进程主要表现在三个方面。

1. 推动和促进行政体制改革，提高效率、降低成本

改革前的政治体制以及行政体制是适应计划经济的需要而形成的。在市场经济条件下，政治体制以及行政体制需要改革与转型。改革开放以来，我国先后进行了四轮行政体制改革。行政体制改革前期以简政放权为主，后期以降低行政成本为主。我国国情和基本政治制度决定，国家要在

---

① 参见《江泽民文选》第3卷，人民出版社，2006，第439页。

② 中共中央文献研究室编《十六大以来重要文献选编》（中卷），中央文献出版社，2006，第274页。

经济社会发展中扮演不可替代的重要角色。我国建立的市场经济体制在很大程度上是政府推动的产物。在社会主义市场经济体制建立和形成后，政府依然肩负着宏观调控和提供公共服务的重要职能。市场机制与政府作用的有机结合，使我国实现了持续稳定快速的经济增长。

但是，随着时间的推移，政府作用以及宏观调控体制机制中出现了大量新情况、新问题、新矛盾，其中，行政成本居高不下是反映各个方面问题与矛盾的标志性、外在的突出表现。我国各级政府肩负着大量发展经济社会、维护社会秩序、保障公共安全的公共管理与服务职能，在进行有效治理的同时，行政成本也在不断上升。特别是在日益凸显的维稳工作中，甚至还出现了“花钱买平安”的现象。长期以来，地方公共支出大量依靠地方政府的预算外收入，有的地方政府开支的一半要靠自己的“创收”，由此又催生了诸如“土地财政”等一系列具有潜在风险的严重问题。行政成本和地方政府过重的财政负担与政府职能有关，要减轻政府负担、降低行政成本，最根本的还是要依靠改革。在提高治理效率和降低行政成本的双重动因的推动与促进之下，从中央到地方进行了大量的改革尝试，并逐步转化新的体制机制。在中央层面，主要表现为通过改革理顺政府与市场的关系，不断扩大市场在资源配置中的作用。在地方层面则表现为扩大基层群众自治和社会自治组织在社会建设和基层社会管理中的职责与作用。

2. 创新社会治理体制，回应人民的权利意识和利益诉求

民主观念的基础是权利意识的增长。改革开放以来，中国人民的权利意识普遍增长。从计划经济转向市场经济，促使经济社会结构发生深刻改变，人民群众中不同的阶级、阶层、群体之间的利益关系发生改变。权利意识增长和利益关系的变化，从主客观两个方面推动了当代中国社会新的利益矛盾与冲突的大量出现。贫富矛盾、劳资矛盾、城乡矛盾以及地区差距导致的矛盾，成为当代中国社会重要的社会矛盾。同时，在我国的政治体制之下，各种社会矛盾有向政权聚集的现象，这是中国政治的一个特点。我国社会制度的突出优点是能够“集中力量办大事”，而这个优点的另一面则是：各种社会矛盾诉求也易于向党和政府集中。由多种社会矛盾集中转化而来的矛盾，可称为“官民矛盾”。在实行改革开放最初的20年里，我国各种社会矛盾比较分散，随着经济社会结构变化不断深入，各

种社会矛盾向官民矛盾转化的现象逐步出现。1998 年，是我国社会矛盾发展的一个“拐点”，即多种社会矛盾出现了较为明显向官民矛盾集中转化的趋势，其标志是我国行政诉讼案件的激增。2008 年以来，我国国内社会矛盾进一步增加。世界性的金融危机尽管没有从根本上破坏我国的经济形势，但毕竟带来了一定的问题和困难，影响到了部分中等收入阶层收入的增长，甚至还给部分低收入阶层的生活带来了一定困难。更深层次的问题是，我国工业化、城市化已经进入了中期，东南沿海地区及大城市逐步进入了工业化、城市化发展的后期。社会一旦进入这一发展阶段，社会流动、身份改变将趋于平缓甚至减弱，由此必然影响到社会成员，特别是年轻群体和社会地位较低阶层的发展预期，进而影响这些群体和阶层的社会情绪与社会评价。

权利意识的增长、社会矛盾的增加以及向政权集中的趋势，构成了新时期政治参与的动因，要求我国在政治体制方面作出回应，形成制度供给的需求，产生了改革政治体制和发展民主政治特别是基层民主的现实需要。进入 21 世纪以来的十多年，是中国回应式的体制改革的快速增长期，其重点主要表现在社会矛盾直接发生的社会基层，大量的基层社会治理和基层群众自治、基层民主管理，甚至基层党的工作中出现了大量以回应民众利益诉求，扩大基层民众权利，维护基层社会稳定，提高基层社会治理水平为导向的体制、机制改革与制度创新，如浙江温岭的基层公共事务的群众会商制度“民主恳谈”、浙江杭州城市民主管理的“复合主体模式”、山东新泰的强化基层社会管理和化解社会矛盾的“平安机制”、河南南阳提高乡村民主管理水平的“四议两公开”工作法、广东惠州的提高基层民主治理水平的“四民工作法”、贵州铜仁村级民主管理的“三会制度”等①。

3. 改革决策体制，以民主决策促进科学决策，建立吸纳社会诉求的体制机制

广泛深刻的经济社会结构变化、日益复杂的社会关系、不断增长的社

① 上述列举的基层体制机制改革的案例，在全国具有一定的代表性和影响力。根据我们在全国多个地区的调查研究，实际上类似的制度、体制、机制的改革创新在全国已有广泛实践，只是各地的名称、叫法不同，但实质性做法基本类似。

会矛盾，对社会治理与管理能力和水平提出了越来越高的标准和要求。在这种形势下，吸纳社会诉求，以社会协商提高社会治理中的利益均衡性和政策的包容性，就成为改革决策体制的主要动力。而这个方面的实践集中表现在政治协商、社会公共事务协商领域中的体制机制改革。

1992年，在党的十四大上，江泽民首次把决策的科学化、民主化确定为社会主义民主政治建设的重要任务。党的十四大报告提出："领导机关和领导干部要认真听取群众意见，充分发挥各类专家和研究咨询机构的作用，加速建立一套民主的科学的决策制度。"① 党的十四大以后，在建立多种层级和多种形式的政治协商和政策协商的改革探索中，中国党政决策体制发生了深刻变化，由此带动了政治体制的一系列改革和变化。20世纪90年代以来的发端于决策民主化路向的体制改革的主要表现是：公开立法即立法征询，发展和完善政治协商制度，重大决策决定向社会征集意见，公共事务实行听证制度，在法律、政策方面向专家和研究机构咨询，等等。

（三）反腐倡廉的需要

经济基础决定上层建筑。改革开放以来，中国社会的经济基础发生了深刻变革，从计划经济转变为社会主义市场经济。经济基础发生的重大变革深刻影响到了政治体制与行政管理体制。市场经济因素对我国政治体制以及民主政治建设的影响具有两面性。一方面，市场经济对民主政治的发展产生了推动作用，主要表现在促进权利意识增长以及多元化的利益格局产生对政治体制改革和民主政治建设的制度需求；另一方面，市场经济因素对社会主义民主政治也会产生消极作用。这种消极作用主要表现在两个方面，一是市场经济因素导致社会分化，消解经济平等，而经济平等正是社会主义民主政治的物质基础。这个方面的问题已经在我国社会生活中逐步暴露出来，富有的阶级阶层与普通人民群众在利益诉求以及政治参与意图、能力等许多方面已经出现了明显的区别与差异。二是市场经济因素对权力产生腐蚀作用。市场经济是货币经济。从人类社会发展的历史经验来看，商品经济为权力的腐化提供了直接的诱因，而货币交换是腐败的最为

① 《江泽民文选》第1卷，人民出版社，2006，第236页。

直接和重要的具体条件。在我国历史上，白银的货币化是推动明、清两代官场腐败贪墨盛行的直接原因，形成了腐败发展史上的一次质的转换。

改革开放以来，随着腐败的滋生和蔓延，反腐倡廉斗争也在不断发展，反腐倡廉又进一步推动了体制改革和制度建设。改革开放以来，因反腐倡廉需要而推动的体制改革和制度建设主要表现在三大领域。

1. 推进党政干部人事制度改革

“办好中国的事关键在党”，党政干部人事制度改革是中国政治体制改革的核心内容。多年来，反腐倡廉推动了党政干部制度改革，主要包括建立公务员制度，党政干部选拔任用和管理监督制度，党政干部回避、交流以及任期制度，全面推行党政干部民主推荐、民主测评、民意调查、考察预告、任前公示、离任审计等干部管理的流程与程序。改革开放以来，党政干部人事方面的法律法规等制度规范逐步形成体系，制定、发布和实施了《公务员法》《中国共产党党员领导干部廉洁从政若干准则》《深化干部人事制度改革纲要》《党政领导干部选拔任用工作条例》《党政领导干部选拔任用工作监督检查办法（试行）》《党政领导干部选拔任用工作责任追究办法（试行）》等，对干部人事制度改革进行了全面规划，对干部选拔任用的基本原则、标准、程序、方法等作出了严格规定，对干部的从政行为进行了合理规范和全面监督。

2. 深化政府管理体制改革，重点推进审批制度改革

反腐倡廉的核心问题在于防止和减少政府以及各级党政干部在经济与社会管理中的利益冲突。而防止和减少利益冲突的关键是处理好政府监管与市场经济的关系，全面系统地规范政府管理行为，其中重点是推行行政审批制度改革，加快推进政企分开、政资分开、政事分开、政府与市场中介组织分开，促进政府转变职能。从2001年我国推行行政审批制度改革以来，国务院各部门共取消和调整行政审批项目2000多项，地方各级政府取消和调整了77000多项，占原有项目总数的一半以上。对于保留的行政审批项目，通过广泛设立行政服务中心进行公开审批，建立行政审批电子监察系统进行及时监控，完善行政审批责任追究制度和信息反馈机制，提高工作效率，减少了权力寻租的机会。

3. 实行司法体制改革

司法体制是政治体制的主要组成部分，司法体制改革是政治体制改革的主要内容，建立严格完善的司法体制既是反腐倡廉的现实需要，也是民主政治发展的主要标志。改革开放以来，中国确定的司法体制改革的目标是："坚持和完善中国特色社会主义司法制度，确保审判机关、检察机关依法独立公正行使审判权、检察权。"①为此，多年来围绕科学配置侦查权、检察权、审判权和执行权，制定了大量法律法规，加强对司法活动的监督，规范司法人员对自由裁量权的行使，建立执法过错、违法违纪责任追究制度，其中包括建立和实行公开审判制度、人民陪审员制度、人民监督员制度、律师制度、法律援助制度和人民调解制度等有利于扩大司法民主，推进司法公开的具体制度。

改革开放 30 多年来，推动中国政治体制改革和民主政治建设的根本原因，并不在人们的思想意识里。当然，不可否认，思想意识对政治发展有一定的影响，但真正影响政治体制的、真正推动政治发展的，是现实中的因素，是来自政治体制维护自身存在发展的现实需要。具体来说，推动我国政治体制改革和民主政治发展的最重要的客观因素，莫过于在实行社会主义市场经济体制和人民权利意识普遍增长的背景下，政治权力自我约束与制衡、提高执政能力和保持政权廉洁的现实需要。这三大需要是当代中国政治体制改革和民主政治发展的真正动力，也是理解和预判中国政治体制改革和民主政治建设未来走势的基础。

二　推进政治建设的三项基本策略

继续发展民主政治是中国实现工业化、现代化的内在需要，今后中国仍将继续探索和发展具有自身特色的民主政治制度。从国际经验来看，在实现工业化、现代化以及社会结构转型的历史时期，以竞争性选举为基础的政党政治和议会政治并不是一种合适而有效的政治制度与体制。考虑到我国的历史与国情、社会发展阶段与面临的现实任务，可以预见未来中国

① 胡锦涛：《坚定不移沿着中国特色社会主义道路前进　为全面建成小康社会而奋斗——在中国共产党第十八次全国代表大会上的报告》，人民出版社，2012，第 27 页。

的民主政治发展所选择的方向与路径，不会是发展和扩大竞争性的政治制度，包括实行竞争性选举和进一步扩大与上推已经实施多年的基层选举。在现阶段，我国不具备发展竞争性民主形式的社会条件，国家与社会面临的主要任务依然是发展经济。与经济发展相适应的政治建设的任务与功能，则依然主要是凝聚社会共识，调动人民进行生产和建设的积极性。

综合考虑时代条件、历史任务和国际环境，分层次扩大有序政治参与，扩展协商民主范围和提高协商民主质量，建立权力制衡体系和发展民主监督这三项策略，将是今后一个时期内中国政治建设和政治体制改革重点采用的基本策略。

（一）分层次扩大有序政治参与

政治参与是民主政治的一项重要内容。在我国的民主政治实践中，政治参与占有重要地位，是人民群众在中国共产党领导下实现当家作主的民主权利的重要途径。我国的政治参与有多种途径，民主选举是其中的一种，但更多的是政策性参与，即通过反映意见和征询意见，把法律与政策的形成建立在征询和反映人民群众的意愿基础之上，通过征询人民群众的意愿，使党的执政方略和各级政权的法律法规、政策能够准确地反映和代表各族人民的根本利益。改革开放以来，我国建立起了一套比较完整的反映和征询民意的系统，主要包括政务公开、民主决策、政策评估等基本环节以及在立法和重要决策过程中实行公示、听证、专家论证、技术咨询和公开征集意见等多种具体制度。我国的人民意见征询制度正在逐步规范化、法制化，如国务院制定的《全面推进依法行政实施纲要》中确定了我国政府“公众参与、专家论证和政府决定相结合”的行政决策的法定机制。

在我国现实的社会条件下，实施政治参与的重要保障条件是保持政治参与的有序性。政治参与失序，曾经在我国民主政治实践的历史上留下过严重的教训。在“文化大革命”中，实行“大民主”，结果造成了社会的大混乱。这样的教训值得我们在现在和今后中国的民主政治建设中认真研究和汲取。从政治参与的角度观察“文化大革命”，其失误并不在于人民群众“关心国家大事”，而在于群众政治参与的无序。在“文化大革命”中政治参与的无序性表现在两个方面：一是缺乏正确的参与方式和程序，

二是参与缺乏层次性。在“文化大革命”中，广大群众特别是青年学生被动员起来参与国家的政治生活，主要的方式是“大鸣”“大放”“大字报”“大辩论”，这样的参与形式很快演化为不同意见的群众群体之间的争论和争斗，演化为民粹式的政治参与。事实证明，民粹式的政治参与是无效的，只能分裂人民，制造矛盾。缺乏层次性是“文化大革命”过程中政治参与的另一个突出问题，尤其值得我们今天研究和吸取经验教训。在民粹主义政治中，群众运动被赋予了真理性，群众在国家政治生活的各个层次上都有权参与。在“文化大革命”中，政治参与最终表现为“工人阶级占领上层建筑”。“文化大革命”的民粹主义政治参与从反面告诉人们：有效的、有序的政治参与必须区分层次。这是一条重要的经验。

在我国现有条件下，实行分层次的政治参与是保证政治参与有序性的关键。现代的民主形式，即间接民主政治中要处理的一个基本关系是“精英”与“群众”的关系。民主要有人民群众的政治参与，特别是最广大、最普通的群众都有参与的权利，但问题是这样的参与如何进行。由于信息不对称、经验不对称以及利益局限性的存在，客观上限制了人民群众进行政治参与的范围和能力，这是我们在谈论民主问题以及政治参与问题时必须考虑的。而现在这些问题似乎很少被提及甚至不被考虑，这是不行的。

分层次进行政治参与的原则应当是体现利益相关性、信息充分性和责任连带性。由于社会生活中信息不对称、经验不对称以及利益局限性的客观存在，政治参与必须区分层次。也就是说，要区分不同的政治事务，以利益直接相关程度、信息掌握充分程度和责任的连带程度为尺度，引导相关性强的群体及代表进行分层次的政治参与，而对那些利益关系较为间接、对情况不了解、其影响不明显的群体，原则上就不应参与。掌握利益相关性、信息充分性和责任连带性的原则，既可以从总体上保证人民群众参与国家政治生活的权利，又可以防止参与的无效与混乱。

扩大有序政治参与是在当下及未来我国民主政治建设与政治体制改革的重点，同时也是一个需要大力探索的领域。扩大政治参与有利于调动广大人民群众的积极性，有利于反映民意和进行民主决策。但是，在社会矛盾多发期，政治参与也具有诱发社会矛盾的潜在风险，政治参与在为政治系统提供支持的同时也有可能导致不稳定因素增加。这些都要通过不断实践探索加以解决。在当前和今后一个时期内，在建立和完善适合中国国情的政治参与方式和积累分层次政治参与经验方面还有很大的空间。

（二）扩展协商民主范围，提高协商民主质量

党的十八大在执政党的全国代表大会上提出了协商民主的概念，提出了完善协商民主制度和工作机制，推进协商民主广泛、多层、制度化发展的改革目标，把协商民主作为在当前和今后一个时期内发展中国特色社会主义民主政治的重点 协商民主是中国当代政治的一个传统和优势所在。与竞争性选举相比，政治协商有利于不同利益群体的利益协调与整合，有利于化解利益群体之间的分歧与对立，有利于社会整体利益的形成与实现。尤其是在工业化、现代化进程中，国家处于社会利益关系迅速变化、经济社会结构变动不居的转型时期，政治协商是较为适合、较为有利的民主形式。

中国共产党领导的多党合作和政治协商制度是中国的基本政治制度。中国共产党领导的多党合作和政治协商制度，特别是全国人民政治协商会议，是中国新民主主义革命的产物，同时也吸收并继承了中国传统政治文明的有益成分，是中国特色社会主义民主政治制度的一个创造。实践证明，中国共产党领导的多党合作和政治协商制度是一项成功的制度，应当继续坚持和发扬。但是，中国民主政治中的政治协商机制远不止中国共产党领导的多党合作和政治协商的范围。政治协商是我国民主政治实践中的一种被广泛应用的基本形式，政治协商不仅存在于国家层面，也存在于基层民主自治之中，如浙江温岭的“民主恳谈”就是基层民主实践中由群众创造的好的民主协商形式。在其他民主形式中，如我国的选举制度中，包括党政领导干部的选举也都融入了政治协商机制。这是一种很好的结合，融合了不同民主形式，具有取长补短、扬长避短的效用。

将协商民主作为未来发展中国民主政治的基本策略和重点方向，就需要进一步扩大协商民主的范围，应将民主协商机制体制化、制度化。在西方社会，分权制衡机制作为一项民主政治的原则被安置到西方政治体制的方方面面，如权力机构之间的分权制衡表现为国家层面政权机关之间立法权、行政权、司法权的“三权分立”与制衡；民选的责任政治家和职业

管理者之间的所谓“政客”与“官僚”的分工与制约；联邦制中的国家与地方之间的权力与责任的划分；社会管理中的所谓“国家”与“社会”，实质是政府与自治组织之间的权力与责任的划分；等等。我国的协商民主也应广泛地扩展到社会政治生活的各个领域，以政治协商作为法律、政策普遍的制度化的形成机制和协调机制，成为中国民主政治的核心原则。

如何提升协商民主的质量，是决定未来中国协商民主发展的关键问题。目前我国实行的协商民主的相关配套制度和措施，还需要不断建设、提升和完善。在未来发展中国式协商民主的过程中，客观、准确、全面地发现和反映社情民意的机制应成为发展协商民主的一个重要相关制度，应纳入中国民主政治建设的议事日程。与选举民主相比，协商民主的表达机制相对薄弱，因此，在重点发展协商民主的背景下，加速建设中国的社情民意调查系统就显得十分有必要。当前中国的社情民意调查工作存在缺陷，尚未建立起专业、系统和完善的社情民意调查系统，因此协商民主的基础并不牢固。在这个方面，中国应广泛学习和借鉴国外相关经验，结合本国国情和现实需要，加快建立和完善专业化的社情民意调查机构和体系，特别是应当建立相对独立的、专业化的、职业化的民意调查机构。

（三）建立权力制衡体系，发展民主监督

在现阶段民主政治发展不以扩大竞争性选举为基本策略的条件下，权力制约与民主监督就必然会具有更加重要的地位和作用。

权力制衡是西方政治理论和政治制度的核心内容之一。长期的实践表明，权力制衡作为一项防止权力蜕化、保障权力性质的基本措施是有效和可靠的。权力制衡属于人类政治文明的优秀成果，是一种在民主政治体制下的普遍适用的原则。权力制衡的基本原理是相同或相似的权力主体之间的相互监督和制约，而民主监督的基本原理是授权者或被代表的主体对于委托者或代理人的监督和制约。权力制衡和民主监督，是两个性质不同、功能相近的制约与监督政治权力的管理机制。但是，权力制衡与民主监督以及两者的关系问题，在社会主义政治实践和民主政治建设中长期处于模糊状态，没有在理论上被明确认识，更没有在实践中得到有意识地推行和实施。

在苏联社会主义早期的政治实践中，列宁主张社会主义国家的政体实行“议行合一”。列宁在十月革命前夕撰写的重要理论著作《国家与革命》中，十分赞赏马克思在总结1871年巴黎公社革命经验时提出的取消议会、实行议行合一的主张。他特别引用马克思的话说：“马克思写道：‘公社不应当是议会式的，而应当是工作的机关，兼管行政和立法的机关’。”① 取消议会和实行议行合一，意味着改变资本主义民主政治实践中立法权和行政权之间的分权与制衡。应当说，这是马克思主义经典作家关于社会主义政治制度的重要构想。

在苏联以及中国等社会主义国家建立之初，也的确按照马克思的设想试图建立和实行议行合一的政治体制。但是，实践表明，议行合一在实践中是困难的。首先，由于权能上的差别，一个机构难以做到兼行立法权和行政权。其次，立法权与行政权的合一自然取消了两权之间的制衡，而有时监督过于庞大的权力机关会出现问题和困难。在十月革命后不久，列宁通过初期的执政实践，意识到议行合一在实践中是难以实施的，决定法律与方针、政策的最高权力机构和负责实施的执行机构具有自然分离的趋势。列宁在《我们怎样改组工农检查院》一文中指出，党中央全会已有发展为党的一种最高代表会议的趋势，而日常工作由政治局和书记处处理。在怎样制约和监督党和国家机关的问题上，在十月革命后，俄共和列宁采取的主要措施是，建立由来自基层优秀工人、农民组成的工农检查院为代表的监察机构，以监督党和政府。但是，这种直接监督的效果很差，被列宁形容为“大难题”②。事实上，工农检查院制度最终还是被取消了。

实践表明，权力制衡和民主监督属于两个不同的范畴，其主体、对象以及方式等各个方面均有所区别。权力制衡属于权力体系内部的制约与监督，通过权力的合理分解形成相互制约、相互监督的作用和效果。这种制约与监督固化于权力体系内部，可以比较有效地作用于法律与政策的形成过程，防止权力被异化和滥用。因为是权力体系内部的制约与监督，所以是更具有专业性的制约与监督。民主监督是来自权力体系外部的制约与监

① 《列宁专题文集——论马克思主义》，人民出版社，2009，第217页。

② 《列宁专题文集——论社会主义》，人民出版社，2009，第361页。

督，是在不同程度上和通过不同方式来自授权主体的制约与监督，在我国一般被称为“社会监督”“群众监督”“舆论监督”等，在当年的苏俄和苏联则是以工农检查院为代表的直接监督。民主监督因来自权力体系之外，其监督类型则不同于权力体系内部监督。民主监督因其主体不同、地位不同，因信息对称性方面的问题和利益诉求指向不同方面的原因，被实践证明不适合对权力实施过程进行制约和监督，而更加适合对于权力实施的结果和权力机构与权力者的行为操守进行制约和监督。

“把权力关进制度的笼子里”，这是实行权力制衡的通俗说法。中国长期的政治发展和民主政治建设的实践，终于使我们认识到权力制衡与民主监督的重要区别，特别是承认权力制衡的价值是具有重大进步意义的。区分权力制衡和民主监督，是未来推进我国民主政治建设和政治体制改革的重要前提和基础；区分权力制衡和民主监督，可以更科学、更有效地制约和监督权力。

包括权力制衡和民主监督在内的政治制度的选择和建构，要根据经济社会发展的阶段性特征和发展的需要，要适合本国国情，要从实际出发。我国现在正处于并将长期处于社会主义初级阶段，这是我国的基本国情。在社会主义初级阶段，国家与社会的主要任务是发展生产力，作为一个大国还必须赶超世界先进发展水平，才能有自立于世界民族之林的地位和能力。因此，为保证国家发展的主要任务和核心利益，中国的政治权力体制在可以预见的将来还将是集中程度较高的政治体制，中国在可以预见的将来还不会采取以竞争性选举为主要形式的民主发展策略。因此，中国的权力制衡体制现在不是将来也不会是西方式所谓“三权分立”式的分权制衡体制，中国共产党的领导地位将决定中国最高决策权的集中统一。但是，在保证中国共产党领导地位的前提下，中国政治权力体系内部仍然可以发展权力制约机制。事实上，目前中国权力体系内部业已存在权力制衡机制。

中国在发育权力制衡机制的政治体制改革中，必然会沿着分类、分层、分级建立权力制约机制的方式推进权力制约体系的建设。所谓“分类”，是分别在党委、政府、人大、司法等主要权力机关之中首先建立和完善内部权力制约机制。所谓“分层”，是区别中央和地方以及部门，根据条件和需要建立各具特色的权力制衡机制。所谓“分级”，是指由于中国当前所处发展阶段以及处于当前发展阶段的政治制度历史限定，中国的政治权力将长期处于相对集中的形态。因此，中国政治体系中的权力制衡机制并非均衡和均质的，处于权力不同层级上的制衡机制将有所区别。最高权力以及权力核心的地位与其他层级的权力的制约机制和程度将有所区别。

在缺乏竞争性选举的民主形式中，民主监督的地位和作用更加突出，它是人民群众行使民主权利的重要体现。特别是在我国实行社会主义市场经济的条件下，民主监督作为一种重要的民主政治形式更是不可或缺的。民主监督是保障人民赋予执政党、国家权力机关和政府机关的各项权力不变质，保证权为民所用、利为民所谋的根本方法。从一定意义上可以讲，民主监督是保障现阶段我国民主政治发展正确方向的关键因素之一。只有实行有效的民主监督，其他的民主形式才能真正发挥效力；进一步来讲，只有实行和加强有效的民主监督，我国社会主义民主政治的性质才能得到真正体现。因此，民主监督是现阶段中国特色社会主义民主政治建设需要大力加强的重要领域。

正是因为民主监督十分重要，因此要从中国的实际出发，根据实践的要求不断地改进和完善。首先，民主监督的范围和监督的参与都应具有广泛性，尽可能将可监督的对象和内容都纳入监督范围。其次，民主监督既要规范化、制度化，又要防止民粹主义倾向，防止越权监督。民主监督的重要功能是发现腐败，如何确定监督对象、范围和方式，需要科学、规范。从理论上来讲，民主监督要监于事外、察于事后。如果察于事前、监于事中，就会失之于宽泛。通俗地说，民主监督要去“查坏蛋”，而不能去“看好人”。因为，如果去“看好人”，必然将监督范围扩大，甚至扩大到全体和全过程，这样就必然遇到成本问题，而成本一高，就必然带来“选择性执法”问题，一旦出现“选择性执法”问题，就会引发“谁来监督监督者”的问题。明朝在实行厂卫制度时，就出现了这样尴尬的递进性的问题，最后反而使监督系统本身受到了腐蚀。这些都是值得今人汲取的历史经验教训。

三 中国政治发展展望

中国的政治建设在前进。中国特色社会主义民主政治的未来，关系着

中国现代化事业的成败利钝，不仅是中国社会发展的重大问题，为中国社会所关注，也具有一定的国际影响。其中，中国的政局是否能够长期保持稳定、中国政治体制改革是否存在风险，以及中国民主政治发展的未来模式等是最为重要和最为人们所关心的问题。

（一）中国政治体制的结构性稳定问题

中国在持续30多年的时间内实现了经济的高速发展，创造了人类最大人口规模的国家工业化高速持续发展的纪录。而从世界工业化的历史来看，只有少数较小规模的经济体出现过可以和中国改革开放以来工业化发展相比较的情况，况且中国的高速发展还在持续。中国在经济快速发展、社会迅速变迁的历史阶段，也遇到了诸多社会问题和社会矛盾增长的局面。发展与稳定成为一对相互影响、需要权衡的范畴。

从现象来看，中国改革开放以来，伴随着经济社会发展，新的社会问题和矛盾也一直在增加。特别是最近十余年来，以1998年和2008年为节点，中国的社会问题和社会形势出现了显著变化。

1998年，伴随着经济体制改革的深化，主要是国有企业的转型，社会利益群体之间的差别被历史性地凸显出来，改革开放以来整体利益提升和改善掩盖着的群体间差距被打破，社会不同群体之间的利益差别具有零和博弈的意味。由此开始，中国社会内部原来相对均质化的利益格局不复存在，社会差距逐步扩大显化，社会成员、利益群体之间的矛盾呈现出多元化、多样性发展和增长趋势。

2008年，经过近30年的改革开放，我国东南沿海地区的工业化、城市化迎来了历史性转折，从工业化、城市化的初中期步入工业化、城市化的中后期。工业化、城市化的转折带来了一系列深刻的社会关系、社会形态的相应变化。其中最主要也最重要的变化是，工业化前期出现的规模巨大、高速成长的社会流动转向平缓。同时，前期的工业化、城市化在社会结构中的成果表现——新的社会分层开始出现，由此带来了前期财富与资源的代际传播现象。概括地说，东南沿海工业化的阶段性转型，造成了新的社会形势。从相对消极的方面看，就是社会流动减速和社会资源代际传递带来了社会心理上的双重压力。这种新局面和新的社会压力就是造成2008年以来中国国内社会舆论和社会气氛转向的基础性原因。

从2008年以来，中国社会进入了一个改革开放以来的社会问题和矛盾相对多发期，其突出表现是社会群体性事件呈现进一步上升趋势，社会极端性事件呈现上升趋势，社会舆论倾向展现出更多的负面情绪。在这种形势下，有舆论认为中国社会及政治体制将面临不稳定的局面。在国际上，一度消沉的“中国崩溃论”又有所抬头。政治稳定是重大的社会问题。从政治科学的角度看，认识与判断政治稳定是极其复杂、困难的问题。一个国家是否稳定，显然不能仅仅根据某些现象进行判断，在认识与判断过程中更要排除判断者的主观因素。否则任何论断和判断都是没有价值的。目前，关于政治稳定问题的认识，主要还是要依据有关这一问题的历史经验和国际比较来作出。

我们近年来对亚洲多国在工业化阶段的政治发展进行了调查和比较研究，形成了有关工业化阶段政治转型、政治民主化以及其中社会运动、政治稳定等问题的认识。我们认为，在工业化阶段，导致一个国家出现政治变迁的基本因素是工业化进程中出现的新兴社会集团的政治参与。而新兴社会集团政治参与的障碍或由此产生的社会矛盾、冲突则是导致工业化阶段社会不稳定的基本原因。

在对亚洲多国政治发展进程进行的观察和研究中，我们发现，工业化进程带来了广泛而深刻的社会流动、身份改变、财富增加和社会集团关系变化，其中最为重要和最具影响力的变化是新的社会阶级、阶层和利益集团的出现，即社会学中所说的“巨型社会聚集体”的出现，我们权且称之为“新兴社会集团”。新兴社会集团是政治体系中的“陌生人”“后来者”，不具备特定的法律地位，缺乏政治权利，在利益分配中处于不利位置。由此，产生了新兴社会集团政治参与的意愿和动力。在一般情况下，政治体系的权力结构具有相对封闭性，各国宪法和法律体系在形式上平等对待各个社会集团及其利益诉求，但实际上在政治过程中新兴社会集团存在进入政治体系的困难和障碍，由此导致了新兴社会集团期望政治参与和分享权力的动力，并可能带来政治体系的不稳定甚至是政治体系的变革。

在对亚洲政治发展进行的观察与比较研究中，我们进一步发现，新兴社会集团的政治参与的意愿和行动能力取决于三个因素，即思想能力、组织能力和经济能力。思想能力反映新兴集团的自我意识发育的水平，表现为反映集团利益的意识形态、话语体系。组织能力反映新兴集团内部的联系和组织程度，表现为政治团体、政党的出现和活动水平。经济能力是所有集体行动的基础，经济能力为新兴集团的政治参与活动提供了发动和维持机制——奖励与惩罚。新兴集团的政治参与以及政治发展的进程，从发生学的意义上来讲，主要取决于这三个因素的综合。不同的新兴社会集团在这三种能力上是有所差别的，在政治发展进程的不同阶段，新兴社会集团整体上的能力表现也有所差异。一般来说，只有同时具备这三种能力的新兴社会集团才具有全面的政治参与和改变政治进程的能力。

我们对亚洲多国所作的政治发展比较研究具有一定的价值，亚洲多国的政治发展经验可在一定程度上为我们提供参考。下面我们以此为基础，来分析和认识中国工业化进程中的政治发展以及政治稳定问题。

从政治学的角度观察我国的社会结构，改革开放以来，随着经济社会发展，我国的社会结构发生了广泛和深刻的变化，最为显著的变化是出现了三大新兴的社会阶层，加上原有的三大社会阶层，共有六个主要的社会阶层：干部、国有企事业单位职工、务农农民、农民工、城市白领和私营企业主。其中，干部、国有企事业单位职工、务农农民是改革开放之前业已存在的传统社会主体阶层，尽管改革开放以来其自身也发生了巨大变化，但其总体社会地位和功能没有发生根本性变化。农民工、城市白领和私营企业主是改革开放以来的新兴社会集团，可谓改革开放的产物。依照亚洲政治发展的历史经验，新兴社会集团的政治参与是导致政治体系变革的主要因素。若根据这一规律，农民工、城市白领和私营企业主这三大社会阶层的状况和动态将是影响中国未来政治稳定的主要的结构性因素。

根据新兴社会集团的政治参与的意愿和行动能力，对我国农民工、城市白领和私营企业主这三个社会阶层的相关因素进行分析，可以在一定程度得出对我国未来一个时期内政治稳定形势的认识和判断。这是一种关于政治稳定结构性因素的认识模式。

农民工，主要是指依靠工资收入生活但户籍身份还是农民的群体。农民工是支撑中国改革开放和现代化的重要力量。这一群体的形成，与城乡分割的户籍制度有着密切的联系。近年来，农民工的外出流动无论在数量上还是在结构上，都渐趋稳定。从数量上来说，自 21 世纪以来农民工突破1亿人之后，到2009年达到1.45亿人，近年来的增速明显下降，呈现出数量相对稳定的状态。根据我们的研究，农民工阶层的主要诉求是希望获得较为平等的就业机会和劳动收入，希望在劳动时间、劳动条件、劳动强度等劳动权益方面获得足够的保护，在发展诉求上农民工有提升自身人力资本价值的期待。从总体来看，农民工是在中国工业化、城市化进程中获得流动机会的一代人，实现社会流动是他们最大的利益和机会。从目前的情况来看，农民工阶层的思想状态是稳定的。从政治参与的角度来看，农民工阶层在新兴社会群体中，在思想能力、组织能力、经济能力三个方面都是最为薄弱的。因此，农民工阶层无论作为何种性质的政治参与主体，其影响力都是最小的。在可以预见的将来，农民工阶层不具备作为单独的利益集团进行社会行动的能力。

城市白领，是指在企业单位、事业单位或社会组织中从事非直接物质生产劳动的工薪阶层（由党组织任命的主要领导干部除外），以及从事非物质生产的自由职业者，是依靠专业技术谋生的群体。根据测算，目前我国的白领阶层大约有6820万人。白领阶层的经济地位处于中等水平。从工资收入来看，白领阶层大多高于全国城镇平均水平，比较稳定。一方面，白领阶层在总体上是改革开放的受益者，相当一部分人所从事的职业本身就是改革开放的产物，总体而言他们是改革开放和中国特色社会主义道路的支持者，是社会稳定的关心者。另一方面，白领阶层的自我意识强烈，自立感较强，对执政党和政府的批评比较多。他们对那些与自身利益相关的政策措施十分关注，对社会的公正公平以及政府的行政效率、公共服务水平等比较敏感。从政治参与的角度来看，白领阶层具备一定的思想能力，具有一定的群体意识，但在可预见的将来这一群体的组织能力和经济能力尚不具备。因此，其独立进行政治参与的能力是薄弱的。

私营企业主，是指私营企业的投资人。私营企业，是指在各地工商管理部门进行登记的，“企业资产属于私人所有、雇工8人以上的营利性的经济组织”。截至2009年底，我国的私营企业主（投资者）有1650万人。私营企业主阶层最大的愿望是把企业办好，其政治要求多与其企业发展有关。根据我们的相关研究，我国大多数私营企业主高度认同改革开放政策，其中人数较少的大私营企业主对社会和政府的满意度相对较高，他们

和行政主管部门联系紧密，企业的问题解决得比较顺畅。中等规模的私营企业主政治评价处于中间状态。小私营企业主对与之相关的政策以及政府的满意度处于较低水平。从政治参与的角度来看，私营企业主阶层的整体政治认同度较高，其现实利益与政府的政策和社会形势的稳定关联度高，特别是其上层目前属于政治支持度较高的社会群体。但是，从另外的角度来看，与其他两个新兴社会集团相比，私人企业主阶层在决定政治参与能力的思想能力、组织能力和经济能力三个方面都处于最高水平。换言之，私人企业主阶层是在我国新兴社会集团中最具政治参与行动能力的群体，也是未来对中国政治发展最具影响力的群体。

根据亚洲政治发展的经验，新兴社会集团的政治参与是导致处于工业化进程中的国家发生政治变迁的结构性因素。参考这一经验，对比中国相关进程与状况，我们认为，中国在当前和今后一个时期内并不会出现可能导致政治变迁的结构性动因。转化为描述政治稳定情况的术语就是，目前在中国社会中有社会骚动而无社会运动，当然这种社会运动是政治学意义上的，而非社会学意义上的。所谓无社会运动，是指现阶段的大量群体性事件基本上属于分散性的社会利益冲突，而非来自大型社会集团的政治参与。因此，在当前以及今后一个时期内，中国社会不具备导致亚洲部分国家曾经发生的那种结构性政治变迁的基础性条件。

综合我国社会发展各个方面的实际状况，结合比对国际经验，再考虑到我国现有政治权力结构平稳交接的体制机制业已形成，可以预见，在未来10~20年内，现行政治体系和政治权力结构将会保持基本稳定，发生结构性变动的可能性较小。

（二）中国政治体制改革的风险问题

中国在未来10~20年内有较大可能保持政治体系结构稳定，但这并不意味着在未来中国的政治发展中不存在任何风险。在保持结构稳定的前提下，依然有其他风险因素。对风险因素进行预测和分析，也是判断中国未来政治发展和民主政治建设走势的重要条件。根据国际经验和中国现实情况来分析，未来中国社会和政治体系依然面临着若干风险因素，它们有可能导致中国不稳定。其中有三个问题最值得关注。

1. 民主政治发展和政治体制改革导致权力分散化的风险

权力集中与分散是衡量和划分政治体制的标准。民主政治发展将导致政治权力，特别是高层核心政治权力的分散，这是民主政治发展的客观趋势。因此，长期以来，在马克思主义、社会主义的民主话语体系中，一直存在民主与集中的权重和权衡问题。尽管在今后一个时期内，中国的政治体系和权力结构将保持基本稳定，但以扩大社会民主为取向的政治体制改革还将继续，如扩大政治参与、扩大民主协商、加强权力制衡和民主监督等，地方和部门层面的体制改革也将继续。所有这些改革，都会带来分散中央权力的潜在风险。这一点不仅为民主政治发展的长期历史趋势所证实，也有越南等国家政治改革的事例作为近期的佐证。

与韩国、印度尼西亚以及我国台湾地区等多个亚洲国家和地区相比，越南政治发展过程中的政治参与导致政治变迁的情况有着明显的不同之处。越南在工业化初期，即出现了推行以扩大竞争选举为特征的民主化改革的趋势。越南实行革新开放的时间较短，目前从总体上来看尚处于工业化的初级阶段，其社会分化以及经济社会结构变动相应也尚处于初期，新兴社会群体无论集团意识还是集团组织性都处在萌发状态。那么，为什么越南在政治发展进程中却出现了引人注目的“超前”现象？越南政治变革超前于经济基础和社会结构变化的原因何在？根据多方调研，我们认为，越南实行的包括扩大党内民主举措在内的政治体制革新的动因主要来自上层，其政治变革是由权力结构内部的原因所导致的。越南之所以实行“自上而下”的革新，根本原因在于党的最高领导层中缺乏领袖人物，在最高领导层中没有“核心”。在越南最高领导层中具有平等地位的领导集体成员以及他们所主管的部门，由于工作主动性、积极性牵引，导致了扩张权力倾向，但是由于缺少领导“核心”，权力扩张倾向无法得到抑制和平衡，于是逐步演化为权力主体之间相互竞争、相互牵制和弱化他人权力的趋向，最终导致集中统一权力的分散和弱化趋势。这一趋势已经成为越南在保持政治体系稳定和党的团结统一方面的隐患。

越南的经验证明，政治体制改革导致的政治权力结构的“扁平化”趋势，可能导致集中程度较高的权力结构出现分散化的趋势，而这对处于工业化阶段的国家可能意味着出现更多的矛盾和不稳定。

2. 经济社会发展波动的风险

工业化、现代化时期是社会矛盾的多发期。在中国，社会矛盾有易于集中转化为社会与国家之间（即人民群众与党和政府之间）的矛盾的倾向。经济持续发展与维持社会流动，是任何一个处于工业化、现代化进程中的国家社会稳定的根本保证，中国改革开放30多年来的实践也证明了这一点。因此，在未来10～20年内，保持经济持续发展和社会流动是保持中国社会稳定的基础。然而，经济本身并不具备持续稳定发展的特性，未来中国经济发展尽管依然具有巨大潜力和空间，但经济自身的波动性和外部环境影响给中国经济带来的风险始终是存在的。一旦发生大规模、长时段的经济波动，甚至经济危机，就可能进一步危及社会稳定，对政治体制构成挑战与威胁。

导致未来中国经济波动的因素最有可能来自两个方面：一是自身经济政策和改革措施的失误，二是外部经济环境的影响。对内部经济政策与改革措施失误和外部环境风险的控制能力，是关系未来中国稳定的重要因素。

从内部风险控制来看，关键是要形成“退路”机制。针对重大经济政策和改革措施，应有反向论证和善后预案，形成对经济政策和改革措施导致的重大失误的补救和纠错机制。“退路”机制是控制经济社会发展风险的重要环节。

从外部风险控制来看，在经济全球化时代，来自世界经济中不确定因素的风险会呈现继续上升的趋势，外部风险也会随之变得越来越大。但是，尽管如此，我们依然需要努力防范外部风险。在这个方面，继续维持强大的国有经济、谨慎逐步地进行金融开放、保障战略物资的安全供应是最为重要和关键的因素。外部风险的可控性在很大程度上取决于这三大要素。

3. 舆论冲击与失控的风险

主导社会意识形态、调控社会舆论、管理社会情绪，是国家治理的重要内容，是维护社会稳定的重要思想条件。从社会结构的稳定性观察和判断社会稳定，是传统政治学的视角。如前所述，社会结构性变动和新兴社会集团政治参与对未来中国社会的影响，仍将处于较低水平，政治体系和社会稳定在未来遭遇结构性挑战和风险的概率不大。但是，从国外经验和中国近年来自身遇到的新情况来看，在传统的结构性问题之外，另一种风险在增加，这就是舆论冲击和社会情绪管理方面的挑战。

中国的工业化、现代化正处于关键时期，这是经常为人们所谈论的。然而，何谓“关键时期”？从工业化、现代化进程的维度来看，中国在未来10～20年内即将经历从工业化初中期向工业化中后期的转折。工业化进程的转折，反映到社会结构、社会关系和社会思想领域同样会产生转折效应。从社会结构来看，工业化初中期社会流动高潮将趋缓，转入平稳状态，这意味着与此前20～30年相比，社会流动将呈现回落趋势。换言之，未来的年轻一代将比其父兄面临较少的机会。从社会关系来看，改革开放之前相对均质的社会将不复存在，取而代之的是利益多元化的复杂的社会关系，社会矛盾呈现多发和上升趋势。从思想领域来看，思想意识的多元化成为基本趋势，社会的自我意识上升，并随着工业化中后期的到来社会流动机会相对减少而导致更多的社会问题和不满情绪，社会舆论和情绪有可能从较为积极和正面转向消极和负面。这种现象一旦出现并达到一定强度，就将对政权的合法性、正当性构成挑战。

在传统的社会治理过程中，因为社会舆论工具、传播手段主要掌握在国家政权手中，因此政治权力在一般情况下能够实施对思想意识形态、社会舆论和社会情绪的引导和调控，至少可以掌握主动权。但是，在新的社会条件下，由于技术变革和新媒体、自媒体的出现和迅速发展，当代社会的传播方式、传播途径发生了革命性的变革。而这一变革的结果之一就是，作为社会治理的重要手段的舆论工具、传播手段已从政权的垄断或主导转向普遍化，日益为民众所掌握。这种局面在当代世界普遍出现，几乎成为对所有国家政权的挑战，中国自然也不例外。

在工业化中后期社会舆论转向、社会情绪变化和舆论工具、传播手段多元化和非垄断化的双重变化和冲击下，未来的中国与所有其他发展中国家一样，其工业化、现代化进程中的社会稳定将面临一种过去未曾有过或过去并不重要的挑战和风险——来自社会思想舆论场的冲击和挑战。也许这种冲击和挑战并不具有结构性因素的支撑，也许这种冲击和挑战更多地限于思想意识领域，甚至也许这种冲击和挑战并不代表“沉默的大多数”

而仅仅是拥有话语权的少数活跃分子的意识和诉求，但是它们仍然会造成以往未曾有过的巨大挑战，有可能造成前所未有的非结构性的社会动荡。预言这种主要来自社会思想领域和舆论场的由社会情绪支撑的“非结构性社会动荡”，并非毫无现实根据。

近十余年来，随着改革开放和经济社会进步而出现的社会自我意识成长，我国的负面社会情绪急剧增长，已经在一定程度上展现了上述前景。近十余年来，在我国民间主要表现为民族意识、宗教意识和权利意识的自我意识普遍增长。随着工业化、现代化发展而出现的自我意识的成长具有两面性：在激励自我、促进社会进步的同时，也展现出极端化的负面趋势。其主要表现是：民族意识极端化发展为民族分裂意识，宗教意识极端化发展为宗教极端思想，权利意识极端化发展为民粹主义思潮。这一现象已经对中国的主流意识形态和社会稳定造成了影响。

可以预见的是，社会思想引导、社会舆论调控、社会情绪管理，将在未来中国的社会治理过程中占据更加重要的地位，将在未来维护社会稳定的过程中发挥更大作用，将是未来中国实现工业化、现代化的最为重要的保障条件之一。

推进法治中国建设与司法管理体制改革

莫纪宏*

一　推进法治中国建设的意义

2013年11月12日中国共产党第十八届中央委员会第三次全体会议通过的《中共中央关于全面深化改革若干重大问题的决定》（以下简称《决定》）第九项重要议题是“推进法治中国建设”，其中对“法治中国建设”提出了原则性要求及具体的制度性要求。原则性要求即《决定》所规定的“建设法治中国，必须坚持依法治国、依法执政、依法行政共同推进，坚持法治国家、法治政府、法治社会一体建设。深化司法体制改革，加快建设公正高效权威的社会主义司法制度，维护人民权益，让人民群众在每一个司法案件中都感受到公平正义”①。《决定》对建设公正高效权威的社会主义司法制度给予了高度重视，并将“深化司法体制改革”作为“推进法治中国建设”的一项原则性要求来对待。此外，为了实现“推进法治中国建设”的原则性要求，《决定》还对“法治中国建设”提出了具体的制度性要求，共有五项，涉及“维护宪法法律权威”“深化行政执法体

* 莫纪宏，中国社会科学院法学研究所研究员。

① 《中共中央关于全面深化改革若干重大问题的决定》，《人民日报》2013年11月16日，第1~3版。以下同。

制改革”“确保依法独立公正行使审判权检察权”“健全司法权力运行机制”“完善人权司法制度保障”。其中，关于司法制度改革就包括了三项具体任务，这充分说明了在当下和今后一段时间内，深化司法体制改革是推进法治中国建设的一项重点工程。

《决定》以中央文件的形式第一次正式提出“法治中国建设”的目标及制度要求，对于我们正在进行的依法治国基本方略实施工程的顺利推进具有非常重要的理论意义和实践指导意义，是今后一段时间内指导我国法治建设的一个非常明确的行动纲领。这是一项具有划时代意义的国家建设和社会建设系统工程，“推进法治中国建设”是全方位的，涉及法制建设的各个领域，包括立法、执法、司法和守法、法律教育、法律监督等。因此，正确认识“法治中国建设”的意义既要有宏观和总体的战略考虑，同时也要关注具体的制度完善的价值。

1. “法治中国”建设是实现“法治国家”的具体政策目标

党的十五大报告将“依法治国、建设社会主义法治国家”明确写入执政党的工作报告，1999 年对现行宪法作出第三次修改时又将“依法治国、建设社会主义法治国家”写入宪法。自此，全面推进依法治国基本方略成为党的政策与国家法律“双轮驱动”的时代主题。但是，如何在制度建设上具体给出实现“法治国家”的时间表和路线图，仍然是我们在实践中需要不断加以探索的法治建设主题。

习近平总书记在 2013 年 1 月 7 日召开的“全国政法工作电视电话会议”的讲话中明确指出：“全国政法机关要顺应人民群众对公共安全、司法公正、权益保障的新期待，全力推进平安中国、法治中国、过硬队伍建设。”① 至此，“法治中国”的概念应运而生。“法治中国”概念的提出具有非常重要的理论意义与实践意义，它使得实现“法治国家”有了具体和明确的奋斗目标，是“法治国家”理论的继承与创新，既与“法治国家”的奋斗目标一脉相承，又具有独立的价值目标，成为新时期我国法制建设的又一个具有战略意义的风向标。

① 《习近平就做好新形势下政法工作作出重要指示强调：顺应人民对公共安全司法公正权益保障的新期待　全力推进平安中国法治中国过硬队伍建设　努力让人民群众在每一个司法案件中都能感受到公平正义》，《人民日报》2013 年 1 月 8 日。

“法治中国”与“法治国家”是一脉相承的体现依法治国基本方略要求和法治基本精神的“具体目标”。相对于“法治国家”来说，“法治中国”具有更加现实的意义。

“法治中国”超越了“法治国家”的抽象意义，将“法治”要求与“中国”这个具体的具有主权特征的地理意义上的国家概念结合起来，使得“法治国家”有了明确的具体适用和生效的区域和范围，将“法治国家”变成了一项针对中华人民共和国主权管辖范围内所有领域的具体目标。因此。相对于“法治国家”来说，“法治中国”有着更加明确的指向性。“法治中国”可以使得“法治国家”落地生根，有了中国现实的活生生的实践法治的“道场”，同时，“法治中国”也使得全体中国人民都肩负了建设“法治国家”的历史重任。“法治中国”作为建设“法治国家”的具体平台，是“法治国家”“法治政府”“法治社会”在中国这块土地上的有机结合和统一，“法治中国”的价值要求直接指向了中华人民共和国境内的所有国家机关、社会组织和公民个人，指向了所有公共机构和私人组织，指向了所有行政区域，包括港澳台、民族区域自治地方以及驻外使领馆、中国籍的运输工具，甚至对在华工作的外国人和外商也具有明确的指导意义。因此，“法治中国”概念的提出非常及时。它的应运而生一方面是“法治国家”“法治政府”“法治社会”一体建设的“生动体现”和时空上的最佳“结合点”，另一方面又是对目前已经开展的“地方法治”的充分肯定和高度概括与总结。只有全面和辩证地看待“法治中国”在继承和发展“法治国家”方面的意义和作用，才能更加有效地构建科学的“法治中国”理论，为“法治中国”的制度建设提供理论上的指引，也才能秉承“法治国家”的发展目标，在更加规范的意义上全面深入贯彻落实依法治国基本方略，将“法治”落到实处，使得“法治”精神在中国大地上生根发芽，形成生机勃勃的“法治文化”，彻底走出影响了中国几千年的封建法律文化的窠臼，用一种全新的治国理政的法治理念来构造未来中国的发展前景。

2. “法治中国”建设需要从“国家法治”与“地方法治”两个角度共同推进

“法治中国”作为与贯彻落实依法治国基本方略密切相关的一个具体

的政策路径，其重点不在于“法治”本身的要求。“法治中国”中的“法治”价值要求已经由依法治国基本方略的基本内涵所包括，不存在与依法治国基本方略要求不一致的“法治中国”的“法治”要求。“法治中国”是依法治国基本方略在“中国”这个具体主权国家概念上的具体落实，故“空间”上的适用性是“法治中国”深化依法治国基本方略内涵的重要功能。在依法治国基本方略适用的空间特性上，从中国作为一个主权国家整体来看，“法治中国”要求达到“国家法治”的状况。也就是说，只要是中国主权所及范围，必然是“法治”价值所作用的区域。同时，由于“法治中国”中的“中国”是由一个个具体的行政区域构成的，既有地理区域意义，也有国家统治或行政治理意义，故“地方法治”也是“法治中国”的表现形式。在“法治中国”的大背景下，应当存在与“国家法治”相对应的不同形式的“地方法治”，并且两者之间存在密切的相关性。只有“地方法治”与“国家法治”保持齐头并进的发展水平，“法治中国”建设才能在总体上得到有序推进。因此，在依据《决定》的要求展开各项制度改革的过程中，必须始终关注具体的法律制度改革措施在中央和地方两个层面的可能性和现实性，不可偏废任何一个方面。对于司法管理体制改革来说，改革过去在司法实践中存在的“司法地方保护主义”，引进自上而下的直接管理体制，必须充分考虑司法管理体制在保证国家宪法和法律统一实施中的作用，同时也要依托地方的司法实践，建立符合法治原则要求的地方司法管理秩序。

从“国家法治”与“地方法治”的一般逻辑关系来看，“法治”中的“法”的基本含义是“国法”，故“法治中国”首先是“国家法治”意义上的。如果“国家”还没有“法治化”，作为国家的组成部分的“地方法治”是无法成立的。所以，在没有明确“国家法治”意义的背景下提出“法治中国”概念，过于超前地以中国主权范围内的“地方法治”为主题，在逻辑上存在“皮之不存、毛将焉附”的“大前提欠缺”困境。同时，由于主权意义上的中国在地理概念上和行政区划意义上是由不同的地方单位构成的，因此，在“国家法治”总体框架下，各个地方的“法治”也可以具有自身特色。从“法治”推进的程度和状况来看，“国家法治”也离不开一个个具体的“地方法治”。所以，“地方法治”在“国家法治”

大原则确定的前提下，可以具有自身存在的特殊性，可以具有具体法治意义上的区别于其他地方的“地方特色”。但是，从“国家法治”与“地方法治”存在的时空效力来看，应当是基本同步的。故不论是地方在建设“地方法治”的过程中具有多少超前性或典型意义，都必须将“地方法治”限定在“进行时”的状况，绝对不能在“国家法治”实现之前就宣布“地方法治”先行实现。这一点从“法治中国”的角度来看，其正当性显得更加清晰明了。这是全面推进依法治国基本方略过程中的一种具体路线图，具有实际操作上的可行性，从理论上补充了依法治国基本方略从理论向实践的有效转化路径问题，是依法治国理论的新发展和新提高。

在当下，“法治中国”概念的意义相对于“地方法治”的实践对于全面推进依法治国基本方略具有更加现实和紧迫的必要性。早在十年前，我国的一些省级行政区域，就开始陆续提出“地方法治”的口号，如“法治浙江”①、“法治湖南”②、“法治江苏”③、“法治广

① 2006年5月，浙江省委十一届十次全会通过《中共浙江省委关于建设“法治浙江”的决定》，从坚持和改善党的领导方式、坚持和完善人民代表大会制度、坚持和完善中国共产党领导的多党合作和政治协商制度、加强地方性法规和规章建设、加强法治政府建设、加强司法体制和工作机制建设、加强法制宣传教育、提高全民法律素质、确保人民的政治经济文化权益得到切实尊重和保障等方面，开创了地方法治建设的基础实践模式。

② 湖南省率先制定了《湖南省行政程序规定》，以地方政府规章的形式为中国行政程序法治化提供了一份“路线图”，在很大程度上引领了法治政府建设的方向。2010年，湖南省作出了“建设‘法治湖南’”的决策。此后，《湖南省规范行政裁量权办法》（2010年）、《湖南省政府服务规定》（2011年）和《法治湖南建设纲要》（2011年）相继出台，形成了湖南法治发展模式的雏形。“法治湖南”从依法执政、科学立法、依法行政、有效监督等方面形成了地方法治体系，其中“行政程序法治化”和“政府服务法治化”成为“法治湖南”建设的两大亮点。

③ 江苏省地处长江三角洲，是我国经济社会发展最活跃、最快速的地域，会集了现代先进生产力和文化。2003年，江苏省在全国率先提出“法治江苏”建设，并着眼于“两个率先”的需要，提出了以“推进依法治省，建设法治江苏，统领民主政治建设”的新目标。随后，江苏省颁布了全国第一个省级法治纲要性文件《法治江苏建设纲要》（2004年），率先提出省级区域法治建设的指导思想、进程目标和工作举措。“法治江苏”的主要特点在于，强调法律权威（领导干部带头学法守法用法）、权力制约观念（约束行政负责人，严格贯彻行政首长负责制）、人权保障观念（推进社区矫正及涉罪未成年人合法权益保护）。

东”① 等。其中，“法治浙江”和“法治湖南”不仅没有停留在对概念的一般宣传上，而且还出台了比较全面和系统的规范性文件，来具体落实“地方法治”的各项要求。

3. “法治中国”建设有利于法制建设工作的整体布局

毋庸置疑，《决定》明确提出“推进法治中国建设”，为全面推进依法治国基本方略的实施提出了明确的发展目标。特别重要的是，“法治中国”中的“中国”指向了实实在在的当下正在实现民族伟大复兴的、以实现“中国梦”为终极导向的、在国际社会享有完全独立主权并在国际事务中发挥着极其重要作用的中华人民共和国。对一个主权完全独立的国家提出整体上达到“法治”水准的要求，这是当今世界上任何一个走向现代化的国家和民族都在经历着的前所未有的人类文明建设的重大工程。在实现中华民族伟大复兴和“中国梦”的伟大征程中，中国需要“法治”，中国人民需要“法治”，国际社会也需要一个“法治中国”更好地发挥自身在维护世界和平中的作用，所以，“法治中国”建设意义深远。作为一项复杂的社会系统工程，相对于业已存在的“地方法治”实践来说，“法治中国”在“国家法治”层面还没有形成全面和系统的完整理论，这种状况亟待改变。尤其突出的是国家的司法管理体制，不论是在理论层面，还是在具体的司法实践中，相对于国家立法活动和行政管理执法

---

① 改革开放以来，广东省在法治建设方面多有率先之举，如创建全国首家律师事务所（1983 年，深圳），开通全国首个 110 报警平台（1986 年，广州），开启中国检察举报制度的先河（1988 年，深圳），率先出台《广东省公司条例》（1993 年），在全国率先实行政府审批制度改革（1997 年，深圳），办理全国首次刑事和解案件（2005 年，东莞），出台全国首个法治政府指标（2009 年，深圳）。2011 年 1 月，广东省委通过《法治广东建设五年规划（2011 ~ 2015 年）》，再次掀起“法治广东”建设的新高潮。当前，“法治广东”建设的独特优势在于大力培育社会自治组织。2011 年 7 月，广东省委发布了《关于加强社会建设的决定》，其中明确提出了“培育壮大社会组织，提升服务社会能力”的任务要求，推进政社分开、管办分离；推行政府向社会组织购买公益服务项目；编制社会组织名录及考核办法，给予资质优良、社会信誉好的社会组织承接公共服务优先权；拓宽依法参政议政渠道，鼓励有条件的市、县政协设立新社会组织界别。近年来，广东省通过各种方式逐渐明确政府和社会组织的各自边界，鼓励把社会组织培育成为社会治理的主体；在工商经济类、公益慈善类和社会服务类社会组织当中推行“去行政化”和“去垄断化”改革，如在粤港澳三地达成了社工专业资格互认共识，率先承认港澳两地的社工专业资格；建立省、市两级社会组织扶持发展孵育基地，制订扶持发展专项计划。

工作来说，都显得比较滞后。在宣传“法治中国”对于全面推进依法治国基本方略的作用的过程中，可以由中央决策层起草和发布关于“全面推进依法治国、建设法治中国”的决定，以便集中体现执政党在依法治国、建设社会主义法治国家方面的总体理论设想和具体的制度实践方式，特别是要明确司法管理体制，尽快完成“法治中国”建设的整体工作布局，为全面贯彻落实依法治国基本方略的各项要求提供理论依据和政策基础。

二　推进法治中国建设的战略目标和具体任务

党的十一届三中全会拨乱反正，在明确提出以经济建设为中心的新时期社会主义现代化目标的同时，提出了具有时代特征和现代化意义的社会主义法制建设“十六字方针”，即“有法可依、有法必依、执法必严、违法必究”，由此正式拉开了新时期法治中国建设的序幕。改革开放以来，我国社会主义法制建设之所以得到了前所未有的发展，依法治国基本方略得以确立，最重要的一条经验就是坚持了具有现代化特征的社会主义法制建设“十六字方针”。党的十八大适应我国社会主义法制建设不断发展的要求，及时地提出了“科学立法、严格执法、公正司法、全民守法”的全面推进依法治国的法治发展战略，相对于“有法可依、有法必依、执法必严、违法必究”这一“十六字方针”来说更具有时代性，是适应当今我国法制建设实际状况的具有与时俱进品格的社会主义法制建设“新十六字方针”。从“有法可依、有法必依、执法必严、违法必究”到“科学立法、严格执法、公正司法、全民守法”，我国社会主义法制建设的指导思想实现了历史性跨越，社会主义法治观的理论内涵不断得到丰富和充实，形成了内在逻辑较为完整的理论体系。以“新十六字方针”为依据，党的十八届三中全会通过的《决定》明确提出了“推进法治中国建设”的时代主题，围绕着“国家治理体系和治理能力现代化”的各项要求，提出维护宪法法律权威、深化行政执法体制改革、确保依法独立行使审判权检察权、健全司法权力运行机制以及完善人权司法保障制度等法治中国建设的具体任务，为全面推进国家治理体系和治理能力现代化提供了法治化的制度依据和实践基础。

依据党的十八大、十八届二中全会、十八届三中全会和习近平总书记一系列重要讲话精神，结合中华民族伟大复兴的“中国梦”和“两个一百年”的国家发展总战略，在中国特色社会主义法律体系已经形成、新中国成立以后60多年法制建设取得显著成就和成功经验、依法治国事业有了明显进步的时代背景下，全面推进依法治国，努力建设法治中国，不断深化法制改革，从法制走向法治，从法律体系走向法治体系，从法律大国走向法治强国，应当确立“法治中国”建设“两步走”的发展战略目标。

1. 到2020年全面建成小康社会时，初步建成法治中国

党的十八大报告指出：“综观国际国内大势，我国发展仍处于可以大有作为的重要战略机遇期。我们要准确判断重要战略机遇期内涵和条件的变化，全面把握机遇，沉着应对挑战，赢得主动，赢得优势，赢得未来，确保到二〇二〇年实现全面建成小康社会宏伟目标。”① 到2020年全面建成小康社会，当然包括“法治中国”建设的战略目标，这就是初步建成法治中国，实现“法治小康”。

到2020年全面建成小康社会时，初步建成“法治中国”的战略目标是：科学立法、严格执法、公正司法、全民守法的基本要求得到全面贯彻，依法治国、依法执政、依法行政共同推进的国家治理体系得以建立运行，法治国家、法治政府、法治社会一体建设的主要指标基本达到，依法治国基本方略得到全面落实，中国特色法律体系更加完善，法治政府基本建成，司法公信力不断提高，人权得到司法的切实尊重和保障，国家各项工作实现法治化，国家法治对内对外的整体影响力逐渐增强，得到国际社会的认可，初步建成法治中国。

在这里，“法治小康”既是全面建成小康社会的有机组成部分，也是顺利建成小康社会的重要法治保障。“法治小康”，在价值层面追求的是自由平等、民主法治、公平正义、幸福博爱、和谐有序，充分实现人权与人的尊严；在制度层面追求的是人民主权、宪法法律至上、依宪治国、依

① 胡锦涛：《坚定不移沿着中国特色社会主义道路前进　为全面建成小康社会而奋斗——在中国共产党第十八次全国代表大会上的报告》，人民出版社，2012，第16页。

法执政、依法行政、公正司法、依法治权，努力建成法治中国；在实践层面追求的是科学立法、有法可依、有法必依、执法必严、违法必究、全民守法、护法必坚，努力实现良法善治。与此同时，“法治小康”又通过依法治国特有的制度规范、法律法规安排、教育强制功能等，为全面建成小康社会提供良好的法治环境和有效的法治保障。法治在保障小康社会建设的同时，自身也要实现“小康”，“法治小康”与全社会的“小康”应当同步发展、相互协调。

2. 到2049年中华人民共和国成立100周年时，整体建成法治中国

党的十八大报告指出：“只要我们胸怀理想、坚定信念，不动摇、不懈怠、不折腾，顽强奋斗、艰苦奋斗、不懈奋斗，就一定能在中国共产党成立一百年时全面建成小康社会，就一定能在新中国成立一百年时建成富强民主文明和谐的社会主义现代化国家。全党要坚定这样的道路自信、理论自信、制度自信！”①

到2049年中华人民共和国成立100周年时，整体建成法治中国的战略目标是：科学立法、严格执法、公正司法、全民守法的各项要求得到全面实现，依法治国、依法执政、依法行政共同推进的现代化国家治理体系全面建成，具有法治思维特征的国家治理能力显著提高，国家治理体系和治理能力基本实现现代化，法治国家、法治政府、法治社会一体建设的各项指标全面达到，依法治国基本方略得到全面落实，宪法的尊严和根本法地位得到必要的尊重并在保障法制统一性方面发挥重要作用，法治权威、法治秩序的各项要求得到全面满足，法治文化、法治精神、法治价值深入人心，自由平等、民主人权、公平正义、和谐文明、安全有序、尊严幸福的法治中国整体建成，具有中国特色的社会主义法治观完全形成，中国特色的法治原则在国际社会中产生巨大影响力，并融入国际社会普遍公认的法治价值体系中，法治中国成为人类社会法治文明的最重要和最有效的发展形态之一。

① 胡锦涛：《坚定不移沿着中国特色社会主义道路前进　为全面建成小康社会而奋斗——在中国共产党第十八次全国代表大会上的报告》，人民出版社，2012，第16页。

三 中国司法管理体制的现状及特点

司法是国家专门机关将宪法和法律适用于具体的案件解决法律矛盾和纠纷的体现国家意志的国家权力活动。司法最重要的制度功能就是适用法律，运用法律来解决具体的法律矛盾和纠纷。司法在最狭义上仅仅被理解为法官的适用法律的活动①。司法在国家权力活动体系中占有非常重要的地位，与立法、执法、法律监督、法律遵守、法律教育等共同构成了现代法治社会国家权力依法运行的制度基础。由于司法处于一个国家法治运行的最终环节，因此通常被称为守卫法治原则、保障人权的最后一道制度防线。司法的最大制度特征是司法活动解决的是一个个具体问题，司法在法制建设中的主要功能是保障“具体法治”的实现。

一个国家的司法体制是由司法组织管理体制和司法运行体制构成的。司法管理体制主要解决的是司法机关如何设置以及如何配置司法权力的问题，司法运行体制主要涉及司法机关在运用司法权力解决具体案件过程中的法律程序和法律机制。司法管理体制是国家司法权力配置、组织和运行的机制和制度，其中司法机关的法律性质和法律地位如何确定，上下级司法机关之间存在何种相互关系，司法人员如何产生和履行职务，司法职权如何设定和配置，司法功能如何得到充分和有效发挥等，是司法管理体制的重要制度内涵。司法管理体制在一个国家的司法体制中具有基础性的建构作用，有什么样的司法管理体制，就有什么样的司法运行体制；司法运行体制运转不畅，主要原因往往都来源于司法管理体制的设计缺陷。所以，只有不断地改革和完善司法管理体制，才能保证司法机关有效地行使司法权力，并通过司法活动来正确地适用法律，保障公民的权利。

① 《牛津法律大辞典》中虽然没有“司法”词条，但有描述“司法”性质的派生性词条“司法的”（judicial）。该辞典将“司法的”解释为：关于法官的术语，在很多情况下区别于“立法的”“行政的”，在另外一些情况下，区别于“司法以外的”，后者指不经法院处理以及没有法官干预的处理。显然，《牛津法律大辞典》是以法官的职务活动为核心来定义“司法”的。也就是说，凡不是法官履行职务的活动都不属于“司法”概念的范围。这是对“司法”的实质性内涵作出的“狭义”解释。参见戴维·M. 沃克《牛津法律大辞典》，北京社会与科技发展研究所组织翻译，光明日报出版社，1988。

我国现行的司法管理体制是在长期的司法实践活动中不断总结经验产生的，许多司法管理制度带有非常明显的时代特征和探索及改革的性质。目前存在的主要问题是司法管理体制的“法律依据”不足，主要是依靠执政党的司法政策来指导，在国家基本宪法和法律制度与司法管理体制之间还需要一定的制度关联，司法管理体制的法律性质和法律地位也需要通过法律文本的形式加以明确。从总体上来看，司法管理体制存在政策主导、检审为主体、以人民代表大会制度为依托的实用主义特色，许多与司法管理体制相关的基本法律关系需要进一步加以澄清。

1. 中国的司法管理体制沿袭了革命根据地时期人民司法制度的特点

新中国成立前夕由王明起草的《中共中央关于废除国民党的六法全书与确定解放区的司法原则的指示》（以下简称《指示》）明确指出，在无产阶级领导的、以工农联盟为主体的人民民主专政的政权下，国民党的六法全书应该废除，人民的司法工作不能再以国民党的六法全书为依据，而应该以人民的新的法律为依据。在人民的新的法律还没有系统地发布以前，应该以共产党政策以及人民政府与人民解放军已经发布的各种纲领、法律、条例、决议为依据。在人民的法律还不完备的情况下，司法机关的办事原则应该是：有纲领、法律、命令、条例、决议规定者，从纲领、法律、命令、条例、决议之规定；无纲领、法律、命令、条例、决议规定者，从新民主主义的政策。同时，司法机关应该经常以蔑视和批判六法全书及国民党其他一切反动的法律、法令的精神，以蔑视和批判欧美日本资本主义国家一切反人民法律、法令的精神，以学习和掌握马列主义毛泽东思想的国家观、法律观及新民主主义的政策、纲领、法律、命令、条例、决议的办法，来教育和改造司法干部。只有这样，才能使我们的司法工作真正成为人民民主政权工作的有机构成部分；只有这样，才能提高我们司法干部的理论知识、政策知识与法律知识的水平和工作能力；只有这样，才能彻底粉碎那些学过旧法律而食古不化的人的错误的和有害的思想，使他们丢下旧包袱，放下臭架子，甘当小学生，重新从马列主义毛泽东思想及我们的政策、纲领、命令、条例、决议学起，把自己改造成为新民主主义政权下的人民的司法干部；只有这样，他们才能够为人民服务，才能与我们的革命司法干部和衷共济，消除所谓新旧司法干部不团结以及旧司法

人员炫耀国民党的六法全书和自高自大的恶劣现象。从《指示》关于司法工作的指导思想来看，最核心的精神就是人民的司法工作要以执政党的政策为依据，必须彻底抛弃一切旧的司法观念。

从1949年10月1日新中国成立至今，《指示》中关于司法工作应当以执政党的政策为依据的精神并没有过时，而且有充分证据证明司法领域应当依靠执政党的政策来调整。首先，在新中国成立后制定的前三部宪法（1954年宪法、1975年宪法和1978年宪法）的文本中根本就没有出现“司法”一词。这一立宪现象至少表明，作为汉字的“司法”并没有被宪法采纳作为描述国家基本法律制度的术语，“司法”制度至少在法律层面上作为国家基本法律制度的条件尚不成熟。1982年宪法虽然在文本中有两处出现了“司法行政”，但从宪法解释学的角度来分析，可以明确地排除从“司法行政”的内涵中可以合理地推导出独立的“司法”概念的可能性。在世界各国宪法中存在的“司法”制度，在我国宪法中还不具有指称某一类具体法律制度的功能。造成这一立宪现象的原因可能有很多，但绝对不是制宪者在起草或修改宪法文本时一时疏忽，而是他们有意为之。由于我国实行的是社会主义制度，人民代表大会制度是我国的根本政治制度，所以我国的国家权力的性质划分并没有采纳资本主义国家通常采取的立法权、行政权和司法权的“权力三分法”，而是采用人民代表大会作为国家权力机关，人民代表大会产生“一府两院”（人民政府、法院和检察院），“一府两院”依据宪法和法律行使职权，并向作为国家权力机关的人民代表大会负责，接受人民代表大会监督。作为国家权力机关的各级人民代表大会，其宪法和法律职权并没有被限制在特定的领域内，而是兼具立法、行政和司法、法律监督等职能，各级人民代表大会作为国家权力机关行使的是一种集合性的国家权力，其权力的功能从某个角度涉及了司法问题。例如，各级人民代表大会及其常设机构可以依据法律就某个具体问题作出决定，这种权力制度设计已经明确地肯定了各级人民代表大会作为国家权力机关具有依法处理具体法律问题的职权。各级人民代表大会行使的集合性国家权力按照管理事项可以划分为立法权、重大事项决定权、人事任免权和监督权“四权”。如果从立法、行政和司法“权力三分法”的角度来看，人民代表大会享有的“四权”已经涵盖了这三项权力职能。因此，我国宪法所设计的国家权力结构是以国家机构为中心，而不是以国家权力的性质为核心，法院和检察院也是以其承担的各项法律任务为中心，其日常职权并没有被完全限制在“司法”的范围之内。这一点正是社会主义类型的宪法在规定国家基本制度方面与资本主义类型宪法的本质区别。

2. 中国司法管理体制的基本制度框架是由执政党的司法政策确定的

尽管宪法文本中没有涉及“司法”，但这并不意味着“司法”一词就不可以研究或者应该在实践中禁止使用。事实上，改革开放之后，从党的十一届三中全会到党的十八大，都对“司法”保持了高度的关注。以党的十二大以来的历次党代会的重要文件为例：党的十二大报告中没有出现“司法”一词，党的十三大报告正式提出了“司法机关”的概念和加强“司法”的理念。赵紫阳指出：“我们必须一手抓建设和改革，一手抓法制。法制建设必须贯串于改革的全过程。一方面，应当加强立法工作，改善执法活动，保障司法机关依法独立行使职权，提高公民的法律意识。”① 这里已经提及“保障司法机关依法独立行使职权”。上述规定实际上是对执政党的各级党组织提出的要求。党的十四大报告没有提及“司法”概念。党的十五大报告对“司法”概念有了进一步的深化，提出了“司法工作”“司法改革”“司法机关”和“司法队伍”的概念，执政党关于“司法问题”的认识逐渐系统化。党的十六大报告完整地提出了“司法体制”的概念，并且专项阐述了“司法体制改革”问题。江泽民指出：“推进司法体制改革。社会主义司法制度必须保障在全社会实现公平和正义。按照公正司法和严格执法的要求，完善司法机关的机构设置、职权划分和管理制度，进一步健全权责明确、相互配合、相互制约、高效运行的司法体制。从制度上保证审判机关和检察机关依法独立公正地行使审判权和检察权。完善诉讼程序，保障公民和法人的合法权益。切实解决执行难问题。改革司法机关的工作机制和人财物管理体制，逐步实现司法审判和检察同司法行政事务相分离。加强对司法工作的监督，惩治司法领域中的腐败。建设一支政治坚定、业务精通、作风优良、执法公正的司法队伍。”②

① 中共中央文献研究室编《十三大以来重要文献选编》（上卷），人民出版社，1991，第 46 页。

② 《江泽民文选》第 3 卷，人民出版社，2006，第 556 页。

党的十七大报告则进一步深化了党的十六大报告中关于加强司法体制改革的司法工作精神，提出了完善司法制度、优化司法职权和规范司法行为的要求，从而在更加科学和规范的意义上确立了“司法工作”的政策依据。胡锦涛强调指出：“深化司法体制改革，优化司法职权配置，规范司法行为，建设公正高效权威的社会主义司法制度，保证审判机关、检察机关依法独立公正地行使审判权、检察权。”① 党的十八大报告中直接提到“司法”一词的地方共有五处，即“民主制度更加完善，民主形式更加丰富，人民积极性、主动性、创造性进一步发挥。依法治国基本方略全面落实，法治政府基本建成，司法公信力不断提高，人权得到切实尊重和保障”，“进一步深化司法体制改革，坚持和完善中国特色社会主义司法制度，确保审判机关、检察机关依法独立公正行使审判权、检察权”，“推进权力运行公开化、规范化，完善党务公开、政务公开、司法公开和各领域办事公开制度”，“加强政务诚信、商务诚信、社会诚信和司法公信建设”，“完善立体化社会治安防控体系，强化司法基本保障，依法防范和惩治违法犯罪活动，保障人民生命财产安全”②。

改革开放以来，如果说党的十三大报告首先肯定了“司法工作”的合理性和重要性的话，那么党的十六大报告、十七大报告和十八大报告则比较科学、系统和完整地描述了我国司法制度的构成、司法工作的基本政策要求以及司法体制改革的目标，执政党指导下的司法工作得到了全面的政策保障。从党的历次代表大会关于“司法”的政策和指示精神来看，目前在政策层面中使用的“司法”一词主要涉及审判机关和检察机关，司法行政机关的司法行政事务属于“行政”的范畴，通常不在“司法”的意义上来理解。因此，尽管缺少对“司法”内涵的权威性和确定性的解释，但在我国现行的法律制度下，司法作为国家权力活动的一种重要形式，主要是指国家审判机关和国家检察机关依据宪法和法律规定行使审判

① 胡锦涛：《高举中国特色社会主义伟大旗帜　为夺取全面建设小康社会新胜利而奋斗——在中国共产党第十七次全国代表大会上的报告》，人民出版社，2007，第31页。

② 胡锦涛：《坚定不移沿着中国特色社会主义道路前进　为全面建成小康社会而奋斗——在中国共产党第十八次全国代表大会上的报告》，人民出版社，2012，第17、27、29、32、38页。

权和检察权的行为。

3. *司法机关在法律文本中得到了一定程度的肯定*

目前我国宪法与其他部门法在对“司法”问题的态度上有所差异。宪法肯定没有为“司法”概念提供任何合宪性依据，但是，现行有效的刑法和刑事诉讼法等法律法规中提到了“司法”。例如，2012年新修订的刑事诉讼法第十七条规定：根据中华人民共和国缔结或者参加的国际条约，或者按照互惠原则，我国司法机关和外国司法机关可以相互请求刑事司法协助。从法解释学的角度来看，没有“司法”当然就没有“司法机关”，既然新的刑事诉讼法已经明确采用了司法机关的概念，作为“司法机关”存在的逻辑前提“司法”概念也就是当然合法的概念了。但是，作为“根据宪法”制定的刑事诉讼法，在宪法文本没有提及司法机关的前提下，刑事诉讼法明确使用了“司法机关”的概念，从字面上来看，新的刑事诉讼法中所使用的“司法机关”概念显然“于宪无据”。不过，从法解释学的角度来看，也不能简单地推定新的刑事诉讼法的相关规定明显违宪。这是因为，我国的立法工作还要接受执政党的政策指导，在现行宪法没有明确修改之前，依据执政党的政策来制定或修改法律，在合法性上也是可以成立的。而且这种政策对立法的直接指导又进一步表明了执政党对司法问题的法律态度。也就是说，从保证法律与宪法的一致性角度来看，“司法”概念迟早是要进入宪法文本的。为此，在依据执政党的司法政策不断推进司法体制改革的过程中，应当及时关注通过修改宪法的方式，将“司法”写入宪法。“司法入宪”意义非常重大，它不仅可以为当下进行的司法体制改革提供直接的宪法依据，更为关键的是，将“司法”概念引入现行宪法文本，也必然会在法理上要求对司法制度在人民代表大会制度中的法律地位作出重新界定，由此达到不断健全和完善我国基本政治制度的目标，真正实现基本政治制度的有效改革和转型。

四　中国司法管理体制改革的方向和主要目标

如果在司法政策的层面将“司法”一词仅仅限制在审判机关行使审判权和检察机关行使检察权的行为上来理解，近十年来，围绕着不断完善我国的审判组织体制和检察组织体制，中央政法委、最高人民法院、最高

人民检察院都先后发布了司法体制改革的规范性文件，对于司法管理体制的改革方向进行了适时指导，取得了一定的改革成效。

1. 审判组织管理体制改革的历史演变及特点

我国现行的审判组织管理体制是由现代宪法、人民法院组织法、法官法等法律确定的。现行宪法第一百二十四条第一款规定：中华人民共和国设立最高人民法院、地方各级人民法院和军事法院等专门人民法院。第一百二十七条规定：最高人民法院是最高审判机关。最高人民法院监督地方各级人民法院和专门人民法院的审判工作，上级人民法院监督下级人民法院的审判工作。第一百二十八条又规定：最高人民法院对全国人民代表大会和全国人民代表大会常务委员会负责。地方各级人民法院对产生它的国家权力机关负责。在现行宪法第一百二十六条中，又确定了人民法院依法独立行使审判权的原则，即“人民法院依照法律规定独立行使审判权，不受行政机关、社会团体和个人的干涉”。根据1983年9月2日第六届全国人民代表大会常务委员会第二次会议《关于修改〈中华人民共和国人民法院组织法〉的决定》、2006年10月31日第十届全国人民代表大会常务委员会第二十四次会议《关于修改〈中华人民共和国人民法院组织法〉的决定》修正的《人民法院组织法》详细规定了人民法院的审判组织体制。根据《人民法院组织法》的相关规定，中华人民共和国的审判权由下列人民法院行使：①地方各级人民法院；②军事法院等专门人民法院；③最高人民法院。地方各级人民法院分为基层人民法院、中级人民法院、高级人民法院。人民法院审判案件，实行两审终审制。

根据我国现行宪法第二条第三款确立的国家机构组织设置原则，国家行政机关、审判机关、检察机关都由人民代表大会产生，对它负责，受它监督。因此，从总体上来说，我国现行的法院审判组织体制是与人民代表大会的组织体制相适应的：分为中央层面的最高国家审判机关，即最高人民法院；地方层面的人民法院分为三级，包括县级、地市级和省级人民法院。全国的法院组织系统分为四个层次，每一个层次的人民法院都由相应的人民代表大会选举产生，在权力隶属关系上，由同级人民代表大会产生，对同级人民代表大会负责，受同级人民代表大会监督。司法审判实行两审终审制，最高人民法院是享有终审权的最高审判机关。各级人民法院的院长、副院长和审判委员会委员由同级人民代表大会选举产生。根据人民法院组织法的规定，在省、自治区内按地区设立的和在直辖市内设立的中级人民法院院长、副院长、庭长、副庭长和审判员，由省、自治区、直辖市的人民代表大会常务委员会任免。法官法规定，初任法官采用严格考核的办法，按照德才兼备的标准，从通过国家统一司法考试取得资格，并且具备法官条件的人员中择优提出人选。人民法院的院长、副院长应当从法官或者其他具备法官条件的人员中择优提出人选。关于审判体制，法院组织法第十条第一款规定，各级人民法院设立审判委员会，实行民主集中制。审判委员会的任务是总结审判经验，讨论重大的或者疑难的案件以及其他有关审判工作的问题。此外，法院组织法还规定，各级人民法院按照需要可以设助理审判员，由本级人民法院任免。助理审判员协助审判员进行工作。助理审判员由本院院长提出，经审判委员会通过，可以临时代行审判员职务。有选举权和被选举权的年满二十三岁的公民，可以被选举为人民陪审员，但是被剥夺过政治权利的人除外。人民陪审员在人民法院执行职务期间，是他所参加的审判庭的组成人员，与审判员有同等权利。据此，我国的审判机关的审判人员队伍是由法官、助理审判员和人民陪审员共同构成的，院长、副院长和审判委员会委员应当从法官中推荐人选。

由宪法、人民法院组织法、法官法等法律确立的我国审判组织体制，应当说基本上适应了我国人民代表大会制度政权建设的特点，既考虑到法官职业的专门性，又关注到司法审判业务的民主性。但是，上述依法设置的法院审判组织体制在实际运行过程中也存在一些无法得到有效解决的问题，主要涉及司法地方保护主义、司法审判机关缺少公信力、审判与裁决相分离、法官素质差、人民陪审员制度低效等。有鉴于此，最高人民法院从 1999 年 10 月开始就着手法院审判组织体制的改革，先后发布了三个“五年改革纲要”。《人民法院第一个五年改革纲要》[①] 对改革的总目标设定为：1999 ~ 2003 年，人民法院改革的基本任务和必须实现的具体目标是，以落实公开审判原则为主要内容，进一步深化审判方式改革；以强化合议庭和法官职责为重点，建立符合审判工作特点和规律的审判管理机

① 法发〔1999〕28 号文件。

制；以加强审判工作为中心，改革法院内设机构，使审判人员和司法行政人员的力量得到合理配备；坚持党管干部的原则，进一步深化法院人事管理制度的改革，建立一支政治强、业务精、作风好的法官队伍；加强法院办公现代化建设，提高审判工作效率和管理水平；健全各项监督机制，保障司法人员的公正、廉洁；对法院的组织体系、法院干部管理体制、法院经费管理体制等改革进行积极探索，为实现人民法院改革总体目标奠定基础。由此可见，《人民法院第一个五年改革纲要》改革的重点还是放在法院审判组织体制上，重点关注的是法官素质以及法院内设机构、法院干部管理体制。在《人民法院第一个五年改革纲要》实施期间，全国各级人民法院以公正与效率为主题，以改革为动力，认真贯彻落实改革纲要提出的要求，基本上完成了各项改革任务，初步建立了适合我国国情的审判方式，为司法公正提供了一定的制度保障；基本上理顺了我国的审判机构，完善了刑事、民事、行政三大审判体系，使法院组织制度更加合理化；扩大了合议庭和独任法官的审判权限，为实现审与判的有机统一打下了基础；实施了法院执行工作新机制，在一定程度上缓解了“执行难”问题，并为深化体制改革进行了有益的探索；确立了法官职业化建设的目标，合理配置司法人力资源，使人民法院的整体司法能力明显提高；加速了司法装备现代化建设，全国大部分法院的基本建设和物质保障有了较大改善。

2004 年，最高人民法院又推出了《人民法院第二个五年改革纲要》①。该纲要在总结第一个纲要实施经验的基础上，适当调整了审判组织体制改革的重点，将 2004～2008 年人民法院司法改革的基本任务和目标确定为：改革和完善诉讼程序制度，实现司法公正，提高司法效率，维护司法权威；改革和完善执行体制和工作机制，健全执行机构，完善执行程序，优化执行环境，进一步解决“执行难”问题；改革和完善审判组织和审判机构，实现审与判的有机统一；改革和完善司法审判管理和司法政务管理制度，为人民法院履行审判职责提供充分支持和服务；改革和完善司法人事管理制度，加强法官职业保障，推进法官职业化建设进程；改革和加强人民法院内部监督和接受外部监督的各项制度，完善对审判权、执行权、

① 法发〔2005〕18 号文件。

管理权运行的监督机制，保持司法廉洁；不断推进人民法院体制和工作机制改革，建立符合社会主义法治国家要求的现代司法制度。显然，第二个纲要的实施重点在于“审”与“判”的有机结合，同时还要着手保证法官职业化，有效分离司法审判管理与司法政务管理，建立更加有效的人民法院体制和工作机制。

为贯彻党的十七大精神，落实中央关于深化司法体制和工作机制改革的总体要求，维护社会公平正义，满足人民群众对司法工作的新要求、新期待，实现人民法院科学发展，最高人民法院于2008年又制定了《人民法院第三个五年改革纲要（2009～2013年）》①。第三个纲要将深化人民法院司法体制和工作机制改革的目标定位为：进一步优化人民法院职权配置，落实宽严相济的刑事政策，加强队伍建设，改革经费保障体制，健全司法为民工作的机制，着力解决人民群众日益增长的司法需求与人民法院司法能力相对不足的矛盾，推进中国特色社会主义审判制度的自我完善和发展，建设公正高效权威的社会主义司法制度。第三个纲要的实施效果比较显著。据最高人民法院新闻发言人孙军工2012年3月20日在最高人民法院新闻发布会上透露，第三个纲要共提出了30项改革内容，涉及132项具体改革任务，当时已完成103项，25项取得实质性进展，其他4项也在有序推进之中②。

为了进一步巩固和扩大人民法院审判组织体制改革的成果，2014年1月8日，最高人民法院院长周强在全国法院院长会议上明确指出，随着党的十八届三中全会关于全面深化改革各项工作的推开，新一轮司法体制改革已经拉开序幕。各级人民法院要着眼于加快建设公正高效权威的社会主义司法制度，始终坚持司法体制改革的正确方向，准确把握司法体制改革的目标任务，坚持依法有序推进改革，确保圆满完成改革任务。要大力加强思想政治建设，积极推进正规化、专业化、职业化建设，进一步加强和改进司法作风，坚决查处违纪违法行为，不断加强人民法院队伍建设，为

① 法发〔2009〕14号文件。

② 《最高人民法院：132项司法改革任务已完成103项》，中央人民政府门户网站，http：//www.gov.cn/jrzg/2012－03/20/content_2095954.htm，最后访问日期：2014年6月26日。

坚持司法为民、公正司法提供有力的组织保障[①]。可见，新一轮司法体制改革从更宏观的层次出发，对我国司法审判组织体制和运行体制提出了带有方向性的改革要求，其改革的着力点集中于“加快建设公正高效权威的社会主义司法制度”。其中，法院组织管理体制的改革也是法院改革工作的重中之重。

2. 检察组织管理体制改革的历史演变及特点

与人民法院的审判组织管理体制相似的是，我国现行的检察组织管理体制也是由现行宪法、人民检察院组织法、检察官法等法律具体加以规定的。现行宪法从第一百二十九条到第一百三十三条详细规定了人民检察院的法律性质以及人民检察院的组织管理体制，主要内容包括：中华人民共和国人民检察院是国家的法律监督机关（第一百二十九条）。中华人民共和国设立最高人民检察院、地方各级人民检察院和军事检察院等专门人民检察院（第一百三十条）。人民检察院依照法律规定独立行使检察权，不受行政机关、社会团体和个人的干涉（第一百三十一条）。最高人民检察院是最高检察机关。最高人民检察院领导地方各级人民检察院和专门人民检察院的工作，上级人民检察院领导下级人民检察院的工作（第一百三十二条）。最高人民检察院对全国人民代表大会和全国人民代表大会常务委员会负责。地方各级人民检察院对产生它的国家权力机关和上级人民检察院负责（第一百三十三条）。与人民法院的组织管理体制相同的是，我国的各级人民检察院也是由同级人民代表大会选举产生的，向同级人民代表大会负责，受同级人民代表大会监督。与人民法院的组织管理体制略有不同的是，人民检察院由于其法律性质是国家的法律监督机关，因此在行使国家检察权的上下级关系上，地方各级人民检察院对产生它的国家权力机关和上级人民检察院负责。而地方各级人民法院只需要按照两审终审原则接受上级人民法院的依法监督。此外，根据《人民检察院组织法》[②] 的

① 《最高法院长周强：新一轮司法体制改革拉开序幕》，中央人民政府门户网站，http：//www. gov. cn/jrzg/2014 - 01/14/content_ 2565946. htm ，最后访问日期：2014 年 6 月 26 日。

② 1979 年 7 月 1 日第五届全国人民代表大会第二次会议通过，根据 1983 年 9 月 2 日第六届全国人民代表大会常务委员会第二次会议通过的《关于修改〈中华人民共和国人民检察院组织法〉的决定》修订。

规定，省、自治区、直辖市人民检察院检察长的任免，须报最高人民检察院检察长提请全国人民代表大会常务委员会批准；自治州、省辖市、县、市、市辖区人民检察院检察长的任免，须报上一级人民检察院检察长提请该级人民代表大会常务委员会批准。下级人民检察院检察长由上级人民代表大会常务委员会批准。这一制度设计也充分体现上下级检察机关之间的关系。根据检察官法的规定，检察官职务的任免，依照宪法和法律规定的任免权限和程序办理。人民检察院的助理检察员由本院检察长任免。初任检察官采用严格考核的办法，按照德才兼备的标准，从通过国家统一司法考试取得资格，并且具备检察官条件的人员中择优提出人选。人民检察院的检察长、副检察长应当从检察官或者其他具备检察官条件的人员中择优提出人选。

针对人民法院不断改革审判组织体制的改革举措，最高人民检察院也先后就检察组织管理体制的改革发布了若干重要的规范性指导文件。2000年2月18日，最高人民检察院发布了首个《深化检察改革的三年实施意见》。该意见指出，改革检察官办案机制，全面建立主诉、主办检察官责任制。用人制度的管理也被列入改革范围。各级检察机关录用主任科员以下职务的工作人员，一律实行考试录用制度；逐步实行最高人民检察院、省级人民检察院业务部门的检察官从下级检察院优秀、资深的检察官中选任的制度，有计划地选调高层次法律人才到检察机关担任领导职务和检察官。2005年，最高人民检察院《关于进一步深化检察改革的三年实施意见》① 对检察组织管理体制改革提出了若干改革要点，其中有两个大的改革事项直接关系检察组织管理体制的改革：一是完善检察机关组织体系，改革有关部门、企业管理检察院的体制。其中的改革措施包括：逐步改革铁路、林业等部门、企业管理检察院的体制，将部门、企业管理的检察院纳入国家司法管理体系，明确有关检察院的经费来源、人员编制、选拔任用以及案件管辖权等。规范人民检察院派出机构的设置。研究制定人民检察院派出机构管理办法，明确派出机构的设置条件和审批程序，规范派出

① 高检发〔2005〕17号文件，2005年9月12日最高人民检察院公布，自公布之日起施行。

机构的法律地位和职权范围。改革检察机关司法鉴定机构。按照全国人民代表大会常务委员会关于司法鉴定管理问题决定的要求，最高人民检察院制定相关规定，完善检察机关司法鉴定机构和人员的管理机制，明确检察机关内设鉴定机构的职责和工作程序。二是改革和完善检察干部管理体制，建设高素质、专业化的检察队伍。具体内容有：落实宪法和法律规定的上下级人民检察院的领导体制，采取措施加大上级人民检察院对下级人民检察院领导班子的协管力度，探索实行上级人民检察院对下级人民检察院检察长人选的提名制度。落实地方各级人民检察院通过考试录用工作人员的制度，实行面向社会、从通过国家统一司法考试取得任职资格的人员中公开选拔初任检察官的制度。逐步建立上级人民检察院检察官从下级人民检察院检察官中择优选拔的工作机制。省级人民检察院每年要有计划地从高等院校法律专业应届毕业生中选调优秀学生充实基层人民检察院。完善检察官教育培训制度，建立与国家司法考试、检察官遴选制度相配套的任职培训制度。推行检察人员分类改革，对检察人员实行分类管理。在总结试点经验的基础上，完善检察人员分类改革的方案。会同有关部门制定检察官单独职务序列，确定检察官职务与级别的对应关系。完善检察官晋升、奖惩、工资、福利、退休、抚恤、医疗等保障制度，协调落实检察津贴。最高人民检察院会同有关部门研究制定相关规定。研究制定贫困地区检察官选任录用的特殊政策，采取措施吸引人才到贫困地区、少数民族地区的检察机关工作。通过实行干部交流、挂职、特殊津贴等措施，保障贫困地区检察机关的队伍稳定和检察工作的协调发展。

2008 年 3 月 10 日，最高人民检察院检察长贾春旺在第十一届全国人民代表大会第一次会议上所作的《最高人民检察院工作报告》中又对检察组织体制的改革提出了若干明确意见。他指出，要改革和完善检察机关内部制约机制。加强办理职务犯罪案件的内部制约，规定案件受理、立案侦查、审查逮捕、审查起诉必须由不同内设机构承办，由不同院领导分管。建立并推行讯问职务犯罪嫌疑人全程同步录音录像制度，促进侦查讯问活动规范化，加强人权保障。建立查办职务犯罪工作备案、审批制度，规定职务犯罪案件立案、逮捕必须报上一级检察院备案审查，撤案、不起诉必须报上一级检察院批准。制定执法过错责任追究条例，完善执法责任制和责任追究机制。最高人民检察院和一些地方检察院建立检务督察制度，重点对检察人员执法办案过程中履行职责、遵守纪律等情况进行监督。改革和完善检察机关接受监督的机制。为加强对查办职务犯罪工作的外部监督，最高人民检察院经中央同意并报告全国人民代表大会常务委员会，从 2003 年 9 月起开展人民监督员制度试点工作。规定职务犯罪案件中拟作撤案、不起诉处理和犯罪嫌疑人不服从逮捕决定的“三类案件”，全部纳入人民监督员监督程序。截至 2007 年底，全国已有 86% 的检察院开展试点。人民监督员共对 21270 件“三类案件”进行了监督，其中不同意办案部门意见的有 930 件，检察机关采纳了 543 件。深化检务公开，对检察机关工作制度、办案规程等规定，依法能够公开的全部向社会公开。完善诉讼参与人权利义务告知、检察人员违纪违法行为投诉制度，推行不起诉案件公开审查、多次上访案件听证制度，健全特约检察员、专家咨询委员会制度，建立保障律师在刑事诉讼中依法执业的工作机制，增强执法透明度，促进司法公正①。

最高人民检察院在有序推进检察组织管理体制改革的过程中，始终把握住改革的正确方向，采取比较可靠的改革措施，取得了明显的效果。最高人民检察院常务副检察长胡泽君曾经对此作出比较好的总结。在 2012 年 2 月 9 日于福州召开的“全国检察改革推进会暨经验交流会”上，胡泽君指出，根据中央的司法体制改革精神，最高人民检察院分别于 2000 年和 2005 年制定了两个检察改革的“三年实施意见”。2008 年底，中共中央转发《中央政法委员会关于深化司法体制和工作机制改革若干问题的意见》②，2009 年 2 月，最高人民检察院制定下发了《关于贯彻落实〈中央政法委员会关于深化司法体制和工作机制改革若干问题的意见〉的实施意见——关于深化检察改革 2009～2012 年工作规划》及工作方案。经过各级检察机关的共同努力，检察体制和工作机制改革呈现重点突破、整体推进、扎实有序、成效明显的良好局面，强化法律监督职能的改革取得重大进展，对自身执法活动的监督制约机制逐步完善，贯彻落实宽严相济

① 《最高人民检察院工作报告》，中国经济网，http：//www.ce.cn/xwzx/gnsz/gdxw/200803/22/t20080322_ 14923523.shtml，最后访问日期：2014 年 6 月 26 日。

② 中发〔2008〕19 号文件。

刑事政策的工作机制更加健全，检察机关组织体系和干部管理制度改革正在深入推进，检察经费保障体制改革取得重大突破。截至2012年，在中央确定的司法改革任务中，由最高人民检察院牵头的7项改革任务已基本完成，最高人民检察院协办的改革任务和《检察改革规划》确定的各项改革任务大部分已完成①。2009年2月，最高人民检察院出台了《2009～2012年基层人民检察院建设规划》，积极推进基层检察院执法规范化、队伍专业化、管理科学化和保障现代化建设。

最高人民检察院党组书记、检察长曹建明在2013年11月14日举行的最高人民检察院机关开展学习贯彻党的十八届三中全会精神大会上进一步明确提出，最高人民检察院要按照中央的统一部署，加强对检察改革的总体设计、统筹协调，抓紧修改完善新一轮检察改革方案，进一步明确检察改革整体的路线图和时间表。坚持统筹协调，既要保证检察机关内部的各项改革措施协调配套，又要与中央司法体制改革和其他政法机关的改革协调推进②。

3. 党委政法委改革政法工作的指导思想及特点

党委政法委对政法工作进行监督，是基于中国共产党具有对国家生活和社会生活进行全面的政治领导作用的具体政治国情而产生的，它与依据宪法和法律规定，由人民代表大会及其常务委员会对司法进行的监督以及检察机关对司法审判活动所进行的法律监督相比，彼此之间是相辅相成、相互分工和相互配合的关系，共同构成了具有中国特色的统一和完整的执法监督机制。虽然党委政法委在领导政法工作的实践中发挥了非常重要的作用，不过，由于长期以来对党委政法委进行的包括司法监督在内的政法工作的性质、依据、方式、效力等问题缺少系统化的理论研究，在实践中许多重要的行之有效的司法监督形式也没有完全规范化和制度化，所以，不论是在理论上还是在实践中，党委政法委司法监督规范化和制度化的问题都没有完全得到解决。因此，对此问题需要从理论上进一步予以澄清，

① 龙平川、张仁平：《深化检察改革六项主要任务确定》，《检察日报》2012年2月10日。

② 《最高检：进一步明确检察改革整体路线图和时间表》，《法制日报》2013年11月15日。

在实践中应当摸索出一套行之有效的做法。由于缺少宪法和法律上的明确规定，所以，党委政法委进行执法监督时的被监督主体以及监督对象的范围就很难确定，导致在实践中各地做法不太统一。例如，北京市政法委司法监督的对象涉及法院、检察院、公安局、司法局、民政局等部门；而中共威海市委政法委执法监督的对象仅涉及法院、检察院、公安局、司法局等。显然，在实际工作中，各地党委政法委分工负责的下属部门和机构的数量和性质并不统一，这就在理论上产生了党委政法委进行司法监督的范围究竟应当有多大的问题。在党委政法委对政法工作进行领导的过程中，最突出的问题是政法委是否有权介入审判机关所审理的具体案件。但是，无论如何，党委政法委通过对政法工作行使领导权从而实现对审判机关和检察机关行使审判权和检察权的监督，在实践中证明是符合中国当下具体的法治国情的。事实上，在“司法”本身尚未通过宪法规定加以制度化的前提下，司法机关的组织管理体制以及司法活动都是在党的司法政策指引下进行的。因此，司法管理体制改革不可能回避党委政法委如何改进对政法工作的领导和管理方式问题。在实践中，党中央以及中央政法委对全国范围内的司法工作经常性地发布指导性意见，是司法体制改革的主要政策性文件和合法性依据。

例如，2004 年 12 月，中共中央转发的《中央司法体制改革领导小组关于司法体制和工作机制改革的初步意见》，把改革和完善律师收费制度作为专门问题加以规定，明确指出要完善律师收费制度，制定律师诉讼代理收费指导性标准，建立健全律师收费争议解决制度，完善对律师违法违纪收费行为的处罚办法。

2008 年 11 月 28 日，中央政法委通过了《关于深化司法体制和工作机制改革若干问题的意见》，从发展社会主义民主政治、加快建设法治国家的战略高度，对司法体制改革作出了战略部署。该意见明确规定：本次司法体制改革将建立政法系统财政保障机制，以后法院、检察院的经费将由中央财政专项确定，建立分类保障政策和公用经费正常增长机制，解决基层法院的经费保障问题，从而开始打破司法经费由地方保障的格局，逐步化解司法地方化的难题。具体有可能采取分地区，分级别，结合案件数量和诉讼费收入情况，采用因素计算法确定各法院的财政拨款数。与此同

时，该意见还对司法管理体制改革提出了几项具体任务：①检察院刑侦职能划归公安局管辖，检察院专司法律监督。原有的刑事诉讼法规定，检察院作为法律监督机关，享有对经济犯罪和职务犯罪等部分刑事案件的侦查权（自侦权）。对于公安机关侦查的案件，可以由检察院进行法律监督，但是对于检察院的自侦案件，则长期缺乏必要的制度性限制，只在检察院内部进行监督。根据“有权力就有监督”的原则，本次司法体制改革将检察院对经济犯罪和职务犯罪的刑侦职能从检察院剥离，划归公安局管辖，检察院专心进行法律监督建设，以实现加强权力监督制约的目标，其中包括对法院的监督和对司法系统其他部门的监督。②法院执行职能划归司法局管辖，法院其他有关行政职能划归司法行政机关管辖，法院专司审判。在我国，法院判决后案件“执行难”很突出，影响到法院判决的权威性和严肃性。本次司法体制改革将包括法院执行在内的有关行政职能划归司法行政机关管辖，法院专司审判。③看守所划归司法局管辖。长期以来，看守所作为主要的羁押场所，由同级公安机关管理。在侦查、羁押、改造主体一体化的管理模式下，看守所对侦查机关的讯问活动缺乏有效的监督，容易出现刑讯逼供现象。在近年来曝光的佘祥林案、聂树斌案中，都存在刑讯逼供，这些案件主要发生在看守所。许多学者提出，为了体现程序公正和控辩平衡，必须做到侦查权和羁押权的分权与制约。本次司法体制改革将看守所的管理移交到司法部（局）体系之下。④加强政法队伍建设。司法体制改革本着“从严治警”与“从优待警”相结合的原则，提出完善政法干警招录和培训机制，完善政法干警行为规范和职业保障制度，加强政法机关廉政建设，严肃查处政法干警违法违纪行为，改革完善司法考试制度和律师制度等。

由此可见，从制度层面谈论司法管理体制改革不可能抛开党对政法工作的领导。由于目前我国的司法管理体制都是在党的司法政策指导下建立和运行的，所以司法体制改革，特别是司法管理体制改革，不论是价值目标还是具体任务，都必须认真考虑执政党对政法工作的基本立场和改革司法体制的政策走向。

4.《决定》提出的司法管理体制改革的主要目标

《决定》围绕“推进法治中国建设”这个时代主题，从两个不同的角度，对我国司法管理体制改革的方向和主要目标作出了整体部署，成为我国司法管理体制改革的指导思想。

（1）司法管理体制改革的方向在于确保依法独立公正行使审判权、检察权。《决定》强调指出："确保依法独立公正行使审判权检察权。改革司法管理体制，推动省以下地方法院、检察院人财物统一管理，探索建立与行政区划适当分离的司法管辖制度，保证国家法律统一正确实施。建立符合职业特点的司法人员管理制度，健全法官、检察官、人民警察统一招录、有序交流、逐级遴选机制，完善司法人员分类管理制度，健全法官、检察官、人民警察职业保障制度。"①

（2）司法管理体制改革的目标是健全司法权力运行机制。《决定》还明确提出："健全司法权力运行机制。优化司法职权配置，健全司法权力分工负责、互相配合、互相制约机制，加强和规范对司法活动的法律监督和社会监督。改革审判委员会制度，完善主审法官、合议庭办案责任制，让审理者裁判、由裁判者负责。明确各级法院职能定位，规范上下级法院审级监督关系。推进审判公开、检务公开，录制并保留全程庭审资料。增强法律文书说理性，推动公开法院生效裁判文书。严格规范减刑、假释、保外就医程序，强化监督制度。广泛实行人民陪审员、人民监督员制度，拓宽人民群众有序参与司法渠道。"②

总结《决定》关于司法管理体制改革的要求，具有以下几个特点：一是《决定》所涉及的司法管理体制包括了公、检、法三种机关的组织管理体制，其内涵要比我们通常理解的以检审为主体的司法管理体制范围要宽一点，说明司法管理体制本身就存在很多不确定的因素，需要通过改革来形成比较稳定和成熟的制度。二是司法管理体制改革的突破点放在司法组织管理的集中性上，今后的趋势是司法职权逐渐集中行使，并向中央司法机关集中。三是司法管理体制改革关键还在于优化司法职权配置，其中保证审判机关和检察机关依法独立公正行使审判权和检察权是司法组织

① 《中共中央关于全面深化改革若干重大问题的决定》，《人民日报》2013 年 11 月 16 日，第 1 ~ 3 版。

② 《中共中央关于全面深化改革若干重大问题的决定》，《人民日报》2013 年 11 月 16 日，第 1 ~ 3 版。

管理体制改革的重要目标。四是司法队伍职业化和分类管理是司法人员队伍建设的改革方向，旨在加强司法的专业化和职业化特征，提高司法人员素质。五是实行审与裁的统一，进一步强化司法人员的职业责任心。可以预见的是，《决定》为司法管理体制改革指出的发展方向是非常宽广的，也是全方位的，需要在理论上做好充分准备。在实践中，要通过不断完善一系列具体的司法制度才能最终实现司法管理体制改革的价值追求。

五　需要在建设法治中国过程中解决的司法管理体制改革面临的十个重要问题

《决定》在"推进法治中国建设"的原则性要求方面突出强调了司法体制改革的重要性，而司法体制改革关键在于司法管理体制改革。司法管理体制改革到位，司法运行体制也就能够充分发挥自身的制度效能。因此，在当下，深化司法体制改革最重要的任务就是在建设法治中国的大背景下，通过完善和健全司法组织管理体系，建立起独立公正高效权威的司法制度，维护当事人权益，让当事人在每一个司法案件中都感受到公平正义，让全社会都树立起信赖司法制度、尊重司法制度，依靠司法制度解决纠纷、依靠司法制度维护自身权益的意识。这也是建设法治中国的关键环节。

1. 要正确处理坚持党的领导和确保司法机关依法独立公正行使职权的关系

党的各级组织对司法工作的领导是通过党委政法委对政法工作的领导体现出来的，司法工作作为政法工作的重要组成部分，也必须加强党的领导。具体体现在两个方面：一是依照党管干部的原则，考察、推荐、配备优秀的司法人员和司法干部，抓好司法机关的组织建设和党的建设；二是监督司法机关遵守宪法法律的情况，依法对违法乱纪司法人员提出追究处理的意见与建议。在加强党对政法工作领导的同时，要彻底转变党对司法工作的领导方式，党的各级组织和各部门领导干部一律不得批示案件，不得就个案发表意见。今后凡是出现批示和意见，除涉及国家安全、军事机密等法定因素外，应当在互联网公布裁判文书时一并公开。党委政法委是党领导司法工作的专门机关，要善于运用法治思维和法治方式领导司法工作，在推进公平正义司法制度建设的过程中发挥重要作用。在试点法检人财物省级统一管理的省份，上述职责由省级政法委承担。

2. 要正确处理人民代表大会制度与司法制度的关系

要通过修改宪法的方式，尽量将司法制度和司法机关纳入国家基本法律制度和国家机构的序列，尽快解决司法管理体制方面的问题。同时，对于现行宪法所规定的审判机关和检察机关，要通过改革措施，不断强化审判机关和检察机关依法独立公正行使审判权和检察权的能力。进一步完善法院和检察院由人民代表大会产生、对人民代表大会负责、受人民代表大会监督的制度，要使之日常化、制度化、规范化。要进一步完善法院和检察院向同级人民代表大会报告工作的制度，多增加专项报告，降低人民代表大会会议对两院报告的投票表决的影响力，防范法院和检察院片面追求高通过率而做表面文章，增强人民代表大会监督法院和检察院依法行使职权的公开性和透明度。

3. 要建立“大司法”概念，充分发挥司法的法律功能，建立更加科学和严谨的司法管理体制

在我国现行宪法所设计的国家权力体系框架中，有国家权力机关、国家行政机关、国家审判机关和国家检察机关。国家权力的分配是依托国家机关的性质而定的，没有按照“依权设机构”的“权力分立模式”分配国家权力。因此，各级人民代表大会作为各级国家权力机关在宪法上行使的是一种“集合性国家权力”。这种权力的事务功能在法理上覆盖了立法、行政和司法所有的领域，并且具有“最终性”和“最高性”。国家权力机关掌握的国家权力是独立的，不受其他国家机关掌握的国家权力的制约。国家行政机关依据宪法规定行使行政职权，而检察机关、审判机关依据宪法规定行使检察权、审判权。至于“检察权”“审判权”是否等同于“司法权”，或者说能否在法理上将检察机关行使的检察权和审判机关行使的审判权确认为宪法学理论上所认同的“司法权”，这个问题在我国现行宪法的框架内并没有得到很好的解决。但是，从宪法赋予全国人民代表大会及其常务委员会监督宪法和法律实施的职权来看，全国人民代表大会及其常务委员会也有权依据宪法和法律来处理一些具体的法律争议和纠纷，特别是2000年出台的立法法赋予了全国人民代表大会常务委员会一

定的“违宪违法”审查权①。因此，从法理上和现有的宪法制度来看，要将司法权的内涵仅仅限制在“检察权”“审判权”的范围，显然与我国现行宪法所确立的基本国家权力制度不相符合。全国人民代表大会及其常务委员会依据宪法和法律也承担了一定的司法职能，而且由于全国人民代表大会及其常务委员会拥有的“最高国家权力机关”的身份和地位，实际上，如果在宪法文本中引进司法的概念，该机关在法律制度上就会相当于“最高司法机关”。为此，如果“司法入宪”，“司法”的性质就必须是“广义”上的，而不能采用“三权分立”体制下的与“立法”“行政”相对立的“司法”。在这一点上，我国现行宪法所能接纳的司法原则应当是“议会主权”意义上的，相当于2009年之前英国所采取的上议院司法制度。狭义上的“司法”概念与我国现行宪法所确立的人民代表大会制度的根本原则是相互冲突的。因此，在可预见的将来，只要我们坚持人民代表大会制度的基本原则不变，那么，宪法中的“司法”概念就只能是“议会主权”意义上的“大司法”，将“司法”仅仅限定在“检察权”“审判权”的范围，或者是限制在“审判权”的框架内，这种制度设想缺少基本的政治基础，不可能在现行宪法的制度框架内存在。因此，所谓的“司法入宪”必然是“司法”进入人民代表大会制度下的国家权力框架内，而不可能出现“司法”作为独立的国家权力进入现有的宪法制度之中，这是对“司法入宪”的基本政治判断。

4. 要正确处理人民政府与人民法院、人民检察院的关系

各级人民政府与各级人民法院、人民检察院应当依照宪法和相关法律

---

① 2000年《中华人民共和国立法法》第九十条明文规定：国务院、中央军事委员会、最高人民法院、最高人民检察院和各省、自治区、直辖市的人民代表大会常务委员会认为行政法规、地方性法规、自治条例和单行条例同宪法或者法律相抵触的，可以向全国人民代表大会常务委员会书面提出进行审查的要求，由常务委员会工作机构分送有关的专门委员会进行审查、提出意见。前款规定以外的其他国家机关和社会团体、企业事业组织以及公民认为行政法规、地方性法规、自治条例和单行条例同宪法或者法律相抵触的，可以向全国人民代表大会常务委员会书面提出进行审查的建议，由常务委员会工作机构进行研究，必要时，送有关的专门委员会进行审查、提出意见。根据上述规定，全国人民代表大会常务委员会要依据立法法的规定行使违宪或违法审查权，对可能存在违宪或违法问题的行政法规、地方性法规、自治条例和单行条例进行审查，必然会面临“法律争议”，因为没有“法律争议”，违宪或违法的案件就不可能提交给全国人民代表大会常务委员会解决。

法规，各司其职，各负其责，互不隶属，互不领导。

各级人民政府召集会议、组织活动，均不得将人民法院、人民检察院列为参加单位，更不能仅仅将人民法院和人民检察院作为政府的一个职能部门看待。要探索设立行政法院，强化法院对行政行为的司法审查，以补充司法力量，实现司法权力与行政权力真正各负其责、互相制约的宪治状态。

5. 完善法院审级独立制度，探索建立与行政区划适当分离的司法管辖制度

目前依照现行宪法和相关法律设立的四级法院在不同审级中职能定位不同，分别依照宪法和法律独立行使相应的审判权，不受上级法院干涉。最高人民法院保证法律统一正确实施的最主要途径是审级监督，发布司法解释，应地方法院要求对法律适用问题作出批复，不对下级法院的在审案件出具裁判性意见。要选取数个经济社会文化发展相对比较均衡的省份，试点设置跨区县法院，探索建立与行政区划适当分离的司法管辖制度，从制度上掐断行政机关、社会组织和公民个人对基层法院审判活动可能施加的不良影响。要选取数个经济发展较为活跃的地区，试点最高人民法院商事民事派出法庭、巡回法庭制度，探索降低当事人诉讼成本、便民利民的可能途径。将最高人民法院的二审和审判监督职能直接授予最高人民法院按照大区设立的地区法院，强化最高人民法院与省级人民法院之间的业务联系，提高最高人民法院审理二审和再审案件的效率。要试点设立知识产权法院，并可将其与跨行政区划法院设立试点相结合。

6. 探索法官、检察官、警察职业化路径，初步建立符合司法职业特点的司法人事管理制度

①完善司法人员分类管理制度。在司法组织系统内从事一般行政支持、后勤保障服务的人员作为司法政务人员，与法官、检察官存在很大差异。前者依照一般公务员制度管理，后者依照法官法、检察官法管理。可选择适当时机，将司法政务人员直接划归司法行政部门管理。②建立法官、检察官员额制度。在实施司法人员分类管理后，由中央编制办根据各地经济社会发展状况和司法实际，统筹确定法官、检察官员额配备方案，由全国人民代表大会常务委员会批准，具有法律效力，作为经费待遇配备

依据。法官、检察官员额配置制度要注意地区特点和经济文化发展状况，要鼓励年轻司法人员到中、西部司法机关任职，不断积累司法工作经验。③完善法官选任制度。根据司法职业特点，探索完善法官、检察官统一招录、遴选制度。根据近年来法官、检察官家庭所在地、就读大学与就业区域日趋重合的趋势，考虑到法官、检察官职业的特点，招录、遴选法官、检察官试行全国（或省级）统筹，从法官、检察官就业起始，实现必要的地籍、学籍回避。对于法官、检察官在一地司法机关工作达到一定年限的，要集中组织轮岗或异地交流，要实行全国范围内的法官、检察官人员可自由流动制度。对于未取得“中华人民共和国法律职业证书”者，均不得遴选为法官、检察官，均不得从事法官、检察官工作。④建立和完善法官、检察官的等级评定与晋升制度，其核心是凸显法官、检察官的职级意识，实现工资待遇与职级的衔接，在官方文件中以职衔称谓取代院长、庭长等行政性称谓。院长、检察长由适格的法官、检察官兼任，并由本级法院和检察院法官选举产生，实行任期较短的轮流任职制，充分发挥每一个法官、检察官的组织管理才能，减少院长、检察长的官员身份色彩，提升院长、检察长的业务能力和水平。选取数个财政状况良好、司法工作基础较好的省份进行省级以下地方法院、检察院人财物统管工作的试点。同时，要求法院和检察院所在地党委和人民政府采取积极有效的措施予以配合，确保法官和检察官的办公条件。要探索建立法官、检察官职业保障制度。在省以下试点法官、检察官统管的地方，在确定法官、检察官员额的基础上，探索法官、检察官招录、遴选、晋升、薪酬特别保障制度，大幅提升工资福利待遇，健全法官职务豁免制度，凸显法官、检察官职业的独立性。根据国家司法改革的总体要求，修改法院组织法、检察院组织法、法官法、检察官法等相关法律法规，将司法改革成果纳入法律，并依法推进司法体制改革。根据法院和检察官职业化管理的要求，进一步提升人民警察的法律地位，将人民警察逐渐纳入司法人员队伍序列，由司法行政部门统一管理，主要用于配合审判机关和检察机关实施宪法和法律的活动。

7. 优化司法职权配置，规范司法权内部运行机制，健全司法权力分工负责、互相配合、互相制约机制

遵循司法规律，以审判权为核心建立审判权运行机制，落实审判责任制，做到让审理者裁判，由裁判者负责，案件审理全程留痕，裁判文书全部上网公开，接受当事人和社会公众的有效监督。改革审判委员会制度，强化审判委员会责任，审判委员会委员对个案独立发表意见并记录在案，在互联网上公开裁判文书时一律公开各审判委员会委员的意见，形成裁判文书的说理风格。完善主审法官、合议庭办案责任制。主审法官、合议庭之外的任何人不得就个案发表意见、进行批示，重特大疑难案件依规定程序进入审判委员会环节，审判委员会组成人员方可发表意见。法官独立行使职权、独立担责，其在法律范围内依法行使职权，不受院内外组织或领导干涉。广泛实行人民陪审员、人民监督员制度，拓宽人民群众有序参与司法的渠道。试点在重大的刑事案件中组织多名人民陪审员组成陪审团，对案件的重大事实作出权威性的判断结论，保证人民陪审员参与司法审判的独立性和公正性。

8. 推进司法进一步公开，加强司法人员职业自律，自觉接受社会监督，重塑社会对司法的信心与信仰，全面提升司法公信力

推进审判公开、检务公开，录制并保留全程庭审资料。全面推进立案、庭审、执行、听证、文书、审务公开。增强法律文书的说理性，利用互联网推动法院生效裁判文书公开工作。建立案例指导制度，选择法律适用问题比较典型的案例作为指导性案例予以发布，供各级司法人员处理类似案件时参照，促进司法自由裁量权的规范行使，加强法律适用的统一性。加强和规范对司法活动的法律监督和社会监督。完善法官、检察官职业伦理守则；制定具有可操作性、可监督性的法官、检察官社会交往（八小时外）守则。利用新闻媒体，对具有重大社会影响或社会公众普遍关注的案件的庭审过程进行全程实况直播，通过网络、电视传媒等新闻媒介，让司法真正在阳光下运行。

9. 完善司法在保障人权方面的作用

司法作为人权保障的最后一道制度防线，不仅要通过公正审判为当事人主张合法权利，更重要的是，以保障人权为目的的司法活动本身也需要关注人权保障问题。要严禁刑讯逼供、体罚虐待和变相的刑讯逼供、体罚虐待，制定有关刑讯逼供、体罚虐待或变相的刑讯逼供、体罚虐待的行为指南和侦查工作手册，进一步完善庭审、侦讯全程录音录像制度，推行刑

讯逼供、体罚虐待零容忍制度。严格实行非法证据排除规则。最高人民法院、最高人民检察院、公安部、国家安全部、司法部要就办理刑事案件排除非法证据问题出台更为细化和严格的规定。要逐步减少适用死刑罪名。在目前55个死刑罪名的基础上，争取用10年时间，再减少一半的死刑罪名。要积极探讨死刑生效判决由全国人民代表大会常务委员会最终核准制度，将死刑决定权归还给代表机构。积极探讨诉辩交易制度，探讨降低司法成本的途径。进一步规范查封、扣押、冻结、处理涉案财物的司法程序。严格规范减刑、假释、保外就医程序，强化监督制度。利用互联网实现狱务公开，减刑、假释、保外就医的申请、处理依据、处理程序、处理结果实现网络同步公示，接受社会监督，杜绝暗箱操作、权钱交易等司法腐败现象。健全错案防止、纠正、责任追究机制，明确错案客观标准，达到错案预防、纠正与司法人员职业保障的“双赢”。完善对违法犯罪行为的惩治和矫正法律，健全社区矫正制度。建立废除劳教制度后的替代司法管理制度，对于轻微违法行为者以及具有强烈攻击性人格特征的人群要采取对社会公众的必要保护措施。健全国家司法救助制度，完善法律援助制度。完善律师执业权利保障机制和违法违规执业惩戒制度，加强职业道德建设，发挥律师在依法维护公民和法人合法权益方面的重要作用。要不断完善司法便民利民措施，进一步建设好、管理好、运用好诉讼服务中心、立案信访窗口，切实为群众诉讼提供优质便捷的司法服务。进一步完善法律顾问服务团制度，让法律顾问逐步走入社区、走向家庭，建立个人法律顾问服务网络体系，逐渐实行法律服务的专门化和职业化。

10. 将涉法涉诉信访纳入法治轨道加以解决，建立涉法涉诉信访依法终结制度

改革涉法涉诉信访工作制度，实行网上受理信访制度，健全及时就地解决群众合理诉求机制。将涉及民商事、行政、刑事等信访事项从普通信访体制中分离出来，统一由政法机关依法受理，把涉法涉诉信访纳入法治轨道解决，建立涉法涉诉信访依法终结制度，坚决扭转“信访不信法”的局面，坚决杜绝“以访压法”现象。启动全国人民代表大会常务委员会依据立法法所享有的审查违宪违法行为的机制，对于涉诉涉法的信访案件，如果符合违宪违法审查条件的，可以适时启动立法法第九十条第二款所规定的公民个人、社会组织提出违宪违法审查请求的程序，真正发挥全国人民代表大会常务委员会作为制度意义上的最高司法机关在处理涉法涉诉案件方面的权威作用，启动全国人民代表大会常务委员会适用宪法和法律的宪法解释和法律解释制度，让每一个具体的法律诉求在法律制度上都能获得有效的纠纷解决渠道。

中国特色社会主义的公平正义与人民福祉

樊建新　刘志明*

促进社会公平正义、增进人民福祉，是坚持和发展中国特色社会主义的题中应有之义。在新的历史起点上坚持以促进社会公平正义、增进人民福祉为出发点和落脚点全面深化改革，对于保证改革不走封闭僵化的老路和改旗易帜的邪路，始终沿着中国特色社会主义道路的正确方向前进，更好地坚持和发展中国特色社会主义，对于建成富强、民主、文明、和谐的社会主义现代化国家，实现中华民族伟大复兴的中国梦，具有重要意义。

一　全面深化改革必须以促进社会公平正义、增进人民福祉为出发点和落脚点

党的十八届三中全会通过的《中共中央关于全面深化改革若干重大问题的决定》（以下简称《决定》）提出，必须把促进社会公平正义、增进人民福祉作为全面深化改革的出发点和落脚点。这一重要方针的提出为全面深化改革指明了方向。

* 樊建新，中国社会科学院马克思主义研究院研究员、副院长；刘志明，中国社会科学院马克思主义研究院研究员。

1. 这是坚持党的全心全意为人民服务根本宗旨的必然要求

全心全意为人民服务是党的根本宗旨，也是党在革命、建设和改革的各个历史时期永不变质，永葆党的先进性和纯洁性，永远赢得人民支持和拥护，不断开辟党和人民事业新境界的根本所在。坚持全心全意为人民服务这一根本宗旨，从根本上要求我们党始终把人民的利益放在第一位，始终坚持把最广大人民的根本利益作为自己理论、路线、纲领、方针、政策和全部工作的出发点和落脚点，始终坚持权为民所用、情为民所系、利为民所谋，始终坚持在生产力不断发展的基础上，使人民群众不断获得经济、政治、文化、社会和生态环境方面的实实在在的利益。正如毛泽东同志所说："与人民利益适合的东西，我们要坚持下去，与人民利益矛盾的东西，我们要努力改掉。"①

在全面深化改革和发展社会主义市场经济的新的历史时期，我们党"仍然要坚持把人民利益放在最高位置，尊重人民主体地位，尊重人民首创精神，想群众之所忧，急群众之所难，谋群众之所需，从人民最关心最直接最现实的利益问题入手，实实在在为群众解难事、办好事"②。一句话，需要我们党把自己全部工作的出发点和落脚点放在促进社会公平正义、增进人民福祉上，这对党和人民的事业有利，对实现党和国家兴旺发达、长治久安有利，对最广大人民群众的根本利益有利。

2. 这是坚持和发展中国特色社会主义的内在要求

促进社会公平正义、增进人民福祉，是坚持和发展中国特色社会主义的题中应有之义。坚持和发展中国特色社会主义，从根本上来说，就是要逐步实现"解放生产力，发展生产力，消灭剥削，消除两极分化，最终达到共同富裕"这一社会主义的本质。中国特色社会主义要在全面深化改革的历史新进程中继续逐步实现社会主义的本质，就必须不断促进社会公平正义，不断增进人民福祉，让发展成果更多、更公平地惠及全体人民。只有这样，中国特色社会主义才能在解放和发展社会生产力、解放和增强社会活力、促进人的全面发展上比资本主义制度更有效率，更能激发全体

① 《毛泽东文集》第3卷，人民出版社，1996，第210页。

② 习近平：《始终坚持和充分发挥党的独特优势》，《求是》2012年第15期。

人民的积极性、主动性、创造性，更能为社会发展提供有利条件，更能在竞争中赢得比较优势，才能让中国特色社会主义制度的优越性充分体现出来。

事实上，经过新中国成立以来特别是改革开放以来的不断发展，我国社会生产力水平明显提高，综合国力显著增强，人民的生活总体上实现了由温饱到小康的历史性跨越，我们已经具备了较为坚实的物质基础，可以为缩小社会差距、促进社会公平、完善社会保障、发展社会事业、加强社会建设和管理等提供更充分的物质保证。在有坚实物质基础作保证的情况下，以促进社会公平正义、增进人民福祉为出发点和落脚点的全面深化改革，不仅有利于各方面改革的顺利推进，也有利于更好地坚持和发展中国特色社会主义，更好地体现社会主义的本质。

3. 这是解决我国现阶段突出矛盾和问题的迫切要求

改革开放以来，为促进社会公平正义、增进人民福祉，中国共产党领导全国各族人民，努力推进中国特色社会主义制度建设，努力促进权利公平、机会公平、规则公平，努力促进教育公平、就业公平、创业公平，努力促进社会纵向流动，保障每个人的发展权利，推动社会不断进步。同时，还致力于确保城乡居民收入增长与经济发展同步，织牢社会保障的安全网，不断提高人民生活水平和质量。但是，毋庸讳言，现阶段也存在城乡、区域发展不平衡，收入差距扩大，基本公共服务的可及性、公平性仍然不够等突出矛盾和问题。同时，在就业、教育、住房、医疗卫生、环境保护、社会保障等关系群众切身利益的领域，还存在不少有违公平正义的现象，侵害人民利益的事件也时有发生。而随着经济社会的发展进步，广大群众的公平意识、民主意识、权利意识不断增强，对社会不公问题和侵害自身利益的事件反映越来越强烈，容忍度也越来越低。如果不抓紧解决这些有违公平正义的问题，不下大力气解决损害人民利益的各种不正之风，不能创造更加公平的社会环境，不能给老百姓带来实实在在的利益，那就不仅会影响人民群众对改革开放的信心，而且会影响社会和谐稳定，危及经济社会持续健康发展的基础。因此，全面深化改革必须着眼于创造更加公平正义的社会环境，不断克服各种有违公平正义的现象，使改革发展成果更多、更公平地惠及全体人民。如同习近平总书记所说："只要还有一家一户乃至一个人没有解决基本生活问题，我们就不能安之若素；只要群众对幸福生活的憧憬还没有变成现实，我们就要毫不懈怠团结带领群众一起奋斗。”①

需要指出的是，坚持以促进社会公平正义、增进人民福祉为出发点和落脚点推进改革，必须一以贯之，久久为功，绝不能幻想毕其功于一役。因为促进社会公平正义、增进人民福祉是一个过程，只有进行时，没有完成时；而且我国的改革现在已经进入攻坚期和深水区，“容易的、皆大欢喜的改革已经完成了，好吃的肉都吃掉了，剩下的都是难啃的硬骨头”②。改革要顺利攻坚克难和涉过深水区，就必须始终坚持以促进社会公平正义、增进人民福祉为出发点和落脚点，只有这样，我们党才能最大限度地凝聚社会共识，形成改革合力和发挥亿万人民的主体作用。否则，改革要么很难深入下去，要么归于失败。

在如何把促进社会公平正义、增进人民福祉作为出发点和落脚点贯穿于全面深化改革全过程这个问题上，我们一定要有高度的政治自觉和战略定力，绝不能为各种干扰所左右。无论改革的环境条件和重点任务怎样变化，都必须始终坚持促进社会公平正义、增进人民福祉，坚持让人民群众在改革中受益这个要求不能变。

二　促进社会公平正义、增进人民福祉必须坚决反对两种错误的改革观

毋庸讳言，在促进社会公平正义、增进人民福祉方面，有一个如何正确处理效率与公平，切实把提高效率同更加注重社会公平结合起来的问题。在这个问题上，要坚决反对和切实防止两种错误的改革观。

1. 要坚决反对和切实防止西方福利资本主义改革观

在我国经济社会发展已经取得巨大成就，初步具备坚实物质基础和有利条件的情况下，把促进社会公平正义、增进人民福祉作为全面深化改革

① 习近平：《希望各族干部群众守望相助》，《新华每日电讯》2014 年 1 月 30 日，第 1 版。

② 《好吃的肉都吃掉了剩下都是难啃的硬骨头》，网易新闻，http：//news. 163. com/14/0210/10/9KNDNOV200014Q4P. html，最后访问日期：2014 年 6 月 13 日。

的出发点和落脚点，并不意味着可以无视社会主义初级阶段的基本国情和当前的社会发展水平，离开经济建设这个中心，丢掉发展这个硬道理，以西方福利资本主义改革观为指导，把既尽力而为又量力而行这个方针丢弃在一旁，大搞超越经济社会发展阶段和水平的“高福利”改革，建设“从摇篮到坟墓”的所谓“福利国家”。事实证明，第二次世界大战后以法国、德国和瑞典为代表的西方国家搞的超越经济增长承受能力、以建设福利国家为目标的改革，虽然在一定程度上、一段时间内扩大了内需、提振了经济、缓和了阶级矛盾、稳固了资本主义制度，但是这种改革最终导致这些国家面临经济增长速度普遍大幅度下降、失业率长期居高不下、频频出现公平与效率双重失衡的“福利困境”。20 世纪 70 年代以后，尤其是 2008 年国际金融危机爆发以来，西方国家的福利主义改革举措因为不可持续而纷纷成了被改革的对象。

因此，把促进社会公平正义、增进人民福祉作为全面深化改革的出发点和落脚点，我们的头脑必须十分清醒，应该坚持福利水平的提高与同期经济社会发展水平相适应的原则，绝不可受西方福利资本主义改革观的误导而使自己陷入“高福利陷阱”而不能自拔。我们仍然必须坚持以经济建设为中心，着力推动经济持续健康发展，进一步把“蛋糕”做大，为保障社会公平正义奠定更加坚实的物质基础。鉴于我国现阶段存在的许多有违公平正义的现象是发展中的问题，我们更有必要注重通过科学发展，通过利用增量带动理顺利益关系，促进社会公平正义和增进人民福祉，让全体人民共享改革发展成果，使全体人民在学有所教、劳有所得、病有所医、老有所养、住有所居方面持续取得新进展。

2. 要坚决反对和切实防止西方新自由主义改革观

把促进社会公平正义、增进人民福祉作为全面深化改革的出发点和落脚点，也要坚决反对那种只重视提高效率、不惜牺牲甚至损害社会公平正义和人民福祉的新自由主义改革观。“提高效率”有一个对多数人有利还是对少数人有利的问题。如果站在社会大局和全体人民的角度来看“提高效率”，那我们就应该坚决反对那种只为少数人谋利的新自由主义改革观。近半个世纪的实践证明，主要内容为“私有化、市场化、自由化”的新自由主义改革举措在全球范围内的实践，并没有提供一个对大多数人而言“提高效率”的典型案例，相反，却提供了不少对大多数人而言公平缺失和福祉水平一再探底的案例。2008年爆发的国际金融危机导致世界经济深度衰退、全球范围内失业率高企、贫困人口激增、贫富分化日趋严重等新的不争事实再次告诉人们，实施新自由主义的改革观，绝不可能给世界的多数人提供解决好效率与公平关系问题的钥匙。

这里特别需要指出的是，虽然2008年爆发的国际金融危机使西方新自由主义的所谓“声誉”受到严重损害，但奢望在资本主义制度退出历史舞台之前西方新自由主义会销声匿迹的想法无疑过于天真。西方新自由主义并未如某些人士在这场国际金融危机爆发后所说的那样已经死亡，相反，它不仅仍然为西方垄断资产阶级所顽固坚持，而且在广大发展中国家也仍然有一定的市场。这从西方国家不断推出以牺牲广大人民的利益为代价继续维护垄断资本的危机应对举措的事实中，从一些发展中国家继续实施新自由主义的“民主改革”导致政局动荡的事实中可以得到证明。

一段时期以来，新自由主义思潮在我国影响很大。国内外一些坚持西方新自由主义教条的人士，试图利用我国进一步深化重点领域和关键环节的改革和我国积极推进全方位、多层次、宽领域的对外开放的“时机”，通过攻击国有企业的所谓“垄断”，鼓吹国有企业“低效”论和“一卖就灵”论，以及蓄意挑起所谓“国进民退”的论争等，故意制造占主体地位的公有制经济与其他所有制经济在我国的根本对立，以实现他们“私有化”中国公有制经济的图谋；通过极力兜售“计划无效率”论和把我国强有力的宏观调控妖魔化为西方新自由主义话语体系所谓的“经济极权主义”“威权主义”等，故意制造“有形之手”和“无形之手”在我国经济发展中的对立，以实现他们“市场化”中国经济的图谋；通过攻击中国正当合法的民族产业保护政策和贩卖“对外贸易依存度越高越好”之类的论调，以期破坏中国的经济安全和实现他们“自由化”中国经济的图谋。

如果任由这些新自由主义论调泛滥，如果对这些论调背后误导中国改革开放的图谋视而不见，中国的改革开放就有可能走上对广大中国人民而言意味着一场巨大灾难的“新自由主义化”的歧途。德国著名社会学家乌尔里希·贝克曾经告诫说：“一个国家、一个民族，可以由于新自由主义化而走向死亡。”① 因此，对于这股思潮的危害，我们必须始终保持清醒的头脑和高度的警惕，旗帜鲜明地加以反对和抵制。

要警惕和防止西方新自由主义误导我国改革开放，在全面深化改革的历史新起点上与时俱进地解决好效率与公平的关系问题，更好地促进社会公平正义和增进人民福祉，就必须使改革坚定地沿着建立和完善社会主义市场经济体制的正确方向前进。这是因为，社会主义市场经济在确保以公有制为主体和多种所有制经济共同发展方面，在“有形之手”和“无形之手”之间的协调方面，具有资本主义无可比拟的巨大优越性。一方面，社会主义市场经济坚持以公有制经济为主体、多种所有制经济共同发展。公有制与市场经济的结合，既提高了资源配置效率，又较好地把效率与公平结合起来，有利于保障按劳分配，防止两极分化，不断改善民生和提高社会福利水平，有利于保证国民经济合理布局，促进经济社会均衡发展和城乡、区域协调发展，有利于维护国家金融稳定和经济安全，不断增强我国经济、科技的国际竞争力，也有利于各种所有制经济在市场竞争中全面提高效率，充分发挥各自优势，共同推动社会生产力的大发展；另一方面，社会主义市场经济坚持宏观调控这只“有形之手”和市场调节这只“无形之手”的有机协调，既注重发挥市场的调节作用，又注重发挥政府的宏观调控作用，既有利于克服宏观经济不稳定和社会不公平等问题，创造一个稳定、安全、有序、公正的社会经济环境，又有利于约束市场机制的自发性和盲目性，促进生产和需求的及时协调，不断优化经济结构和发展方式，实现经济社会科学发展②。

三　促进社会公平正义、增进人民福祉的两个着力点

在全面深化改革的全过程中，必须以建立健全中国特色社会主义制度体系、切实解决损害人民利益的各种突出问题为着力点，努力促进社会公平正义和增进人民福祉。

---

① 转引自张世鹏《“9·11”以后全球化研究的几个问题》，《欧洲研究》2004 年第 1 期。

② 胡乐明、刘志明、余斌：《从国际金融危机看西方新自由主义》，《人民日报》2012 年 5 月 17 日。

1. 建立健全有利于促进社会公平正义和增进人民福祉的制度体系

合理健全的制度体系是促进社会公平正义和增进人民福祉的重要保证。要有效克服各种有违公平正义的现象，保证人民平等参与、平等发展权利，要在经济社会发展的基础上，更好地使发展成果为人民共享，更公平地惠及最广大人民，必须以促进社会公平正义、增进人民福祉为标尺来改革和创新我们的制度安排，并努力使之更加成熟、更加定型，必须使我们的制度安排更好地体现社会主义公平正义原则，更加有利于建立健全以权利公平、机会公平、规则公平为主要内容的社会公平保障体系，更加有利于实现好、维护好、发展好最广大人民群众的根本利益。

建立健全有利于促进社会公平正义和增进人民福祉的制度体系，**首要的就是要全面贯彻《决定》就坚持和完善中国特色社会主义政治、经济、文化、社会和生态环境制度和体制机制所作出的工作部署，适时落实《决定》提出的一系列关系社会公平正义和人民福祉的重大改革举措**，如保护各种所有制经济的产权和合法权益，积极发展混合所有制经济，实行统一的市场准入制度；建设法治政府和服务型政府，完善一般性转移支付增长机制和税收制度；建立城乡要素平等交换和公共资源均衡配置的体制机制，推进农业转移人口市民化，推动内陆贸易、投资、技术创新协调发展；健全人民代表大会讨论、决定重大事项的制度，推进协商民主广泛多层制度化发展，加快建设公正、高效、权威的司法制度，构建决策科学、执行坚决、监督有力的权力运行体系，健全惩治和预防腐败体系，健全领导干部带头改进作风、深入基层调查研究机制，完善直接联系和服务群众制度；完善文化市场准入和退出机制，促进基本公共文化服务标准化、均等化；统筹城乡义务教育资源均衡配置，健全家庭经济困难学生资助体系，消除城乡、行业、身份、性别等方面一切影响平等就业的制度障碍和就业歧视，完善城乡均等的公共就业创业服务体系，形成合理有序的收入分配格局；建立更加公平可持续的社会保障制度，健全网络化城乡基层医疗卫生服务运行机制；实行资源有偿使用制度和生态补偿制度，建立和完善严格监管所有污染物排放的环境保护管理制度；等等。

其次要努力完善利益协调机制。协调好各个方面的利益关系，实现利益共享，是促进社会公平正义和增进人民福祉的关键。全面深化改革本身

就是一种利益关系的深度调整，要触及很多人的既得利益，其复杂性和艰巨性前所未有。要使这种触及很多人既得利益的利益调整不致因为可能产生的各种利益冲突影响社会大局的和谐稳定，就必须完善利益协调机制。

从当前我国社会发展的现实来看，进一步完善利益协调机制，要从以下几个方面努力。

一要健全利益引导机制。虽然党和政府在领导经济社会发展过程中努力谋求实现各阶层群众利益的同步增长，使之共享改革发展的成果，但是，现实中各阶层群众在改革发展中并不一定能够产生同等的“满足感”。这就要求党和政府健全利益引导机制，用以教育和引导广大干部群众正确处理个人利益和集体利益、局部利益和整体利益、当前利益和长远利益的关系，更加增强主人翁意识和社会责任感，更加坚定地树立起获取利益要合理、合法、公平、公正的观念，更加自觉地反对一切重利轻义甚至唯利是图的现象。健全利益引导机制，调整利益格局，也要善于在利益增量上做文章，在利益预期上作调整，同时稳妥推进存量利益的优化，这样可以更好地凝聚共识，减少改革的阻力。在改革过程中，要更加注重权利公平、机会公平、规则公平，使所有人都能通过自己的努力获得应有的利益。

二要健全利益约束机制。要通过加强法制建设和社会主义道德体系建设，约束和规范人们的利益动机和利益行为，引导人们合理选择利益目标，自觉调整利益需求，科学选择利益行为，正确处理利益关系。

三要健全利益调节机制。一方面要充分发挥市场在资源配置和社会利益调节中的作用，另一方面也要发挥国家、政府的调控作用，还要加强法律、制度建设，堵塞各种漏洞，保证分配领域的正常秩序。同时，要制定科学、合理的税收政策，开展广泛、深入的宣传和教育，提高公民的纳税意识。此外，还要加强税收监管，综合运用法律、经济、行政手段对恶意逃税行为加大打击力度。

四要健全利益补偿机制。建立健全利益补偿机制应注重以下几点：首先，利益补偿必须做到公平合理、足额到位。对当事人利益受损情况须作出准确的评估，根据受损情况给予当事人公平合理足额到位的补偿，基层政府和村集体不得截留补偿款。其次，公益性项目和商业性项目要区别对待，不能相互混淆。再次，国家应适时对相关补偿标准作出调整，不合理的要使之合理化，过时的要重新修订。特别是随着物价水平的上升，补偿标准要相应提高。最后，要统筹兼顾各方利益，特别是要维护好受损群众的利益，通过平等协商寻求补偿方与受损方的利益平衡点。在贯彻执行国家政策的前提下，尽可能满足受损群众的合理利益诉求。利益补偿合理与否要以是否符合国家政策和受损群众是否满意为衡量标准①。

完善利益协调机制，除了健全上述几个方面的体制机制外，还需要在方法论层面注意以下几个问题：**一是要重视完善利益协调机制的整体性规划**。完善利益协调机制要从系统性出发，综合考量各个方面的因素，通过持续性的动态建设，逐渐形成结构合理、具体制度齐全且有较强可操作性的制度体系；同时，还要注意到制度自身的完善和相关配套制度建设的并行推进，以保证制度运行的健康性。**二是要考虑到不同利益机制之间的系统性和关联性**。利益的诉求、协调、均衡保障机制是一个系统工程，某一个具体机制自身存在的问题往往与其他机制相互关联，可能成为下一个运行机制的问题，也可能成为另一个机制出现问题的导因。同时，利益协调机制实际运行中的问题直接影响利益制度安排的效果，如若不能及时得到解决，就会成为阻碍利益机制完善的消极因素。从横向层面来讲，即使是同一个机制层面的问题，各个问题之间也是相互影响、相互制约的，问题与问题之间会形成“利益问题链”。因此，必须把握利益机制构建中所遭遇问题之间的关联性，采取综合治理的方式，以取得最佳效果。**三是要注意利益协调制度安排的合理性**。就目前的情况来看，利益协调中存在的问题，大部分是制度设计不合理所致。究其原因，一方面，一些地方和部门的管理者在制度设计中本着方便自身的考量，忽视了被管理者的利益需求，导致制度本身存在不完善的问题；另一方面，由于所处环境和经济发展程度的制约，一些制度一时还难以做到周全严密，难免出现顾此失彼的情况。不管何种情形，制度本身的不合理都是要尽力避免的。**四是要注意利益协调制度建设的阶段性**。利益协调制度的建设是一个不断完善的过

① 焦国栋、付钦太、谷亚光：《建立健全科学有效的利益协调机制》，《光明日报》2011年8月2日。

程，旧的问题解决了，新的问题又会出现；而且不同时期人们对利益的关注点也有所不同。这就使利益问题的解决具有较强的阶段性特征。注意阶段性，就是既要着力解决当前阶段的突出问题，又要处理好当前阶段与下一个阶段制度建设的有机衔接和顺利过渡①。

2. 切实解决损害人民利益的突出问题

在促进公平正义、增进人民福祉方面，当前要切实解决群众反映强烈的征地拆迁、住房保障、食品药品安全、环境保护、安全生产等方面损害群众利益的各种突出问题。

第一，深入治理征地拆迁过程中损害群众利益的突出问题。要严格执行土地管理法律法规，严肃查处非法批地、占地等违法行为。要加快建立科学完善的征地补偿机制，完善被征地农民社会保障机制，落实被征地农民社会保障的费用和措施，坚决制止违法违规强制征地拆迁的行为。要继续下大力气解决城镇房屋拆迁过程中损害居民利益的突出问题，加强拆迁监管、落实安置政策。对非法批地、低价出让土地、违法违规征地拆迁等侵害群众利益的行为予以严厉查处②。

第二，坚决防范和纠正保障性住房建设、配置、管理等环节的不正之风，认真解决这些方面损害群众利益的突出问题。要确保用地专项专用，加强资金监管，把工程质量作为头等大事，坚决防止这一民心工程成为“豆腐渣工程”。及时将保障房房源、配置过程和结果等相关信息公之于众，最大限度地解决低收入家庭和困难群众的住房问题。

第三，整治食品药品安全领域的突出问题。要着力推动建立企业履行主体责任、有关部门各负其责、地方政府负总责的食品药品责任体系。要在食品药品行业开展“讲诚信、保质量、树新风”活动，通过完善制度机制，让守法诚信者受益、违法失信者受罚、黑心商人身败名裂。要严肃查处监管中的失职渎职、推诿扯皮等行为。

第四，治理“三农”、医疗、教育等领域的突出问题。要治理农村土地承包、流转和征收征用过程中损害农民利益的问题，治理涉农乱收费、

① 石杰琳：《论利益协调的制度建设》，《人民论坛》2011 年第 27 期。

② 本书编写组编《加强和创新社会管理党政干部读本》，红旗出版社，2011，第 73 ~ 74 页。

乱罚款和集资摊派问题，减轻农民负担，严厉打击制售假劣农资的坑农害农行为。要进一步规范学校办学和收费行为，加强收费监管，严格规范学校服务性收费和代收费行为，加强教育经费年度审计，大力促进教育公平，逐步解决择校和收费等问题。要深入治理医药购销和医疗服务中的不正之风，加大治理医药购销领域的商业贿赂力度，加强医德医风建设，规范医疗服务行为，强化对药品、医疗器械的监管，确保群众就医安全。要加快建立健全公共卫生服务体系、城乡医疗服务体系、药品供应和安全保障体系，提高基本医疗卫生服务的公平性、可及性和质量水平。要在推进符合社会主义市场经济发展方向的体制机制改革的同时，坚持教育、医疗卫生事业的公益性质，进一步加大财政投入，确保政府为城乡居民提供基本的教育、医疗卫生服务。

第五，集中整治危害群众健康的环境问题。要大力开展专项行动，对饮用水源地环境破坏、重金属污染等社会影响较大、群众反映强烈以及基层查处阻力较大的环境污染问题进行挂牌督办。要加强对地方节能减排目标任务完成情况考核、规划环境影响评价制度执行情况和规划实施管理的监督检查。要建立健全政府环境执法责任制度，强化考核；要完善企业环境行为定期公示制度。要严肃查处违反国家能源管理和环境保护法律法规的案件。

第六，治理安全生产领域的突出问题。要加强对安全生产法律法规和安全生产责任制落实情况的监督检查，加大责任事故调查处理力度。要健全法律规定，完善管理体制，增加技术投入，明确责任主体，努力做到关口前移，防患于未然。要强化企业主体责任，严格企业安全生产业绩考核。对监管部门玩忽职守、失职渎职的，企业安全生产责任不到位、管理松弛、违章作业的，要予以严肃处理，坚决遏制重特大事故频发的势头。对于重大事故背后的腐败问题要坚决予以查处。

第七，加强对社保基金、住房公积金、扶贫和救济资金以及政府专项资金的管理使用情况的监督检查，确保专项资金的安全。社保基金、住房公积金、扶贫和救济资金等专项资金数额巨大，在保障民生中发挥着重要作用，必须强化对其进行的审计和财政监督，规范资金的管理和运行，确保安全、有效。在社保基金方面，各地要认真开展自查自纠，全面排查、

防范资金运行中的风险和隐患。在住房公积金方面，要进一步完善内部管理机制，逐步实现对大额资金的实时监控，同时要加大对违规资金的回收力度，提高使用频率，扩大覆盖范围；在扶贫和救济资金方面，要建立健全监管体系，确保专款专用和及时足额发放到位①。

第八，要严格执行中央关于改进工作作风、密切联系群众的“八项规定”和“六项禁令”，坚决纠正干部群众反映强烈的形式主义、官僚主义、享乐主义和奢靡之风等不正之风，尤其要着力改进学风、文风、会风，着力控制“三公”经费支出，着力整治“跑官”“要官”等选人用人上的不正之风，着力解决“吃、拿、卡、要”问题，着力解决接收会员卡、商业预付卡问题，着力解决“形象工程”“政绩工程”和各种节庆、论坛、招商会、国际性会议泛滥等问题。

① 本书编写组编《加强和创新社会管理党政干部读本》，红旗出版社，2011，第74~75页。

深入认识文化市场，深化文化体制改革

张晓明[*]

2013年11月12日，党的十八届三中全会闭幕，通过了《中共中央关于全面深化改革若干重大问题的决定》（以下简称《决定》），描绘了今后一段时间内我国经济、社会、政治、文化、生态文明发展的宏伟蓝图。在有关文化的部分中，《决定》醒目地以“建立健全现代文化市场体系”①为题，指出了我国文化发展的新目标和新任务。

《决定》是一个整体，在经济体制改革部分提出的新论断——“使市场在资源配置中起决定性作用”，与在文化改革发展部分提出的“建立健全现代文化市场体系”这一根本要求既在改革逻辑上保持了内在一致性，又在改革发展的阶段性上体现了渐进性和稳妥性。有的人认为，“使市场在资源配置中起决定性作用”是一个只适用于经济领域，不适用于文化领域的判断，这是完全错误的，是在改革思路上的倒退。

本文试图从认识文化市场体系入手，提出笔者对《决定》的一些学习体会。以下先是谈谈我国文化市场发展的历史以及当前发展的阶段性特

* 张晓明，中国社会科学院文化研究中心常务副主任、研究员。

① 《中共中央关于全面深化改革若干重大问题的决定》，《人民日报》2013年11月16日，第1~3版。

征，然后对文化市场体系的理论构架进行探讨，最后分析我国在构建文化市场体系方面存在的问题，并对可能的解决之道进行探讨。

一　中国文化市场发展的历史和面临的新阶段：从打造文化市场主体到构建文化市场体系

根据相关研究，我国文化市场的发展历史可以分为以下四个阶段。

第一阶段，1949～1978 年，是“前文化市场”阶段。众所周知，在这个阶段里，中国建立起了计划经济体制，逐渐形成了“政府部门”“国有企业”“事业单位”三大公共机构群，事业单位中包含“教育”“科学”“文化”“卫生”“体育”等机构。文化事业单位是事业单位中的一个大类，属于文化类的公共服务机构。但是，与其他公共部门不一样的是，由于文化被赋予了“意识形态”属性，由政府直接管辖的文化机构也同时受到党的宣传部门的领导，因此文化领域更是被称为“宣传文化领域”。

第二阶段，1978～2003 年，是计划和市场并行的“双轨制”时期。随着改革开放的进程，文化领域的“计划体制”也开始蜕变，中国的文化市场逐渐出现。1978 年，财政部批准《人民日报》等新闻单位实行“事业单位，企业化管理”，以新闻机构为首的文化事业单位开始依托自身的条件开展收费服务，这可以视为“双轨制”模式的开始。1988 年，文化部、国家工商行政管理局联合发布了《关于加强文化市场管理工作的通知》，标志着文化产品和服务已经颇有规模，令有关部门第一次承认了在原有体制内事业单位之外存在“文化市场”。1989 年 1 月，财政部发文，根据事业单位是否有“稳定的经常性业务收入”，将国家预算内事业单位区分为“全额预算管理”“差额预算管理”“自收自支管理”三种类型，将“双轨制”模式从国家预算管理角度确定了下来。这一时期的基本政策主旨是：在保持市场微观主体——“文化事业单位”体制基本不动的情况下，放开收费服务，赋予个人和文化生产机构以自主权，从而调动文化生产和创造的积极性，在国家经济转型、财政能力不断萎缩的形势下，对文化领域保持一定程度的投入，使其生产出必要的文化产品以满足消费需要。

第三阶段，2003～2013 年，是全面建设文化市场的起步期。为了应对加入世界贸易组织、融入国际市场、开放服务贸易的挑战，党的十五届五中全会提出发展文化产业，开始将大批经营性文化事业单位纳入国家产业政策支持范围。2003 年，我国开始进行文化体制改革试点，并于 2006 年开始全国性文化体制改革，"文化产业"和"文化事业"作为两种文化类微观主体正式进入"分类改革"的统一部署，文化市场从局部开放走向全面开放。2013 年党的十八届三中全会召开，以"建立健全现代文化市场体系"为题专门论述了文化政策，标志着文化市场建设目标的正式提出。

第四阶段，从 2013 年开始进入"建立健全现代文化市场体系"的时期。2014 年可以视为全面构建中国文化市场的"元年"。

以改革开放为背景，我国文化市场的建设实际上贯穿了 30 多年以来的发展全过程。而以文化体制改革、文化产业发展为背景，我国文化市场建设，在党的十八届三中全会以后显示出从以打造市场主体（事转企）为主线的改革阶段，向以全面构建现代文化市场体系为主线的改革新阶段发展的显著特点。也就是说，"建立健全现代文化市场体系"这一重大政策导向判断的提出，意味着在中国的文化领域中，市场机制对文化资源正在逐渐起支配作用，中国的文化体制改革已经从微观改革走向了微观和宏观并举、以宏观促微观的新阶段。

"建立健全现代文化市场体系"这一重大政策的提出，将中国的文化产业推入了"断奶期"，开始了真正基于市场内生动力的"内涵式发展"。多年来我们所批评的中国文化产业发展方式不合理的种种问题，将会在市场机制的作用下得到根本性的纠正。

尽管 1988 年我国就已经在政策性文件中恢复使用了"文化市场"这个概念，但是在 25 年后才提出建设"现代文化市场体系"，相应的研究直到今天还十分缺乏，大多停留于一般性解释和政策性质的应用研究，缺乏较为根本性的探讨。我们今天需要对文化市场作出认真的、概念性的构建。

二　现代文化市场体系的一般属性

首先要建立起对文化市场一般属性的认识，我们从梳理国内关于文化

市场的一些基本研究开始。

国内对文化市场的研究，首先要提到的是刘玉珠和柳士法的成果，他们在《文化市场学——中国当代文化市场的理论和实践》一书中对文化市场的分析具有开拓性的意义。该书中认为："文化市场是文化与经济一体化的产物，它是市场经济在文化领域的延伸，又是文化建设在市场经济中的表现形态。"这一观点确定了文化市场的历史定位。该书甚至明确地指出："文化市场是文化资源配置的基础方式……文化市场可以真实地体现文化产品供给和需求方面的互动关系，成为沟通文化产品生产经营者和购买消费者的有效渠道。文化市场通过市场机制为主导配置文化资源，可以把有限的人力、物力和财力等资源优先投向最有效率的生产项目和文化产品上去，从而提高文化资源配置效率，也就相应地提高了文化生产力。"① 毋庸讳言，这一段论述中的核心概念"文化市场是文化资源配置的基础方式"在今天依然很前沿。

以上定义表达了文化市场的基本含义——文化资源配置的基础方式。我们需要补充的是，市场是资源配置的一种基础性方式，另一种与其对立的方式（或者"补充的"方式）是所谓的"计划"方式。我们如果不希望用"计划"和"市场"这两个颇具意识形态色彩的概念，也可以说，市场是文化资源"分散化"配置的方式，而计划则是文化资源"集中化"配置的方式。这是因为，在市场经济条件下，决策是由各个企业自行作出的，而在计划经济中，中央计划部门通过指令性计划来指挥生产活动。这样一来，如果"文化活动"是人类社会与物质生产活动相对应的精神生产活动的统称的话（当然是"狭义"的文化），实现文化再生产的资源配置形式就有"分散"和"集中"两种。

这里需要再进行一些分析。为什么会从文化生产集中化的资源配置机制转向分散化的资源配置机制？或者说，我们为什么要推动改革，使得文化市场在资源配置中起决定性作用？这起源于一个在经济发展中被无数次证明了的基本事实，即集中化的资源配置方式只适应于经济发展水平较

① 刘玉珠、柳士法：《文化市场学——中国当代文化市场的理论和实践》，上海文艺出版社，2002，第5页。

低、资源过于稀缺的发展阶段。在资源过于稀缺，社会生产除了满足基本生存需要之外没有任何剩余的时候，分散化的资源配置机制导致的两极分化有可能令一部分人丧失满足其基本需求的机会，社会必然会倾向于建立集中的资源配置机制，以抑制个人的利益动机。当发展超越“短缺”和“温饱”阶段后，社会生产出现剩余，个人的利益和权利意识就会觉醒，分散化的资源配置机制就会逐渐起作用，鼓励个人的逐利行为就会成为进一步提高生产效率、使社会财富充分涌流的关键原因。我国改革开放前后的变化已经充分证明了这一点。

文化市场也不例外。在计划经济体制下，文化机构由政府统一设置，人员由政府统一分配和管理，文化产品的生产任务由政府统一下达，产品由政府统一分配，这种体制是与那个时期资源极度缺乏，且绝大多数经济资源要用于工业化建设分不开的。在那个时期里，实行集中化的文化资源配置是必然的选择。实行改革开放后，经济生活的活跃带来了文化消费的增加和文化意识与文化权利的觉醒，带动了文化机构和个人为了满足文化消费需求的谋利性生产行为，使他们逐渐有了文化创造的自主权，市场机制逐渐在文化产品的生产、制造、流通、消费各个环节上起支配作用，于是在中国大地上迎来了文化生产力的解放和文化的大繁荣。

因此，以市场这种分散化的资源配置制度推动文化的繁荣发展是一个必然趋势。文化市场把艺术家解放出来，既解放了艺术家们的文化表达权，也解放了他们创作艺术品的“金钱动机”，使得他们建立起了自由创作的经济基础。前市场经济中的艺术家依赖于赞助人，其依附性地位对艺术的创造性发挥极为不利，文化市场使得“现代资助来源巨大，形式多样，为艺术家提供了讨价还价的力量，以便为其创作自由开辟空间”①。文化市场是文化大发展、大繁荣的不竭动力。

实际上，文化市场是分散化的文化资源配置方式，只是表述了文化市场的“一般属性”，而没有体现其“特殊属性”。分散化资源配置方式是市场经济的一般属性，而作为市场经济的延伸形态，文化资源的配置方式则显示出与其他市场资源配置机制的诸多特殊属性。正是这些特殊属性才

① 〔美〕泰勒·考恩：《商业文化礼赞》，严忠志译，商务印书馆，2005，第30页。

构成了文化市场的具体形态。

三　现代文化市场的特殊属性

文化市场具有与其他市场极为不同的特点，表现在以下四个方面。

1. 文化市场的交易对象是文化产品和服务，而文化产品和服务是具有高度复杂性的商品

顾名思义，文化市场就是文化产品和服务的交易场所，因此对文化市场的分析要从其所交易的商品和服务——文化商品和服务——这个根本问题说起，这是研究文化市场的起点。文化商品和服务是一种具有高度复杂性的商品，需要特别予以专门的分析。

文化产品的价值内涵非常复杂。戴维·索罗斯比在《文化政策经济学》一书中对此有过经典性的分析。他认为，文化产品具有经济价值和文化价值，其中经济价值可以用经济术语解释清楚，但是文化价值就不行了。“文化价值是复杂的、多元的、不稳定的，且缺乏一个共同的记账单位。”① 索罗斯比特别分析了文化产品的经济价值具有私人产品和公共产品两种特性，私人产品与物质产品一样，反映在私人购买的价格上，即使是公共产品（比如说博物馆、艺术馆等），也可以用有多少人愿意埋单消费这些产品来衡量。但是，对于文化产品的文化价值就不那么好办了。“传统经济学的分析模型无法涵盖文化产品所生成的具有文化价值的所有要素。”② 这些文化价值是多层面的，包括审美的、象征的、精神的或历史的所有品质。这些价值大多涉及主观评价，需要动用多种手段测评，包括专家评价。

文化产品的外延极其多样。在数字技术出现之前，文化产品和服务根据技术特征分属于文化艺术、新闻出版、广播影视等部门；在数字技术出现之后，新闻出版和广播影视等传统文化产业门类逐渐与网络新媒体融合，同时与国民经济中的各个部门发生越来越广泛和深入的互渗作用，结

① 〔澳〕戴维·索罗斯比：《文化政策经济学》，易昕译，东北财经大学出版社，2013，第21页。

② 〔澳〕戴维·索罗斯比：《文化政策经济学》，易昕译，东北财经大学出版社，2013，第23页。

果是越来越多的产业部门具有了文化产业的特征，文化产品和服务的形式变得空前多样化。进入21世纪以来，我国将发展文化产业纳入国家战略性支柱产业。国家统计局2004年专门出台了《文化及相关产业分类》，2012年进一步根据发展需要对其加以修订，出台了《文化及相关产业分类（2012）》。在这个统计指标体系中，与文化内容的生产和服务直接相关的具体行业类别达到65个，其中特异性特别高的行业大类就达到7个，包括“新闻出版发行服务”“广播电视电影服务”“文化艺术服务”“文化信息传输服务”“文化创意和设计服务”“文化休闲娱乐服务”“工艺美术品的生产”。

在一定意义上可以说，正是数字化信息技术推动了“传媒汇流”和“产业融合”，才使得文化产品统一的内在本质得以显现，学者因此可以通过“本质特征”和“产品类型”来分析文化产品的复杂性。大卫·赫斯蒙德夫在《文化产业》一书中认为，“文本”一词是最适合用来囊括所有文化产业所生产的产品（如节目、影片、唱片、书籍、卡通、影像、杂志、报纸等）的名词。他指出：“与其他类型的产品不同，文化产业致力于创造和流通的产品——文本——对我们认知世界产生着重要影响。”①戴维·索罗斯比提出了一种“同心圆模型”，将产生创意思想的“核心文化表现”（类似于赫斯蒙德夫所说的“文本”）——文学、音乐、表演艺术、视觉艺术等——作为核心层，然后随着创意思想的不断传播和扩展，结合不同的投入要素，逐渐涵盖更加广泛的生产领域。2006年，英国工作基金会受到英国文化媒体体育部的委托，写一份报告，对英国创意产业发展进行整体评估。他们提出了一个修改后的“同心圆模型”，将所有文化创意产业所共有的“核心”称为“表现性价值”。该报告认为：“尽管创意产业的各个领域之间差异巨大，但是，每一个创意产业都有一个共性的核心经营模式。所有创意产业都源自思想的表现性价值（expressive value）的商业化。思想的表现性价值包括最通俗的歌曲或吸引人的广告、最新对莎士比亚的诠释或轿车的新设计。它们产生新的洞察、愉悦和体验。

① 〔英〕大卫·赫斯蒙德夫：《文化产业》，张菲娜译，中国人民大学出版社，2007。

它们增加了我们的知识，刺激了我们的情绪，丰富了我们的生活。”①

总之，无论是内在特性的“文本”，还是外在表现的产品形态，文化产品都具有极强的难以测量的属性。

2. 文化市场的交易主体是生产者和消费者，构成文化市场交易活动的供需双方，其特点是具有高度的不确定性

文化产品的复杂性在本质上来源于其文化价值的多重性和不确定性。文化产品本质上是思想和意义，文化产品的生产和消费就是思想生成和传播的过程，思想本身的复杂性和多义性决定了思想的生产和消费的不对称性，并直接导致了交易活动的不确定性。影视产业的研究者普遍认为，创意产业具有“高投入”“高产出”的特点，但是由于市场难以预测，投入和产出之间往往脱节，因此是典型的“高风险”产业。一位好莱坞著名评论家说过，电影投资具有“不可预知性”，因为生产者无论知道多少成功案例，对于下一个产品是否能满足消费者需求依然无法预测。好莱坞历史上有过一部非常成功的电影《猎鹿人》，其投资人大举投资拍出续集，结果血本无归。这似乎揭示了文化产品的普遍特征。

文化市场的生产和消费活动的不确定性与生产者和消费者的特性有关。

从生产者方面来看，从事文化产品创作和生产的人与制造工业品的工人有显而易见的不同，后者不会关心自己生产的产品的技术特性、式样和颜色，而只关心工资、工作条件和为工作所付出的劳动（尽管也会有杰出的工人关注自己的工作质量并为自己生产的产品而自豪，但是并不代表雇佣劳动者的主体部分），因此比较容易服从于生产过程中降低成本的需要和标准化安排。但是，文化产品（符号和文本）的创造者就不同了，他们关心的是自己产品（更应该被称为“作品”）的原创性、卓越性和艺术表现，以及艺术的和谐统一②。因此，他们不愿意服从于生产过程中的管理要求（比如说单位时间的产出量），甚至不屑于关注产品的市场收益

① 参见张晓明等主编《国际文化产业发展报告第一卷（2007）》，社会科学文献出版社，2007，第169页，

② 〔美〕理查德·E. 凯夫斯：《创意产业经济学——艺术的商业之道》，孙绯等译，新华出版社，2004，第5页。

（艺术家有的时候甚至以一般消费者难以理解为荣）。一般来说，越是原创度高的艺术生产活动，创造者就越是以自己的艺术表现为目的，越是不会关心创作活动的经济成本和消费者的接受难度。文化产品生产者这种特性延伸到了文化企业的管理中，表现为即使是具有相当大的规模和管理严密的大型文化传媒企业，原创人员在其中也仍然具有相当大的自由度。

从消费者方面来看，对文化产品的需求会由于经济收入、知识水平、智力结构、民族、宗教、年龄、职业、性别以及由教育和家庭养成而来的特定训练和偏好的不同，呈现出文化需求能力和取向的层次性和多样性。用经济学术语来说，文化消费是“高弹性”的活动，产生于消费者的内在需求，实现于消费者的自主选择；文化消费差异极大，“萝卜青菜各有所爱”，不存在所谓所有人都具有的刚性的“基本需求”。

正是基于这一需求的复杂性导致的投资风险，大量商业咨询和营销机构开发出了种种调查方法，力图降低文化消费者需求的复杂性和偶然性，从而降低风险（大数据是这一努力的最新进展）。一般来说，经济发展导致需求水平越高，消费者的挑剔程度就越高，因而需求差异化的程度就越高，与此相应，生产者满足这种需求的难度就越高。

因此，我们看到的是以日益难以预料的消费者和一心只想完成自我表达的生产者构成的市场交易关系。随着经济发展水平的提高，社会的取向是越来越鼓励原创，但是艺术家越是追求个性表达，消费者就越难以理解，消费群体就越小众化。与此同时，那些适应大多消费者需求的产品越是被看成内容浅薄、原创不足。

3. 文化市场的交易中介是大批专业化的服务机构和个人，其特点是具有高度分工和专业性，其目的是降低以至于消除文化市场供需双方的不确定性

供需直接见面的文化再生产活动是前现代、前市场经济的，而自生产和消费活动被商人“中介”开始，就出现了文化市场。随着经济和文化生活的繁荣发展，文化市场越来越成为一个高度分工和专业化的领域，其中大部分市场主体都在从事生产者和消费者之间的中介性工作。文化市场越是发达，中介机构越是专业，复杂性就越高。“在文化企业外部向顾客提供服务的供应链上，存在一系列相互作用的机构，这些机构在把资源转

化成消费者消费的产品过程中，分别处于不同的分工环节、承担不同的任务，它们为满足需要、实现消费相互协作、共同发挥作用。”① 比如，对于电影市场来说，有电影类出版物、杂志、书店，以及电影音像制品专卖店或租赁店等；近年来，电影衍生品和周边产品越来越成为产业链延伸的新方向。又如，对于演出市场来说，有经纪公司、票务公司、剧评杂志等；艺术品市场也特别明显，有画廊、博览会、艺术品评论和鉴赏杂志、策展人和机构等，在艺术家和消费者之间构成了完整的产业链和生态圈。现代文化市场在数字化信息技术的改造下，越来越呈现出分工高度细化的景象，其原因在于知识产权开发的深度和广度都前所未有地扩大了，产业链大大延长，因此，与产品和服务推广有关的专业化机构数量迅速增加。

说到文化市场的中介环节，需要特别讲一下“思想市场”这个概念。如上所说，文化产品和物质产品的不同之处在于，其实质内容是“意义”，其生产是意义的“生成”，而其流通和消费就是意义的“传播”和“认同”。解决文化市场供需双方交易困难的方法就是建立起大量专业化的服务机构和个人，形成一个“场域”，令富含创意内容的文化产品在这个“市场”中得到评价、讨论、解释和传播，并最终引起共鸣，为消费者理解、接受、购买以至于“追捧”。在这个意义上可以说，文化市场从根本上来说就是一个“思想市场”。

“思想市场”是近来非常流行和受关注的概念，但是它在很大程度上被“窄化”了。在我们看来，“思想市场”是市场化的资源配置机制的主要组成部分，甚至是市场化机制的根本性存在条件。从市场经济一般的角度来说，一个开放的思想市场可以使市场信息自由流动，提高企业在市场环境中的决策质量，从而实现充分的市场竞争；从文化市场来说，一个开放而活跃的思想市场更为关键，可以通过传播、批评、解读等环节，使得文化消费者建立起对于文化产品和服务的意义内容的多元化理解。因此，正像相比“文化”来说“意识形态”是一个窄得多的概念，思想市场并非如有些人所理解的那样，专指对意识形态的追问。

① 李怀亮、金雪涛主编《文化市场学》，首都经济贸易大学出版社，2010，第110页。

4. 文化市场的交易环境由法律法规和政策构成，其特点是具有多重结构，既规范又有弹性

市场经济是“法治经济”，文化市场具有高度的复杂性，对于规范的交易环境依赖度更高。在这个意义上可以说，要想“建立健全现代文化市场体系”，就要建立健全文化市场的法律法规和政策体系。在一个如此复杂的交易环境中确立规则，绝不是一件容易的事，发达市场经济国家经过了长期演变的过程，才基本上形成了以下多层次的制度结构。

其一是基本文化制度。在市场经济体系创建初期，最早出现的大规模复制的文化产品是书报刊，依赖的技术是构成早期工业革命重要组成部分的现代印刷技术，形成的制度创新成果便是言论出版自由制度，这构成了现代文化市场的第一环和基本制度。

关于这个问题有必要从根本上加以认识。党的十八届三中全会指出，要使市场在资源配置中起决定性作用。那么，市场制度的基础是什么？是产权。在文化市场中，基础的制度就是自由的言论和出版权。出版自由制度彻底取代新闻出版检查制度，是现代化的标志性事件，是近现代文化市场发展的起点和基点。此外，出版自由制度是以保护个人言论自由权利免受政府干预为基本特点的制度，可以说是对个人文化权利“消极保护”的制度。

其二是文化管理体制。在市场经济体系发展成熟期，出现了以电子化为主要特点的第二次工业革命，出现了第二种文化产品大规模复制技术——现代广播技术。适应现代广播技术发展的需要，在以“消极保护”为特点的基本文化制度基础上建立起了以“积极保护”为特点的现代文化管理体制。

文化管理体制并非凭空建立的，而是建立在基本文化制度的基础之上，是对言论出版自由权利的进一步保护。简单地说，就是这样一种发展过程：市场经济必然从自由竞争阶段发展到垄断竞争阶段，文化市场的分散化资源配置也会随着技术进步向相对集中的状态发展，这使得创办和经营传媒机构需要巨额的资本。此外，现代广播技术具有天然的垄断性，如果任凭市场竞争机制发挥作用，就必然出现“传媒寡头”控制市场的局面，对个人文化权利形成不利影响。这样就出现了一种必要性：以积极保护的原则，创新管理体制，使得个人权利在新的市场条件下得到进一步的保护。与前面所说的印刷技术条件下的言论出版自由制度相比，现代通信和广播技术环境下的传媒监管制度成为国家的一种有限干预和管理，它既确保了宪法规定的言论自由，又避免了市场的控制和侵蚀，保障了“公共利益”，也保障了个体文化权利的有效实现。

其三是文化政策体系。在市场经济向“后市场经济”转型的时期，发生了以数字化信息技术和网络技术为主要特点的“第三次工业革命”。适应“第三次工业革命”的发展需要，建立在现代广播技术基础之上的文化管理体制逐渐退出历史舞台，形成了现代文化政策体系，对文化体制进行了新的整合。

着眼于内容监管的现代文化管理体制自诞生以来一直伴随着向“左”或向右的分化（到了后期“冷战”是重要因素）。从苏联开始的社会主义计划经济体制下的文化管理体制可以看成向“左”的分化，而在欧美国家的商业媒体的发展则可以看成向右的分化。20 世纪 70 年代，欧洲广电业的私有化改革就已经开始。到了 80 年代以后，商业广播电视发展非常迅速，广电私有化浪潮出现，频谱资源的“公共性”逐渐减弱，“私有性”逐渐增强。到了 90 年代，数字化信息技术和网络技术的发展引发了大规模的“传媒汇流”，电信、广电、网络三大传媒体系在数字化的基础上（也就是在网络的基础上）出现了服务（内容）的汇流，并将全球化推进到了一个以符号和信息流通为主要内容的新阶段。欧盟因此而启动了以“放松管制”为名的制度创新，导致了新一轮文化产业的高速发展，文化政策创新浪潮由此产生。

文化政策的转变发端于联合国教科文组织于 1967 年在墨西哥城召开的文化政策研讨会，以及 20 世纪 70 ~ 80 年代的一系列有关讨论，而转变的原因既是基于经济、社会生活的变化，文化政策覆盖范围从传统的“高雅文化”转向了关注大众的“生活方式”，也是基于全球化导致文化符号与信息全球自由流动，地方的和民族的文化面临挑战，需要民族国家政府将文化主题纳入发展战略加以应对。其结果是，文化政策越来越从传统的政府资助高雅文化的“公共政策”变为一项政府推动文化产业发展的“经济政策”①。

新型的文化政策体系是整合了一般产业政策与传统体制下国家财政供养文化政策的综合性政策。至此，现代文化制度体系变成了由“基本制度—管理体制—文化政策”构成的整体。

四　当前中国文化市场建设存在的问题

从我们的研究来看，如果将我国文化市场发展与发达国家文化市场发展进行比较，就可以看出其基本区别：发达国家的文化市场是“原生性”的，有“演化生成”的性质；我国的文化市场是“继生性”的，有“整体构建”的性质。这一点在概念用语上表现得很明显：我们在英语文献中找不到“文化市场”（culture market），而只有“书籍市场”“音像市场”“演出市场”等。能够见到的“文化市场”表述大都源于中文的政策文本。这说明，原生型市场经济国家的文化市场是从某种自发活动和具体的行业市场逐步发展起来的，而转型国家的文化市场一开始就是一个异质的系统，涉及主观的建构和整体性规则的改变。

正是这一根本性差异，在客观上造成了认识我国文化市场发展方面的困难，导致在文化市场建设中存在种种问题。

1. 对文化产品复杂性的认识还不到位，不能明确定义意识形态的属性

在计划经济条件下，我们曾经将一切文化产品的属性都归结为意识形态宣传品，导致在“文化大革命”期间出现“八亿人看八个样板戏”的恶果，文化发展严重萎缩。在改革开放以来的“双轨制”期间，我们采取“事业单位企业化管理”，搁置了对文化产品性质这一根本问题的探索。2003 年开始文化体制改革以后，我们在认识上有了巨大的进步，提出了文化产品的商品属性是“一般属性”，意识形态是“特殊属性”的新观念，打开了通向建立健全现代文化市场体系的大门。但是，这一认识仍然没有完全摆脱计划经济体制下无限夸大文化产品意识形态属性的传统观念，从而不能充分利用市场在配置文化资源生产文化产品方面的优越性。

① 〔澳〕戴维·索罗斯比：《文化政策经济学》，易昕译，东北财经大学出版社，2013，第 3 ~ 7 页。

如上所述，文化产品的复杂性可以从经济价值和文化价值两个方面来看。从经济价值方面来看，有私人产品和公共品的不同特性；从文化价值方面来看，有审美的、象征的、精神的或历史的多重品质。从这一分析可见，文化产品的文化属性是多重的，其中会有“意识形态”属性，但是不应该将文化属性全部归结为意识形态属性。更进一步来说，在文化产品的文化属性中哪些特性属于意识形态属性，也是需要进行具体分析的。显然，将文化产品中的经济属性看成一般属性，将意识形态属性看成特殊属性，是一个进步。但是，我们需要将文化产品的特殊属性再作区分，看看究竟哪些具有意识形态性质，哪些不具有，就能进一步清除思想上的迷雾，真正客观地、科学地认识作为文化市场体系组成部分的文化产品，为认识文化市场发展规律开辟通道。

2. 对文化产品的生产活动的不确定性认识不清，管理不到位

在计划经济条件下，由于将文化产品的属性归结为意识形态宣传品，于是理所当然地将文化产品的生产者称为“文艺战士”，将文化产品的生产单位作为“宣传战线”的基本单位，将文化领域总体上称为“宣传文化领域”。如上所述，在“双轨制”时期，我们在没有改变原有事业单位基本体制的前提下，以“事业单位企业化管理”的形式放开了市场化经营（所谓“以文养文”），尽管在很大程度上为文化艺术的生产者“松了绑”，但是依然搁置了对文化生产单位性质的追问。2003 年启动文化体制改革时，秉承“分类改革”的基本思路，将“推动事转企”“打造文化市场主体”作为主线，将文化生产机构分为“公益性文化事业单位”“经营性文化产业单位”两种，基本上完成了新闻出版、演艺等领域的改革任务。

但是，现在的问题依然存在于对文化产品生产的认识之中，在政府对文化生产机构的管理中，仍然贯穿了传统的、简单化的、只针对意识形态内容管理的惯性，以至于忽视了文化产品的生产活动的不确定性，无法涵盖日益多样化的文化市场活动，从而无法有效利用市场化资源配置机制，对以企业化的方式提高文化生产力形成了新的障碍。

比如，对于转型之后的国有文化企业而言，如何改变宣传部门“一竿子插到底”的直接管理模式，从人事、业务、资产、导向的全面管理转向建立现代企业制度，通过“出资人制度”的资本杠杆对国有文化企业进行间接管理的模式，目前依然没有明确的制度安排。对那些在市场化环境中诞生的民营文化企业，以及那些具有进入文化产业领域强烈动机的业外企业和投资人，文化市场依然是充满了前置性审批的荆棘丛生的领域，往往难以施展拳脚，其积极性大受打击。有些人甚至将此种状况戏称为“企业单位事业化管理”，其目标直指目前政府在管理文化企业方面的那种传统惯性思维和做法。

3. 对文化市场赖以支撑的中介系统的重要性认识不足，不能放手发展

在计划经济体制下，文化的创作、生产、交换、消费都是置于政府全面控制之下的，可以说，在文化生产活动中只有一个“中介”，那就是政府。政府首先是生产者，然后是推销者，最后甚至是消费者（将文化产品作为公共品分配）。在“双轨制”时期，政府依然保证体制内资源配给不变，但是将收费服务部分交给了不完整的“市场机制”。按道理来说，2003 年实行文化体制改革后，“双轨制”“并轨”了，文化产品的生产者和消费者必须依靠市场化的“中介”实现交易，但问题是，这个专业化程度极高的中介系统不可能在短期内迅速生长起来，于是，无论是生产者还是消费者往往都会陷入困境，不得不事事求助于政府。

更根本的问题可能还是在于对这个中介环节如何认识。如上所述，由于文化市场交换的文化产品的根本属性是“文化价值”，文化市场从根本上来说就是解释、批评、传播甚至批判文化价值的“思想市场”。但是，我们目前对文化市场中介系统的认识大多局限于经济层面，也就是“市场营销学”所关注的范围。我们在很大程度上没有认识到，文化市场的中介系统主要涉及“意义内容”，一个有效运转的文化市场中介系统实质上是一个思想的“场域”，由独立的文化机构组成，存在对文化产品思想内容的独立而健康的讨论和传播。这实际上是一种公共领域，既不受政府的干预，也不服从经济的必然性。

对思想市场的讨论必然导致对内容监管的制度安排的讨论。回到以上探讨过的问题，如果我们将所有文化产品都看成意识形态宣传品，就会理所当然地严格管控对其中所包含的意义的解释和传播，也就是要维持对文化内容的意识形态管理。要是不这样简单地假定，而是认为大多数文化产

品与意识形态没有关系，就应该有另一种制度安排。鉴于思想市场在建立健全现代文化市场方面有如此重要的意义，我们可以将其称为“顶层设计”。

4. 对建立健全现代文化市场所需的体制机制政策环境认识不足，导致文化管理体制改革难以深化

在计划经济条件下，文化单位属于“事业单位”范畴，是“三大公共部门”之一，实际上不存在严格意义上的现代管理，体制机制政策均付之阙如。正如中国的经济体制改革一样，文化领域的变革也采取了“渐进”的方式，即从政策性调整开始（从20世纪80年代初实行“事业单位企业化管理”开始到1992年出台“文化经济政策”政策，实质上是“双轨制”），逐渐进入管理体制的改革（从2003年开始文化体制改革试点，实质上是“双轨制”的“并轨”），现在正处在深化管理体制改革、着手全面构建基本文化制度的阶段。

现在的问题是，对如何深化文化管理体制，使之适应建立健全现代文化市场体系的需要并不清晰。比如，在党的十七届六中全会发布的《中共中央关于深化文化体制改革推动社会主义文化大发展大繁荣若干重大问题的决定》中，虽然指出了要强化政府职能转变这一与经济体制改革同样的目标，即将政府的职能确定为“政策调节、市场监管、社会管理、公共服务”，为了达到这一目标，强调要“推动政企分开、政事分开，理顺政府和文化企事业单位关系”，但是没有明确这一目标如何具体化。至于继续强调“完善管人管事管资产管导向相结合的国有文化资产管理体制”，“坚持主管主办制度，落实谁主管谁负责和属地管理原则”①，实际上强调了政府要直接控制企业管理，就更是不清楚与建立健全现代文化市场体系是什么关系了。在党的十八届三中全会文件中，再次提出了同样的要求，即“按照政企分开、政事分开原则，推动政府部门由办文化向管文化转变，推动党政部门与其所属的文化企事业单位进一步理顺关系”，但是对于党政部门与其所属的文化企事业单位究竟应该是什么关系，并未

① 《中共中央关于深化文化体制改革推动社会主义文化大发展大繁荣若干重大问题的决定》，《人民日报》2011年10月26日，第1版。

明确。至于再次强调“建立党委和政府监管国有文化资产的管理机构，实行管人管事管资产管导向相统一”①，也并没有回答在建立健全现代文化市场体系条件下究竟如何贯彻这一原则。

客观地说，对于坚持管人管事管资产管导向和坚持主管主办和属地管理等原则与建立健全现代文化市场体系的目标如何协调一致，是存在很大的思想混乱的。在一个“健全的”文化市场中，究竟如何既不违反政府职能转变这一大目标，又要落实党委和政府对文化企业（即使是“国有文化企业”也依然是文化企业）对人、对事、对资产和导向的直接的全盘的管理，对于国有文化企业的一线管理人员来说，仍然是一个有待破解的难题。

五　余论：充分认识建设现代文化市场体系的复杂性

解决我国文化市场建设方面存在的问题，使文化市场建设有实实在在的进展，从而对文化产业的发展提供更为坚实的基础，十分必要和紧迫，但是在提出具体解决方案之前，还应该对建立健全现代文化市场体系的复杂性有充分的估计。

我国改革开放以来一直伴随着对市场经济的认识争论。从 1978 年 11 月党的十一届三中全会到 1993 年 11 月党的十四届三中全会，用了 15 年的时间形成了“要使市场在国家宏观调控下对资源配置起基础性作用”这一基本认识，为建立社会主义市场经济体制奠定了初步的基础。又过了 20 年，到了党的十八届三中全会，去掉了“在国家宏观调控下”这一修饰词，提出“紧紧围绕使市场在资源配置中起决定性作用深化经济体制改革”，标志着社会主义市场经济体制进一步完善，是我国以市场为取向的改革在包括文化领域在内的各个方面全面深化的结果。

但是，我国文化领域市场取向的改革具有高度的复杂性，贯彻党的十八届三中全会精神，建立健全现代文化市场体系，使之在资源配置中像在经济领域一样起决定性作用，还有相当大的难度。

① 《中共中央关于全面深化改革若干重大问题的决定》，《人民日报》2013 年 11 月 16 日，第 1～3 版。

1. 在工业化高峰期构建文化市场，与我国市场经济大环境不兼容

从全球范围来看，特别是在发达市场经济国家，文化市场是市场经济体系的基本制度的组成部分，文化相关产业融入市场经济是水到渠成之事。中国则不然，转型与发展同时并进，并且从20世纪80～90年代才开始大规模进行工业化建设。在世纪之交加入世界贸易组织，将中国推入了工业化的高峰期，只是为了应对加入世界贸易组织要求开放服务贸易市场的挑战，才开放市场以启动文化产业的发展。换句话来说，开放文化市场是中国政府为了应对世界贸易组织的挑战、发展文化产业的被动选择。

因此，中国开放文化市场，是在高度工业化的时期，是在适应工业化发展需要的市场经济环境中进行的，与工业化的市场经济大环境不兼容。比如，我们经常感受到，发展文化产业是宣传文化部门热，而综合经济部门冷；这些年来，我们也经常谈论文化产权交易难、文化机构贷款难等，这些大多与市场经济大环境比较适应工业发展需要，不那么适应文化产业发展需要有关。

市场的发育是一个长期的过程，涉及很多具体机制甚至是技术性的设计。因此，我国文化市场可能长期与目前的经济管理系统处在紧张状态。我们需要从文化产业发展的实际出发，从文化企业的日常运行需要出发，不断发现和解决具体问题，不断完善市场环境。

2. 率先发展文化产业，与文化市场发展规律相脱节

按照一般的理解，产业政策是国家对市场的干预，是后发国家赶超发达国家的一种发展战略。在市场经济体系健全的国家，产业政策往往能弥补短板，形成战略增长点，推动国民经济快速发展。但是，如果市场经济体系不健全，产业政策也会脱离市场需要，扭曲市场规律，造成资源错误配置。我国文化市场的开放尽管与改革开放几乎同步，但是长期的“双轨制”造成市场隔绝、价格扭曲、寻租盛行、利益固化，以及政府与市场界限不清，党政不分、政企不分、政事不分、政府与社会中介组织不分，市场发育水平远远落后于全国市场体系发展的一般水平。在这种情况下，自世纪之交以来，在政府主导下大力发展文化产业，甚至在一定程度上使文化市场中条块分割的形势更加严重。

文化市场开放是一个渐进的过程，涉及一些基本制度的建立，也要触及很多既定的利益格局。因此，我国文化产业的发展将会长期与不完善的市场机制形成张力，搞好了是产业推动市场开放，并为产业发展提供源源不断的动力；搞不好则是产业脱离市场规律，成为政府“自娱自乐”的过程，甚至进一步缩小市场配置资源的范围。关键在于我们是不是能够始终坚持市场取向的改革，根据市场需要制定产业政策，通过产业发展不断扩大市场空间。

3. *在政治体制改革的攻坚期建设文化市场，与相关领域的改革难协调*

党的十八大以来，中央已经确立了中国特色社会主义“五位一体”的总体建设格局，社会体制和政治体制改革进入了攻坚期。但是，如果将世纪之交的中国看成一个历史的横断面，我们就可以明显地看到，中国的文化市场建设是在转型国家体制变迁的夹缝里进行的，涉及多重使命，纠缠于多重逻辑，徘徊在市场经济的必然规律和政治体制的现实需要之间，与相关领域的改革进行协调有相当大的难度。

在2003年开始文化体制改革试点的时候，我们曾经在观念创新方面取得一系列重大进展，其中最重要的是提出，文化产品具有双重属性，商品属性是普遍的，意识形态属性是特殊的。因此，所谓改革就是以市场经济规律为基础，构建有利于激发人民群众创造力和解放文化企业生产力的体制机制。这是自改革开放以来第一次在文化建设和市场经济基础之间建立起明确的从属关系。但是，与此同时，在党的十七届六中全会报告中，引人注目地提出“发挥市场在文化资源配置中的积极作用”①，在党的十八届三中全会发布的《决定》中，尽管没有重复这个与“使市场在资源配置中起决定性作用”有重大差异的观点，但是依然强调了“坚持把社会效益放在首位、社会效益和经济效益相统一”②，回避了经济效益和社会效益哪个是第一性的问题。

从目前的情况来看，我国文化领域最为薄弱的环节依然是内容生产，在内容环节居于绝对主导地位的国有文化企业，尽管已经转企改制，但是

① 《中共中央关于深化文化体制改革推动社会主义文化大发展大繁荣若干重大问题的决定》，《人民日报》2011年10月26日，第1版。

② 《中共中央关于全面深化改革若干重大问题的决定》，《人民日报》2013年11月16日，第1~3版。

离建立现代企业制度还有较大的距离。其主要问题是难以脱离传统的"主管主办"模式，从根本上来说就是没有解决如何认识市场的决定性作用，如何利用资本的力量引导内容生产，以及如何建立一个政府调节市场、市场调节企业、合乎市场经济规律和要求的宏观管理体制等问题。

全面改革是一个长期的过程，我国文化市场建设还会长时间地生存在市场经济的必然规律和政治体制的现实需要之间，不断地纠缠于处理好"改革、发展、稳定"三者关系的复杂环境中。我们需要始终从市场中汲取发展的动力，以改革扩展发展的空间，才能突破体制转换的困境，走出一条稳健的发展道路。

中国的网络管理和网络舆论

新闻与传播研究所课题组*

在今日之中国，互联网已经成为最不可忽视的信息传播工具和公共舆论场域。据中国互联网络信息中心（CNNIC）的统计数据，截至2013年底，我国网民已达6.18亿人，互联网普及率达到45.8%，手机网民达到5亿人，微博用户超过8亿人，腾讯QQ、手机微信等即时通信工具用户群体规模庞大。我国不仅成为世界上互联网使用人口最多的国家，也是网络新业务、新业态应用普及最快的国家之一。

互联网在推动我国经济发展、方便人民生产生活、改善社会民生、促进政治民主发展以及创新社会管理模式的过程中，发挥了积极而重要的作用，有力推动了经济社会的进步。然而，在越来越多的民众享受到互联网便利的同时，由网络直接或间接引发的各种复杂矛盾和现实问题也日益凸显，网络犯罪、舆论极化、意识形态渗透、网络谣言等在网上网下相互交织，虚拟实体形成互动，网络管理和舆论导向的复杂程度和压力日益加大。加强、健全和改进网络管理，对纷繁复杂的网上舆论实施正确的舆论

---

* 课题组成员：唐绪军，中国社会科学院新闻与传播研究所所长、研究员；孟威，中国社会科学院新闻与传播研究所网络与新媒体研究室主任、研究员；黄楚新，中国社会科学院新闻与传播研究所副研究员、新媒体蓝皮书副主编；刘瑞生，中国社会科学院新闻与传播研究所副研究员、新媒体蓝皮书副主编；朱鸿军，中国社会科学院新闻与传播研究所副研究员、《新闻与传播研究》副主编。

导向是促进互联网持续健康发展、推动经济社会进步的必然要求。

党的十八届三中全会通过的《中共中央关于全面深化改革若干重大问题的决定》（以下简称《决定》），为我国今后一段时期内的改革发展确定了总目标，即“完善和发展中国特色社会主义制度，推进国家治理体系和治理能力现代化”。毫无疑问，提高网络管理水平和舆论引导能力，是国家治理体系和治理能力现代化的题中应有之义。为此，《决定》提出了明确的要求：“健全基础管理、内容管理、行业管理以及网络违法犯罪防范和打击等工作联动机制，健全网络突发事件处置机制，形成正面引导和依法管理相结合的网络舆论工作格局。”① 这是一项长期而艰巨的任务，需要各界共同努力。

一　中国互联网管理的基本现状及存在的问题

世界各国对互联网的管理大致可分为两大类，一为“政府主导模式”，二为“政府指导行业自律模式”。其中，德国、新加坡、澳大利亚等是政府主导模式的典型代表，而英国、美国、日本等则是政府指导行业自律模式的典型代表。

1. 中国互联网管理的基本特征

我国自20世纪90年代末开始关注互联网的管理，采取的是自上而下的政府主导型模式，强调政府在网络管理中的基础性作用，主要通过立法、司法、行政以及网络过滤技术等进行网络管理。经过近20年的努力，目前我国已基本搭建了一套法律规范、行政监管、行业自律、技术保障、公众监督和社会教育相结合的互联网管理体系。

这套管理体系的基本目标是：在保障国家安全和信息安全前提下倡导网上言论自由。2010年国务院新闻办公室发表的《中国互联网状况》白皮书提出，中国管理互联网的基本目标是：“促进互联网的普遍、无障碍接入和持续健康发展，依法保障公民网上言论自由，规范互联网信息传播秩序，推动互联网积极有效应用，创造有利于公平竞争的市场环境，保障

① 《中共中央关于全面深化改革若干重大问题的决定》，《人民日报》2013年11月16日，第1~3版。

宪法和法律赋予的公民权益，保障网络信息安全和国家安全。”①

这套管理体系的管理主体包括四个方面：政府、行业协会、网络服务供应商和网民。其各自的职责是：政府主导，行业协会协助，网络服务供应商自我审查，网民自律。

在我国，互联网传播者主要是指运营互联网网站内容的互联网运营企业以及在网络上传播内容的个人或企业，其中被列为主要管理对象的是网络服务供应商，包括网络内容服务商（ICP）、网络技术服务商（ISP）、网络意见领袖（如“大 V”）和一般网民。

（1）对网络服务供应商实施严格的准入管理。对网络服务供应商主要通过许可证制度，重要内容如新闻首发权控制、年检、技术控制等制度进行事前预防、事中监控、事后追惩等方面的管理。以北京的大型综合商业门户网站为例，它们正式运营时至少需要领取 10 张证照：“增值电信业务经营许可证”“网络文化经营许可证”“互联网出版许可证”“信息网络传播视听节目许可证”“测绘资质证书”“京公网安备号”“互联网新闻信息服务许可证”“互联网医疗保健信息服务复核同意书”“互联网药品信息服务资格证书”“广播电视节目制作经营许可证”。

（2）对网络意见领袖主要以提醒、劝说等温和的方式进行管理。在网络空间中活跃的意见领袖，大致包括四类人：一是论坛版主，二是活跃的草根网民，三是网络知识分子，四是著名学者、社会名流、影视明星等。这些人大多在体制之外，但有网络民意的支持。对于他们的不当言论，在管理上通常采取删帖、屏蔽等方式进行提醒；若不当言论数量较多、情节较重，但又构不成犯罪的，还会采取约谈、协商等方式进行劝说；如若劝说效果不佳，还会采取封锁发言账号这种较为激烈的方式。微博出现后，针对一些“大 V”的严重不当传播行为，开始引入法律手段，如“两高”的司法解释《关于办理利用信息网络实施诽谤等刑事案件适用法律若干问题的解释》，便是在国家打击网络谣言的背景下出台的。

（3）对普通网民主要实施的是实名制管理。在 Web1.0 时代，大多数

① 《〈中国互联网状况〉白皮书：积极保护数字知识产权（5）》，人民网，http://ip.people.com.cn/GB/139288/11816659.html，最后访问日期：2014 年 6 月 17 日。

网民基本上属于信息的接收者，我国网民除了浏览部分境外网站时会被技术屏蔽之外，观看国内网站信息时基本不受约束。但是，进入 Web2.0 时代后，随着社交媒体大范围兴起，网民既是信息的接受者，同时也成为信息的发布者，长期在现实生活中被压抑的信息发布欲望因此而迸发，大量五花八门由用户生成的内容如决堤之水，四处流淌。面对这样的网络信息生态环境，为加强对用户生成内容的管理，国家出台了实名制管理政策，每一个上网网民都必须在后台实名备案。

2. 中国互联网管理存在的主要问题

尽管我国已经初步建立起了一套互联网管理体系，但面对不断变化的网络环境和不断更新的网络技术，这套体系的不完备也是显而易见的。其存在的问题和不足，主要表现在以下几个方面。

（1）网络管理法规缺乏统筹规划，层级较低。在互联网立法方面，我国各级立法机构出台的与互联网有关的法律、规章、政策多达 120 多件，但实际效果并不理想。相关的法规数量多、分布零散，缺乏关联性与衔接性，整个互联网立法体系缺乏统筹与规划，难以形成合力。

我国现行的互联网法规多为 2006 年以前制定的，唯一一部网络行业管理的基础性法规《互联网信息服务管理办法》和唯一一部具有法律地位的《关于维护互联网安全的决定》均为 2000 年颁布实施且至今未作及时修订。互联网的发展日新月异，新技术、新业务层出不穷，现行大多数法律法规的条文过于陈旧、泛化，可操作性不强，已经明显不适应现实的需要。

高质量法律法规的欠缺，直接导致了目前我国网络管理以行政管理为主、法治管理为辅，以直接管理为主、间接管理为辅的基本现状。这种管理现状的弊端也是明显的。

其一是成本高昂。为了应对热点信息、敏感信息，政府和网络媒体都需要投入大量的人力、物力、财力进行直接封堵。面对网络海量的信息，相关政府部门和网络媒体的压力都非常巨大，几乎是在从事一项不可能完成的任务。

其二是政府极易成为非议的对象。政府冲在管理的最前端，在很多时候，囿于人力、财力、物力的限制，以及信息的不对称，会使得管理效果不甚理想，这时政府便很容易会成为民众直接非议的对象。

其三是国际影响不佳。政府直接参与过多的互联网管理，容易给怀有敌意的国家留下“钳制网络”“管制言论”的口实。

（2）网络管理“九龙治水”，统筹协调机制难以实施。按照现行的互联网法律法规、各有关部门的部门规章以及国务院有关文件的规定，我国有众多行政管理部门的职能涉及互联网的管理，包括互联网行业主管部门（国信办），专项内容主管部门（工信部、外宣办、教育部、文化部、卫生部、公安部、安全部、商务部、新闻出版广电总局、国家保密局等），前置审批部门（外宣办、教育部、文化部、卫生部、新闻出版广电总局、食品药品监管局等），公益性互联单位主管部门（教育部、商务部等），企业登记主管部门（工商总局）……

这种条块分割式的行政管理和按部门利益划分的治理模式与互联网开放的、互联互通的本质背道而驰，如果不统筹管理，不仅对互联网的发展会产生不利影响，甚至有可能会影响整个社会的健康发展。虽然2011年5月4日国家互联网信息办公室的挂牌使得我国互联网“政出多门”的多头管理现状得到了一定程度的改善，但如何统筹协调互联网络行业管理部门之间的关系，依然是互联网管理工作中的一个突出问题。特别是在“三网融合”大潮席卷而来的今天，网络的技术融合、内容融合、机制融合等显得更加突出，建立符合未来互联网发展趋势的统筹协调机制迫在眉睫。

（3）重外部管理，轻“自律”约束和权利保障。目前，在我国的互联网管理体系中，政府部门占据绝对主导地位，着重于外在的强制规范，“他律”的色彩较浓，而对于网络“自律”的重视不足。网络社会的有序运行，并不完全取决于外在强加的“他律”，而需要更多地依靠内在自生、良性循环的“自律”。

网络管理的目的在于保护网络用户的合法权利，促进互联网行业的健康发展，而目前的立法大多是从方便政府管理的角度出发的。侧重于规定管理部门的权力、处罚措施等内容，在管理方式上以市场准入和行政处罚为主，在规范设计上以禁止性规范为主，缺乏激励性机制。强调网络服务提供者与网络用户的责任和义务，网络用户的权利保障相对欠缺。例如，在内容管理方面，对企业强加过重的内容审查责任，加重了企业的负担，

转嫁了政府的责任，却缺乏相应的激励措施。

（4）网络安全管理问题突出。随着全球信息化持续发展，网络空间已经成为国家主权的新领域，网络与信息安全问题日益影响到国家的政治安全、经济安全、军事安全、文化安全和社会稳定。受网络的开放性和使用的便利性等因素影响，网络安全监管难度一直较大，由此引发的网络安全问题和社会问题仍然突出。黑客攻击、网络暴力、不良信息、虚假信息等问题层出不穷，网络安全事件呈高发态势，并且政府和其他重要领域的信息系统也成为网络安全事件的重灾区。

据不完全统计，我国每年因网络泄密导致的经济损失高达上百亿元。特别是当前互联网正处在产业变革和技术创新的活跃期，下一代互联网、移动互联网、云计算、物联网、三网融合、第四代移动通信技术等新技术新业务的发展，在创造出新服务、新业态、新市场的同时，也使得业务边界交叉模糊，数据和计算聚合放大，加之互联网的核心技术由国外巨头掌握，我国大部分有影响的大型商业门户网站及社交网站的资本结构中外商的比重过大，而我国互联网的基础管理和技术手段相对落后，使得我国的网络信息安全面临较大的风险。加强网络信息安全管理将是一项非常艰巨的任务。

二　进一步加强中国互联网管理的对策建议

今天的互联网已不仅仅是信息交流的重要平台，还是经济发展的重要驱动力、生产生活的重要工具、文化传播的重要渠道和民主政治的重要推手，是国家的核心竞争力和国际竞争中的战略制高点。面对互联网不断革新和日益加大的安全压力，面对主要发达国家推出新的互联网战略，我国应紧紧抓住互联网转型升级的战略机遇，尤其是在新设立“国家安全委员会”和“中央网络安全和信息化领导小组”这一重要契机下，有必要把互联网的发展与管理上升到国家战略层面。为此，我们就我国互联网基础管理、行业管理和内容管理三个方面提出相应的对策建议。

1. 中国互联网基础管理的对策建议

（1）建立统一的互联网管理机构，统揽全局。如前所述，目前我国互联网的管理头绪过多，各部门各行其是的模式无法保证管理的系统性和有效性，需要建立一个统一的部门统揽全局，以便在具体的管理过程中协调各个部门的利益。在管理的方式上，应尽可能让政府退居后台，以间接管理为主。在政府统一领导的前提之下，应充分发挥各类非政府组织、行业团体、专业组织和企业联盟的作用，引导和监督互联网各参与方共同监督和管理互联网。遵循政府引导、多方参与的治理原则，不断推动互联网行业健康、有序发展。

（2）制定国家互联网发展战略，重视顶层设计。适时制定出台国家互联网发展战略，加强统筹谋划和顶层设计，明确互联网的技术路线、发展路径、管理谋略。政府应加强互联网的发展引导和资金投入，调动全社会的力量，着力提高网络应用水平和网络管理水平，实现我国互联网由大到强的转变，力争在新一轮的互联网革命中占得先机。

国家互联网战略要在“国家安全委员会”的统筹下，以支撑经济社会发展为基点，以提升自主能力为方向，以网络信息安全保障为基本要求，以依法管理为根本保障，实施“宽带中国”战略，加快构建宽带、融合、安全、泛在的下一代国家信息基础设施，着力推进技术、业务、商业模式和管理机制创新，推动物联网、移动互联网、云计算、4G 通信技术在国民经济和社会发展各个领域的普及应用和融合创新，提升国家信息化发展整体水平和网络行业管理水平，为全面构建有效的管理体系和良好的发展环境提供政策与制度依据。

（3）建立健全互联网法律治理体系，以法管网。虽然我国目前初步形成了针对互联网治理的法制体系，但从适用法律法规来看，传承性法律较多，专门性法律较少，法制体系不健全，因此有必要集中互联网各参与方的智慧，建立起针对性更强的法律体系。首先，要制定针对互联网管理的程序法，明确各个层级的法律责任；其次，要细化互联网违法行为的描述，使之具有可操作性。与此同时，还要赋予民众知情权、申辩权，以及不服管理判决的申诉权。

（4）鼓励实现社会多方参与管理，加强自律引导。自律的优势在于能够在共同的权益要求下形成广泛一致的行业规则、道德标准，更便于大多数企业、网民的接受和执行。政府要积极鼓励引导制定互联网行业自律公约，规范互联网行业有序健康发展。要加强道德宣传和教育，特别是培

养青少年良好的上网习惯，树立网络虚拟世界道德规范，全面展开实施互联网监督举报措施，并针对反映的情况、意见作出切实有效的应对，鼓励实现社会多方参与管理。

（5）努力创新技术手段，净化网络环境。互联网管理的每一项措施，都需要一定的技术保障才能得到落实。这要求我国对互联网科技加大资金投入力度，积极培养和引入相关技术人才，不断提高互联网管理的相关技术水平，为互联网执法部门的监管提供技术条件，在针对违法、破坏、不良信息传播者的行为上实现技术优势。加强互联网信息过滤系统的研发，在保证健康信息内容完整传播的基础上努力提高屏蔽相关不良信息的技术能力，确保净化互联网环境。

2. 中国互联网行业管理的对策建议

（1）建立网络行业管理体系，形成高效的行业管理系统。建立职能集中的独立网络行业管理机构是国际上的一个发展趋势，也符合互联网发展与管理的特点。我国互联网信息办公室的成立使网络行业管理职能相对集中起来，确立了网信办、工业和信息化部、公安部三个网络行业管理主体，是我国网络行业管理体制的一大进步。

但是，从目前的情况来看，在我国具有网络行业管理职能的部门仍然过多，协调配合的机制并未在法律层面得到明确，协作不顺畅、责任不落实的现象仍然存在。为有效提高网络行业管理效能，组建“大互联网管理机构”势在必行。为此，应进一步推进网络行业管理体制改革，继续将分散的网络行业管理职能集中起来，实行中央垂直管理、上下统一协调的互联网综合管理体制，实现职能高度集中下的分工协作。

只有建立起精简、统一、高效、专业的网络行业管理机构，才能够进一步有效地解决“政出多门，多头管理”的问题，进而形成“政出一门，统一管理”的格局，以有效适应互联网高速发展和网络行业管理形势的需要。

（2）完善网络行业管理立法，建立一套行之有效的法律体系。在网络行业管理立法上，要形成点、线、面结合的全面而有效的法律体系。要健全相关法律法规，加快对刑法、民法、保密法等涉及网络行业管理的相关法律条文的修订工作，制定全国统一的网络行业管理法或信息安全法，对网络行业管理工作作出具体规定。

互联网的管理涉及多个主体，多方法律关系，需要政府、企业、社会团体、用户个人的共同参与和广泛合作。目前我国的网络行业管理侧重于规定行政主体的职权，而对公民基本权利的保护未给予足够的重视。因此，在立法过程中，应处理好政府、企业和用户之间、行政管理与公民合法权利保护之间、公共利益和个人利益之间的关系，既要促进信息产业的持续健康快速发展，又要充分保障用户的合法权益。

（3）提升全民网络素质，促进网络行为自律。通过网络自律改善网络舆论环境，营造和谐、健康、有序的舆论氛围，“少干预、重自律”是国际上网络行业管理的共同思路。目前，我国的互联网行业自律以中国互联网协会为主要机构，纲领性文件是《中国互联网行业自律公约》。建议明确和完善行业协会的职能，使其充分发挥第三方自律组织的作用，进一步优化互联网协会的组织结构、管理方式和运行机制，倡导整个网络社会的道德自律和公民素养，尤其是倡导与网络营销、网络意见领袖、网络动员等相关的网络自律。

要高度重视网民的主体作用和全民的力量，调动全体网民共同开展网络行为自律，实行自我管理、自我约束、互相监督、共担责任。相对于法律的强制性而言，自律是一种软约束，最终要靠人们道德水准的提高来实现。教育部门应改革网络课程内容，加强有关网络法律法规特别是违法责任的教育，让广大青少年至少懂得在网上什么可为、什么不可为，以自觉抵制违法违规行为，逐步养成良好的上网习惯。

（4）突出强化网络安全管理，确保信息安全。随着互联网基础性、全局性地位不断加强，网络与信息安全问题对国家的政治安全、经济安全、军事安全、文化安全和社会稳定至关重要，可谓牵一发而动全身。没有网络信息的安全，就没有经济社会的平稳运行和国家的安全发展。当前，我国的网络安全威胁日益突出，网络攻击正在由“黑”掉网站向遥控重要的政治、经济、军事等系统的深层次发展。网络的特殊性决定了网络信息安全管理的长期性、复杂性和艰巨性，面对诸多可以预见和难以预见的风险挑战，应进一步提高认识，坚持发展不忘安全的原则，始终把网络信息安全作为网络行业管理各项工作的重中之重，切实加大网络信息安

全管理力度，积极防御，综合防范，不断健全和完善先进可靠的网络信息安全保障体系。

3. 中国互联网内容管理的对策建议

（1）在思想观念上，要树立信心，确立“以疏为主”的管理模式。

一要克服畏难情绪，树立互联网内容可管可控的信心。以近年来的互联网实名制为例。原来，我们一直觉得“你不知道上网的是人还是狗”，因此，我们很难对他们进行上网内容的监管，但是网络论坛的网协（IP）地址登记备份制度、网吧凭身份证上网制度、网站备案许可制度以及上网实名制取得实效后，互联网的内容监管思路便豁然打开：原来只要将处在暗处的管理对象置于明处，自然就会大大促进管理对象各种上网行为的规范化。

二要有跳出传统管理窠臼的创新精神。新加坡是世界上第一个公开宣布对互联网实行管制的国家，但它最初（1996 年）却将互联网的管理业务交给了新加坡广播管理局（SBA），将互联网作为一种广播服务进行管理。然而，从管理对象的特性来看，互联网是全新的，与传统媒体存在诸多本质上的差异。诸多实践也表明，传统的管理方式在互联网内容管理中常常是或捉襟见肘，或无计可施。因此，这便需要管理者跳出传统媒体内容管理的窠臼，拥有创新精神，摸索符合互联网特征的内容管理模式。

三要形成以“疏导”为主的开放思维。互联网研发的初衷，是美国为了避免因自己的指挥中心被苏联导弹摧毁而使整个信息网络瘫痪。“去中心”是整套互联网技术发展至今始终不变的核心理念。从互联网媒体形态的不断演变来看，Web1.0 时代的网络论坛、门户网站，Web2.0 时代的博客、微博、微信等，追求的都是信息传播的“无国界、零障碍”“随时、随地”。因此，对于“想方设法追求无拘无束”的互联网内容的管理，简单采用删帖或屏蔽这种“堵”的管理方式，是不可能奏效的。除了对严重涉及国家安全和诲淫诲盗的内容，有必要采取删帖或屏蔽之外，常态的互联网内容的管理应形成“疏导”的开放思想，顺势而为。

（2）在管理方式上，应让政府退居后台，以间接管理为主。应该看到，在较长一段时间内，我国由政府主导的互联网内容管理模式不会有太大变化。之所以在具体的管理过程中要尽可能让政府退居后台，其原因在于，从长远来看，“小政府，大社会”的社会治理方向，需要弱化政府这只“看得见的手”的作用；从短期来讲，如前文所述，不让政府冲在前台，可以避免诸多问题的出现。

政府退居后台仍然可以通过“看不见的手”间接地管理网络内容。比如，将重大首发新闻优先给予应该支持的网络媒体，着力打造网络媒体的国家队，积极扶持传统主流媒体的数字化转型……

当政府退居后台时，需要出来补台的主角之一便是行业协会。科学合理的现代社会治理结构，也要求行业协会在社会治理中扮演主要角色。因此，提高行业协会在网络内容管理方面的地位就很有必要。

（3）在管理重点上，应明确处罚标准，加强正面内容的建设。网络媒体是网络内容管理的关键环节。要通过明晰违法信息的判断标准，加大对传播违法信息行为的处罚力度。

根据目前我国对网络内容管理的实践，以下三大类信息属于重点管制的内容。其一，《互联网信息服务管理条例》列举的九类违法信息：①反对宪法所确定的基本原则的；②危害国家安全，泄露国家秘密，颠覆国家政权，破坏国家统一的；③损害国家荣誉和利益的；④煽动民族仇恨、民族歧视，破坏民族团结的；⑤破坏国家宗教政策，宣扬邪教和封建迷信的；⑥散布谣言，扰乱社会秩序，破坏社会稳定的；⑦散布淫秽、色情、赌博、暴力、凶杀、恐怖或者教唆犯罪的；⑧侮辱或者诽谤他人，侵害他人合法权益的；⑨含有法律、行政法规禁止的其他内容的。其二，政治敏感话题。其三，突发事件中的相关信息。

对于这三大类管制内容，具体操作时却常常难以把握。比如，哪些信息可被认定为“损害国家荣誉和利益”？政治敏感话题的范围边界在哪里？这些概念如果不加以准确界定，就很容易被一些怀有私心的信息话语权掌控者钻空子，进而影响对权力的监督。突发事件中的相关信息本来是公众最想获知的，不让传播往往会给网络谣言留下滋生的空间。因此，有必要通过立法的方式明确判定有害信息的禁载标准，从而使网络媒体对信息内容进行自我审查时有所依凭。

在严惩有害信息的同时，要加强正面信息的供给。要采取有效的激励措施，促使网络媒体加强正面内容的建设。正面信息之于民众，正如正气

之于人体。正气越强，人体对邪气的抵抗能力便越强。民众接收的正面信息越多，则越不容易受到负面信息的干扰。

三　中国网络舆论的形成及网络舆论突发事件的基本态势

互联网普及率的提高，为每个网民提供了表达意见的便利，网络因此成为公民行使知情权、参与权、表达权和监督权的重要渠道，成为舆论生成的策源地、观点传播的集散地、思想交锋的主阵地。

网络舆论就是在这样的基础上产生的，它是公众通过互联网表达的对某种社会现象或社会问题具有一定影响力和倾向性的共同意见，是公众对国家政治、经济、法律、文化、教育、行政等活动进行褒贬与评价的一种方式。由于网络舆论跨越了地域和时空的限制，延伸了传播范围，使得民众对事件的关注更加迅速、评论更加广泛，因而影响力也就更大。

1. 网络舆论的形成

网络舆论是依赖互联网的各种功能而实现的。当前，在我国，微博是互联网功能的集大成者，因而被网民广泛使用。据中国社会科学院新闻与传播研究所新媒体蓝皮书课题组的研究发现，近两年来绝大多数网络舆论都是由微博引爆的，然后蔓延至整个网络虚拟社会，进而延及传统媒体，最终影响现实生活。但是，我们的研究也发现，目前微博用户呈现出学历低、年龄小、收入少、集中于大中城市等特征，这与网络舆论燃点低、噪声大、非理性等负面特点密切相关。所以，网络舆论并不能完全代表社会主流声音，但又是一种不容忽视的社会情绪的“晴雨表”。因此，重视对微博舆情的监测和研究是掌握网络舆情、正确应对网络突发舆情事件的基本前提。

网络舆论的形成是有规律可循的。互联网络的信息传播体现了互联网的技术特征，即它是一种无中心的网状传播。其典型表现是：在网络中的大部分节点只和很少的节点连接，而只有极少的节点与非常多的节点连接。也就是说，在互联网的信息传播中，只有极少数人创造内容，少数人参与互动，而其余绝大多数人既不创造内容也不参与互动，仅仅只是浏览者，属于“沉默的大多数”。

概言之，网络舆论的形成取决于网络中的关键节点，也即关注者最多的那些博主们，就个体而言，也即网络意见领袖们，他们对信息的转发和评论直接左右着网络舆论的强度和走向。有研究显示，在 2011 ~ 2012 年的重大网络舆情事件中，对微博舆论起决定性影响的仅有 305 个用户，其中次核心用户仅为 58 个，最核心的用户只有 9 个。少数人影响网络舆论，已经成为当前中国网络政治的重要特点。

2. 网络舆论突发事件的特点及其主要类型

网络舆论突发事件，实际上是指经由网络曝光或发酵的重大舆情事件，此类事件在舆论传播上具有突然性、速度快、传播广、影响大、防范难的特点。

综合近年来网络重大舆论突发事件的类型，所涉及的内容很广，但主要集中在社会政治与民生方面。

第一，在政治方面，反腐是热点。在数百起重大网络舆情事件中，党政干部腐败的事件占近 1/4，显示了网民对中国政治领域问题的高度关注。

第二，社会民生问题是焦点。社会民生问题是与普通百姓生活密切相关的问题，如教育、医疗、城市拆迁、环境污染、食品安全等，此类问题每年都有多起，引发的网络突发舆论案例约占 1/5。这些内容最易于触动网民的情绪，从而引发共鸣，快速形成网络舆论热潮。此外，在自然灾害、事故灾难、公共卫生和社会安全等类突发事件的网络舆论方面，都显示出网民对生命的尊重和对民生问题的关注。

第三，国际关系受关注度高。此类事件约占 1/10，主要聚集在中美关系、中日关系、南海问题等领域，反映了在中国崛起过程中网民对国际问题的关注和爱国主义与民族主义的交集。

此外，扫黄打黑、社会救助、警民对抗、性与婚姻、干部提拔程序等方面的问题，也容易导致突发舆论事件。这表明，随着社会民主法治的加强，网民对公平正义的诉求越来越高，热衷于讨论社会转型期的道德伦理、社会价值观等问题。

对重大网络舆论突发事件所涉及的群体进行阶层分析，可以发现，党政干部以及社会管理者阶层最受关注，相关事件的案例超过案例总数的 1/3。其次是专业技术人员阶层、私营企业主阶层、办事人员阶层、农业

劳动者阶层、商业服务人员阶层与产业工人阶层、经理人员阶层、个体工商户阶层、城乡无业失业半失业者阶层等。

根据对近年来210个重大网络舆论事件的解析，网络舆论对近七成事件的解决起到了正向作用，起中性作用的占两成多，而起负向作用的不足一成。这足以说明，网络舆论在重大舆情突发事件的解决过程中所起到的正面作用远大于负面影响。

3. 网络舆论突发事件及其处置机制中值得关注的问题

(1) 应对网络舆论突发事件的观念仍然存在不适应新媒体舆论生态的问题。近年来，我国在应对和处置网络舆论突发事件方面整体上有很大进步，但与新媒体舆论生态迅速改变的形势仍然存在不适应的问题，特别体现在观念层面，主要有三点。

第一，存在把网络突发舆论事件视为“洪水猛兽”的“恐惧”心理。尤其是一些部门和地方政府从内心里就畏惧网络舆论，根本不愿意看到网络突发舆论事件。这是一种极为落后的观念。

第二，存在用传统媒体时代的方法应对网络舆论突发事件的错误观念。在一些网络舆论突发事件出现后，仍然有一部分党政官员抱着传统媒体时代的观念去应对和处置，而“封”和“堵”的结果必然是适得其反，不仅不能妥善处理事件，反而容易造成事态的进一步扩大甚至恶化，使自己站在舆论的风口浪尖上，成为网民嘲弄和热讽的对象。

第三，过于强调“管”和“控”。在互联网发展的早期，由于网络传播渠道管理相对简单，一些部门和干部通过“管”和“控”或者通过网络公关公司进行删帖等方式就能侥幸封堵不利舆论的传播或网络举报，但是这种幼稚的做法在微博、微信盛行的移动互联网阶段已经很难奏效了。

(2) 网络舆论突发事件呈现出典型的新媒体特征，与传统的社会突发事件和公共事件有很大不同。《突发事件应对法》将突发事件分为四类，即自然灾害、事故灾难、公共卫生事件和社会安全事件。但是，非常值得我们关注的是，与传统的社会突发事件和公共事件不同，网络舆论突发事件实质上是一种以舆情热度为表征的事件，即不仅仅在于事件的性质，而且在于通过网络的信息传播为网民所热议而进入公众视野的广度和深度。网络舆论突发事件和网络媒体的发展与特征有着密切的联系，主要表现在以下两个方面。

其一，网络舆论突发事件是经过网民“选择”的事件。值得我们关注的是，并非现实中所有的突发事件都能成为网络舆论突发事件。例如，我国每年高达数万起的群体性事件和反腐败事件中仅有极少数能够成为网络舆论突发事件，而一些传统媒体时代的“小事件”反而经常被网络引爆成为重大网络舆论事件。这充分说明网络舆论突发事件和网络的“选择”性有着很强的关系。

其二，网络舆论突发事件有一定的地域性。根据对近年来的数百起重大网络舆论事件发生地域的调查，超过一半的事件发生在网络发展水平和受关注度相对较高的东部地区和大城市，而人口更多的农村地区和偏远地区则仅占一成多。这就要求我们在处理网络舆论突发事件时，不能完全按照传统的社会突发事件和公共事件的处理机制进行处置，而必须根据网络舆论突发事件的新媒体特征和事件背后的社会因素进行舆论引导和处置。

（3）处置网络舆论突发事件重视治标而轻视治本，从而导致同类事件不断重演。以 2010～2013 年的重大网络舆论突发事件为例：在事故灾难类突发事件方面，从王家岭矿难到肖家湾矿难，从上海静安路大火到兰考大火，从温州动车事故到包茂高速交通事故和连霍高速交通事故；在公共卫生事件类型突发事件方面，从 2010 年的三聚氰胺事件到 2011 年的金浩茶油事件、蒙牛致癌事件、双汇瘦肉精事件，再到 2012 年的速成鸡事件、毒胶囊事件、老酸奶事件和 2013 年的黄浦江死猪事件、H7N9 事件；从社会安全类突发事件来看，连年发生宜黄强拆案、乐清钱云会案、增城群体性事件、乌坎事件、泸州群体性事件、宁波 PX 群体性事件、什邡群体性事件等，除了自然灾害事件属于由不可控因素导致以外，其他事件为何几年来不断重复出现？这充分表明，网络舆论突发事件具有很强的社会性，相关政府和部门在处置网络舆论突发事件的过程中往往只注意就事论事，而忽视了事件背后的社会矛盾。网络舆论突发事件虽然具有一定的突发性和偶然性，事件中也存在一些非理性的极端化声音，但网络舆论突发事件作为中国社会转型期和互联网高速发展期的一种特定现象，必然反映了转型期中国社会中的一些突出矛盾，这是内因。不根除内因，相似的突发事件就将永无止息。

(4) 网络舆论突发事件成为国内外各种政治力量的角斗场。由于网络的开放性和自由度高，网络舆论突发事件也成为国内外各种政治力量的角斗场，其中有三个层面应该区别对待。

其一是西方反华、反共力量的舆论战和意识形态战。近年来他们一直积极利用网络对中国加强舆论攻势，境外多种力量借机卷入网络群体性事件，企图通过火上浇油的方式使事态不断升级，以对我国形成巨大的政治压力，达到破坏我国政治秩序、扰乱人心的目的。

其二是国内各种思潮的激烈交锋。改革开放以来，国内各种社会思潮不断激烈交锋，在重大网络舆论突发事件中表现得更为明显甚至极端化。

其三是普通网民的意见表达和权利诉求。

应该说，以上三种政治力量的表现和目的有着本质的区别，不能简单地、笼统地将其都称为“敌对势力”。

四　对中国网络舆论实施正确舆论导向的对策建议

网络传播的本质是节点传播，不同节点的信息传播作用相差很大。在重大舆情热点事件中，关键节点是舆情汇聚地和信息散播中心，发挥着意见领袖的作用，颇有牵一发而动全身之效，对网络舆论的发展和走势产生深刻影响。因此，在网络舆论引导中，应充分重视网络传播的关键节点的作用，重点监测和分析处于核心位置的关键节点，加强与关键节点的沟通和管理，及时有效地引导舆论，化解矛盾。

1. 要加强核心关键节点的建设，尤其是加强政务微博的建设

政务微博是政府的代言人，但目前政务微博真正成为网络传播关键节点的并不多。因此，各级政府应在扩大政务微博规模和数量的同时，积极提升政务微博的运作和管理水平，打造精品政务微博，使之能够成为微博传播的核心关键节点，具备较强的舆论引导能力。

在重大突发事件发生时，各级政府部门有责任在第一时间抢占舆论制高点，通过政务微博及时发布信息，并且要保证其真实性、有效性、权威性和透明度。在重大突发事件发生以后，公众的关注度高，政府越能及时迅速地公开事件真相，就越能减少各类谣言和小道消息的传播，从而树立起政府新闻发布机构的公信力、新闻发言人的权威性和美誉度。如果失去

了先机，事后得花百倍的力量用来辟谣和澄清，这是得不偿失之举。

2. 重视次核心关键节点的监控，尤其要监控意见领袖们的微博

虽然我国微博的总注册用户已超过5亿人，但在微博舆论场中真正具有影响力和能够左右网络舆论的只是少数所谓的微博意见领袖。他们对信息的转发往往会引发网民的高度关注与跟进转发，因此应该对这些名人微博加以高度关注和严格监控，通过发挥意见领袖的正能量抵销网络的负效应。

据人民网舆情监测室统计，微博上有影响力的关键人物也就200多人。人数不多，影响巨大，因此应做好这一部分关键人物的工作，通过适当的方式发挥这些意见领袖的作用，从而形成网络舆论的正能量。

3. 努力发挥主流媒体的作用，引领网络舆论，提供正能量

在新媒体时代，主流媒体要跟上时代的潮流，积极进驻微博、微信，占领网络舆论的制高点，提升影响力。2012年7月，“@人民日报”微博的开通是一个标志性事件。这些媒体微博大多开设了评论专栏，充分关注社会瞩目的事件，始终与网络民意保持近距离，尤其是“以观点取胜”，成为媒体在网络舆论场中发挥舆论影响力的主要方式，在舆情事件中发挥着强大的舆论引导力。在舆情热点事件发生后，主流媒体应在第一时间介入，捕捉新闻线索，快速参与微博传播，运用专业化、深度性、权威性解读信息，对纷繁的网络舆论进行及时引导，坚守舆论监督阵地，发挥媒体引导社会舆论的功能。

4. 加强与当事人的沟通和疏导，从源头上化解负面网络舆论的形成

从2009年宜黄拆迁案钟如九掀开微博公民表达的新一页开始，越来越多的当事人或亲历者在遭遇不公待遇时不再保持沉默，而是利用微博及时发出声音、表达观点、维护权益，成为事件的第一报道者。微博中当事人处于信息源顶端，他们或是现场亲历者，或是直接参与者，抑或是重要见证者，能发布快捷、真实、独家的消息。这些当事人不需要庞大的粉丝数、活跃度或公众权威等要求，在事件中他们一旦开口，便会获得网民们的高度关注，如果再有意见领袖们参与转发，瞬间就能形成网络舆论。因此，在重大舆论事件发生初期，应充分重视当事人微博的作用，加强与当事人的沟通与疏导，必要时化解矛盾和误会，以保证网络舆论朝着良好的

方向发展。

当前中国已进入社会发展关键期，30 多年超常规高速发展所积累的社会矛盾日益凸显，在新媒体舆论生态中这些矛盾借助特定事件表现出来而成为网络舆论突发事件，将成为一种常态。健全网络舆论突发事件处置机制实际上是一种危机公关，是涉及舆论引导、事件处理和社会矛盾深层治理等多个层面的系统工程。针对如何在新媒体环境下妥善处置网络舆论突发事件，我们从转变观念与健全机制方面提出如下对策建议。

（1）党政部门和宣传部门要进一步转变观念，按传播规律应对网络舆论突发事件。在观念上，对于网络舆论突发事件的常态性要有充分认识。特别要转变四个方面的观念：第一，要克服对网络舆论的"恐惧心理"，绝不能把网络突发舆论事件视为"洪水猛兽"。第二，处理舆情要变"封""堵"为"疏""导"。第三，要辩证地看待负面舆论。要看到在网络舆论突发事件中，网络舆论的主流是正能量，要有包容负面舆论的胸怀，才能充分发挥网络舆论的正能量。第四，要特别重视事件之外的社会问题的治理。我国的网络舆论突发事件的高发现象发生在社会转型关键期和互联网快速发展期，有着特定的社会土壤和传媒发展背景。因此，处置网络舆论突发事件是一项极为复杂的系统工程，单一的舆论引导和事件处理只能化解危机于一时，难以达到长治久安。矛盾不消除，网络舆论重大事件就一定会卷土重来，所以处置网络舆论突发事件，关键在于在事件之外下功夫。

（2）尽快提高党政官员的媒介素养和新媒体环境下舆论引导的能力。网络舆论突发事件的应对不仅考验宣传部门的能力，也考验其他部门党政干部的新媒体素养。建议对各级党政干部进行专门的新媒介素养以及应对网络舆论突发事件的培训，提高该群体的全局观和时代意识，让各级党政干部了解各种新媒体，特别要充分认识移动新媒体和社会化媒体的传播特点，努力探索新媒体技术环境下的舆论引导规律，提升各级党政干部利用新媒体进行新闻宣传、引导社会舆论、应对公共危机的能力。

（3）进一步完善网络舆论突发事件的法制化建设，健全常规化的处置机制。处置网络舆论突发事件需要应急的功夫，但关键还要依靠机制，尤其是法制化建设。目前我们虽然制定了《突发事件应对法》，但由于该法主要仍是针对传统突发事件的，而且可操作性不强，尤其是对于网络舆论突发事件的处置缺乏针对性，因此应尽快加以修订和完善。

（4）各级党政机构应进一步加强信息公开的透明度。汶川地震及抗震救灾过程中的信息公开是处置突发事件的成功案例，其经验值得推广。要看到，在诸多群体性事件中，信息不公开、不透明的暗箱操作要么是导致事件爆发的导火索，要么是促使事件恶化的助推器，并且容易进一步导致党和政府公信力降低，在公众中积蓄负面情绪，很不利于社会稳定。

（5）针对不同类型的突发事件，要采取不同的处置机制。自然灾害类突发事件虽然往往会带来严重损失，但只要信息公开、救灾及时、安置得当，不仅不会造成负面舆论，还可能凝聚人心，是最容易处置的网络舆论突发事件；而事故灾难、公共卫生、社会安全事件三类突发事件往往与社会矛盾相关，除了要尽可能透明、公开地进行处置，一定还要解决其背后隐藏的现实问题。

（6）高度重视群众利益诉求的表达渠道，党和政府要优化和人民群众沟通的方式。众多网络舆论突发事件都是因为群众正常的利益诉求表达渠道不畅或与政府沟通不足而引发的。尽管在新媒体时代我们可以利用的传播工具很多，但政府部门与公众的信息互动渠道仍不够丰富和畅通。近年来，虽然政府部门主动公开信息的意识在逐步加强，但受到传统惯性思维的影响，与网民缺乏信息的互动和交流，无法满足公众的全面知情权，不能及时回应不断出现的各种质疑，这就可能加大流言、猜测的力度，进而诱发突发事件。因此，政府部门应该加强与公众的沟通渠道建设，尤其是提高运用新媒体与网民互动的能力和水平。

五　防范和打击网络违法犯罪的对策建议

普及化、社会化程度日益提高的互联网在为人们提供强大服务功能的同时，也成为违法犯罪滋生的重要地带。近年来，无论是传统违法犯罪在互联网虚拟空间的延伸，还是基于互联网而产生的新型违法犯罪，都趋于多样化、隐蔽化、复杂化，并呈愈演愈烈之势。对此，我们应高度重视，健全网络违法犯罪的防范和治理机制。

1. 中国互联网违法犯罪总体态势

（1）网络犯罪呈高发态势。据统计，仅2011年7月至2012年7月，我国估计有超过2.57亿人成为网络犯罪受害者，直接经济损失达2890亿元。每天有超过70万名中国网民遭受网络犯罪的侵害，每分钟有489名受害者，平均每位网络犯罪受害者蒙受的直接经济损失超过1000元。

（2）网络违法犯罪种类繁多，其危害涉及多个领域。当前我国网络犯罪的主要类型有网络诈骗、网络传销、网络色情、网络钓鱼、网络赌博、网络贩毒、网络贩枪、网络贩卖人体器官、网络非法集资、网络黑客攻击、网络贩卖假药、网络贩卖公民个人信息、网络敲诈勒索、网络传授犯罪方法、网络贩卖爆炸物品、网络贩卖剧毒化学品、网络拐卖人口、利用网络制造传播谣言、散布虚假恐怖信息，以及利用网络窃取或泄露国家秘密等。

（3）公安机关不断通过专项行动加大打击力度。近年来，由于网络犯罪猖獗，公安机关连续通过专项行动打击网络犯罪。例如，2013年6~12月，公安部统一部署整治“网络违法犯罪”的行动，重点整治对象包括网络谣言、网络卖淫、网络传销和网络敲诈勒索等。

2. 中国网络违法犯罪的基本特点

（1）犯罪主体低龄化。在破获的多起网络犯罪案件中，犯罪嫌疑人中30岁以下的占90%以上。这主要是因为现在的黑客攻击技术门槛越来越低，年轻人可以非常方便地获取相关的知识和黑客工具；其次是年轻人对网络的了解和依赖相对较深，对网络上的各种应用与服务也非常熟悉，加上年轻人心理不成熟，自控能力差，容易滋生网络违法犯罪行为。

（2）网络犯罪产业化。通信的便利，使得犯罪分子纠集起来也十分方便。围绕着具体的网络犯罪行为，犯罪分子形成了一个完整的利益链条。在链条上的每一个环节，犯罪分子都相互配合，进行精细化的分工，形成内部结构严密的犯罪组织。

（3）新的犯罪手法不断涌现。随着警方打击力度的加大以及网民防范意识的不断提高，网络犯罪的具体手法也在不断变化。例如，目前的网络传销往往要进行精心的设计，并通过“资本运作”“股权投资”“电子商务”“网络销售”等名称进行包装，对不知情的网民进行欺骗，迷惑性非常强。部分犯罪嫌疑人则不断根据网络的热点设计新的手法实施犯罪。

（4）侵害公民个人信息的犯罪急剧增加。近年来，公民个人信息已成为一种重要资源，通过出售公民个人信息而获利的犯罪数量激增。除了银行、电信等部门外，掌握大量个人详细资料的电商也成了泄露信息的重要因素。

3. 网络违法犯罪防治的难点与防治对策

面对信息化技术带来的日益复杂的网络新形势，我国相关管理部门必须清醒认识互联网违法犯罪的特点和趋势，从加强和完善网络安全立法、增加网络安全意识、宣传网络先进文化、提高服务运营商的道德素质、保证计算机安全技术的稳定和发展等方面着手，政府、企业、社会组织密切合作，相互配合，共担责任，才能切实减少和避免网络违法犯罪的发生，给广大网民营造一个和谐、文明、安全的网络环境。

（1）网络违法犯罪防治的难点。

第一，打击防范存在“时滞”。互联网络的技术和应用服务创新周期短，传播扩散速度快，无论是公众的防范意识，还是公安部门的技术应对和打击措施都存在明显的“滞后性”。导致网络违法犯罪常常呈现“先爆发，后治理”的局面，预先防范的难度极大。

第二，犯罪证据提取困难，在证据效力方面容易出现争议。网络违法犯罪发生在以网络硬件和软件为物理和技术基础的虚拟空间，难以追查行为人的真实身份和实际处所。相关违法犯罪行为的痕迹大多表现为电子信息的形式，违法犯罪证据容易被销毁，证据的提取要求有较高的信息和网络技术支持，电子数据证据的真实性和关联性在实践中很容易引发争议。这些都为依法打击网络违法犯罪增加了难度。

第三，犯罪管辖权确定与侦查区域合作操作困难。由于互联网络具有超时空的特性，网络违法犯罪行为主体、行为发生地与现实社会的物理空间之间的关系具有多重性，在管辖权的认定上存在难度。在当前我国犯罪侦查工作“条块分割”的体制下，关于在何地立案的问题常常找不到具体明确的依据。即使顺利立案，原有的各部门的配合和协作机制也常常无法满足网络犯罪案件具体侦查工作的需求。

第四，相关法律不完备。我国现有的法律法规大多是针对现实社会中

的违法犯罪行为而制定的，即使近年来出台了一系列与互联网络有关的专门法律法规和相关司法解释，也无法满足打击网络违法犯罪工作的具体要求。

第五，跨国网络犯罪打击查处难度大。网络违法犯罪行为充分利用了互联网络“无国界”这一特点，大量采用跨国犯罪的形式来实施犯罪行为。由于在很多情况下不同国家对于犯罪的法律定义不同，打击网络跨国犯罪时只有相关行为同时触犯两国或多国法律，才有合作的基础。同时，在打击成本和协调机制上都存在不小的难度。

（2）当务之急是加强互联网违法犯罪治理的法制建设。目前，我国打击遏制互联网违法犯罪的法律主要有《刑法》《刑法修正案（七）》《全国人民代表大会常务委员会关于维护互联网安全的决定》《治安管理处罚法》《全国人民代表大会常务委员会关于加强网络信息保护的决定》，比较多的是国务院颁布的行政法规和部门规章，此外还有一些司法解释。从总体上来说，法律层级较低，约束力较弱，执法范围较窄，缺乏系统性，与网络虚拟社会管理和网上打击违法犯罪的实际需要有较大差距，达不到有效管理，威慑、打击犯罪的效果。法规的不足，导致公安机关在执法实践中也存在执法不严或执法过度的问题。

防治互联网违法犯罪是一个世界性难题。当前，一些国际组织和国家都在加强相关的法制建设：国际电信世界大会于 2012 年 12 月 14 日通过了修订后的《国际电信规则》；2012 年 7 月，俄罗斯议会通过了《关于保护儿童免受损害健康和发展信息的联邦法律及其他法令》；2012 年 10 月，新加坡国会通过《个人资料保护法》；2012 年 12 月，法国颁布《安全与恐怖主义法》；等等。针对我国日益严重的互联网违法犯罪，我们也应尽快制定互联网管理的综合性基本法律以及其他专项法律，完善现行的有关互联网犯罪的法规。

（3）完善网络违法犯罪防治机制建设。网络是一个与现实社会有着复杂关系，同时又具有超时空性、虚拟性、匿名性、反控制性等独特性的综合系统。网络违法犯罪防治体系的构成要素主要包括针对互联网络的法律法规、网络司法执法主体、网络越轨主体、网络硬件（软件）服务提供商、网络技术及应用、网民、网络文化和现实社会大环境八个要素。网络违法犯罪的防治机制建设就是要正确处理好这八个要素之间的关系，使其各司其职，相互促进，协调运作。具体可以分为以下三个部分：

第一，“硬件”机制建设。强化网络执法主体力量，在人力、财力、技术、装备等方面加强打击力度；合理规范、引导网络服务提供商的权利、义务，击破非法利益链条；严厉打击网络违法犯罪主体。

第二，“软件”机制建设。除加强法制建设外，还要大力开展积极向上的网络文化建设，树立正确的网络价值观念和道德伦理；提升网民的防范意识、法治意识，强化公众的“免疫力”。

第三，从现实社会问题治理入手消除种种不良现象和罪恶根源，从而净化网络空间。

（4）网络违法犯罪防治的主要对策。

第一，“标”“本”兼治，重在治“本”。网络违法犯罪是现实社会犯罪因素在网络上的反映，其根本和源头在现实社会之中。要及时有效地解决好现实社会运行中的各种问题，紧紧抓住“网络违法犯罪行为人最终一定是现实社会人”这一关键，在可能的条件下适当实现部分网络越轨行为的“非罪化”。

第二，多主体整合，形成防治合力。防治和打击网络违法犯罪行为不能仅仅依靠公安机关的力量，要切实联合网络硬件生产商、网络基础服务提供商、网络应用服务提供商、网民等众多互联网产业主体共同努力，积极配合，剪断网络违法犯罪的黑色利益链条，形成防治合力。

第三，“软”“硬”兼施，抢占技术制高点。打击技术型网络犯罪，是与犯罪行为人在技术创新和时间上的一种赛跑。在硬件技术上应由社会控制部门前期介入；在软件上要加强侦查、监控工具的科研创新，通过完善防火墙、数据加密、网络扫描监控、网上监控、入侵检测、软件跟踪、灾难恢复等网络安全技术，强化“科技防治”的能力。

第四，加强宣传和教育，提升公众的识别、防范能力。与传统犯罪相比，目前公众对网络犯罪（如网络诈骗）的防范意识严重不足。要普及网络法律知识，加强预防网络犯罪的宣传教育，提高广大网民尤其是青少年的免疫力。

国际传播能力和对外话语体系建设

周　弘　等*

进入21世纪以后，由于技术的发展，国际传播进入了一个全新的全球化时代。加强国际传播能力、引导国际舆论、改善国家形象、赢得国际支持、保护国家利益，成为一项十分紧迫的任务，而这项任务的完成需要整体思维并整合多方力量及多种政策，是一项复杂的系统工程。要做好这项工作，需从了解我国传播工作的对象入手。如果我们不了解在国际上到底有哪些人（或团体）、从哪些渠道、通过什么方式获取有关中国的认知，并且是否并如何继续将传递这些认知，进而形成了国际上有关中国的舆论环境，那么就不能使我们的国际传播适应中国和当今世界的发展。

本文初步探讨以下两个方面的问题：对中国感兴趣的国外受众，他们为何及如何接受有关中国的消息和知识，并形成他们的认知；中国的国际传播是否直接并有效地面对这些受众。最后，本文就提高我国的对外传播

* 周弘，中国社会科学院学部委员、国际学部副主任、研究员；彭姝祎，中国社会科学院欧洲研究所副研究员；刘作奎，中国社会科学院欧洲研究所副研究员；陈新，中国社会科学院欧洲研究所研究员；张敏，中国社会科学院欧洲研究所研究员；赵晨，中国社会科学院欧洲研究所副研究员；张海洋，中国社会科学院欧洲研究所助理研究员。

能力提一些建议。

一　国外受众的基本情况

在过去若干年中，中国通过各种方式对外开展“认识中国”或“理解中国”的工作，将中国人引以为豪的优秀传统文化推介到国外，其中有些取得了很好的效果。但是，这些推介与国外对中国的关切往往擦肩而过。中国的优秀传统文化无法回答国外受众对中国的现实关切。中国的文化活动有声有色，而中国的国家形象却没有明显好转，甚至有下降的趋势。

出现上述情况的主要原因是我们对国际传播界的情况还缺乏了解，特别是对中国式的传播与国外受众的关切及偏好之间的关联度缺乏了解。那么，国外受众都有哪些？他们为什么关注中国？他们又有哪些偏好呢？我们就此进行了初步的梳理。

1. 国际媒体

媒体是国际传播最直接和最有利的渠道，无论是电视媒体、报纸媒体，还是网络媒体，都有大量的受众，其中报纸媒体的影响力主要是在本国或本地区，有些电视媒体的作用跨过了国界，而网络媒体的全球影响力日益增长。需要重视的是，在国际媒体领域里，实力对比严重失衡，西方的理论和传播方式占据明显优势，有强大的影响力，甚至垄断着话语权。

从消息来源看，根据联合国教科文组织的统计，发达国家电视发射台的数量占世界总数的71%，主要集中在欧洲、北美和日本，而亚非拉地区仅占28%。在报纸出版发行方面，发展中国家的报纸发行量仅占世界发行总量的1/4，在新闻通讯方面，几乎所有发达国家都有自己的通讯社，而有1/3的发展中国家没有自己的通讯社，只能转发发达国家发出的消息。2012年，美联社、路透社、法新社三大新闻通讯社占据全球国际新闻发稿量的80%；传播于世界各地的国际新闻中有90%以上由西方媒体提供，其中70%由西方媒体巨头垄断。不少发展中国家和经济欠发达的国家根本不具备国际传播能力，完全听任西方发达国家的舆论摆布。

强大的舆论实力支撑着西方的思维定式和偏见。大多数西方主流媒体充斥着对中国的负面报道，有些媒体热衷于抹黑中国。它们认为：

——中国媒体的思维逻辑和运行方式与西方不同，“非我族类、其心

必异”，因此排斥是自然的反应；

——有些媒体以“新闻自由”或“新闻公正”自诩，认为它们进行负面和猎奇报道是符合新闻道德的，是在维护“自由”，或者是在“维护优越的制度”；

——越是负面的报道就越是能够通过“眼球效应”获得市场。

对于国际媒体的行为方式，西方专业人士是有认识的。例如，2008年德国学者对德国主流媒体①关于中国的报道进行了梳理和分析，发表了题为《德国媒体的中国报道》的研究报告。该报告指出：①德国媒体和公众非常关心中国，2008年德国主流媒体的涉华报道占总报道数量的52.8%，平均每天对中国的报道超过11条；②德国媒体报道中国的基调是谴责，超过一半的报道具有讽刺性，充斥着对华偏见，对中国最常见的指责是“支持流氓国家”“在非洲抢夺资源”“破坏环境”“中国威胁论”等。对中国内政方面的主要关注点是少数民族、人权和领土问题，首当其冲的是西藏问题。德国媒体的报道对中国在社会、教育、科技等领域取得的进步几乎视而不见，对中国经济的报道占14.8%，采访的主要对象是在华德国经济界代表和德国企业，很少采访中国人，造成的基本印象包括中国是“廉价商品制造者”“有吸引力的增长市场”等。该报告认为，西方媒体对中国的报道总体上严重失真。

中国社会科学院欧洲研究所在2010年10月1～14日亚欧峰会和中欧峰会上先后跟踪了法国主流纸媒有关中国的报道，发现虽然中方发表了大量有关“亚欧峰会”和“中欧峰会”的消息，但是法国媒体对此重大的外交活动视而不见，对“中欧峰会”的报道几乎为零，而在此期间（前后两周)，却大量报道有关“刘晓波获诺贝尔和平奖”的信息和评论，无端指责中国政府“封锁相关消息”“违反民主和人权”，要求中国政府“释放”刘晓波。其间有关中国的另外一大新闻是人民币汇率。法国媒体

① 包括《法兰克福汇报》《南德意志报》《柏林日报》3家日报，《明镜》《焦点》《时代》3家周刊以及德国电视一台晚8点的新闻节目和德国电视一台、德国电视二台的简讯。6家印刷媒体的总发行量约为400万份，主要读者是德国的知识分子和精英阶层；德国电视一台晚8点的新闻节目平均每天有870多万人收看，是德国影响力最大的新闻类节目。

评论称，中欧之间的贸易失衡源于人民币被低估，认为“货币战”和“汇率战”使欧盟在中欧贸易中处于劣势。《费加罗报》甚至把中国对希腊的援助说成中国要将希腊变成“中国在欧洲的特洛伊木马”。

当然，国际媒体对中国也有少量的正面报道，例如报道了中国抗击汶川地震，在专业性较强的媒体上讨论中国的经济社会进步。

2. 专业民意调查机构

严格地说，专业民意调查机构也是一种媒体。这些机构在各地调查取材，经过数字处理后发布，影响力数倍增加。随着中国经济的高速发展，中国越来越受到各方人士的关注，这类调查也就越来越多。以 2008 年为例，据不完全统计，国际性民意调查机构在全球范围内进行有关中国的调查就有 30 多次。这些民意调查机构通过问题设定引导受访者，从而影响社会舆论。例如，皮尤在 2008 年关注中国的经济发展速度、奥运会、汶川地震、气候环境、人权等问题，盖洛普公司专门调查中国的产品质量、中国领导人的工作表现、全球公民（含中国公民）自由度和生活质量等问题。这些调查的内容，如所谓的“中国印象”（对中国的好感度和认同度问题）、“中国责任”（是否考虑他国利益）、“中国威胁”（中国的军力增长和经济增长是否会威胁世界）、“中国未来发展走向”（是否会取代美国、是否会成为独一无二的经济和军事强国等）都风靡一时，成为国际上有关中国的主导性话题。由于调查结果呈现负面、悲观和消极的倾向，因此这些结果的公布也直接导致了中国在国际话语领域里处于被动应付局面。

3. 国外智库

传播和解读中国信息的另外一个重要渠道是国外智库。国外智库特别是从事中国研究的智库，不仅以长期跟踪研究中国的发展变化为职业，而且影响本国政要的决策，并通过发布研究成果来影响社会。从总体上来讲，西方智库占据着人才、资金、信息资料和研究方法等方面的优势，但是在中国研究方面优势并不明显。随着中国综合国力的大幅度提高，各国智库对中国研究的兴趣也日益浓厚。

国外智库在理解中国方面的积极作用有限，原因如下。

（1）长期以来，中国研究并非西方智库的研究重点，只是最近几年

国外智库对中国的关注度才显著上升，因此其有关中国的知识积累存在明显欠缺。

(2) 语言是国外智库了解中国的一大障碍。对于多数外国人来说，掌握中文十分困难，国外通晓汉语的高级研究人员屈指可数，而中国虽然有大量的出版物，但绝大部分都是用中文出版的。这就导致智库人员更多地通过二手研究资料（如外文媒体和刊物信息）了解中国，很容易产生以讹传讹的现象。

(3) 研究中国的学者到中国大陆调研的机会正在增多，但中国方面的体制和规则没有作出相应调整，中国的学术评价也不重视国际交流合作，导致中国智库缺乏推动国际合作研究的动力。有些外国智库人士或学者到中国大陆研究受到了冷遇或过多的限制，转道去了中国台湾或中国香港。这些人因为其在中国大陆和中国台湾、中国香港的经历，产生了亲疏情绪，影响他们日后多年的立场和态度。例如，美国学者沈大伟在中国访学了一年以后，由于不能自由进入挂靠单位的图书馆而牢骚满腹，到处肆意宣扬“中国改革倒退论”。

(4) 资助国外智库开展中国研究的投入不足，资助中外智库合作研究的投入更少。欧洲联盟曾多次设立政府间合作项目，资助欧洲学者和其他国家的学者开展有关欧洲联盟的合作研究，调动了各国学者研究欧盟、普及欧盟知识的兴趣，提高了欧盟的国际知名度和欧盟研究水平。目前，中国驻外使馆开始资助一些国外智库开展活动和小型研究，但这些活动缺乏中国智库的参与，导致传播力度受限，同时受到资助的国外智库也承受着很大压力，产生受雇于中国官方的顾虑。

(5) 中国智库的作用没有得到很好的发挥。中国智库与国外智库在很大程度上停留在人员互访的层次上，少数合作研究也多为欧美人士所主持，由中国人领衔的合作研究凤毛麟角，中国智库作为平等的合作伙伴参与国际智库网络的更是稀缺。结果是，在国际上有关中国话语的形成阶段缺少中国的参与，这也是中国的国际传播难以发挥应有作用的主要原因之一。

4. 企业界人士和商会

国外的企业界特别是西方企业界，通过与中国的商贸往来而成为接触中国最多的社会群体之一。它们在与中国交往的过程中，特别是在利益关系中产生对中国的看法，又通过各种渠道特别是通过商会报告的形式，向外发布它们对中国的意见，成为影响中国海外形象和话语的一种重要力量。

从利益关系的角度看，中国实行改革开放政策以来，大量外资受到中国开放的投资环境和低廉的工资水平吸引，开展对华商贸和投资业务，不仅从中获利，也给中国创造了就业机会，并刺激了中国的增长，收获了“双赢”的效果。但是，近年来，国际上出现了一些针对中国的负面舆论，例如“中国改革开放在开倒车”“中国投资环境在恶化”“市场准入不对等”“知识产权保护不力”“没有很好地履行加入世界贸易组织的承诺”“法律法规不透明”“市场环境不确定、不公平”等，国际金融公司甚至将中国的“商业环境”排列在蒙古和巴基斯坦之后，列第 89 位。这些舆论有些就来自在中国的外商和外企。例如，中国欧盟商会的调研报告一直都在无理指责中国没有很好地保护知识产权①，导致大量仿冒产品涌入欧盟，批评中国没有很好地履行加入世界贸易组织的承诺，在市场准入方面采取“不对等”措施，还施加压力要中方进一步开放政府采购、金融、通信、邮电等服务业等，直接影响了欧盟对中国的经济贸易政策。

作为回应，中国社会科学院欧洲研究所课题组曾通过政策调研、企业访谈以及问卷调查等方式，对欧盟在华投资企业的投资和经营状况以及投资环境进行综合分析，内容涉及投资动机、宏观经济景气判断、企业生产经营状况、未来投资打算、中国投资环境评价以及对中国相关政府职能部门的建议。调研发现，欧盟企业的不满情绪事出有因，但很多是可控的。例如，中国从自身经济结构转型升级的需要出发，政策出现了由“招商引资”向“招商选资”过渡，但是缺乏与外资企业的充分沟通；又如，中国取消对外资的优惠政策，本是为了对外资实行国民待遇，给予市场公平竞争的机会，而外商却错误地说这是“国进民退”，反而要求“国民待遇”。另外调研发现，与传播界的主导舆论不同，欧盟在华投资企业的经营状况总体良好，绝大多数欧资企业认为在中国的盈利水平与母公司在全

① 2013 年欧盟海关查处 1.18 亿件仿冒产品，其中 64% 来自中国。

球的盈利水平相当，对中国市场抱有充足信心，表示不会减少投资或撤资。不过，为了实现利益的最大化，外资企业对中国的投资环境也提出了更多和更高的要求，特别是提出中国市场在原材料、能源、土地供应、人才培养、政府公共服务水平、税务、银行支付系统、政府执法等方面存在问题。有些企业认为，虽然在中国的投资可以盈利，但盈利幅度与中国市场的扩大幅度不相匹配，希望在中国市场上公平地分到更多的份额。有些外资企业担心，中国企业的技术升级和产品竞争力最终会导致外资处于竞争劣势。这类能够说明真实情况的调研因为没有进入国际传播视野，因此没有发挥出应有的影响力。

此外，我方对于西方社会的顾虑缺乏必要的敏感性。例如，欧洲国家的中小企业在面对中国市场时最为关注的问题是知识产权的安全，因为其技术大都是“家传秘方”，是经几代人传下来的手艺，是后代生计的保障。相比较而言，中国并不十分重视行业传统和行业保护，加上在“大干快上”的观念主导下推崇巨型企业和快速盈利，这些观念渗透在国际传播中无疑加剧了欧洲人的恐惧感，误以为中国发展以后会“赢者通吃”，不给人家留生计。

除了企业家团体和商会以外，国外企业的员工和中国在国外企业的员工（分布在200多个国家和地区，有数百万人之多）也是传播的主体。加上到海外旅游和求学的中国人，有将近1亿中国人在海外，他们的素质和表现（包括消费方式）也具有强大的传播力。

5. 华人华侨团体和个人

华人华侨是中国形象的重要代表者、传播者和塑造者，是所在国人民了解中国的主要窗口之一，在提升中国国际形象和话语权方面发挥着不可忽视的作用。华人华侨发挥作用的主要途径是华人社团、华文媒体和中文学校——侨社、侨报和侨校，这三者被称为海外华人社会的“三宝”。海外华文媒体具备了解所在国国情也了解中国国情的优势，华人社团和中文学校也有同样的情况。作为民间组织，它们更容易赢得所在国受众的信任，其传播效果也好于中国的官方机构。随着中国的发展，华侨华人的团体也得到了加强。但是，我国有些文化推广政策没有很好地将这一力量调动好利用好。一些文化推介活动甚至绕过当地华人华侨，忽略了他们要求整合资源，成立官民结合的研究机构等倡议，客观上形成了与华侨华人抢夺地盘的态势。

此外，华人自身的形象也直接影响中国的国际形象和话语权。以法国为例，华侨华人大致可分为三类：一是早期出于逃避战乱等原因而赴法国的人，他们受教育程度较低、语言不通，虽然其中大多数人已安居乐业，但是对法国社会的融入程度相对较低。二是来自温州、东北等地的打工者，其中不乏偷渡客，中国的负面形象有些就来自这一群体。三是留学生，他们受过良好教育、会讲法语、职业身份多元，比早期移民更能够融入法国社会。整体而言，华侨华人行为低调，不惹是生非，遇事忍气吞声，但他们大都是爱国的，并且在必要的时候会勇敢地站出来捍卫国家声誉（如2008年在巴黎捍卫奥运火炬传递）。因此，亲近华侨华人，提高他们的文化归属感、守法精神、道德修养和生活品位，通过他们无形或有形地改变外界对中国的印象，应当成为传播政策的重要组成部分。当然，在发达国家的知名大学里也不乏通过“个人奋斗”获得教职的华人知识分子，他们中的少数以教师的身份在国外公共讲堂上大肆渲染中国的“黑暗面”，系统地传播“中国社会不公”“城乡不公”“政府腐败无能”等论调，迎合西方社会的“政治正确性”，起到了对未来的西方社会精英进行“反华洗脑”的作用，杀伤力巨大。对待反华的专业传播只能用专业化而非政治化的方式加以应对。

6. 青年群体

青年是世界的未来，世界青年对中国的认知和好恶将影响未来中国与国际社会的关系走向，所以青年是我国国际传播的重要对象群体。青年人朝气蓬勃、思想开放、乐于接受新鲜事物、成见较少，因此对他们的工作既重要又富有挑战。

近年来，中国经济的高速发展促使无论是发达国家还是发展中国家的青年都对中国充满好奇。越来越多的外国青年来到中国求学、就业、旅游，感受和认知中国。仅以法国为例，2009年在法国驻华使领馆正式登记的在华法国人有2.2万人，到2012年底已经超过了3万人，实际在华人数超过4.5万人，其中青年人占到很大比例。2009年世界金融危机爆发后，包括发达国家在内的诸多外国青年大量涌入中国求职，北京、上海的

地铁内的外籍面孔随处可见。中国的经济活力和社会包容潜移默化地感染了来华的外国青年。法国《费加罗报》的一份调查报告称，中国是外籍人员幸福感最强的国家。外国在华留学生直接从中国社会了解中国，他们思想活跃、学习主动，有自己特定的沟通方式，不是传统的传播方式可以对他们产生影响的；反之，很多非传播渠道会对他们产生影响，他们自己则可能成为一种沟通中外的天然传播渠道。

近3年来，我国年均出国留学人数增长达23%，我国已成为世界上最大的留学生生源国。中国青年是美国、日本和德国最大的留学生群体，是英国除欧盟以外人数最多的留学生来源地。同时，在海外工作的中国年轻人也在增多，据意大利里昂－莫莱萨基金会2012年的调查，意大利境内的移民年轻人达到45.5万人，华人占3.1%，仅次于菲律宾人，居亚洲移民第二位。中国在海外的青年也是世界认识中国的一面镜子。中国的海外留学生有自己人“扎堆”和“抱团”的习惯，同当地国青年的交流不够密切，大都各自钻研，很少像发达国家的青年那样热衷于参加或举办各种活动，对当地舆论也没有什么影响力。多数青年参加国际场合的活动时不善于表达观点，害怕说错话。

7. 其他特殊利益集团

国外利益集团在中国国际形象的塑造方面起着十分重要的作用。这些利益集团各有关切和受众，有些利益集团有着悠久的历史（如源自18～19世纪的欧洲老社会运动）。例如，公民权利、劳工权益和妇女平权组织，大都有某种观念支撑，不是从现实出发，而是从某种定见出发。例如，对于一些“老左派”而言，“中国符号”曾经是“抗击帝国主义”“支持亚非拉民族解放运动”。当时，毛泽东的著作被翻译成很多种语言，产生了巨大的影响力，这些人士至今用这个标准来衡量中国。左翼社会运动荒谬地认为，中国不再利用超越资本主义或帝国主义的制度模式，而是全球化的受益者，中国的发展侵占了发达国家工人阶层的利益。冷战后加入西方的原苏东地区的国家则错误地把中国看成坚守苏东制度模式和治国原则。

据不完全统计，目前在中国相关议题比较活跃的公民社会组织分布在以下几个领域：

——人权（如“大赦国际”“人权观察”“无国界记者组织”）；

——消费者运动（如“洁净成衣运动”①）；

——环境保护（如“世界自然基金会”“绿色和平组织”）；

——教育组织（举办与中国有关或与中国合作的非官方教育交流活动）；

——跨文化交流（“中欧论坛”“中欧文苑”“中国—欧盟公民社会圆桌会议”等）。

以下重点分析几个利益集团。

（1）西方人权组织。西方人权组织时常针对中国发出负面有时甚至是比较极端的评论，这在2008年北京奥运会期间表现得非常明显。部分人权组织确实接受了特定政治组织的资金捐助，比如美国的“人权观察”组织就接受美国国家民主基金会的资助，这个基金会20世纪曾经参与颠覆智利阿连德左翼政权的活动。

人权组织活动的领域很广，例如“大赦国际”就将关注点集中在公民政治权利方面，主要为知识分子言论自由和受羁押的持不同政见者游说，其主要的批评对象是大国，特别是美国。这个组织在联合国等全球性政治机构中受到高度保护。由于限制进入中国活动，“大赦国际”在香港设立了分支机构，依靠非正式的渠道获得中国有关人权方面的信息，造成选择性偏差，因为只有对现状不满的群体才会寻求“大赦国际”的关注，而主流社会则成了“沉默的大多数”。“大赦国际”本身又是“抗议型”的非政府组织，自然不会对中国表达平衡和中肯的意见。另外一些人权组织，如“医生无国界”以及一些教会团体或智库等则更多地采取网络活动和协商方式，努力扮演政策咨询的角色。一些组织已经与中国国内的相关组织建立了合作关系，是可以借重的力量。

（2）“消费者运动”。西方的“消费者运动”在中国议题上主要关注两个领域，一是和劳工权益相关的问题，如欧洲的“洁净成衣运动”；二是产品安全问题，尤其是轻工业产品（如玩具）和食品的安全。近年来，

① “洁净成衣运动”是一个欧洲性的自愿网络组织，在奥地利、比利时、法国、德国、意大利、荷兰、葡萄牙、西班牙、瑞典和瑞士设有附属工作组，其目的是改善服装和运动服行业的工作条件。

中国屡屡遭受来自“消费者运动”的攻击，中国被形容成“血汗工厂”，中国的经济成功被说成“导致发达工业国家失业率持高不下的主要原因”。所有这些又和中国的低劳工标准联系起来，在很大程度上抵消了中国经济成功的正面影响力。

其实，上述指责是经不起深入细致的调查研究的。例如，德国一位“洁净成衣运动”的领导人海德尔（Klaus Heidel）通过研究证明，密集型产业工人劳动条件较差的现象在全球范围内普遍存在，中国的情况并不显得特殊，过去15年以来中国工人的状况正在改善，但这些事实在非政府组织的倡议活动中却被忽略了。问题在于，细致和专业的调查研究结果总是被排除在传播界的视野之外。

在产品安全问题上，中国也备受非议，但这实际上也是一个被高度政治化的议题，尤以玩具安全最为突出。中国出口的玩具安全甚至成为美国大选的一个议题，中国被指责生产“有毒玩具”“毒害儿童”。中国的食品安全也受到各种社会组织的广泛关注。“蓝色21”“世界面包”“乐施会”“生态和发展组织”等开始只是关注欧洲的食品安全问题，近年来将关注点转向中国，它们还向西方国家的农民游说，强烈批评欧盟的立场，无理指责欧盟将中国看成欧洲农产品大市场，牺牲欧盟农民的利益。

（3）环保组织。与人权组织类似，非政府环保组织也越来越积极地参与国际组织的相关事务。大多数非政府环保组织批评中国存在严重的环境问题，指责中国是“全球最大的碳排放国”，是“造成气候变化的主要责任者”，是“不负责任的全球大国”，是“气候和能源安全伙伴关系的敌对力量”，“对所有国家都构成了威胁”。但是，环保组织还没有使用对抗的策略对待中国，它们对发达国家的生活方式也提出了质疑，它们的批评指向无法聚焦到单个国家，但是它们的批评被传播界集中在一起，就成为攻击中国的“炮弹”。一些发达国家的策略是将这种非政府的环保组织纳入自己的制度框架，弱化其对抗力。例如，环保组织就被欧盟委员会指定为与环境相关的专业知识提供者，这些组织在欧洲议会通过参加听证会、写请愿书、进行个人游说，发布消息，影响公共舆论。与环境组织类似的还有“野生动物保护协会”“世界自然基金会”“绿色和平组织”等国际性非政府组织，它们有些在中国大陆设立了办公室，处理好与它们的关系也是提高中国的国际传播能力的重要方面。

二 中国的国际传播效率

近年来，随着综合国力的增强，我国通过各种方式和途径，特别是采取增加资金投入、拓宽文化交流渠道、加大文化产品“输出”力度、举办“文化周”和“文化年”等方式，加快文化“走出去”步伐，产生了一定的影响力。但是，在国际传播领域里的投入与产出之间还有一定的距离，传播方和受众之间还存在比较明显的“产销不对路”和“资源错配”的现象。例如，中国在世界上100多个国家的知名院校建立了400多所“孔子学院”，开办了500多个“孔子课堂”，成功地调动了国外校方和教师推进与中国合作进行汉语教学的积极性，注册学员达到65.5万人，举办文化活动1.6万场次，参加者近1000万人，从数字统计上看成绩斐然。但是，这些活动并不直接产生能够深入人心、影响观念的话语权，仅靠这种方式加强传播力是不够的。

从数字分析的角度看，我国的国际传播也存在效率问题。新华社的工作人员有1.3万人，在全球记者站有180个，播发语种有8种，覆盖国家100余个，但日处理文字只有60万字；而路透社用工只有1.45万人，却以23种语言播发，覆盖200个国家，日处理文字达800万字，是新华社的10多倍；美联社和法新社仅用3000多人，就大大超过新华社的效率，日处理文字分别为3000万字和300万字。在电视媒体和网络媒体方面，中国中央电视台和英国广播公司、美国有线电视新闻网、日本放送协会等西方媒体相比，员工数量和海外记者站都不算少，但是播出语种却有明显差距，海外观众也少于其他媒体。从网络媒体的角度看，中国国际广播电台的国际在线在美国的点击率为2.8%，在日本的点击率为1.5%，在法国的点击率为0.9%，在德国的点击率为0.6%，而英国广播公司在美国的点击率为13.5%，在德国的点击率为1.7%，在法国的点击率为1.3%。中国的成绩已经可圈可点，但是比起西方网络媒体也还有差距。

我国在国际传播方面的明显弱项在观念传播领域。近年来，中国在媒体的硬件建设方面发展快速，但是影响力的增长却不成比例。在有些情况下，硬件越先进，活动越多，负面的作用和影响也越大，这是在国际传播

领域里的一个悖论。近代以来，西方文明一直领先世界，不仅创造了惠及世界的技术和生产方式，还是当代西方思想和制度的发祥地，在各个领域里形成了一套思维模式，特别是经历了半个多世纪的和平繁荣之后，西方公众对自己的生产方式、生活方式和社会政治方式深感自豪。他们面对有明显差异的中国经验和中国方式，缺乏心理准备和知识储备，中国道路的成功使西方中心论者感到中国不仅难以被西方同化，而且他们深恐西方被中国同化，于是各种不利于中国的指责和渲染很容易影响民众的情绪，导致民间误解加深。

在国际传播领域里，我国有成功的经验和失败的教训。2008 年由中国发起了“《奥林匹克宣言》全球文明传播”活动。对于这项倡议，国际奥委会发函给予高度评价，认为这是将中国文化与世界文化相融合的创举，丰富和发展了奥林匹克文化，在国际上也获得了好评。在民众参与的情况下进行国际传播是我国的弱项。西方民调机构①的“西方各国民众的中国观”调查显示，中国形象在过去十年中非但没有好转反而日趋恶化，对中国不友好的感觉不仅出现在西方各国，而且通过西方媒体影响到了发展中国家，而且这种传播通过复制和转引不断地产生负效应。

由于在中国和国外（特别是西方国家）之间存在天然和历史造成的传播障碍，因此在国际传播领域需要进行更加深入的调查、更加细致的分析和更加有效的行动。关键问题不在于是否举办活动，举办了多少活动，而在于是否抓住了受众的关切，是否改变了受众的观念，是否维护了人类的共同利益，是否给受众留下了一个进步的、向上的、公正的、积极的中国形象。

上述调查和分析使我们认识到以下几个方面。

（1）西方媒体从自身利益或经历出发，难以避免有目的性的、负面的和导向性的报道。其出发点主要有：

——历史文化和思维方式不同，造成发展观念和价值认同方面的

① 如皮尤全球舆情调查、盖洛普、佐格比、美国德国马歇尔基金会跨大西洋趋势、马里兰大学和加拿大环球扫描公司的舆情调查、英国广播公司的新闻之夜舆情调查等。

差异，作为传播介质，媒体集中表达了这些差异；

——披露社会阴暗面和政治丑闻是媒体的职业习惯；

——为了市场竞争的需要，为了吸引眼球，片面迎合消费者的心理需求；

——以“道德高度”为幌子，有意扭曲中国，给读者造成错误印象；

——中国社会不文明、不守法的个别现象成为其诟病中国的口实。

（2）民意调查机构在引导舆论、为媒体提供素材方面作用很大，有些民意调查题目，如“中国的威胁超过美国”“中国是全球稳定最大的威胁”“中国是全球最大的污染者”，都是引导性的提问，回答是选择性的，实际上是启发负面回答，调查结果在媒体曝光率较高。

（3）智库以研究中国为业，但是与中国的合作和掌握中国的知识都比较欠缺。智库从专业的角度影响外界有关中国的话语，但在这些话语的形成阶段缺少中国的参与。这也是中国的国际传播难以发挥应有作用的主要原因之一。

（4）各种利益集团有不同的利益驱动，态度和立场因其利益而有所不同，也因其利益而会有所改变，需要有针对性地加以应对。各种利益集团，包括企业界，都围绕着中国快速发展的问题做文章，说明中国的国际传播应当将重点放在解读中国发展上。

（5）青年群体主动认知中国，应当是国际传播的重要对象和重要渠道，这一点没有得到足够的认识。

（6）有关中国的知识匮乏。事实上，很多参与传播中国消息的机构、团体和个人都缺乏事实确凿的中国知识，这是因为：①中国历史悠久、文化多元，知识体系和思维方式与西方有很大差别，外国人了解中国有很大难度；②外界缺乏需要长时间的投入的跨文化人才，就连法国最著名的三大新闻周刊之一《快报》都曾经在一篇介绍胡锦涛的文章中配上了江泽民的照片，可见其人才的匮乏；③市场对中国知识的需求和市场能够提供的有关中国知识的供给出现失衡，求大于供，导致大量简化中国和符号化中国的现象出现。

中国国际传播工作存在以下一些问题：

其一，缺乏对外传播战略。因为对国外情况缺乏了解和理解，因此缺乏针对不同受众的有效策略。

其二，对国外各界的关切不够重视，而这些关切关系各界人士的切身利益和他们的立场。

其三，没有将资源很好地整合起来。在研讨中国问题的时候，有一些与中国有长期接触的企业家和学者，他们对中国的了解和观点都比较中肯客观，特别是他们能够看到中国的进步和发展前景，但是这些有利的资源一直都在我国对外传播的视野之外。同样受到忽视的是华侨华人团体，他们的积极性有时甚至受到我国文化"走出去"的打击。他们自认为应当是"文化走出去"主要的依靠对象，因为他们在当地为了维护中国文化打拼了许多年，当国家开始重视中国文化的时候，却来了一批有权有钱的竞争者而不是合作者或靠山。

其四，我国的对外传播机构更加关心如何向国内的行政上级汇报，忙于主办活动和接待领导，对于活动效果不够重视。2012 年伦敦书展选择中国做主宾国，中国在书展上占据了很大场地，但是既缺少主宾组织的读书活动，也很少有顾客问津，而其他国家的书展虽占地不大，却生机盎然、交易不断。这说明我国是为了办书展而办书展，其他国家是为了进行图书交易而办书展。中国的国际传播的受众不仅是政要，更是社会各界。软实力的影响力是多方面的，不仅政要可以通过政策影响社会，社会也可以通过各种渠道和方式对政要施加影响。衡量中国国际传播能力的主体不应只是中国国内的行政领导和专家，而应当主要是国际上各行各业，有不同利益、取向和偏好的受众。

其五，中国文化中除了雅俗共赏的食谱、武术（气功）等外，近年来出现了一些受人喜爱的小说和文学作品，但是最能够影响国外舆论的社会科学研究类成果却寥寥无几。这说明缺乏对中国成功经验的系统总结和归纳。

其六，沟通能力一直都没有受到我国评价体制的重视，导致我国缺乏中外两通、外语过关且擅长沟通的人才。

三 改善国际传播方式，增强对外传播能力

综合以上分析，我们拟就改善对外传播提出以下建议。

（1）提高针对性。有效的传播基于对受众的充分了解。要想建设有成效的对外话语体系，需要对国际受众的利益取向、习惯及偏好进行调研，以便灵活地调整政策和方式。成功的国际传播需要深入、细致的工作，特别是要针对国际受众的关切讲述中国故事，例如中国是怎样通过体制机制的改革提高效益的；中国的现行规则哪些是适应市场发展的，取得了哪些成就，哪些正在改革试验中；中国企业和企业行为的变迁；中国社会政策的变化；中国参与式民主的由来；等等。

（2）扩大传播视野和传播面，调整传播机制。我国的对外传播责任机制是纵向的部门分管，但是受众却不会仅从一个渠道，而是从许多渠道接受有关中国的信息和观念，这些渠道之间也存在相互作用的现象。在很多情况下，受众之间的相互影响力大于直接传播。因此，我国的国际传播需要拓宽视野和工作面，不能只盯住几个固定的目标，而是要考虑到第二层或第三层的传播效果。例如，我们向外宣讲了一个概念，本身只完成了传播的第一层任务，这个概念再向第二层传播的效果有可能是积极的，也有可能是消极的，还有可能不再继续传播。所以，在制定传播方略的时候需要考虑到这些因素。

（3）丰富传播方式。当前，网络媒体发展势头迅猛，传播手段丰富，逐渐成为西方舆论传播的主要渠道，美国的《纽约时报》和《新闻周刊》先后宣布将停止出版印刷版报纸，而转做在线新闻业务。网络媒体特别吸引青年，因其可以提供选择和互动的平台。我国的国际传播亦可设计更多具有选择性和互动性的传播方式，例如可以在国外开展民意调查，或合作进行民意调查，借机进行引导性的知识和观念传播；也可以通过系列故事讲座，正面介绍中国人成功背后的勤劳、智慧、守法、互助等品质，介绍中外合作的成功经验。

（4）做好自己的事情是保证传播质量的根本。只有把中国立场的选

择和中国发展的动力、困难和解决方式等为外界关注的问题讲深讲透，讲得让人听懂，才能产生效益。在讲中国故事的时候不能片面，该进行自我批评的时候不能护短。如果我国的舆论谴责某些私营企业的违法行为，维护当地的法律和正义，效果反而会是正面的，如果给违法的中国企业护短，效果就是加倍负面的。总之，传播不意味着简单和重复表态，那样反而会被人指为“宣传”。我们应当相信中国人走过的道路对世界是有积极意义的，只要是人间正道，只要表现诚意，中国经验是会在国际上被广泛认可的。

（5）投资知识传播，更注重观念传播。如上所述，国外对于中国的现实情况了解甚少，对于中国的思维和行事逻辑知之更少，因此需要制定一套有重点、有步骤的传播方略，出一批外文的通俗小册子（要比白皮书通俗），重在介绍中国的方方面面（欧洲联盟印发了很多这类小册子，可供参考）；更要审慎地、有针对性地选择一些外方关切的议题，寻找有效的沟通方式（最好是通过研讨方式）。

（6）加大专业交流合作力度。应当切实加强与国际媒体的合作，可以安排中国学者和媒体人为西方媒体供稿，也可以扩大国家社科基金的招标范围，设立专项资金用于国际招标，鼓励并推动中国智库与国外智库共同开展合作研究。还可以通过减免税收的方法，鼓励企业设立合作研究基金，促进中外合作。应鼓励并支持我方人员参与外方资助的国际合作项目，并发挥积极影响。总之，要不拘一格地推动国际传播界建立各种形式的、利益相关的合作体，保持民间沟通顺畅，不要把“人文交流”搞成高层访问活动和流于形式的国际论坛。

（7）建议根据新的工作方案审核现有的传播评价标准，静下心来做事情，取消或减少传播领域里花样翻新、形式单调、内容空洞的评价机制，将资源、时间、精力用于从事可以产生国际影响力的实际工作。我们需要以国外市场和社会的接受度而不只是中国行政部门的满意度来检验中国国际传播的成果。

（8）重视人才（特别是青年人才）的培养，扩大传播队伍。鼓励、支持与褒奖中外两通的人才。在跨语言、跨文化、跨政体、跨意识形态的条件下从事沟通和传播工作是十分不易的，除了特殊的语言要求外，沟通者还需有很好的文化素质、广博的知识和优秀的品质，才能使受众信服。因此，传播队伍的培养是我国传播事业的重中之重。此外，可以考虑通过支持专业性学术团体开展活动等方式，将社会力量充分调动起来。

（9）把外文出版作为一项重要工作认真抓好，鼓励并支持研讨性的外文成果发行或出版，鼓励并支持各个机构开办英语网站，介绍中国的成果。

当前，世界各国都将提高本国在国际上的形象作为重要的外交政策，面临中国“软实力”与“硬实力”增长失衡的状况，我们需要痛下决心、认真对待、积极谋划，改变对自身不利的国际舆论。要做到这一点，首先需要了解国外关注中国事务的人群，弄清他们的意图和习惯，有针对性地发出“中国声音”。

第三篇

社会体制改革

城乡发展一体化与户籍制度改革

魏后凯　盛广耀*

长期以来，我国存在严重的城乡二元结构问题，城乡之间巨大的发展差距已经严重影响经济社会的健康发展。我国经济社会发展过程中出现的许多问题和矛盾都与此有关。党的十八届三中全会通过的《中共中央关于全面深化改革若干重大问题的决定》（以下简称《决定》），把“健全城乡发展一体化体制机制”作为全面深化改革总体部署中的重大问题，并明确提出要“创新人口管理，加快户籍制度改革”①。

原有的户籍制度是形成我国城乡二元结构的基础性制度，是阻碍城乡发展一体化的重要因素。现行户籍制度始于20世纪50年代，是一种城乡分割管理的二元户籍制度，是计划经济体制下特殊时期的产物。这种城乡二元户籍管理制度将社会成员按照身份和地域加以区分，尽管其具有一定的时代合理性，但导致了严重的城乡分割。以此为核心形成的城乡二元管理体制，人为地加剧了城乡之间的不平等关系，进一步强化了城乡二元经济社会结构，并被固定化。改革开放以来，随着社会主义市场经济体制的逐步建立，原有户籍制度的种种弊端和问题越来越暴露出来，严重阻碍了

---

* 魏后凯，中国社会科学院城市发展与环境研究所副所长，研究员；盛广耀，中国社会科学院城市发展与环境研究所副研究员。

① 《中共中央关于全面深化改革若干重大问题的决定》，《人民日报》2013年11月16日，第1~3版。

我国经济社会的健康发展，成为制约城乡发展一体化的主要体制障碍。落后的制度安排与现实需求的冲突不断加剧，使得社会各界对深化户籍制度改革的呼声越来越强烈。近年来，全国各地对户籍管理制度改革进行了一些有益探索，取得了一定的效果，但与社会发展的需要、改革的最终目标和人民的期待还有很大的距离。

推动城乡发展一体化，必须以深化户籍制度改革为突破口，逐步消除城乡二元结构，促进城乡要素自由流动、平等交换和均衡配置，推动形成以工促农、以城带乡、工农互惠、城乡一体的新型工农城乡关系，使农村居民与城市居民共享现代化的成果，实现权利同等、生活同质、利益同享、生态同建、环境同治、城乡同荣的一体化发展目标。本文将在梳理总结近年来我国户籍制度改革进展的基础上，分析考察当前户籍制度改革中存在的主要障碍和问题，提出加快户籍制度改革、推进城乡发展一体化的战略思路和政策建议。

一　近年来中国户籍制度改革的进展

改革开放以来，伴随着以市场为导向的经济体制改革，我国开始发生大规模的人口流动现象。特别是20世纪90年代以后，人口流动规模不断扩大。现实的需求要求改革原有的户籍管理制度。在城乡之间、区域之间人口迁移不断扩大的推动下，为适应经济社会发展的要求和人口管理新形势的需要，中央政府和各级地方政府在户籍制度改革方面进行了一些积极探索。

1. 国家层面的户籍制度改革

改革开放后，我国逐步建立起社会主义市场经济体制。为适应人口流动形势的变化，国家陆续采取了一系列政策措施，对户籍制度进行了一定程度的改革，改变了过去严格控制的户籍政策，放宽了人口迁移的政策限制。

进入21世纪后，国家明确提出改变城乡二元体制、统筹城乡发展的政策思路，鼓励和支持农村剩余劳动力向城镇和经济发达地区流动，明令各地取消对农民进城就业的各种不合理限制。针对大规模的人口流动，国家提出了加快户籍制度改革的要求。

在控制大城市人口规模的城市发展方针的影响下，国家对人口迁移控制政策的放松是从小城镇入手的。在20世纪90年代末小城镇户籍制度改革试点的基础上，2001年3月，国务院批转公安部《关于推进小城镇户籍管理制度改革的意见》①，小城镇户籍制度改革得到全面推进。该意见规定，凡在上述范围内有合法固定的住所、稳定的职业或生活来源的人员及与其共同居住生活的直系亲属，均可根据本人意愿办理城镇常住户口；并且根据本人意愿，可保留其承包土地的经营权，也允许依法有偿转让。自此，全国基本上放开了小城镇户籍对本地农民的落户，小城镇户籍制度改革开始取得了实质性进展。

此后，尽管国家鼓励各地根据实际情况进行户籍政策调整的探索，但针对大中城市全国范围制度层面的改革较为滞后。直到2010年，国务院批转国家发改委《关于2010年深化经济体制改革重点工作意见的通知》中提出，深化户籍制度改革，加快落实放宽中小城市、小城镇特别是县城和中心镇落户条件的政策；进一步完善暂住人口登记制度，逐步在全国范围内实行居住证制度。这项改革工作由公安部、财政部、国土资源部、农业部、人力资源和社会保障部负责落实，再次从国家层面提出户籍制度改革的具体制度安排，并首次在国家文件中提出在全国范围内实行居住证制度，从而开始了新一轮户籍制度改革。

2011年2月，国家颁布了新的户籍制度改革文件《国务院办公厅关于积极稳妥推进户籍管理制度改革的通知》，从国家层面提出户籍管理制度改革的政策指向。该文件提出了分类明确户口迁移政策，限制条件分别确定为：在县级市市区、县人民政府驻地镇和其他建制镇，有合法稳定职业并有合法稳定住所（含租赁）；在设区的市（不含直辖市、副省级市和其他大城市），有合法稳定职业满三年并有合法稳定住所（含租赁），同时按照国家规定参加社会保险达到一定年限；城镇综合承载能力压力大的地方可从严，中西部地区可放宽；而直辖市、副省级市和其他大城市，继续合理控制人口规模，进一步完善并落实好现行城市落户政策。

《决定》对户籍制度改革进行了明确部署。该文件提出“全面放开建

① 国发〔2001〕6号文件。

制镇和小城市落户限制，有序放开中等城市落户限制，合理确定大城市落户条件，严格控制特大城市人口规模”，并配套进行相关制度改革，如“把进城落户农民完全纳入城镇住房和社会保障体系，在农村参加的养老保险和医疗保险规范接入城镇社保体系。建立财政转移支付同农业转移人口市民化挂钩机制”①。2014 年中央城镇化工作会议又明确指出，要“解决已经转移到城镇就业的农业转移人口落户问题”。这就为加快推进户籍制度改革明确了路径和方向。

按照党的十八大和十八届三中全会关于“加快户籍制度改革”的精神，公安部会同国家发改委等 12 个部门，在广泛深入调查研究和总结各地经验的基础上，研究制定的《关于加快推进户籍制度改革的意见》正在进一步修改完善，即将出台。此文件将在制度层面对全国户籍制度改革进行总体要求和政策安排。未来加快户籍制度改革将按照尊重意愿、分类实施、有序推进的原则进行，重点是通过调整完善户口迁移政策，促进有能力在城镇稳定就业和生活的常住人口有序实现市民化，主要任务是解决已经转移到城镇就业的农业转移人口落户问题，稳步提高户籍人口城镇化水平，稳步推进城镇基本公共服务常住人口全覆盖。到 2020 年，要基本形成以合法稳定住所和合法稳定职业为户口迁移基本条件，以经常居住地登记户口为基本形式，城乡统一、以人为本、科学高效、规范有序的新型户籍制度。

2. 地方层面的户籍政策调整

近年来，在国家户籍制度相关政策调整和改革试点的鼓励下，全国一些省份如浙江、四川、广东、河北、江苏等以及大中城市如郑州、重庆、成都、广州等纷纷出台户籍改革方案，对地方性户籍制度改革进行了积极有效的探索，取得了一定成效，并积累了宝贵的经验。这些地方结合自身情况，形成了各有特色的户籍制度改革路径，其中郑州、成都、重庆、上海以及广东等典型城市和地区具有代表性的户籍改革模式，值得全国其他地区和城市借鉴。

① 《中共中央关于全面深化改革若干重大问题的决定》，《人民日报》2013 年 11 月 16 日，第 1～3 版。

郑州市是全国率先开展大城市户籍制度改革的城市，其改革方案在全国同类城市中外地人口迁入条件最为宽松。2001 年 11 月，郑州市政府颁布《关于进一步完善和落实户籍制度改革政策的通知》，规定亲属投靠、新生儿入户、购房入户、工作入户、投资纳税入户、大中专院校毕业生入户、成建制迁入七类人群可按相关条件办理迁入郑州市户口。2003 年 8 月，郑州市又出台《关于户籍管理制度改革的通知》，进一步深化了户籍制度改革。该文件规定，在全市取消“农业户口”“暂住户口”“小城镇户口”“非农业户口”二元户口性质，实行“一元制”户口管理模式，统称为“郑州居民户口”，各县（市）、区的户口可以相互迁移，在当地派出所随时办理；在外地人口迁入方面，在购房入户、大中专院校毕业生入户、工作入户三个方面大幅度降低迁移落户条件。郑州市户籍制度改革的探索，打开了城市和地区迁入的大门，最大限度地实行低门槛落户，实现了人口的自由迁移。由于政策实施后短时间内人口大量涌入带来了一些问题，特别是城市教育资源供需矛盾激化，郑州市政府不得已暂停了有关政策的执行。2004 年 8 月，郑州市停止了按固定住所迁移登记、放宽亲友投靠的户籍制度改革政策，此后的户口迁移登记执行的是 2001 年改革后需就业、购房等条件落户的管理制度①。

成都市的户籍制度改革被媒体誉为到目前为止“中国最彻底的户籍改革方案”，其特点是以“城乡居民自由迁徙”为目标，在全域范围内统一城乡户籍、实现居民自由迁徙。作为全国统筹城乡综合配套改革试验区，成都市自 2003 年后进行了 5 次较大规模的户籍政策调整。2010 年 11 月，成都市出台《关于全域成都城乡统一户籍实现居民自由迁徙的意见》，提出到 2012 年实现全域成都城乡统一户籍。该文件明确规定，成都市将建立户口登记地与实际居住地统一的户籍管理制度；统一就业失业登记，完善就业援助制度；进一步完善城乡统一的社会保险制度；建立分区域统一的城乡住房保障体系；分区域统一城乡“三无”人员供养标准和低保标准；建立城乡统一的计划生育政策；实现义务教育公平化；统一中职学生资助政策；城乡居民在户籍所在地享有平等的政治权利和民主管理

① 王美艳、蔡昉：《户籍制度改革的历程与展望》，《广东社会科学》2008 年第 6 期。

权利；实行统一的退役士兵安置补偿和城乡义务兵家庭优待政策；市外人员入户享受与本地居民同等的待遇。此次户籍制度改革突破了以往和其他城市户籍制度改革仅仅局限于落户准入条件的规定，而致力于建立城乡统一的户籍、居住一元化管理制度，充分保障城乡居民平等享受各项基本公共服务和参与社会管理的权利。2011 年 1 月，成都根据 2010 年 7 月颁发的《成都市居住证管理规定》，对流动人口推行居住证管理。在成都居住时间在 1 年以上，且在当地从事务工、经商及买房租房人员，并缴纳社会保险 6 个月以上的，可以办理居住证；持证人员在劳动就业、医疗卫生、计划生育、法律援助等 12 个方面享有与成都户籍人口同等的权利和保障。成都市的户籍改革不仅使本地城乡居民享有了统一的基本公共服务和社会保障，而且使流动人口享有与当地居民相似的权利和保障①。

重庆市的户籍制度改革则是以解决有条件农民工及新生代转户进城为突破口。2010 年 7 月，重庆市政府发布了《关于统筹城乡户籍制度改革的意见》及《重庆市户籍制度改革配套方案》。重庆市户籍制度改革政策被概括为“三个为主”（以农民工为主、以开发区和工业园为主、以区县为主）、“三年过渡”（为原农户的相关土地退出和开发利用权益保障设定三年过渡期）、“三项保留”（三年内保留宅基地和承包地的使用权、经营权和收益权）和“五件衣服”（转户后就业、社保、住房、教育、医疗五个方面纳入城镇保障体系）。此项户籍改革方案提出按照宽严有度、分级承接的原则，梯度放开主城区、区县城、乡镇落户条件，完全畅通了符合条件的农民市民化通道。同时，对与户籍制度相关的配套机制进行系统改革，涉及农村土地处置机制、住房保障机制、养老保险制度、医疗保险制度、社会救助和福利服务保障机制、就业保障机制、培训机制、城乡教育保障机制、卫生服务保障机制、计划生育相关政策等，并且提出逐步消除城乡户籍待遇差距。为此，重庆市还陆续配套出台了 37 个文件，形成了完善的户籍制度改革政策体系。

广东省的中山市、广州市、深圳市等城市的户籍制度改革，以流动人

① 王阳：《破除城镇化进程中人口自由流动的制度障碍》，《劳动经济评论》2013 年第 1 期。

口积分入户为特色，受到全国各地的关注和借鉴。2009年，中山市在全国率先推行流动人口积分制管理，以此作为流动人口享受城市基本公共服务和入户的依据，为打破户籍坚冰提供了一种全新的、务实的路径选择①。2010年6月，广东全省开始全面推广实施积分入户制，出台了《关于开展农民工积分制入户城镇工作的指导意见》，对在广东全省开展农民工积分制入户城镇工作提出指导意见。2011年12月，广东省出台《关于进一步做好农民工积分制入户和融入城镇工作的意见》，针对农民工积分制入户城镇工作存在的政策不够完善、部门协调不够到位、办事程序不够简便、配套服务不够优化等问题，进一步完善了农民工积分制入户城镇的政策措施。在广东省务工的农村户籍人员和城镇户籍人员均适用农民工积分制入户政策，对参与积分并达到一定分值的人员，可凭积分享受相关公共服务，当积分达到规定分值时，可申请入户城镇。广东省开展积分制入户的户籍制度改革，探索建立了规范有序的外来人口融入城镇的途径。

上海市的户籍制度改革具有明显的控制人口、引进人才的特色，持居住证人员符合一定条件可转入常住户口，达到一定积分可享受本地户籍人口的部分待遇。由于存在城市人口膨胀的压力，上海市尽管改革开放后多次调整户口迁移政策，但始终执行严格的户籍控制制度。2009年3月，上海市政府颁布《持有“上海市居住证”人员申办本市常住户口试行办法》，明确了持上海市居住证人员申办上海市常住户口的具体途径。该项政策规定，持有居住证人员转为常住户口需要同时符合5项条件：持居住证满7年；参加上海市城镇社会保险满7年；依法在上海市缴纳所得税；在上海被聘任为中级及以上专业技术职务或者具有技师（国家二级以上职业资格证书）以上资格且专业及工种对应；无违反国家及上海市计划生育政策规定的行为，无治安管理处罚以上违法犯罪记录及其他方面的不良行为记录。除此之外，该办法还规定了4项可优先申办的激励条件。此项政策实为执行人才直接落户政策，主要是为了解决持人才类居住证人员的落户问题。2013年7月上海市开始施行《上海市居住证管理办法》，规

① 冯奎、钟笃粮：《完善基本公共服务体系　促进户籍制度改革》，《中共中央党校学报》2013年第1期。

定上海实行居住证积分制度，对在上海合法稳定居住和合法稳定就业的持证人进行积分，达到标准分值的，可享受子女教育、异地高考、社会保险、证照办理、住房、基本公共卫生、计划生育等方面的公共服务待遇。此项制度将特大城市户口与公共服务逐步脱钩，为特大城市的户籍制度改革提供了另一种途径。

3. *户籍制度改革的进展和特点*

近年来，全国各地户籍制度改革的探索已经取得一定的成效，户籍制度改革中许多积极有效的做法，也为在国家层面加快户籍制度改革积累了经验，明确了改革和完善政策的方向。

（1）渐进式、分类化推进改革。从近年来国家和地方层面户籍制度改革的进展看，基本上都体现了渐进式、分类化的改革推进思路。从全国来看，针对大规模的人口流动，国家层面的户籍制度改革步骤是从易到难，首先从小城镇入手，逐步推向中小城市、大城市和特大城市，通过不同规模城市迁移落户条件的差异，分类放松对人口迁移的限制。2001 年国务院批转公安部《关于推进小城镇户籍管理制度改革的意见》，全面推进了小城镇户籍制度改革，基本上放开了小城镇户籍对本地农民的落户限制。2011 年国务院办公厅发布《关于积极稳妥推进户籍管理制度改革的通知》，按县级市市区、县人民政府驻地镇和其他建制镇；设区的市（不含直辖市、副省级市和其他大城市）；直辖市、副省级市和其他大城市；以及城镇综合承载能力压力大的地方、中西部地区等类别，分类明确了户口迁移政策。《决定》对建制镇和小城市、中等城市、大城市、特大城市，分类提出了全面放开落户限制、有序放开落户限制、合理确定落户条件、严格控制人口规模等渐进放开的改革要求。

从不同地区和城市的户籍改革方案来看，自郑州市全面放开的改革模式受挫后，尽管各地经济社会条件差异明显，户籍改革方案的特点不同，但从总体而言，多采取了渐进式、梯度化的改革路线。在城乡户籍一元化改革方面，各地均是先取消“农业户口”和“非农业户口”，逐步完善配套政策，待条件成熟时，再真正实现户籍一元化管理。在迁移落户地区方面，大城市多是城市中心区严格、远郊区县较为宽松。例如，重庆市户籍改革方案按照适度放宽主城区、进一步放开区县城、全面放开乡镇的思路，设置了宽严有度、分级承接的户籍准入条件。在务工经商年限方面，主城区是5年以上，远郊31个区县城只需3年以上；在投资兴办实业方面，主城区需3年累计纳税10万元以上或1年纳税5万元以上，远郊区县城只需3年累计纳税5万元以上或1年纳税2万元以上；而其他乡镇则无限制条件，本市籍农村居民可自愿就近就地转为城镇居民。在上海市居转户政策中，在上海市远郊地区的教育、卫生等岗位工作满5年的，持证及参保年限可由7年缩短至5年，并可优先申办常住户口。

（2）统一城乡户口登记制度。作为户籍管理制度改革的举措之一，近年来一些省份先后取消了农业户口与非农业户口的性质划分，逐步建立城乡统一的户口登记管理制度。截至2013年6月，我国有14个省份探索建立了城乡统一的户口登记制度。

针对城乡居民户口名称统一后，基于户口性质的差别化待遇依然存在的情况，成都、广州等城市积极开展相关配套改革，推进户籍权利平等化。这些城市在户籍制度改革中，重视与农村土地制度、社会保障制度等改革的联动，探索将户籍制度改革与社会保障制度改革相衔接，着手建立城乡统一的户籍管理制度、社会保障制度和公共服务体系。例如，成都市提出，彻底破除城乡居民身份差异，推进户籍、居住一元化管理，充分保障城乡居民平等享受各项基本公共服务和参与社会管理的权利。为实现这一目标，成都市对统一就业失业登记和失业保险待遇标准、统一城乡社会保险制度、分区域统一城乡住房保障体系、分区域统一城乡“三无”人员供养标准和低保标准、建立城乡统一的计划生育政策、实现义务教育公平化、统一中职学生资助政策、城乡居民在户籍所在地享有平等的政治权利和民主管理权利、统一退役士兵安置补偿和城乡义务兵家庭优待政策等各项配套改革，进行了明确规定，以消除城乡居民在基本公共服务和社会福利方面的差异。

广州市则对从城乡户口统一登记到实现城乡户籍一元化管理的过程，制定了明确的改革路线图：首先是取消农业户口和非农业户口，形成一元化户籍制度的总体框架；其次，各职能部门逐步改革相关配套政策，但在过渡时期仍对原农业户口人员和非农业户口人员加注相关标识；最后，到城乡居民实现同等待遇之时，取消农业户口人员和非农业户口人员户口标识，真正实现“户籍一元化”①。

（3）实施流动人口居住证制度。居住证制度是一些城市进行户籍制度改革中加强外来人口管理和服务的一个比较成熟的经验，现已成为全国户籍制度改革的重要内容之一。当前大城市公共服务的有限性与人口的不断增长之间的矛盾十分突出，这些城市难以实行一步到位的户籍制度改革。由于人口流向的意愿强烈，如果全面放开外来人口的迁移落户，这些城市一时将难以承受。而将城市外来人口排斥在公共服务之外，则又与公平、平等背道而驰。逐步在全国范围内实行居住证制度，是现阶段相对较为现实可行的户籍制度改革举措②。

深圳、珠海、广州、东莞、佛山、大连、太原、嘉兴、慈溪、长春、上海等城市，现已相继实行新的居住证制度。例如，2008 年 8 月，深圳正式实施居住证制度，取代实施了近 13 年的暂住证制度；广东省自 2010 年 1 月在全省全面实行流动人口居住登记和居住证制度。2010 年 5 月，国务院转发国家发改委《关于 2010 年深化经济体制改革重点工作的意见》，首次在国务院文件中提出在全国范围内实行居住证制度。目前各地所推行的居住证制度，与早先一些城市所执行的人才居住证、蓝印户口不同，它针对所有流动人口，领取居住证几乎没有门槛。

居住证是由原先的暂住证演变而来的，但与暂住证有本质上的不同。居住证制度体现了新的社会管理理念，淡化了户籍观念，强化城市外来人口的居民意识，服务和管理更加人性化。居住证附加了各项公共服务，持有者可享受诸多市民待遇。例如，广东省居住证制度规定，持证人员享有职业技能培训和公共就业服务、社会保险、法律服务和法律援助、计划生育技术服务、传染病防治和儿童计划免疫保健服务、专业技术职务的任职资格评定或者考试、职业（执业）资格考试、职业（执业）资格登记、机动车驾驶证申领和机动车注册登记、出入港澳地区的商务签注、子女接受学前教育和义务教育等方面的权益和公共服务。上海市居住证管理办法

① 王阳：《破除城镇化进程中人口自由流动的制度障碍》，《劳动经济评论》2013 年第 1 期。

② 魏文彪：《对全国实行居住证制度的几点期待》，《资源与人居环境》2010 年第 13 期。

规定，持证人在子女教育、社会保险、证照办理、住房、基本公共卫生等方面，可享受相关待遇。而且，居住证制度还为外来人口入户提供了过渡机制，如广东省推行的积分入户、上海市实行的居转户政策等。

（4）放宽城市迁移落户条件。按照国家要求有合法固定的住所、稳定的职业或生活来源为基本条件，全国多数地区都不同程度地放宽了迁移落户城市的条件。在落户方式上，近年来各地形成了具有不同特点、多样化的入户模式，如人才入户、投资纳税入户、购房入户、投靠亲属入户、新生儿入户、工作入户、大中专院校毕业生入户、积分迁入等。即使是人口控制严格的城市，也可通过居住证的形式，获得包括子女教育在内的多项市民化待遇。在落户规模上，除广东、上海户籍新政仍采用总量控制外，多数地区采取以准入条件取代人口控制指标，没有限制人口落户的数量。而重庆户改不仅没有设置落户指标，还设定了 2 年 300 万人、10 年 700 万人的新增城镇居民目标。在落户门槛上，全国各地普遍放宽了落户条件，降低不同方式入户的门槛标准。以购房入户为例，2009 年天津市降低了申办蓝印户口的购房标准，购房款标准由原来统一的 100 万元调低为市内六区、塘沽区 80 万元，环城四区和汉沽区、大港区 60 万元，宝坻区、武清区和三县 40 万元。还有许多地方取消了关于购房金额的限制。以亲属投靠入户为例，江苏省就规定，父母投靠子女的，不受身边有无子女的限制。对合法固定住所的限制条件，许多地区由原来必须具备有合法产权的固定住所，降低到含租赁住房在内的固定住所。

二　当前户籍制度改革存在的障碍和问题

1. 户籍制度改革力度与社会发展要求不相适应

近年来，在统筹城乡发展的背景下，全国各地纷纷推出户籍改革新政，并取得了不少成果。但是从改革的总体进程来看，城乡之间、地区之间人口的大规模流动并没有促使户籍制度改革取得实质性突破，远远滞后于经济社会发展的需要。2010～2012 年，虽然全国共办理“农转非”户口 2505 万人，平均每年 835 万人，为前三年的 2.2 倍，但与全国 2.34 亿城镇常住的非户籍人口存量相比，差距十分明显。按照这一速度和规模，单纯消化现有存量就需要 28 年。目前，中央已经明确，到 2020 年要解决约1亿进城常住的农业转移人口落户城镇，这样就需要每年解决1428万人。即使按照这一速度，要解决全部存量也需要16年多时间。这说明，与巨大的社会需求相比，各地户籍制度改革推进的力度不足，还处于“雷声大、雨点小”的状态。不少地方的户籍政策调整只是作出改革的姿态，而无根本性的改变，全国户籍制度整体上存在改革滞后的问题。

这主要表现在以下几个方面：一是大中城市推进户籍制度改革较为谨慎而缓慢。由于对流动人口的认识存在误区，只谈市民化的成本而不考虑其对城市发展的贡献，大中城市普遍对外来人口落户有抵触意识。尽管2011年国务院在《关于积极稳妥推进户籍管理制度改革的通知》中明文规定，在县级市市区、县人民政府驻地镇和其他建制镇有合法稳定职业并有合法稳定住所（含租赁）、在设区的市（不含直辖市、副省级市和其他大城市）有合法稳定职业满三年并有合法稳定住所（含租赁），同时参加社会保险达到一定年限的人员均可申请落户，但在多数地区难以落实。二是改革避重就轻，形式上的意义大于实质上的内容。全国有14个区（市）建立城乡统一的户口登记管理制度，取消了农业、非农业二元户口性质划分，但不同性质户口上原有的权益并未统一，仍需加以区分，城乡户籍一元化改革有名无实。农民工流入大省广东推出农民工积分制入户的改革举措，但指标设计偏向高学历、高技术职称外来人员，加上实行总量控制的手段，真正的农民工很难达到落户的标准。从各地积分落户制的实践看，近年来真正通过积分正式落户的比例很低。三是落户门槛依然较高，改革新政达不到改革的目标。尽管近年来在户籍制度改革过程中，各地将户口迁移由指标审批制转变为条件准入制，并放宽了外来人口迁移落户的条件，但所设条件仍然较高，无法满足社会各界对户籍制度改革目标的诉求。

2. *户籍制度改革缺乏制度层面的顶层设计*

我国户籍制度一直采取的是自下而上的改革路径，中央政府给予地方政府相当大的自主权，鼓励和支持地方政府进行因地制宜的试点探索。而且，经过多年的地方性改革尝试，也积累了丰富有益的经验，为全国性户籍制度的改革奠定了基础。但是，目前户籍制度改革已经进入攻坚阶段，单纯依靠地方政府局部性、片段式的改革，已经难以取得更大的进展和实

质性的突破。

这主要表现在以下几个方面：第一，地方性改革的选择性与户籍制度的一致性、系统性之间存在矛盾。制度必须具有法规性或者指导性与约束力，制度建设要求统一、规范和公平。同时，制度建设本身应该是中央政府的权责，地方性户籍政策调整和改革探索，只能是为户籍制度建设提供经验参考。由于地方性政策存在自利性，地方政府主导下的户籍政策调整，既缺乏改革目标的约束，也缺乏持续改革创新的动力。特别是在一些户籍改革遇到问题、遭受质疑的城市，这种情况则更加明显。第二，地方性的自主改革由于解决不了深层次的制度难题，而难以深入推进。与户籍制度相关的配套制度改革，如农村产权制度、社会保障制度、教育制度等，也需要在国家层面进行统筹考虑。地方户籍改革因此多停留在浅层的、形式上的政策调整，缺乏深层的、实质性的制度突破。这也是不少地区在推进户籍制度改革时，倾向于避重就轻、观望等待的重要原因之一。第三，各自为政的户籍制度改革可能带来新的问题。从目前各地已推出的户籍改革方案来看，改革的目标设计、受益人群、包含内容、落户门槛、土地权益等存在明显差异。现在各自为政的改革政策，可能会增加以后进行制度性统一的难度。而且，对一些在关键问题上迥异的做法，可能会产生一些社会问题。例如，对待农村居民进入城镇落户的土地处置问题，在成都市无须退出承包地、宅基地；而在重庆市则设置三年的过渡期，并对自愿退出的承包地、宅基地和农房进行补偿；广东省则有以农村土地承包经营权、宅基地使用权置换城镇户籍的政策规定。

3. 户籍制度改革与其他相关制度改革不配套

户籍制度改革的难点在于，长期的二元体制造成附着在户籍之上的社会保障和福利差异巨大。在市场经济体制下，经济发展的区域差异又使不同地区社会保障和福利的差距进一步拉大。户籍制度改革并不只是涉及户籍本身，更牵扯社会权利、社会保障和福利等诸多制度性改革，从而“牵一发而动全身”。户籍制度改革涉及教育、医疗、劳动就业、社会保险、住房保障等诸多方面的改革，其相关制度改革的进程决定着户籍制度改革的进展。户籍制度改革的成功与否，并不取决于户籍制度本身，而是由相关制度改革的成效所决定的。当前的户籍制度改革与其他相关制度改革尚不配套，致使户籍制度改革缺乏系统性和彻底性，难以取得突破性进展。

相关配套制度改革的滞后，使得户籍制度改革困难重重。一是二元户籍管理制度难以得到根本性改变。户籍制度改革的核心问题是户籍权益的平等化，是建立取消城乡差别的户口、居住一元化管理的体制。但是，目前从中央到地方，户籍制度改革的着力点还主要集中在如何设计城市户籍的准入条件上，实际上仍然保留了传统户籍制度的内涵，并没有改变二元户籍管理制度的根本。根本原因还是在于相关制度改革滞后，户籍制度只能采取渐进式改革。二是加大了户籍制度改革的难度。由于社会保障一体化、基本公共服务均等化的推进工作缓慢，城乡之间、区域之间的社会保障和公共服务，特别是教育资源、住房保障、养老医疗等方面的差距拉大，更加显示出大城市和发达地区户籍的重要性，反过来进一步增加了户籍改革特别是大城市改革的难度。三是一些重要的改革举措有名无实。取消农业与非农业户口性质划分、建立城乡统一的户籍管理制度是我国户籍制度改革的基本方向。一些省份和城市统一了城乡居民户口，探索建立了城乡统一的户口登记制度。但是，由于统一城乡居民各项权益的改革滞后，基于原有户籍性质的医疗、养老、失业、低保、住房保障、计划生育等诸多政策仍然保持不变，这与城乡一元的户籍管理制度还相差很远。

4. 人口流向集中加大了户籍制度改革的难度

我国户籍制度改革必须考虑的一个现实问题是，人口吸引力与资源承载力之间的矛盾突出。2012 年，在我国 1.63 亿外出农民工中，有 65% 集中在地级及以上大中城市，其中直辖市和省会城市占 30.1%，地级市占 34.9%①。在全国流动人口中有八成以上分布在大中城市，尤其是直辖市、计划单列市和省会城市，吸纳了流动人口总量的 54.1%；而在希望在城市落户的流动人口中，约有 70% 青睐大城市②。人口流向极不均衡，造成了户籍制度改革陷入“两难”的境地，难以平衡社会的需求与改革

① 《2012 年全国农民工监测调查报告》，国家统计局网站，http://www.stats.gov.cn/tjsj/zxfb/201305/t20130527_12978.html，最后访问日期：2014 年 6 月 13 日。

② 国家人口和计划生育委员会流动人口服务管理司编《中国流动人口发展报告(2012)》，中国人口出版社，2012。

的难度。一方面，中小城市和小城镇数量众多、分布广泛，发展空间和吸纳人口的潜力巨大；而且，自 2001 年实行小城镇户籍管理制度改革后，中小城市和小城镇户籍迁入政策已经相当宽松。但是，由于中小城市和小城镇产业支撑与提供公共服务的能力不足，在就业机会、收入水平和生活条件方面与大城市存在较大差距，对人口的吸引力较弱。另一方面，大城市、特大城市的人口膨胀对有限的城市资源的压力巨大，交通拥堵、环境污染、房价高企等“大城市病”日益加剧。然而，由于其在教育、医疗、社会保障和福利以及社会环境等方面具有优势，对流动人口具有相当大的吸引力。尽管大城市、特大城市户籍制度改革缓慢，执行着较为严格的人口迁入政策，但人口仍在不断地流向大城市。

人口在空间上流向的集中性，造成大城市、特大城市户籍制度改革的成本和风险加大，以致难以进行实质性的户籍制度改革，从而也影响了我国户籍制度改革的整体推进。我国一直试图采取小城镇、中小城市、大城市和特大城市户籍梯度放开的政策，以引导人口相对均衡分布，解决农业转移人口市民化的问题。但是，由于我国城市发展的现实状况，中小城市和小城镇吸纳人口的能力受限，其潜力远没有得到充分发挥。人口流向与户籍政策的导向存在很大的偏差，户籍制度改革没有达到政策制定者所预期的效果。

5. *户籍制度改革存在服务于城市发展的误区*

我国二元户籍管理制度源于控制农民盲目流入城市的人口管理需要，改革开放后的历次户籍政策调整也是出于对城市发展需要的考虑。在这种政策思维惯性的影响下，近年来地方主导的户籍制度改革，以城市为中心进行政策设计，为城市发展和城镇化服务的倾向明显。人才入户、投资纳税入户、购房入户都是这种思路下的政策设计。在国家政策的指导下，城市外来人口的迁移落户已经由指标控制转变为条件准入，为人口向城市迁移流动提供了积极稳妥的路径。但是，各地基于当地城市发展的现实需要，所制定的具体落户条件具有明确的选择性。对待外来人口，以学历、技术职称、投资、购房等为条件加以筛选，倾向于高学历、高收入的小部分人群，而不自觉地忽视广大农民工群体的落户要求。对待本地农民，往往以放弃宅基地和承包地为前提。户籍制度改革被作为城市发展和城镇化的手段，偏离了户籍制度改革的本意，实际上是延续了原有户籍制度的不合理性。事实上，在市场经济条件下，户籍限制并不能改变人口流动的现实，现有的制度安排所起的作用只是限制外来人口平等享有社会保障和公共服务的权利。

这种以城市为中心的户籍政策调整思路，与户籍制度改革的宗旨不符。户籍制度改革是为了解决原有户籍制度存在的种种弊端，适应新形势下社会发展和人口管理的需要。改革的目标是建立城乡统一、户口登记地与居住地统一的户籍管理制度，实现户籍权益的平等。现实中需要完成的迫切任务是农业转移人口的市民化。这决定了户籍制度改革必须以农业转移人口为重点展开，各地不能仅考虑自身的城市发展问题，而不承担为城市发展作出巨大贡献的农民工的市民化成本。但是，户籍制度改革的属地性、制度变迁的路径依赖，使户籍制度改革难以突破创新，传统的二元户籍管理制度难以发生根本性改变。

三　以户籍制度改革为突破口推动城乡发展一体化

城乡二元结构是制约城乡发展一体化的主要因素，而现行户籍制度是造成城乡二元结构的重要制度基础。因此，消除城乡二元结构，促进城乡发展一体化，必须以加快户籍制度改革为突破口。

1. 明确户籍制度改革的基本方向

户籍制度是依法收集、确认、提供住户人口基本信息的国家行政制度，其基本功能是身份证明、人口统计和社会管理。推进户籍制度改革，就是要打破城乡分割，按照常住居住地登记户口，实行城乡统一的户口登记管理制度，同时剥离户籍中内含的各种福利，还原户籍的本来面目。户籍制度改革的关键是户籍内含各种权利和福利制度的综合配套改革，户籍制度改革只是“标”，而对其内含各种权利和福利制度的改革才是“本”。户籍制度改革必须标本兼治、长短结合，其目标不是消除户籍制度，而是剥离户籍内含的各种权利和福利，取消城乡居民的身份差别，建立城乡统一的户籍登记管理制度，实现公民身份和权利的平等。

户籍制度改革涉及面广、关注度高，一定要统筹规划，搞好顶层设计，坚持自愿、分类、有序的原则，积极稳妥地加以推进。要改变目前完

全由地方主导的做法，充分发挥中央政府的主导作用，推动户籍制度改革由地方主导向中央主导转变。要站在全局战略高度，尽快制定和颁布全国户籍制度改革总体方案，包括最终目标、制度安排、改革路线图和时间表。各地要根据全国总体目标和安排，因地制宜地制订不同的实施方案，采取符合本地实际的具体措施。只有这样，才能既体现各地区发展条件和特点的差异，又便于各地区之间政策的相互衔接，从而使户籍制度改革规范有序、积极稳妥推进。

当前，有关部门已提出到2020年基本形成“城乡统一、以人为本、科学高效、规范有序的新型户籍制度”，这种新型户籍制度虽然以经常居住地登记户口为基本形式，但仍然把合法稳定住所和合法稳定职业作为户口迁移的基本条件。显然，这种做法沿袭了现有的“放宽落户条件”的思路，并非户籍制度改革的终极目标，而只能是一种中短期的过渡性目标。从长远来看，户籍制度改革的最终目标只能是按照常住居住地登记户口这一个唯一标准，实行城乡统一的户口登记管理制度。

2. 科学确定户籍制度改革的路径和时间表

从目前的情况看，中国的户籍制度改革应采取双轨制的办法。所谓双轨制，就是一方面按照现有的“放宽落户条件”的思路，实行存量优先、分类推进，逐步解决有条件（如有合法稳定住所和合法稳定职业）的常住农业转移人口落户城镇的问题；另一方面，通过剥离现有户籍中内含的各种福利，逐步建立均等化的基本公共服务制度以及城乡统一的社会保障、就业管理、土地管理和社会管理制度，以常住人口登记为依据，实现基本公共服务常住人口全覆盖。前者实质上是一种户籍政策调整，后者才是真正意义上的户籍制度改革。因此，从根本上来讲，户籍制度改革最终能否成功，关键在于能否建立均等化的基本公共服务制度和城乡一体的体制机制。一旦这种城乡一体的体制机制形成，“放宽落户条件”的改革思路也就失去了意义。在这种情况下，两条改革路径将最终接轨。

推进户籍制度改革是一项长期的、艰巨的任务，必须长短结合，明确各阶段的目标、任务和具体措施，制订切实可行的实施方案，分阶段稳步推进。从全国来看，要力争在2025年前，以常住人口登记为依据，逐步建立城乡统一的户籍登记管理制度、城乡一体的体制机制和均等化的基本公共服务制度，实现城乡发展一体化。

近期（到2015年），要分类剥离现有户籍制度中内含的各种福利，在全国推行居住证制度，对城镇常住外来人口统一发放居住证，持证人可享受本地基本公共服务和部分公共福利，如政治权利、劳动权益、就业培训、义务教育、基本社会保障等，切实保障农业转移人口的基本权益，基本实现基本公共服务城镇常住人口全覆盖。同时，对符合一定条件的农业转移人口，如有固定住所和稳定收入来源、就业或居住达到一定年限等的人口，应优先给予落户。

中期（到2020年），要通过强化综合配套改革，完全剥离户籍内含的各种权利和福利，逐步建立城乡统一的户籍登记管理制度、社会保障制度和均等化的基本公共服务制度，基本实现基本公共服务城乡常住人口全覆盖。城乡居民实现在常住居住地依照当地标准，行使公民的各项基本权利，享受各项公共服务和福利，包括选举权、被选举权和公共福利享有权等。

远期（到2025年），要进一步深化综合配套改革，推动形成全国统一的社会保障制度和均等化的基本公共服务制度，在全国范围内实现社会保障一体化和基本公共服务常住人口全覆盖，确保农业转移人口在政治、经济、社会和文化等领域全面融入城市，公平地分享改革发展的成果，平等参与民主政治。

3. 建立全国统一的居住证制度

尽快出台“居住证管理办法”，规范和完善居住证制度。居住证申办要从低门槛逐步走向无门槛，严禁将学历、职称、无犯罪记录等作为申办的前置条件。常住外来人口只要有固定住所，自愿申请，都应该办理居住证。持证人在选举权、就业权、义务教育、技能培训、临时性救助、基本医疗保险、基本养老保险和失业保险等方面，享受与当地户籍人口同等待遇，以保障其公民基本权益。除了基本保障外，其他方面的社会保障和公共服务，如住房保障、一般性社会救助等，由各地方政府根据实际情况确定，中央不作出具体规定。在此基础上，根据持证人在当地工作的年限、持证年限、有无稳定收入来源、社保缴纳情况、缴税情况等，建立和完善积分落户制度。当持证人达到一定的积分时，应转为城镇正式户口。由于

居住证是一个过渡性的临时措施，过渡期不宜太长。在条件成熟时，应取消居住证，完全按常住居住地登记户口，在全国实现由居住证向统一户籍的并轨。所谓条件成熟，就是要建成均等化的基本公共服务制度和城乡一体的体制机制，实现基本公共服务常住人口全覆盖。

4. 加快推进各项相关配套改革

目前，与户籍挂钩的各项权利和福利达20多项，包括民主权利、就业机会、子女教育、社会保障、计划生育、购车购房、义务兵退役就业安置、交通事故人身损害赔偿和各种补贴等。因此，加快户籍制度改革，必须尽快清理与户籍挂钩的各项政策。首先，禁止各地新出台的各项有关政策与户口性质挂钩，除国务院已经明确规定的就业、义务教育、技能培训等政策外，要把范围扩大到社会保障和公共服务的各个领域。即使是在北京、上海等特大城市，新出台的人口规模调控政策，也不应与户口性质挂钩，而应研究制定其他非歧视性的标准。其次，对就业、教育、计划生育、医疗、养老、住房等领域现有各种与户口性质挂钩的政策进行一次全面清理，取消按户口性质设置的差别化标准，研究制定城乡统一的新标准，使现有政策逐步与户口性质脱钩。凡条件成熟的，应尽快调整相关政策，并修订完善相关法律法规；暂时不具备条件的，应研究制定分步实施的办法，提出完全脱钩的时间表。这样通过新政策不挂钩、旧政策脱钩，逐步建立城乡统一的社会保障制度和均等化的基本公共服务制度。

除了调整相关政策外，户籍制度改革还必须与土地、就业、计划生育、教育、社会保障等相关体制的改革配套推进。要加快农村产权制度改革，对农业转移人口在农村的承包地、林地、宅基地等各类资产全面颁证赋权，并允许抵押、转让和继承，做到所有权清晰、使用权完整、收益权有保障。同时，将农业转移人口全面纳入城镇社会保障体系，包括养老保险、医疗保险、失业保险、工伤保险、生育保险和城市低保，公租房等保障性住房也要逐步对城镇常住外来人口开放，尽快实现社会保障城乡对接和跨区域接转。

5. 建立多元化的成本分担机制

农民进城落户和融入城市涉及多个方面的体制改革，需要支付巨额的改革成本。要合理消化这一成本，就必须充分发挥政府的主导作用，加大各级财政的投入力度，同时鼓励企业、农民、社会积极参与，逐步建立一个由政府、企业、农民、社会等共同参与的多元化成本分担机制。首先，要充分发挥政府的主导作用。要明确中央、省和城市政府的职责分工，义务教育、社会救助等最基本的公共服务主要由中央政府负责；失业、医疗、养老保险等随着统筹层次的提高，中央财政也应承担更高的比例；而就业扶持、权益维护、计划生育、公共卫生、社区服务、保障性住房等方面的投入，主要由城市政府承担，中央和省级财政通过加大转移支付力度给予相应支持。要建立财政转移支付同农业转移人口市民化挂钩机制，加大中央财政对农业转移人口集中流入地区的支持。其次，要鼓励企业和社会广泛参与，尤其要调动企业的积极性，参与分担就业培训、权益维护、社会保障和住房条件改善等方面的成本。要积极引导企业加强对农业转移人口的就业培训，参与公租房、廉租房建设，集中建立农民工宿舍或公寓，改善农民工居住社区的环境。同时，要强化企业的社会责任，加强农民工的劳动保护，及时足额为农民工缴纳相关保险费用，提高农民工参与城镇社会保险的比例。

中国分区域“单独二孩”政策目标人群*

王广州　张丽萍**

一　引言

始于20世纪70年代的中国计划生育政策，对中国人口的发展进程进行了严格的人为干预，从根本上改变了中国人口、中国家庭和中国社会的基本结构。计划生育政策，特别是1980年以来的独生子女政策是中国历史上前所未有的，也是世界历史上前所未有的，对中华民族产生的深远影响也必将是前所未有的。然而，30多年过去了，面对客观的人口规律和已经变化了的人口形势，适时调整和完善生育政策已成为当务之急。

党的十八届三中全会提出："坚持计划生育的基本国策，启动实施一方是独生子女的夫妇可生育两个孩子的政策，逐步调整完善生育政策，促

* 本文是在张丽萍、王广州《"单独二孩"政策目标人群及相关问题分析》一文的基础上进一步修改而成的，并补充了全国各省份和省会城市的数据。原文刊载于《社会学研究》2014年第1期。

** 王广州，中国社会科学院人口与劳动经济研究所研究员；张丽萍，中国社会科学院社会学研究所副研究员。

进人口长期均衡发展。”[①] 这一被俗称为“单独二胎”[②] 的政策一经公布，立即引起了全社会的强烈反响。如何进行生育政策的转换，降低其带来的各种风险，实现平稳过渡，不仅需要科学的政策研究与设计、老百姓的理解与配合，更需要决策者的政治智慧与勇气。

实际上，“单独二胎”的概念并不准确，人口学界一般将其称为“单独二孩”，意思是第一胎是双胞胎、多胞胎的不在政策范围之内。“单独二孩”生育政策，从根本上改变了独生子女和“一胎化”生育政策的导向和趋势，标志着中国生育政策的历史性转折。

新政的实施时间已经引起社会各界的关注，国家卫生计生委对此解读称，新政不设统一的时间表，由各省份负责，根据当地实际情况，依法组织实施。随着各省份新政实施进入启动阶段，有许多实际问题不容忽视。需要深入研究的问题有很多：第一是符合新政的人群规模，即已生育一孩未生育二孩的“单独”育龄妇女总量、结构；第二是如果分别放开“单独二孩”，各省级单位能产生多大的出生人口堆积，对医疗卫生、教育乃至未来的就业会造成多大压力；第三是全国各地区“单独二孩”父母的具体分布状况等；第四是符合生育条件人群的生育进度如何，即是否需要建议对高龄产妇优先生育，其他年轻一孩“单独”育龄妇女避开堆积，等等；第五是生育“单独二孩”的风险人群的特征与分布情况如何，尤其是高龄孕产妇规模以及出生缺陷的产前筛查等需要进行提前准备；第六是需要了解“单独二孩”的生育意愿以及实际生育之间的差距，既要预防出生堆积，也要防止低生育陷阱的出现。然而，回答或判断这些问题，首先必须把握符合“单独二孩”的目标人群总量、结构。

以往对于不同计划生育政策下目标人群的研究多数是分析现行生育政策实施以及调整生育政策后的影响。郭震威、齐险峰应用“四二一”家庭微观仿真模型，测算了现行政策不变、“单独”政策和“二孩”政策三种生育政策条件下未来50年我国人口数量与结构变动的情况，模拟了不

---

① 《中共中央关于全面深化改革若干重大问题的决定》，《人民日报》2013年11月16日，第1~3版。

② “单独”即夫妻中一方是独生子女，是与夫妻双方均为独生子女的“双独”相对而言的，相当于专有名词，下同。

同方案可能带来的人口与经济社会后果，认为在今后较长一个时期内宜保持现行生育政策的总体稳定①。乔晓春、任强通过对放开生育政策和不放开生育政策两种情形可能导致的人口学后果进行估计，结合国外的经验和教训，从低生育率的长期后果来分析如何合理地选择生育政策②。还有学者在分析现行生育政策覆盖人群、育龄妇女总量、结构、生育进度和生育目标的基础上，通过人口系统随机微观仿真实验分析“单独”育龄妇女总量、结构及发展趋势，模拟生育政策调整的影响，认为全国尽快实施放开“单独二孩”政策面临的风险不大③。

综上所述可以发现，这些研究更多地集中在现行生育政策与调整生育政策的影响分析，讨论的重点是要不要调整生育政策、调整政策与不调整政策的后果、如何调整以及何时调整等，其中包括独生子女总量结构研究、“单独”育龄妇女总量结构估计、“单独”统一放开的研究④。如果说以往的研究更侧重于全国宏观层面的分析，对生育政策调整的可行性分析，那么随着新政的实施，当前更需要对面向新政策的“单独”育龄妇女的孩子结构进行精算、细算。总之，从目前的研究基础来看，对“单独二孩”政策的研究缺少面向具体实施步骤的空间分布研究、面向具体实施过程的人群特征分析、更精细的对“单独二孩”政策实施进行有效指导的研究以及针对“单独二孩”政策实施后为全面放开二孩政策做好基础准备的研究。

二 数据与方法

从研究对象的特征来看，符合“单独二孩”政策的人群可以定义为育龄夫妇必须有一方是独生子女，同时，该育龄夫妇已经生育了一孩尚未生育第二个孩子，满足这些约束条件的已婚育龄夫妇才能具备生育二孩的政策条件。

要研究“单独二孩”政策目标人口构成的特征，需要研究的首先是

① 郭震威、齐险峰：《“四二一”家庭微观仿真模型在生育政策研究中的应用》，《人口研究》2008 年第 3 期。

② 乔晓春、任强：《中国未来生育政策的选择》，《市场与人口分析》2006 年第 3 期。

③ 王广州：《“单独”育龄妇女总量、结构及变动趋势研究》，《中国人口科学》2012 年第 3 期；王广州、张丽萍：《到底能生多少孩子？——中国人的政策生育潜力估计》，《社会学研究》2012 年第 5 期。

④ 王广州、胡耀岭、张丽萍：《中国生育政策调整》，社会科学文献出版社，2013。

独生子女的总量、结构；其次是“单独”育龄妇女的总量、结构；再次是一孩“单独”育龄妇女的总量、结构；最后是符合“单独二孩”政策可能生育的一孩“单独”育龄妇女总量、结构。显然，上述人群的基本数量关系存在这样的基本逻辑：独生子女总量 > “单独”育龄妇女总量 > 一孩“单独”育龄妇女总量 > 符合新政策的一孩“单独”育龄妇女总量。本文根据上述关系，一步一步地估计全国分区域具备上述特征育龄妇女的总量与结构，研究的重点集中在育龄妇女身上。

对“单独二孩”目标人群的估计，涉及横向的夫妻关系及纵向的母子关系。从研究方法来看，目前的宏观模型很难处理既有横向关系又有纵向关系的问题，比如婚姻关系中夫妻婚龄差变化和分类就是一个非常棘手的问题，往往需要非常强的假定和非常细致的三维以上分类汇总数据。目前的宏观人口模型主要采用分年龄、性别的汇总数据，数据的表现形式多为二维，如果需要三维或更高维度的基础数据，现有公开数据基本无法满足。随机微观人口仿真模型则不同，基础数据不仅可以完整地标识家庭关系和家庭结构，而且还可以完整地标识个人的许多属性，可以胜任各种维度的统计分析和模型运算，具有不可替代的优势。

研究“单独二孩”育龄妇女目标人群不仅需要独生子女属性标识，而且需要确定婚姻关系以及育龄妇女的孩次结构等数据信息。2010 年人口普查数据是现实性最好的数据，但这次普查没有对登记对象进行独生子女属性标识。所以，从 2010 年人口普查数据中无法直接统计汇总相关信息。只有 2005 年全国 1% 人口抽样调查中登记了 30 岁及以下人口是否有兄弟姐妹，据此可以判断其是否为独生子女。另外，与以往不同的是，国家统计局没有为科研机构提供 2010 年人口普查原始样本数据，所以，无论是从原始基础数据的可获得性还是从调查设计的科学性来看，目前都没有可以直接使用的全国省级有代表性的调查数据。因此，需要根据人口的内在逻辑关系和可校验的数据对“单独二孩”政策目标育龄妇女人群总量、结构进行估计。我们根据 2010 年人口普查比较详细的汇总数据对婚姻分布、人口区域分布和年龄结构分布进行目标校验，而育龄妇女的孩次分布则通过递进生育模型估计获得。仿真模型运算的具体步骤如下：

——以 2005 年全国 1% 人口抽样调查原始数据库为基础数据来源，对

数据进行夫妻匹配、母子匹配；

——以1990年人口普查、2000年以及2010年育龄妇女的生育模式、婚姻模式、独生子女规模等为参数，对2005年数据进行微观仿真，生成2010年原始个案仿真库；

——根据个案仿真库的育龄妇女结构、生育模式等与2010年人口普查汇总数据进行对比，校验个案信息库，生成本研究的基础库。

通过仿真生成的2010年虚拟个案库，个案信息中包含如下信息：地址、年龄、性别、城乡属性、是否为独生子女、育龄妇女曾生子女情况、配偶编号、母亲编号。根据个案库的独生属性可以判断独生子女人数。随机微观人口仿真方法和目标优化方法源于一些现有文献①。

仿真数据的基本特征汇总结果见表1。根据本项研究的基础数据库推算，2010年全国5岁以上独生子女人数接近1.48亿人，其中农业户口和非农业户口分别为7451.38万人和7324.74万人。从地区分布情况来看，近一半的独生子女分布在东部地区，为6632.95万人，分布在中、西部的分别为4388.53万人和3773.68万人。

表1　5岁及以上独生子女人数

单位：万人

地区	农业户口	非农业户口	合计
东部	3220.11	3404.84	6632.95
中部	2190.32	2193.37	4388.53
西部	2040.95	1726.53	3773.68
合计	7451.38	7324.74	14795.16

注：①东、中、西部分类标准如下，东部地区包括北京、天津、河北、辽宁、上海、江苏、浙江、福建、山东、广东、海南11个省（市），中部地区包括黑龙江、吉林、山西、安徽、江西、河南、湖北、湖南8个省，西部地区包括内蒙古、广西、重庆、四川、贵州、云南、西藏、陕西、甘肃、青海、宁夏、新疆12个省（区、市）。

②在人口普查数据中有部分个案户口属性不清，所以农业户口与非农业户口人数之和小于合计。以下各表同。

① C. J. Mode, *Stochastic Processes in Demography and Their Computer Implementation*, Berlin: Springer-Verlag, 1985；王广州：《“单独”育龄妇女总量、结构及变动趋势研究》，《中国人口科学》2012年第3期；邢文训、谢金星：《现代优化计算方法》，清华大学出版社，2005。

除个案信息外，我们利用配偶编号等信息把个案库转换为家庭库，并根据家庭库中育龄夫妇是否为独生子女的属性判断该家庭是否为“单独”家庭，分析“单独”家庭中育龄妇女的年龄结构、孩次结构以及已经生育一孩的“单独”妇女的基本情况。在把个案库转换为家庭库的过程中，由于人户分离现象的存在，还有部分育龄男性和女性无法匹配到配偶，又根据已经匹配的信息，我们对未匹配的人群单独进行推算、汇总。

三　目标人群估计

1. 单独育龄妇女的区域分布

长期以来，城乡、区域、民族之间的生育政策、社会经济发展水平、受教育状况和生育观念存在显著差异。我国各地区生育水平表现出比较大的差异，例如2010年人口普查中北京、上海等城市的总和生育率不到1.0，而多数农村地区和西部少数民族地区育龄妇女的总和生育率在2.0以上。长期形成的生育水平差异和婚姻模式使人群中独生子女和“单独”育龄妇女的比例也存在很大差异。

第一，根据可获得的人口普查和抽样调查原始样本数据推算，2010年全国有“单独”“双独”育龄妇女3617万人，若扣除228万人的“双独”妇女，全国有“单独”育龄妇女3389.41万人，其中农业户口“单独”育龄妇女为1859.12万人，占全部“单独”育龄妇女的55%左右；非农业户口“单独”育龄妇女为1529.13万人，占全部“单独”育龄妇女的45%左右。从区域分布来看，东部地区“单独”育龄妇女有1561.29万人，占全部“单独”育龄妇女的46%左右；中部地区有952.36万人，占全部“单独”育龄妇女的28%左右；西部地区有875.76万人，占全部“单独”育龄妇女的26%左右，也就是中、西部地区合计大体上也占55%（见表2）。

表2　“单独”育龄妇女的区域分布

单位:万人

地区	农业户口	非农业户口	合计
东部	828.98	732.20	1561.29
中部	515.10	436.63	952.36

续表

地区	农业户口	非农业户口	合计
西部	515.04	360.30	875.76
合计	1859.12	1529.13	3389.41

第二，从分区域“单独”育龄妇女的总量分布来看，有32.62%的“单独”育龄妇女集中在华东地区，有22.86%的“单独”育龄妇女集中在中南地区，两者合计超过55%。虽然两者的共同特点都是有配偶育龄妇女占全国的比例较大，分别为30.59%和26.98%，但华东地区“单独”育龄妇女总量大的原因一方面是有配偶育龄妇女人口基数大，另一方面是有配偶育龄妇女中“单独”育龄妇女比例较高，而中南地区仅仅是人口基数大。

第三，从“单独”育龄妇女占有配偶育龄妇女的比例来看，全国“单独”育龄妇女比例为12.82%。东北地区“单独”育龄妇女比例最高，占有配偶育龄妇女的16.03%，其次是华东地区，“单独”育龄妇女比例为13.67%。华北地区、东北地区、华东地区“单独”育龄妇女比例都高于全国平均水平，西南地区与全国平均水平基本相同，其他地区低于全国平均水平（见表3）。从分省的“单独”育龄妇女占有配偶育龄妇女比例来看，超过全国平均水平的有12个省级单位。这12个省级单位有配偶育龄妇女占全国的比例为40.22%，而“单独”育龄妇女占全国“单独”育龄妇女总量的48.41%。低于全国平均水平的有19个省级单位，这19个省级单位有配偶育龄妇女占全国的比例为59.78%，但“单独”育龄妇女所占的比例为51.59%。全国“单独”育龄妇女比例的差距很大，最大的与最小的比例相差1倍以上。比如，上海比例最高，达到20.76%，广西比例最低，不到10%。

第四，除了省级单位“单独”育龄妇女比例存在差异外，省内差异也很大。直辖市和各个省会城市是“单独”育龄妇女比较集中的地区。从直辖市和各个省会城市“单独”育龄妇女比例来看，“单独”育龄妇女占有配偶育龄妇女比例超过20%的有北京、石家庄、沈阳、哈尔滨、上海、南京、济南和成都8个城市。低于15%的有南宁、海口、贵阳、拉萨和乌鲁木齐5个城市，其他省会城市都是15%～20%（见表4）。

表3　2010年全国分地区“单独”育龄妇女分布状况

单位：万人，%

地区	有配偶育龄妇女	“单独”育龄妇女	比例	地区	有配偶育龄妇女	“单独”育龄妇女	比例
华北地区	3336.75	450.17	13.49	河南	1877.89	191.48	10.20
北京	378.32	76.25	20.15	湖北	1023.68	117.45	11.47
天津	215.79	41.30	19.14	湖南	1327.58	136.29	10.27
河北	1486.11	177.15	11.92	广东	1792.84	221.80	12.37
山西	736.42	88.99	12.08	广西	981.47	94.60	9.64
内蒙古	520.11	66.48	12.78	海南	151.37	15.71	10.38
东北地区	2171.36	348.11	16.03	西南地区	3753.56	481.79	12.84
辽宁	859.68	144.78	16.84	重庆	493.68	78.54	15.91
吉林	542.63	87.62	16.15	四川	1615.68	232.05	14.36
黑龙江	769.05	115.71	15.05	贵州	631.68	64.36	10.19
华东地区	8114.63	1109.05	13.67	云南	963.68	100.73	10.45
上海	473.37	98.29	20.76	西藏	48.84	6.11	12.51
江苏	1654.63	294.28	17.79	西北地区	1992.63	233.50	11.72
浙江	1248.11	165.21	13.24	陕西	735.79	85.25	11.59
安徽	1127.68	119.43	10.59	甘肃	554.11	59.09	10.66
福建	770.84	83.77	10.87	青海	113.89	13.77	12.09
江西	878.74	95.82	10.90	宁夏	132.63	15.80	11.91
山东	1961.26	252.25	12.86	新疆	456.21	59.59	13.06
中南地区	7154.83	777.33	10.86	全国	26523.76	3399.95	12.82

注：出于数据细分、匹配估计的原因，不同统计单元汇总的全国数据略有差异，以下各表同。

表4　直辖市及省会城市“单独”育龄妇女总量、比例估计

单位：万人，%

城市	有配偶育龄妇女	“单独”育龄妇女	比例	城市	有配偶育龄妇女	“单独”育龄妇女	比例
北京	378.32	76.25	20.15	武汉	172.42	30.90	17.92

续表

城市	有配偶育龄妇女	“单独”育龄妇女	比例	城市	有配偶育龄妇女	“单独”育龄妇女	比例
天津	215.79	41.30	19.14	长沙	61.37	9.44	15.38
石家庄	54.11	12.00	22.18	广州	231.16	35.45	15.34
太原	70.42	12.25	17.40	深圳	249.26	42.15	16.91
呼和浩特	42.42	6.66	15.70	南宁	63.37	9.35	14.75
沈阳	112.95	22.82	20.20	海口	35.26	4.76	13.50
长春	78.32	14.78	18.87	重庆	493.68	78.54	15.91
哈尔滨	106.32	21.74	20.45	成都	152.95	33.29	21.77
上海	473.37	98.29	20.76	贵阳	55.68	7.81	14.03
南京	130.00	28.43	21.87	昆明	71.26	11.59	16.26
杭州	130.32	25.72	19.74	拉萨	6.42	0.62	9.66
合肥	55.68	10.77	19.34	西安	124.21	20.04	16.13
福州	64.00	10.67	16.67	兰州	49.47	9.46	19.12
南昌	47.26	7.77	16.44	西宁	26.32	4.62	17.55
济南	84.11	17.00	20.21	银川	30.74	5.20	16.92
郑州	84.21	14.55	17.28	乌鲁木齐	64.95	8.61	13.26

注：北京、天津、上海、重庆4个直辖市为全部区县，其余省会城市为市辖区。

2. “单独”育龄妇女的年龄构成

育龄妇女的年龄大小是影响生育水平、生育意愿的重要因素。随着生育水平的逐渐下降，尽管年龄越小独生子女的比例越大，但受婚姻模式的影响，“单独”育龄妇女并非年龄越小，数量和比例就越大。从“单独”育龄妇女的年龄构成来看，有1052万名“单独”育龄妇女的年龄为25～29岁，有另外1091万名“单独”育龄妇女年龄为30～34岁，其他年龄段的“单独”育龄妇女人数合计也大体为1246万人。

在农业人口中，“单独”育龄妇女比例最高的是30～34岁年龄组，占农业“单独”育龄妇女的1/3左右。在非农业人口中，“单独”育龄妇女比例最高的是25～29岁年龄组，占非农业“单独”育龄妇女的近35%（见表5）。

从东部、中部和西部地区“单独”育龄妇女的年龄结构来看，各地区也表现出与全国平均水平类似的特征，说明“单独”育龄妇女的年龄特点的区域差异不是很大。

值得注意的是，全国有接近13万名“单独”育龄妇女的年龄为15～19岁，属于不符合法定结婚年龄的人口。在15～19岁的“单独”育龄妇女中，农业户口“单独”育龄妇女为近12万人，其中东部地区有3.60万人，中部地区为2.91万人，西部地区为5.12万人；另外，全国15～19岁非农业户口“单独”育龄妇女也达到1.22万人。

表5 “单独”育龄妇女的年龄结构

单位：万人

地区	年龄组	农业户口	非农业户口	小计
东部	15～19岁	3.60	0.30	3.91
	20～24岁	114.63	53.11	160.46
	25～29岁	224.42	279.26	537.48
	30～34岁	270.79	239.93	500.57
	35～39岁	162.37	105.57	252.87
	40～44岁	43.97	41.00	83.77
	45～49岁	9.20	13.03	22.23
	合计	828.98	732.20	1561.29
中部	15～19岁	2.91	0.51	3.42
	20～24岁	57.15	29.81	88.14
	25～29岁	122.79	137.26	268.79
	30～34岁	174.83	149.33	319.07
	35～39岁	116.39	76.21	187.09
	40～44岁	34.44	34.18	69.94
	45～49岁	6.59	9.33	15.91
	合计	515.10	436.63	952.36
西部	15～19岁	5.12	0.41	5.53
	20～24岁	71.64	30.58	101.26
	25～29岁	120.89	118.70	245.81
	30～34岁	166.13	108.43	271.00
	35～39岁	117.60	73.03	188.79
	40～44岁	28.13	21.86	50.55
	45～49岁	5.53	7.29	12.81
	合计	515.04	360.30	875.76

续表

地区	年龄组	农业户口	非农业户口	小计
全国	15~19岁	11.64	1.22	12.86
	20~24岁	243.42	113.51	349.87
	25~29岁	468.10	535.21	1052.07
	30~34岁	611.74	497.69	1090.64
	35~39岁	396.36	254.82	628.75
	40~44岁	106.54	97.04	204.26
	45~49岁	21.31	29.65	50.96
	总计	1859.12	1529.13	3389.41

3. “单独”育龄妇女的孩次构成

育龄妇女是否生下一个孩子与目前的孩次结构状态密切相关，育龄妇女的孩次结构不仅反映了育龄妇女的生育历史和生育水平，同时也反映了育龄妇女的生育潜力。在“单独”育龄妇女中，既有没有生过孩子的，也有生过二孩甚至三孩或以上的。“单独二孩”生育政策的直接目标人群就是那些生过一孩还没有生育二孩的“单独”育龄妇女，简称“一孩单独育龄妇女”。

从2010年“单独”育龄妇女的孩次结构来看，全国“一孩单独育龄妇女”有2051.05万人，其中农业户口“一孩单独育龄妇女”有925.03万人，非农业户口“一孩单独育龄妇女”有1115.46万人（见表6）。

从各地区来看，东部地区“一孩单独育龄妇女”人数最多，为990.43万人，农业户口“一孩单独育龄妇女”和非农业户口“一孩单独育龄妇女”分别为455.16万人和528.65万人；中部地区为567.12万人，农业户口“一孩单独育龄妇女”和非农业户口“一孩单独育龄妇女”分别为241.31万人和323.85万人；西部地区为493.50万人，农业户口“一孩单独育龄妇女”和非农业户口“一孩单独育龄妇女”分别为228.56万人和262.96万人。

表6 “单独”育龄妇女的孩次结构

单位:万人

地区	孩次结构	农业户口	非农业户口	小计
东部	0孩	80.71	145.20	228.63
	1孩	455.16	528.65	990.43
	2孩	256.52	53.63	302.07
	3孩及以上	36.59	4.73	40.16
	合计	828.98	732.20	1561.29
中部	0孩	26.49	55.22	82.49
	1孩	241.31	323.85	567.12
	2孩	209.18	52.84	260.30
	3孩及以上	38.11	4.62	42.35
	合计	515.10	436.53	952.26
西部	0孩	33.08	55.45	89.27
	1孩	228.56	262.96	493.50
	2孩	191.63	36.84	226.90
	3孩及以上	61.76	5.05	66.09
	合计	515.04	360.30	875.76
全国	0孩	140.28	255.87	400.39
	1孩	925.03	1115.46	2051.05
	2孩	657.33	143.31	789.27
	3孩及以上	136.46	14.40	148.60
	总计	1859.12	1529.03	3389.30

4. 符合生育“单独二孩”妇女的构成情况

中国现行生育政策的核心其实是独生子女政策。根据育龄妇女的不同身份，中国现行的主要生育政策概括起来可以划分为以下五类：城镇非农业人口的独生子女政策、部分农村农业人口的独生子女政策、部分农村农业人口的“一孩半”或二孩政策、部分少数民族地区的二孩及以上政策，以及“双独二孩”政策。新政策实施后，除了现行生育政策中夫妇双方都是非独生子女的以外，其他人群都适用。

第一，对于不同户口性质的“一孩单独育龄妇女”，我们按照不同年

龄段分析了其地区分布状况，结果发现：在全国2051.05万名“一孩单独育龄妇女”中，24岁及以下的为215.16万人，45岁及以上的有35.09万人，25~44岁的有1800.8万人，其中农业户口的有758.21万人（见表7）。考虑到农村的“一孩半”政策，其中有一半左右为第一孩生育女孩的妇女又生育了下一孩，她们不属于目前实施“单独二孩”政策的对象。所以，符合政策调整后的农村“单独二孩”育龄妇女约为379万人，加上非农业户口则略多于1032万人，“单独”育龄妇女中能够生育二孩，且符合政策调整范围的育龄妇女（即“单独二孩”目标人群）为1411万人左右。考虑到在25~44岁的“单独”育龄妇女中，有一部分刚刚生过一孩，因此即使不考虑生育间隔，实际上符合政策的一年内全部有可能生育的“单独”育龄妇女的上限应该是1411万人。

第二，从“一孩单独育龄妇女”的年龄结构来看，主要集中在25~34岁年龄组，合计占60%以上；其次是35~39岁年龄组，占18%左右；其他年龄组所占比例相对比较小，如45岁及以上年龄组不到2%，25岁及以下年龄组只占11%左右。

第三，从大的区域来看，“单独二孩”政策目标人群以东部地区最多，为688.06万人，中部地区为395.28万人，西部地区为327.70万人。

表7 “一孩单独育龄妇女”的年龄结构

单位:万人

地区	年龄组	农业户口	非农业户口	小计	目标人群
东部	15~19岁	0.85	0.26	1.10	-
	20~24岁	63.76	20.47	83.07	-
	25~29岁	148.30	158.52	308.37	232.67
	30~34岁	144.32	200.65	348.39	272.81
	35~39岁	72.59	96.83	170.96	133.12
	40~44岁	21.78	38.57	61.21	49.46
	45~49岁	3.56	13.34	17.33	-
	合计	455.16	528.65	990.43	688.06

续表

地区	年龄组	农业户口	非农业户口	小计	目标人群
中部	15～19岁	1.67	0.25	1.92	–
	20～24岁	41.76	18.22	60.31	–
	25～29岁	73.27	84.47	158.14	121.10
	30～34岁	70.83	116.44	187.84	151.86
	35～39岁	39.96	68.41	108.71	88.40
	40～44岁	11.78	28.03	40.08	33.92
	45～49岁	2.05	8.03	10.12	–
	合计	241.31	323.85	567.12	395.28
西部	15～19岁	3.55	0.38	3.95	–
	20～24岁	48.48	16.10	64.81	–
	25～29岁	67.13	73.79	141.58	107.36
	30～34岁	60.66	87.48	148.71	117.81
	35～39岁	39.72	60.10	100.20	79.96
	40～44岁	7.87	18.64	26.61	22.57
	45～49岁	1.14	6.47	7.64	–
	合计	228.56	262.96	493.50	327.70
全国	15～19岁	6.07	0.89	6.97	–
	20～24岁	154.00	54.79	208.19	–
	25～29岁	288.70	316.78	608.09	461.13
	30～34岁	275.81	404.57	684.94	542.48
	35～39岁	152.27	225.34	379.87	301.48
	40～44岁	41.43	85.24	127.90	105.95
	45～49岁	6.75	27.84	35.09	–
	总计	925.03	1115.46	2051.05	1411.04

注：在25～44岁的“一孩单独育龄妇女”中，非农业户口为该类人群的全部；农业户口则为该类人群的一半。

第四，从各省份来看，“一孩单独育龄妇女”总量超过100万人的有江苏、山东、四川、广东、浙江、河北和辽宁（见表8），这7个省合计占全国总量的46.93%。“一孩单独育龄妇女”总量为50万～100万人的有黑龙江、河南、湖南、湖北、安徽、吉林、上海、山西、陕西和重庆，

这10个省市合计占全国的33.27%。其余14个省份合计不到全国的20%。

表8 全国分地区“一孩单独育龄妇女”总量估计

单位:万人

地区	0孩	1孩	2孩	3孩及以上	合计
北京	27.76	41.28	6.58	0.63	76.25
天津	8.46	28.10	4.53	0.22	41.30
河北	17.77	103.71	50.31	5.35	177.15
山西	7.25	53.53	24.48	3.73	88.99
内蒙古	7.16	49.67	8.82	0.82	66.48
辽宁	26.59	102.69	14.74	0.76	144.78
吉林	11.75	63.88	11.39	0.60	87.62
黑龙江	14.92	88.24	12.13	0.42	115.71
上海	26.38	60.76	9.71	1.45	98.29
江苏	31.39	215.47	44.77	2.64	294.28
浙江	19.21	104.94	37.18	3.88	165.21
安徽	8.28	74.27	32.68	4.19	119.43
福建	9.31	49.40	21.64	3.42	83.77
江西	4.06	43.85	39.93	7.98	95.82
山东	25.95	176.62	46.60	3.07	252.25
河南	16.39	85.49	75.62	13.97	191.48
湖北	10.59	79.46	24.45	2.95	117.45
湖南	9.18	82.25	36.91	7.95	136.29
广东	32.68	116.75	56.25	16.13	221.80
广西	7.91	44.45	28.34	13.89	94.60
海南	1.74	5.85	6.03	2.10	15.71
重庆	12.44	51.49	13.45	1.17	78.54
四川	23.22	154.94	44.19	9.70	232.05
贵州	3.32	29.33	19.67	12.04	64.36
云南	8.85	43.52	41.47	6.89	100.73
西藏	0.86	2.88	1.39	0.99	6.11
陕西	9.84	51.91	20.07	3.43	85.25
甘肃	4.55	28.76	20.61	5.18	59.09

续表

地区	0孩	1孩	2孩	3孩及以上	合计
宁夏	1.41	7.01	4.66	0.68	13.77
青海	1.48	8.13	4.38	1.82	15.80
新疆	8.18	29.21	15.64	6.56	59.59

第五，从生育的进度来看，海南、江西2个省有超过一半的“单独”育龄妇女已经完成二孩生育；贵州、云南、河南、广西和甘肃5个省区有超过40%的“单独”育龄妇女已经完成二孩生育；青海、西藏、宁夏、新疆、湖南、广东、山西、河北和安徽9个省区有超过30%的“单独”育龄妇女已经完成二孩生育；其他15个省份的“单独”育龄妇女已经生育二孩的不到30%。

最后需要说明的是，由于人口普查和抽样调查数据都存在出生漏报问题，而出生漏报的主要人群是计划外生育的二孩及以上。而二孩及以上漏报，直接影响对育龄妇女孩次结构的估计，这其中当然也包括对“一孩单独育龄妇女”总量、结构的估计。为了对全国进行比较详细的分地区估计，本项研究采用2010年全国第六次人口普查数据作为校验目标，一方面是便于调查登记人群统计口径的一致，另一方面是因为结构性数据比较完整。校验目标可能受出生漏报的影响，因此，考虑到漏报会导致估计结果出现一些偏差，偏差的方向应该是高估了“单独二孩”政策目标人群。另外，由于流动人口增加，影响了家庭户内夫妻匹配，以人口普查数据为基础的推算相对增加了独生子女数量，所以目前的估计可能偏高。

四　面临的主要问题

随着各省份对计划生育条例进行修改，“单独二孩”政策会陆续进入启动阶段，符合生育“单独二孩”的妇女在全国各个地区都面临一些具体问题。

第一，非均匀出生堆积问题。根据随机微观人口仿真模型估计结果，生育政策将会引起一定程度的出生人口堆积。考虑到生育意愿调查和实际生育可能性，可以判断分步放开“单独二孩”的出生堆积效应有可能比较小。但是，由于符合新政策的“单独”育龄妇女分布是不均匀的，因

此，有些地区的出生堆积可能会比较显著，特别是在城镇地区，独生子女比例相对较高，人口聚集程度较高，出生堆积可能会更明显一些。

第二，高龄孕、产妇问题。在医学上，35 岁及以上的初孕产妇为高龄孕产妇。在目前符合“单独二孩”生育政策的育龄妇女中，有 451.76 万名育龄妇女的年龄在 35 岁及以上，有 140.56 万名育龄妇女的年龄在 40 岁及以上（见表 9）。由于政策性原因，与平均初育年龄相比，40 岁及以上孕产妇的平均二孩生育间隔将在 10 年以上，加之我国育龄妇女生育一孩的剖腹产比例很高，因此，新政策有可能导致大量政策性高龄孕产妇人群以及比较突出的生育风险问题。

表 9　“单独二孩”目标人群中高龄孕产妇分布

单位：万人

地区	35～39 岁	40～44 岁	45～49 岁	合计
东部	137.63	51.13	15.12	203.88
中部	91.08	34.94	9.05	135.07
西部	82.49	23.28	7.04	112.81
全国	311.20	109.35	31.21	451.76

第三，做绝育手术、放环育龄人群服务问题。在全国 2.7 亿左右的已婚育龄妇女中，采取各种避孕措施的有 2.4 亿人左右。全国育龄妇女采取的主要避孕节育措施是放环和做绝育手术，其中 53% 左右的已婚育龄妇女采取了放环的避孕方法，31% 左右为做绝育手术。随着政策的变化和新政策的实施，估计有相当一部分政策目标育龄妇女需要实施计划生育取环手术服务，同时，也面临着一小部分由于孩子夭折、政策性原因等妇女计划生育属性变化带来的结扎复通手术问题。

第四，政策衔接与队伍稳定问题。由于“单独二孩”生育政策是有条件地放开二孩的政策，生育政策调整起效时点将会对部分人群产生很大影响，政策调整前后的适用人群不同将会带来政策衔接问题。同时，目前正值多数省份人口计生部门与卫生部门机构调整合并，这不仅需要在制度层面和法律层面配套出台新政策，还需要保持工作的连续性、稳定性，做到政策不冲突、执行无偏差。此外，要让群众理解调整生育政策的相关规定，就迫切需要深入细致地做好人口计生宣传教育工作。

五　政策建议

针对“单独二孩”政策目标人群的年龄结构、区域分布、孩次构成等基本特征，借鉴中国历史上生育政策调整的经验和教训，本文提出以下政策建议。

第一，短期内监控三孩，防止连锁反应，避免出生人口大起大落。中国区域发展极不平衡，由于“单独二孩”政策的实施没有统一的时间表，因此有可能在区域之间、人群之间出现相互攀比的情况，由此有可能进一步诱发超生的连锁反应。这可以从当年生育政策“开小口”的教训中得到验证。1980 年，在实施一孩生育政策过程中遇到了巨大阻力后，1984 年前后曾被迫调整一孩生育政策。出于诸多原因，政策调整曾一度引起部分地区生育失控、计划生育工作者思想混乱和工作瘫痪，1986 ~ 1987 年三孩及以上生育率明显上升。尽管今天的社会经济形势与当初相比发生了巨大变化，但正是因为 1984 年的政策调整带来的三孩及以上超生“波动”，时至今日，人们在谈论调整生育政策时仍然心有余悸。

第二，做好宣传工作，分散可能出现的堆积。既要把新政策的落实过程、面临的问题和调整方案说清楚，也要把未来政策的调整方向和路径选择讲明白，尽量避免出现由于担心政策多变而出现抢生和超生的情况。实现政策的平稳衔接和过渡，既符合老百姓的长远切身利益，也符合国家的长期发展目标。要积极应对由于出生人口堆积可能带来的医疗卫生、教育就业、健康社保等方面的短期影响或长期影响，为今后顺利实现全面二孩政策积累经验，奠定基础。

第三，出生缺陷干预和高龄孕产妇服务。我国是出生缺陷发病率较高的国家，高龄孕产妇不仅面临相对较高的死亡风险，而且面临出生缺陷发生风险。因此，针对“单独二孩”高龄孕产妇的产前检查和筛查服务尤为重要。

第四，深入调查研究，做好适时转向全面二孩政策的各项准备工作。中国已经长期进入更替水平以下的低生育阶段，育龄妇女的生育意愿下降。从第六次人口普查直接的统计数据可以判断，即使全面放开二孩政策

或立即全面放开二孩政策，总和生育率达到或超过 4.4 或 4.5①，以及所对应的出生人口峰值达到 4995 万人的可能性也几乎不存在。全面放开二孩政策也将会成为人口发展客观规律的必然要求。虽然目前对“单独二孩”政策有很多研究，但对可供使用的基础数据的深入挖掘还比较薄弱。加强相关统计数据分析和深入研究，正确判断政策的影响、未来出生人口的变动趋势与变动规律，切实做好全面放开二孩政策的相关基础研究工作，才能为今后的科学决策提供依据。

总之，中国生育水平的差异巨大，东部地区和大城市已经进入超低生育水平。放开二孩生育限制并不一定就意味着符合条件的妇女都能怀孕生育甚至出现超生现象。欧洲、日本、韩国正经历长期超低生育水平，即使鼓励生育，也无法实现预期。这其实也是政策制定者最担心的。长期以来，人们习惯于担心高生育率及其后果，尽可能使生育率降到比较低的程度。尽管如此，我们也必须在人口达到零增长以前使生育率有所回升，从而避免出现过于剧烈的人口负增长惯性。如果错过调整生育政策的最佳时期，妇女生育水平将会欲弹乏力，最终落入“低生育率陷阱”。欧洲等国家近年来刺激生育政策收效甚微就是前车之鉴。从人口发展规律、生育率的变动趋势以及世界发达国家和中国的人口发展特点来看，全面放开二孩生育政策日益迫切。

---

① 中国发展研究基金会认为，如果全面放开二孩政策，总和生育率会超过 4.4。参见中国发展研究基金会《人口形势的变化和人口政策的调整——中国发展报告（2011～2012）》，中国发展出版社，2012；翟振武、张现苓、靳永爱《立即全面放开二胎政策的人口学后果分析》，《人口研究》2014 年第 2 期。

渐进式延迟退休年龄的方案和影响

张车伟　林　宝*

随着社会经济状况的改变，特别是人口老龄化和人口寿命延长，中国退休改革的必要性正在增加。近年来，中国劳动力供给出现了从无限供给向有限供给的转变，开始出现劳动力短缺现象，为延迟退休年龄提供了有利时机。与此同时，国际上也出现了延迟退休年龄的趋势。

研究表明，如果从“十三五”时期开始逐步延迟退休年龄，将有效改善职工养老保险的资金平衡状况，实现资金盈余；将有助于减缓城镇工作年龄人口比例下降的速度，增加劳动力供给；同时，还可以增加制度参与者的退休期收入水平和终身收入水平。

一　延迟退休年龄的背景

党的十八届三中全会通过的《中共中央关于全面深化改革若干重大问题的决定》提出，要“研究制定渐进式延迟退休年龄政策”①。这是基

* 张车伟：中国社会科学院人口与劳动经济研究所党委书记、研究员；林宝，中国社会科学院人口与劳动经济研究所副研究员。

① 《中共中央关于全面深化改革若干重大问题的决定》，《人民日报》2013 年 11 月 16 日，第 1～3 版。

于中国人口和社会经济形势变化所作出的重大决策。当前，无论是从国内形势还是从国际趋势来看，中国延迟退休年龄已经势在必行。

1. 中国退休年龄的现状

制度性的退休是现代社会政治经济发展的产物，它一般指劳动者因为年老或因工致残、因病致残经确认完全丧失劳动能力，依照法定条件退出生产、工作岗位养老休息时获得一定物质帮助的制度。退休年龄是退休制度的一个重要因素。

"退休年龄"一词是"法定退休年龄"的简称，一般是指按照法律法规或政策规定，可以退出工作岗位并足额领取养老金的年龄。我国的法定退休年龄原本只是针对城镇就业人口而言的，我们一般意义上所说的退休年龄也仅指城镇就业者的退休年龄，以往关于退休年龄改革的研究也基本限于此。但是，随着新型农村养老保险制度和城镇居民养老保险制度的建立，农村劳动者和城镇居民领取养老金也有一定的年龄限制，尽管达到该年龄并不意味着会改变其劳动状况，但与养老金制度关系密切，因此本文中所说的退休年龄也包括新型农村养老保险和城镇居民养老保险的领取年龄。

我国城镇职工现行退休年龄的规定始于数十年前。新中国成立以后，关于退休年龄的规定最早见于 1950 年 3 月政务院发布的《中央人民政府政务院财经经济委员会关于退休人员处理办法的通知》。当时规定，男女职工年龄在 50 岁以上、工龄满 10 年者可以退休，并一次性发给退休金，标准最高不超过本人 6 个月的工资数。现行的退休年龄源于 1951 年，当时政务院颁发的《劳动保险条例》中规定，男职工的退休年龄为 60 周岁，女职工为 50 周岁；1953 年修改后的《劳动保险条例》未作变动；1955 年国务院颁发的《关于国家机关工作人员退休暂行办法》中，把女干部的退休年龄提高到 55 周岁，这一法定退休年龄一直沿袭至今。另外，还对特殊情况下的退休年龄作出了规定：连续工龄满 10 年，经医院证明完全丧失劳动能力（企业职工还须经劳动鉴定委员会确认），男年满 50 周岁，女年满 45 周岁，也可以退休；高级知识分子中的少数高级专家、确因工作需要、身体健康能坚持正常工作，征得本人同意，经上级主管部门批准，可延长 5 ~ 10 年退休。1995 年出台的《关于深化企业职工养老保险制度改革的通知》明确规定，保持退休年龄规定不变。1997 年出台的《关于建立统一的企业职工基本养老保险制度的决定》没有规定新的养老金领取年龄条件，实际上延续了之前的退休年龄规定。2008 年通过的《社会保险法》中依然延续了这一做法。新型农村养老保险和城镇居民养老保险规定的养老金领取年龄均为 60 周岁。

中国退休年龄的相关规定是基于当时的社会经济状况作出的。几十年来，中国社会经济状况已经发生了天翻地覆的变化，退休年龄也需要根据这些变化作出相应的改革。

2. 中国人口形势的变化

人口老龄化和平均预期寿命延长等人口形势的变化是需要延迟退休年龄的直接原因。人口老龄化引起的人口抚养比上升，要求改变劳动人口和退休人口的构成，延迟退休年龄成为必然的选择；而人口平均预期寿命延长则要求对人们延长的寿命在工作和闲暇之间进行分配，也必然要求延迟退休年龄。因此，延迟退休年龄是对人口年龄结构变化和人口寿命延长的一种反映。

近几十年来，中国人口老龄化趋势十分明显。由于人口转变过程较短，中国人口老龄化也发展较快。从历史进程来看，第二次人口普查以后，中国人口逐步老龄化，老年人口比例不断攀升，在 2000 年左右 65 岁及以上老年人口比例达到了 7%。此后，中国人口老龄化加速趋势十分明显，2010 年第六次人口普查时达到了 8.87%。随着人口老龄化不断发展，老年人口抚养比也逐年攀升（见图 1）。在今后几十年里，中国人口老龄化趋势还将继续。根据国家人口老龄化战略研究课题组的方案预测结果，无论在总人口、城镇人口还是在农村人口中，老年人口比例将持续上升。2050 年，总人口中 65 岁及以上老年人口比例将达 25.6%；在农村人口中将达 31.4%；在城镇人口中将达 23.7%。老年人口抚养比则将分别高达 42.5%（总人口）、57.1%（农村人口）、38.1%（城镇人口）。

几十年来，中国人口预期寿命也显著提高。根据回顾性调查，1949 年前后我国人口平均预期寿命约为 42.3 岁。新中国成立以后，人口平均预期寿命迅速提高，1957 年中国人口平均预期寿命为 55.87 岁①。根据

① 会议组委会：《老龄化的中国》，首届全国中青年学者老龄问题学术讨论会主题报告，北京，1999，第 14 页。

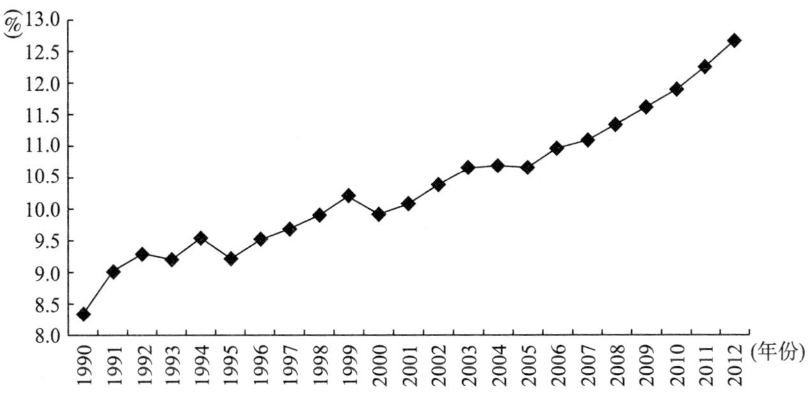

图 1　中国老年人口抚养比的变化

资料来源：国家统计局编《中国统计年鉴（2013）》，中国统计出版社，2013。

人口普查数据，1981 年人口平均预期寿命为 67.77 岁，到 2000 年已经超过了 71 岁，2010 年则达到了 74.83 岁①。中国人口预期寿命提高的趋势还将延续，据 2010 年联合国人口展望预测数据，到 2050 年中国人口预期寿命将接近 80 岁。

3. 中国养老金制度改革

退休年龄作为养老金的支付条件，对养老金制度的财务可持续性具有至关重要的影响。中国养老金制度一直在改革之中，力求改善制度的可持续性。按照当前的制度设计，未来中国养老金制度的财务状况仍然不容乐观，延迟退休年龄将是养老金制度改革过程中必不可少的重要措施。

人口老龄化快速发展带来的挑战是中国养老金制度面临的长期问题。与此同时，由于社会转型和经济转轨，中国原有的现收现付养老保障制度的弊端日益突出，已经不能适应社会主义市场经济体制改革的需要。为此，中国也积极寻求变革公共养老金体制，以增强制度对新的社会经济形势的适应力和抗风险能力。从 20 世纪 90 年代初开始，国务院就养老保障

① 国家统计局编《中国统计年鉴（2013）》，中国统计出版社，2013。

体制改革问题多次发文①，不断完善城镇职工基本养老保险的制度设计。2009年和2011年又相继建立了新型农村养老保险制度和城镇居民养老保险制度。至此，中国的养老金制度由四个主要部分组成：一是机关事业工作人员退休金制度，二是城镇职工基本养老保险制度，三是新型农村养老保险制度，四是城镇居民养老保险制度。

中国养老金制度改革进程还远未停歇，下一步首先必须实现不同养老保险制度的并轨，解决广受人们诟病的公平性不足问题。改革的基本方向是将现有的四种制度并轨成职工基本养老保险和居民基本养老保险两种制度，并建立两者之间的衔接机制。基本思路是：机关事业人员退休金制度与城镇职工基本养老保险制度并轨，建立覆盖所有城镇就业人员的职工基本养老保险制度，实行社会统筹和个人账户相结合，以职业年金或企业年金为补充的制度架构运行；城镇居民养老保险和新型农村养老保险并轨，建立覆盖所有农村人口和城镇非就业人口的居民养老保险制度，实施社会统筹与个人账户相结合，社会统筹基金由财政负担；两种制度之间缴费水平和待遇水平有所差异，同时建立职工和居民两种养老保险制度之间的衔接机制，实现两种制度之间的转换。

在解决养老金制度的公平性之后，还必须进一步解决养老金制度的可持续性问题。当前，中国养老金制度在由原有的现收现付制向部分积累制转轨的过程中，产生了大量的转轨成本。由于老职工没有个人账户积累，新职工的个人账户资金大多被用于发放老年人的养老金，因此而形成了规模巨大的空账。据估计，2011年底空账规模约为2.2万亿元，如果剔除财政补贴，中国城镇职工基本养老保险2010年有17个省份收不抵支，缺口达679亿元，而2011年，收不抵支的省份减少到14个，但是收支缺口却高于2010年，达到了767亿元②。同时，随着养老金体制内赡养率（养老金领取者人数/缴费者人数）不断提高，养老金收支状况将有可能进一步恶化。

---

① 《国务院关于企业职工养老保险制度改革的决定》，国发〔1991〕33号文件；《国务院关于深化企业职工养老保险制度改革的通知》，国发〔1995〕6号文件；《国务院关于建立统一的企业职工基本养老保险制度的决定》，国发〔1997〕26号文件；《关于完善城镇社会保障体系的试点方案》，国发〔2000〕42号文件；《国务院关于完善企业职工基本养老保险制度的决定》，国发〔2005〕38号文件。

② 郑秉文主编《中国养老金发展报告（2012）》，经济管理出版社，2012。

4. 中国劳动力市场转变

退休年龄与劳动力市场密切相关，在人口年龄结构一定的情况下，退休年龄是决定劳动力供给的一个重要因素。近年来中国劳动力市场的深刻变化也为延迟退休年龄创造了条件。

中国当前已经进入刘易斯转折点，劳动力供给从无限供给过渡到有限供给的阶段。自2004年珠江三角洲地区首次出现民工荒以来，劳动力供给的局部短缺现象已经连年出现。与此同时，城镇新增就业也出现了下降。2007年新增劳动年龄人口的数量由前一年的1491万人，大幅下降到894万人，并由此开始了较长时期的单调下降的趋势。“十一五”期间，平均每年新增的劳动年龄人口为741万人。回顾整个“十一五”时期，除了2009年受到金融危机冲击，没有出现劳动力短缺以外，其他年份都出现了不同程度的劳动力短缺，而且，短缺状况总体上呈不断严重的趋势①。劳动力供给形势的变化已经体现在工资水平方面。自20世纪90年代末以来，劳动市场上正规劳动力的工资水平一直保持着两位数的增长，近年来农民工工资也出现了相应上涨②。劳动力市场转变对中国经济转型和升级提出了迫切的要求，也为延迟退休年龄提供了较为宽松的环境。

5. 国际退休年龄改革趋势

当前，延迟退休年龄已经成为一种国际大趋势，是世界各国应对人口老龄化和寿命延长，缓解养老金压力甚至是增加劳动力供给的一项重要措施。综观世界各国的退休年龄，有几个主要的特征和趋势。

一是高收入国家的退休年龄普遍较高。根据统计，高收入国家的男女平均退休年龄分别为63.6岁和62.6岁，而低收入国家男女平均退休年龄分别为57.7岁和56.1岁，且平均退休年龄、平均预期寿命从高收入国家到低收入国家呈逐步递减的趋势③。

二是延迟退休年龄的趋势明显。美国、日本、德国等国家历史上均延

① 都阳：《人口转变、劳动力市场转折和经济发展》，《国际经济评论》2010年第6期。

② 蔡昉：《中国劳动力市场发育和就业变化》，《经济研究》2007年第7期。

③ 刘铮、潘锦堂：《世界各国退休年龄现状比较分析》，《甘肃社会科学》2005年第5期。

迟过退休年龄，有的还曾多次延迟退休年龄。例如，日本20世纪70年代的法定退休年龄男女均为55岁，80年代政府才把退休年龄提高到男性60岁、女性56岁，90年代初日本的社会保险制度改革的重要内容之一就是逐渐把退休年龄提高到男性65岁、女性60岁。金融危机以来，许多国家延迟了其退休年龄。澳大利亚1952年以后出生人口的退休年龄将在2017～2023年从65岁延迟至67岁；加拿大领取养老金的最低年龄从60岁提高到65岁；丹麦2014～2023年合格养老金领取年龄将从60岁提高至64岁；法国2017年最早退休年龄将从60岁提高至62岁；德国2014～2029年将1964年以后出生人口的退休年龄从65岁延迟至67岁；希腊2011～2013年将女性退休年龄从60岁提高至65岁，并在2012年12月将所有人口的退休年龄延迟至67岁；匈牙利2012～2017年将退休年龄从62岁延迟至65岁；爱尔兰则将于2014年将退休年龄延迟至66岁，2021年延迟至67岁，2028年继续延迟至68岁；意大利则将于2018年前将女性养老金领取年龄从60岁延迟至66岁，与男性趋同，此后根据预期寿命变化调整，同时把公共部门的退休年龄从61岁延迟至65岁。此外，英国、西班牙、土耳其、斯洛文尼亚等国家也均延迟了退休年龄，或制定了延迟其退休年龄方案和时间表。

三是男女的退休年龄有趋同的趋势。在养老保险产生的初期，男女的退休年龄往往并不相同，男性的退休年龄往往高于女性，因为在人们的观念中，总觉得女性的身体不如男性强壮，因而女性应该比男性提前退休，但是实际上女性的寿命往往比男性长，这样女性退休之后将有一个很长的领取养老金的时间。从近年来各国养老保险改革的情况来看，都倾向于男女采取相同的退休年龄。

四是建立了一定的弹性退休机制。建立弹性机制的目的一方面是尊重人们对退休年龄的选择性，另一方面也激励人们尽量在达到法定退休年龄或超过法定退休年龄后再退休。因此，一般允许人们在法定退休年龄前几年（以5年居多）选择提前退休，但养老金收入与达到法定退休年龄相比会打一定折扣，还鼓励人们在达到法定退休年龄后继续工作，推迟退休则养老金会相应增加一定幅度。表1列出了部分国家的弹性退休年龄设计。

表 1　部分国家的弹性退休设计

国别	最低退休年龄（岁）	提前退休养老金减少幅度（%）	法定退休年龄（岁）	推迟退休养老金增加幅度（%）
奥地利	60	5.1	65	4.2
加拿大	60	7.2	65	8.4
捷克	64	3.6～5.6	69	6.0
德国	63	3.6	67	6.0
日本	60	6.0	65	8.4
韩国	60	6.0	65	7.2
波兰	55	6.0	65	4.0～12.0
斯洛文尼亚	60	3.6	65	4.0
西班牙	65	6.0～8.0	67	2.0～4.0
美国	62	5.0～6.7	67	8.0

注：推迟退休养老金增加幅度是以 70 岁退休计算的。

资料来源：OECD，Pensions at a Glance 2013：OECD and G20 Indicators。

二　延迟退休年龄的方案设计

1. 延迟退休年龄方案设计的原则

延迟退休年龄必须制订一个切实可行的方案，特别是在当前社会公众对延迟退休年龄比较敏感的情况下，方案设计必须遵循几个基本的原则。

一是统筹兼顾社会保障制度和就业形势。延迟退休年龄将对社会保障制度和就业形势均产生影响，延迟退休年龄必须统筹考虑社会保障状况和就业状况。设计的退休年龄改革方案要尽量减小对两者的冲击，根据社会保障资金平衡状况和劳动力市场供需平衡状况努力寻找一个对两者均有利的方案，把握好延迟退休年龄的时机和节奏。

二是统筹兼顾不同群体利益。毫无疑问，任何改革均将有利于一部分人，而有损于另一部分人，延迟退休年龄也不例外。为了减小改革的阻力，必须统筹兼顾不同群体的利益。一个可行的做法是为人们提供一定程度的趋利避害的机会，这就有必要采用弹性原则。弹性原则是指在一定的期限内（如改革期间）允许人们在新旧退休制度之间自由选择退休年龄，在改革后允许人们在法定退休年龄左右的一定年龄限度内自由选择退休时间。

三是统筹兼顾短期影响和长期影响。退休年龄改革属于一朝决策、影响数十年的改革，必须统筹兼顾短期影响和长期影响。关键是要立足当前，放眼长远，对各个领域要尽量看得远一些，避免只顾解决眼前问题、忽略长远隐患的做法。对一些中长期影响，也要研究相应的应对策略。

2. 延迟退休年龄方案设计的内容

延迟退休年龄的方案要回答这样几个问题：退休年龄延迟到多少岁？何时开始延迟？如何延迟？从这个意义上来讲，方案设计包括几个基本内容：确定目标退休年龄、选择延迟的时机、制定具体的延迟方式。

（1）目标退休年龄的确定。目标退休年龄就是退休年龄延迟后所达到的年龄。从世界各国的退休年龄现状和改革趋势来看，目标退休年龄的选择多为60～68岁，尤其以60岁和65岁居多。例如，截至2012年，在欧洲31个国家和地区中，男性退休年龄为65岁的占17个，女性退休年龄为65岁的占12个，另有2个国家男女退休年龄均超过65岁；而在美洲的36个国家和地区中，男性退休年龄为65岁的有14个，为60岁的有15个①。根据笔者前期分别以60岁和65岁为目标退休年龄对不同退休年龄改革方案的研究②，中国选择65岁作为目标退休年龄较为理想，可以较好地实现减小养老压力、应对人口老龄化而又不增加就业压力的目标。相反，以60岁作为目标退休年龄时缓解养老金压力的效果并不明显，延迟退休年龄不能达到有效应对人口老龄化的目的。

与此同时，由于延迟退休年龄是一项前瞻性改革，退休年龄一旦确定，会延续较长时间。考虑到中国人口转变进程较快，人口老龄化速度也会较快，以当前欧洲的退休年龄作为中国退休年龄改革的参考较为合适。因此，建议中国在延迟退休年龄时采用65岁作为目标年龄。同时，考虑到女性预期寿命较长及退休年龄男女趋同的趋势，男女可以采用相同的目标退休年龄。

（2）延迟时机的选择。在确定了退休年龄改革的大方向之后，还应该选择一个恰当的改革时机，基本要求是改革退休年龄时应该不使就业状况恶化，对劳动力市场造成大的冲击。因此，对延迟退休年龄时机的选择将主要考察劳动力的供给情况。

从劳动力供求平衡来看，就业形势也将发生根本性的改变。在供给

① Social Security Association, *Social Security Programs Throughout the World*, http://www.ssa.gov/policy/docs/progdesc/ssptw/.

② 林宝：《中国退休年龄改革的时机和方案选择》，《中国人口科学》2001年第1期。

侧，根据国家人口老龄化研究课题组的预测结果，“十二五”和“十三五”期间每年城镇新增劳动年龄人口在400万~800万人。在需求侧，2007~2012年，中国每年城镇净增就业人员数在1100万人以上，如果能够保持近年的就业弹性，即便经济增长速度有所放缓，城镇每年净增劳动力需求仍然将维持在700万~800万人，“十二五”时期就将在总体上出现劳动力供不应求的局面，“十三五”时期这一现象将更加明显。因此，“十二五”时期和“十三五”时期中国就业压力将大为减轻，为改革退休年龄提供了很好的时机。

（3）延迟方式的确定。退休年龄的改革涉及很多人的利益，这就要求在延迟退休年龄时采取一种比较平稳的做法。正如中国的其他改革一样，退休年龄改革也将采取渐进的模式。根据我们的设想，每3年提高1岁是一个比较合适的进度，因为如果每1年提高1岁，则和1次提高5岁没有本质的差别，当年60岁的人退休，而59岁的人则由于在未来的5年内年龄每增加1岁，退休年龄也增加1岁，实际上他们将在65岁退休，这样跳跃性较大，同时，这种方式使得劳动年龄人口在未来5年内基本上只进不出，对就业的压力较大；如果每5年提高1岁，则使改革的时期跨度太长，而且对养老金压力的减轻作用不够明显，无法实现改革的初衷。所以，每3年提高1岁应该是一个比较适中的做法。

在具体操作上，可以将每3年提高1岁分解为每3个月（1个季度）提高1个月，这样对劳动力市场的影响将更加平缓。但是，考虑到未来城镇劳动年龄人口增长率的下降趋势，直接每满3年提高1岁也是可以接受的，两者的差异并不大，同时这样做在计算养老金待遇时也更为易于操作（如个人账户计发系数的确定更简便）。

3. 延迟退休年龄的具体方案

根据前文中关于中国养老金制度改革的讨论，改革退休年龄前应该实现养老保险制度的并轨。建议2014年实现新型农村养老保险制度和居民养老保险制度的并轨，2015~2017年实现机关事业单位人员退休金制度和城镇职工基本养老保险制度的并轨，2018年开始延迟退休年龄。未来中国退休年龄将有两类：一是职工养老保险的养老金领取年龄，二是居民养老保险的领取年龄。

（1）职工养老保险的退休年龄改革方案。第一步，2017 年完成制度并轨时，取消女干部和女工人的身份区别，将职工养老保险的女性退休年龄统一规定为 55 岁。为了减小对女性工人的影响，可以规定在一定的时期内，女性工人可保留选择按照旧制度退休的权利。第二步，从 2018 年开始，女性退休年龄每 3 年延迟 1 岁，男性退休年龄每 6 年延迟 1 岁，直至 2045 年同时达到 65 岁。在此方案下各年的退休年龄如表 2 所示。

表 2　职工养老保险各年的退休年龄

单位:岁

年份	退休年龄	
	男	女
2014	60	50 或 55
2017	60	55
2018	60	56
2021	61	57
2024	61	58
2027	62	59
2030	62	60
2033	63	61
2036	63	62
2039	64	63
2042	64	64
2045	65	65

（2）居民养老保险的退休年龄改革方案。居民养老保险的男性退休年龄目前和职工养老保险的男性退休年龄相同，女性退休年龄（60 岁）则比职工养老保险的女性养老保险（50 岁或 55 岁）更高，可以等待职工养老保险的女性退休年龄延迟至 60 岁时再与其同步延迟。这项制度建立时间不长，也需要保持一定的稳定性，以保证制度的严肃性和信誉度。因此，建议从 2033 年开始每 3 年延迟 1 岁，直至 2045 年完成。

（3）弹性退休方案设计。为了尊重人们对退休年龄的选择权并减少改革的阻力，建议中国进行退休年龄改革后也引入弹性机制，以法定退休年龄为基准，规定人们可提前 5 年退休，但养老金标准将比按照法定退休有所下降；也可以高于法定退休年龄退休，养老金标准可适当提高。同

时，考虑到中国的具体国情，可以在退休年龄弹性空间设计上，适当向女性倾斜，即女性的提前退休年龄可以略微宽松。参考其他国家的弹性年龄设计，可以规定每提前1年退休，基础养老金标准相比正常退休下降1%，提前5年则下降5%；每推迟1年退休，养老金比正常标准上升0.8%，推迟5年则上升4%。另外，由于目前的养老金替代率与缴费年限直接挂钩，也可考虑仅仅提高延迟退休者的养老金标准。当然，具体的弹性幅度还需根据中国养老金制度的相关参数和运行情况进行更细致的测算，确保不同年龄退休者之间公平，并有利于引导人们达到法定退休年龄后退休。

弹性退休年龄设计还可以引入新旧制度之间选择的弹性，即可以设立一个过渡期（如10年），允许人们在此时期内在新旧两种制度之间进行选择，为人们提供一定的趋利避害的机会，从而减小改革的阻力。

三　延迟退休年龄的影响

延迟退休年龄是一项系统工程，对社会经济多个方面均会产生影响。其中最直接的影响主要有对养老金收支平衡的影响、对劳动力供给的影响和对养老金制度参与者收入的影响。

1. 对养老金收支平衡的影响

退休年龄是养老金足额给付的年龄，延迟退休年龄将改变养老金领取者和缴费者的构成，客观上有利于实现养老金收支平衡，增加养老金制度的可持续性。由于居民养老保险制度社会统筹部分来自财政补贴，我们这里主要测算对职工基本养老保险制度的影响。

为了测算延迟退休年龄对养老金收支平衡的影响，我们这里分别测算延迟退休年龄前后的养老金制度收支情况。根据养老金平衡公式，养老金收入与养老金缴费率、社会平均工资、缴费者人数等因素有关，养老金支出与养老金领取者人数和平均养老金等因素有关。某年的平均养老金则与养老金制度的目标替代率、每年新进入退休年龄人口数、上年平均养老金、养老金指数化水平等一系列因素有关①。这里以2012年中国城镇养老金制度的相关参数为基础，养老金领取者人数以第六次人口普查资料为基

① 林宝：《目标替代率、平均替代率和养老金压力估计》，《人口与发展》2013年第6期。

础，利用人口预测得到各年的人口年龄结构，然后根据养老金制度覆盖率、参保职工人数增长情况、生命表技术等进行推算①。工资增长率假定2030年以前为4%，2031年以后为3%；养老金指数化水平为工资增长率的60%；年利率水平为3%。养老保险覆盖面逐年扩大，到2050年最终达到覆盖80%的城镇就业人员。由于个人账户采用积累制，根据积累额量入为出，理论上不存在资金平衡问题，这里只测算社会统筹部分的资金平衡。按照目前的制度设计，一个工作35年的标准人的社会统筹部分的目标替代率为35%，退休年龄提高后目标替代率也相应提高，退休年龄每提高1岁，目标替代率提高1%。

测算表明，延迟退休年龄时职工养老保险基金社会统筹部分的资金平衡状况将明显改善。在不考虑2012年以前的养老保险基金结余及负债的情况下，在不延迟退休年龄时，2013～2050年职工基本养老保险社会统筹部分各年都将出现一定程度的资金缺口，规模为700亿～1.3万亿元，到2050年将累计出现基金缺口约为18.8万亿元。如果按照前述方案延迟退休年龄，则从2022年开始出现年度资金余额，一直持续到2050年，余额为500亿～1.4万亿元，整个测算期扭亏为盈，期末累计资金余额约为22.6万亿元（见图2），折合2013年现值约为7.6万亿元。

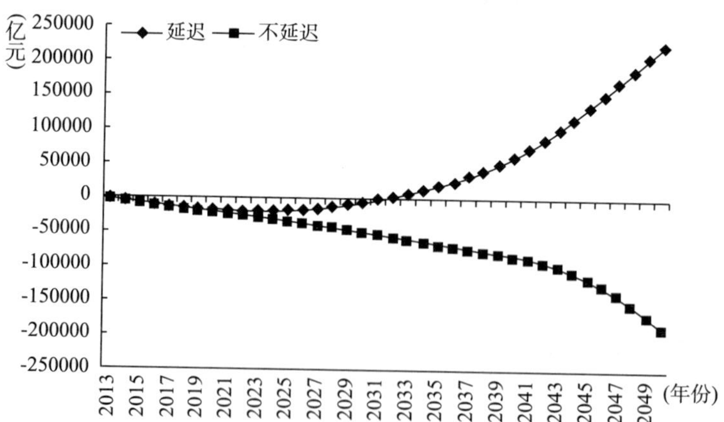

图2　延迟与不延迟退休年龄时的职工养老保险基金累计余额

资料来源：根据人口预测、职工养老保险制度参数和假设条件测算。

① 林宝：《人口老龄化对企业职工基本养老保险制度的影响》，《中国人口科学》2010年第1期。

2. 对城镇劳动力供给的影响

延迟退休年龄将增加劳动力供给。由于退休年龄对农村劳动者而言只与其领取养老金有关，与其退出劳动没有直接关系，因此这里只测算城镇劳动力供给的情况。

从总量上来看，延迟退休年龄对增加劳动力供给的作用十分明显。不改革时，尽管城镇化水平不断提高，城镇工作年龄人口①将维持在5亿人左右，但在2042年左右会出现较快下降，到2050年约为4.67亿人。延迟退休年龄基本上可以使城镇工作年龄人口保持增长，2020年约为5亿人，2035年约为5.5亿人，2050年约为6亿人（见图3）。

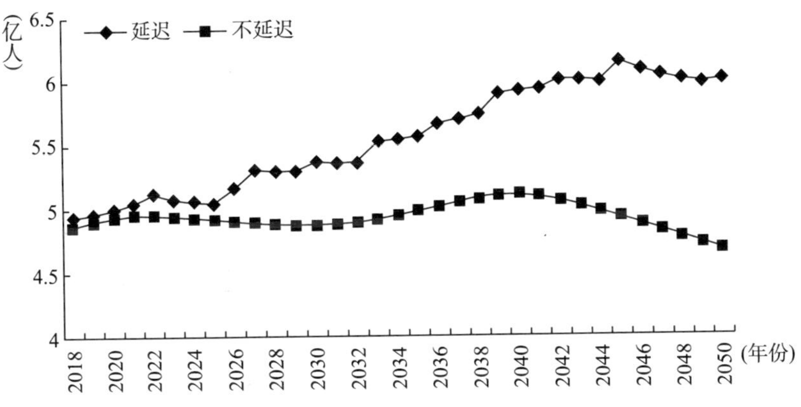

图3　延迟与不延迟退休年龄时城镇工作年龄人口数

资料来源：根据人口预测结果计算。

与不改革相比，改革第一年（2018年）将增加城镇工作年龄人口约616万人，2030年将增加约4928万人，2040年将增加8099万人，2050年将增加1.33亿人，约占当年城镇就业人口的22%。由于女性退休年龄提高幅度较大，工作年龄人口的增加以女性为主（见图4）。

延迟退休年龄将有利于延缓城镇工作人口比例下降的趋势。如果不延迟退休年龄，城镇工作人口占总人口的比例将出现较快速度的下降，2017年为65%左右，2030年接近50%，2050年下降到44%。但是，延迟退休年

① 为与劳动年龄人口相区别，这里把退休年龄以下的劳动年龄人口称为工作年龄人口。

龄后，整个期间基本会保持在55%以上（见图5），2050年约为56.9%。

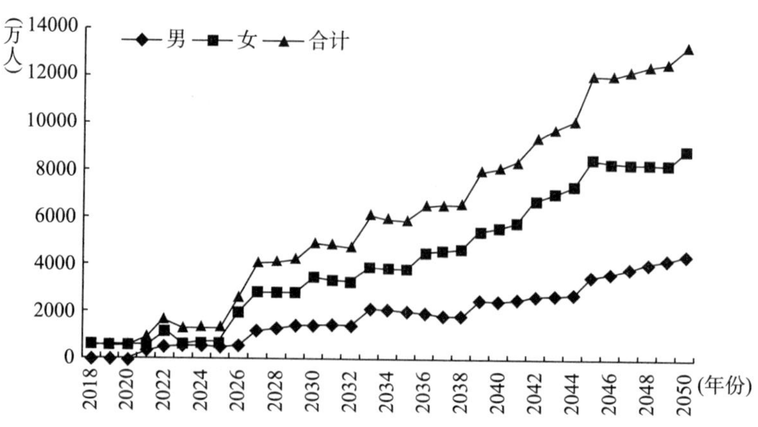

图4　延迟退休年龄后每年增加的工作年龄人口数

资料来源：根据人口预测结果计算。

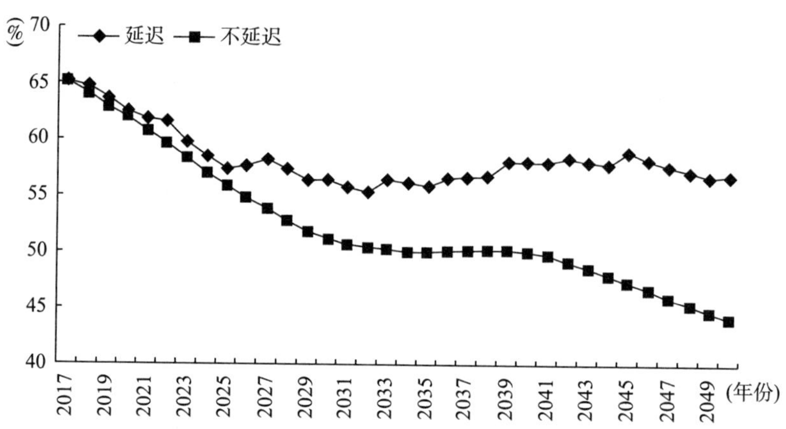

图5　延迟与不延迟退休年龄时城镇工作年龄人口比例的变化

资料来源：根据人口预测结果计算。

3. 对养老金制度参与者收入的影响

延迟退休年龄将从两个方面增加制度参与者的收入水平。一方面，延迟退休年龄将延长制度参与者获取劳动收入的时间。按照一般规律，劳动者的劳动收入高于退休者的平均退休金收入，延迟退休年龄将延长制度参与者获取较高的劳动收入的时间。根据我国城镇职工养老保险制度的设计，养老金制度的目标工资替代率为59.2%，则一个工资收入相当于社会平均工资的退休者，其劳动收入比养老金收入高2/3左右（40.8%/

59.2%）。实际上，退休前往往是一个人一生中收入较高的时期，因此劳动收入和养老金收入之间的差距可能更大，显然延迟退休年龄将增加制度参与者的终身收入水平。

另一方面，延迟退休年龄将大幅提高制度参与者退休期的养老金待遇。按照目前的养老保险制度设计，延迟退休年龄将增加社会统筹和个人账户两个部分的养老金待遇。在社会统筹部分，延迟退休年龄不仅意味着随着在职职工工资增长将提高计算养老金的基数，而且由于缴费年限增加，养老金目标替代率也将提高。假定社会平均工资增长率为3%，延迟5年退休将使计算养老金的在职职工工资增长15.93%，养老金替代率将增加5个百分点，则一个原来缴费35年、工资水平为社会平均工资的退休者如果延迟5年退休，其基础养老金收入水平将增加约32.49%（见表3）。同时，在个人账户部分，由于积累期延长和领取期缩短，个人养老金水平也将相应增加。

表3　延迟退休年龄对个人退休时基础养老金待遇水平的影响

单位:%

项目	延迟1年	延迟2年	延迟3年	延迟4年	延迟5年
社会平均工资增长	3.00	6.09	9.27	12.55	15.93
目标替代率提高	1.00	2.00	3.00	4.00	5.00
养老金待遇水平提高	5.94	12.15	18.64	25.41	32.49

资料来源：根据职工基本养老保险的制度参数和假设条件测算。

四　小结

中国的退休年龄规定始于20世纪50年代，随着社会经济状况的改变，特别是人口老龄化和人口寿命的延长使改革的必要性正在增加。近年来，中国劳动力供给出现了从无限供给向有限供给的转变，开始出现劳动力短缺现象，为延迟退休年龄提供了有利时机。国际上也出现了延迟退休年龄的趋势。

建议将中国的养老金制度根据就业状况的不同整合为职工养老保险制度和居民养老保险制度。建议职工养老保险制度分两步走：①2017年完成制度并轨时，取消女干部和女工人的身份区别，将职工养老保险的女性退休年龄统一规定为55岁。②从2018年开始，女性退休年龄每3年延迟1岁，男性退休年龄每6年延迟1岁，直至2045年同时达到65岁。居民养老保险建议从2033年开始每3年延迟1岁，直至2045年完成，退休年龄达到65岁。同时，采用弹性退休设计，对提前退休和延迟退休采取与退休待遇挂钩的措施。

按照上述方案，延迟退休年龄将有效改善职工养老保险的资金平衡状况，改变现有制度下将出现较大资金缺口的情况，实现资金盈余；在城镇劳动力供给上，延迟退休年龄将有助于减缓城镇工作年龄人口比例下降的速度，增加劳动力供给，基本可以保障在2050年前城镇工作年龄人口仍然保持增长态势；同时，延迟退休年龄还可以增加制度参与者的退休期收入水平和终身收入水平。

逐步形成橄榄型分配格局

李培林　张　翼*

一　收入差距问题依然严重

改革开放以来，中国维持了长达30多年的经济增长，在转变为世界第二大经济体的同时，也跨入了中等收入国家的行列。但是，社会平均意义的中等收入水平，却暗含着严重的居民收入差距。

根据国家统计局公布的数据，2003～2013年全国居民收入基尼系数①一直在高位徘徊：2003年为0.479，2005年为0.485，2010年为0.481，2011年为0.477，2012年为0.474，2013年为0.473。仅从数据来看，自2009年之后有下降趋势，但下降幅度与社会预期相比，还十分有限。

在国家统计局发布全国居民人均收入基尼系数的同时，某些研究机构根据自己的调查，也在社会上发布了基于学术分析而得到的基尼系数。虽

---

* 李培林，中国社会科学院副院长、学部委员；张翼，中国社会科学院社会学研究所副所长、研究员。

① 基尼系数（或称洛伦茨系数）是20世纪初意大利经济学家基尼根据洛伦茨曲线提出的衡量收入分配差异程度的一个指标，其值为0～1。越接近0就表明收入分配越是趋向平等，反之，收入分配越是趋向不平等。按照国际一般标准，0.4以上的基尼系数表示收入差距较大，当基尼系数达到0.6时，则表示收入差距很大。

然各个学术机构观察到的基尼系数存在差异，但从趋势来分析，也可以对全国的收入差距作出某种程度的估计。

西南财经大学与中国人民银行总行金融研究所进行的“中国家庭金融调查”项目，通过对 2010 年采集到的数据研究发现，全国居民收入的基尼系数是 0.61，这大大高于国家统计局公布的数据，也是迄今为止公布的最高的基尼系数。

北京大学中国社会科学调查中心调查所得的 2009 年全国基尼系数为 0.514。中国人民大学中国调查与数据中心调查所得的 2009 年全国基尼系数为 0.555。后来，北京大学中国社会科学调查中心又发布消息称 2012 年中国的基尼系数为 0.49。应该说，学术界基于抽样调查得到的基尼系数值，都高于国家统计局发布的值。

那么，如何看待中国居民收入的变化趋势呢？能不能基于国家统计局的数据将之估计为逐渐缩小的趋势呢？

对此，学术界有这样两个相互矛盾的研判：第一，认为中国 2000 年之后的收入差距长期徘徊在 0.48 左右。数据变化的差异，只是一次调查与另外一次调查的差异，并不代表趋势性的结果。第二，认为中国居民的收入差距虽然在高位徘徊，但最近几年有了缩小的趋势。长期进行收入差距动态变化趋势跟踪分析的北京师范大学中国收入分配研究院执行院长李实就认为：现在还很难判断收入差距在趋于缩小①。

2014 年初，国家统计局分别公布了全国分城乡的五等份居民收入分布数据，按城镇居民五等份收入分组，低收入组人均可支配收入为 11434 元，中等偏下收入组人均可支配收入为 18483 元，中等收入组人均可支配收入为 24518 元，中等偏上收入组人均可支配收入为 32415 元，高收入组人均可支配收入为 56389 元。

按农村居民五等份收入分组，低收入组人均纯收入为 2583 元，中等偏下收入组人均纯收入为 5516 元，中等收入组人均纯收入为 7942 元，中

---

① 李实：《理性判断我国收入差距的变化趋势》，光明网，http：//www.gmw.cn/xueshu/2012－11/05/content_ 5582848_ 2.htm，最后访问日期：2014 年 5 月 23 日。

等偏上收入组人均纯收入为 11373 元，高收入组人均纯收入为 21273 元。如果将中国城镇最高 20% 的家庭人均可支配收入除以农村最低 20% 的家庭人均纯收入，则会发现相差会达到 21.8 倍多。

对收入差距的最经典分析，来自洛伦茨曲线。在将坐标的横轴视为全社会人口的百分比分布，而将纵轴视为人均收入的分布时，从原点开始的 45 度对角线就代表了理想的均等化分布，而对角线之下的曲线则代表了事实上存在的收入差距，偏离对角线越远，则预示收入差距越大。如图 1 所示，曲线 A 所形成的基尼系数就小，曲线 B 所形成的基尼系数就大。

基于这一判断，所有国家在调整收入差距（即为了缩小收入差距而采取措施）时，基本上都是“提高低收入群体的收入，控制高收入群体的收入”。因此，要形成橄榄型分配格局，就不必提前预设各个收入的具体收入额度，而只要在收入的动态变动中有意识地提高低收入阶层的收入，加大对高收入阶层的再分配调节能力。

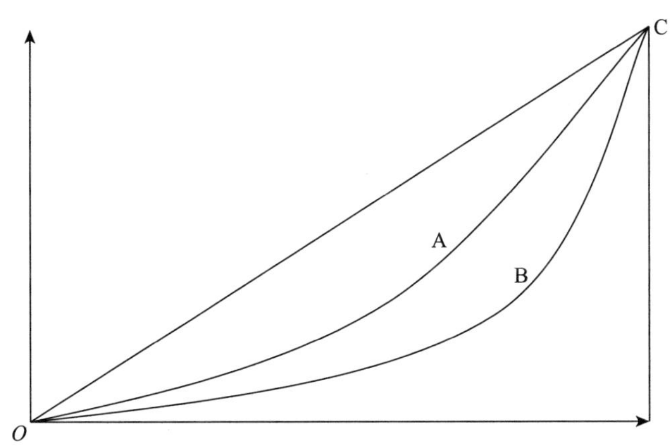

图 1　洛伦茨曲线与收入差距示意图

二　橄榄型分配格局的提出与细化

正因为认识到了“提低”和“控高”是缩小收入差距的主要举措，最近一个时期以来，党和政府出台了一系列政策，力图尽快缩小日益扩大的收入差距。

党的十六大报告针对“收入分配关系尚未理顺”[①]的问题，提出“推进收入分配制度改革”[②]，强调要“坚持效率优先、兼顾公平”，“鼓励一部分人通过诚实劳动、合法经营先富起来”，“以共同富裕为目标，扩大中等收入者比重，提高低收入者收入水平”[③]。党的十六届三中全会通过的《中共中央关于完善社会主义市场经济体制若干问题的决定》，进一步阐述了如何“推进收入分配制度改革”，并特别提到要“加强对垄断行业收入分配的监管”，“完善和规范国家公务员工资制度，推进事业单位分配制度改革”[④]。

党的十七届三中全会通过的《中共中央关于推进农村改革发展若干重大问题的决定》，针对城乡居民收入差距扩大的问题，强调要统筹城乡经济社会协调发展，要加快农村扶贫开发，提出到2020年农村改革发展的基本任务是“农民人均纯收入比二〇〇八年翻一番，消费水平大幅提升，绝对贫困现象基本消除”[⑤]。

党的十八大报告在“共同富裕”的框架下再次提出“着力解决收入分配差距较大问题”。同以往党的历次代表大会报告比起来，党的十八大报告关于收入分配制度的阐述更加强调公平：“初次分配和再分配都要兼顾效率和公平，再分配更加注重公平”，并着重将深化收入分配体制的改革总结为“两个同步”和“两个提高”：“努力实现居民收入增长和经济发展同步、劳动报酬增长和劳动生产率提高同步，提高居民收入在国民收入分配中的比重，提高劳动报酬在初次分配中的比重”[⑥]。党的十八大报

---

① 中共中央文献研究室编《十六大以来重要文献选编》（上卷），中央文献出版社，2005，第4页。

② 中共中央文献研究室编《十六大以来重要文献选编》（中卷），中央文献出版社，2006，第787页。

③ 中共中央文献研究室编《十六大以来重要文献选编》（上卷），中央文献出版社，2005，第21～22页。

④ 中共中央文献研究室编《十六大以来重要文献选编》（上卷），中央文献出版社，2005，第475页。

⑤ 中共中央文献研究室编《十七大以来重要文献选编》（上卷），中央文献出版社，2009，第672页。

⑥ 胡锦涛：《坚定不移沿着中国特色社会主义道路前进　为全面建成小康社会而奋斗——在中国共产党第十八次全国代表大会上的报告》，人民出版社，2012，第15、36页

告还首次提出城乡居民收入倍增计划，到2020年，实现国内生产总值和城乡居民人均收入比2010年翻一番的目标。

2013年2月国务院批转的《关于深化收入分配制度改革的若干意见》细化了党的十八大的目标，提出的具体目标是“扶贫对象大幅减少，中等收入群体持续扩大，‘橄榄型’分配结构逐步形成”，“力争中低收入者收入增长更快一些，人民生活水平全面提高”；同时指出，深化收入分配制度改革，优化收入分配结构，构建扩大消费需求的长效机制，是加快转变经济发展方式的迫切需要。

2013年11月闭幕的党的十八届三中全会通过的《中共中央关于全面深化改革若干重大问题的决定》，在“推进社会事业改革创新”框架下进一步阐述了收入分配制度改革的途径：“规范收入分配秩序，完善收入分配调控体制机制和政策体系，建立个人收入和财产信息系统，保护合法收入，调节过高收入，清理规范隐性收入，取缔非法收入，增加低收入者收入，扩大中等收入者比重，努力缩小城乡、区域、行业收入分配差距，逐步形成橄榄型分配格局。”①

那么，什么是橄榄型分配格局呢？

从党的十八届三中全会的精神可以看出，“橄榄型分配格局”是与“金字塔型分配格局”相对应的分配格局，或者是与收入差距扩大型分配格局相对应的分配格局。在橄榄型分配格局中，收入较低群体会在社会安全网的支持下改善消费状况，接近中等收入群体的生活；对收入较高群体利用一系列再分配政策进行调控，防止进一步拉大收入差距。由此可见，中等收入群体在这一格局中会日益扩大，而处于两端的低收入群体和高收入群体则都会缩小——这是防止贫富两极分化的收入分配格局。所以，学术界很形象地将橄榄型分配格局描述为促使中等收入群体发展壮大的分配格局。

三 对初次分配与再分配现实效果的检视

在市场对资源配置起决定性作用时，因为种种因素而展开的竞争，必

① 《中共中央关于全面深化改革若干重大问题的决定》，《人民日报》2013年11月16日，第1~3版。

然会导致收入差距的扩大。为稳定社会发展，使广大人民群众共享发展成果，就必须综合利用国家治理体系，贯彻“提低”“扩中”“控高”策略，逐步缩小收入差距，促使中等收入群体成为占人口比重最大的社会阶层。但是，在顶层设计制定了大政方针的前提下，为什么从党的十六大到十八大的将近20年中，收入差距还没有从根本上缩小呢？

除发展阶段的影响外，在操作层面的政策投入无外乎有两种，其一是在初次分配环节缩小收入差距，其二是在再分配环节缩小收入差距。以下我们分别加以讨论。

1. 市场的初次分配作用

所谓初次分配，就是各个主体在市场参与中基于供求关系与自身的讨价还价能力而形成的收入分配，主要由这样三个分配主体构成：第一，城乡居民生产要素所得报酬收入；第二，政府利用国家权力对货物和服务的生产及再生产所征收的生产税和进口税形成的初次分配收入；第三，企业在扣除其固定资产消耗和其他运营成本及税后的净营业盈余形成的初次分配收入。

现在来看，在居民收入中，因为资产占有程度和资产类型不同，在基于各种生产要素而获得的收入中，绝大多数人是基于劳动参与而获得自己的收入的。因为普通劳动者讨价还价能力较低，所以，他们得到的收入也比较低。在这种情况下，国家通过税费拿走的那部分收入就自然会占比较高，而企业也因为资本的强势而相应分配到了较多的份额。分析劳动者报酬占国内生产总值的比重的变化，就会发现：2000～2012年，劳动者报酬所占份额处于波动下降的态势之中。虽然在最近几年稍有回升，但仍然不如2000年那样高。如果将2000年劳动者报酬所占比重与2012年的相应值加以比较，就会发现其仍然相差8.5个百分点（54.1%减45.6%）。即使在剔除了统计口径变化的影响因素之后，劳动者报酬所占份额也不高。比如在美国，劳动者报酬占国内生产总值的比重就达到了70%左右，其他市场经济较成熟的国家也有54%～65%。

但反过来，营业盈余却在2000～2012年有了非常显著的增长。比如，在2000年，营业盈余所占比重为15.60%，但在2007年却增长到了30.20%——几乎增长了1倍。虽然在最近几年有所控制，但仍然在2012

年高达25.66%（见表1）。从这里可以看出，在市场经济的竞争中，资本方的讨价还价能力高于劳动方，所以才导致了营业盈余增长较快，劳动者报酬有所降低。

表1　2000～2012年收入法核算的劳动者报酬占国内生产总值比重

单位：%

年度	劳动者报酬	固定资产折旧	生产税	营业盈余
2000	54.10	15.80	14.50	15.60
2002	48.40	15.40	14.30	21.90
2005	41.70	15.00	13.60	29.60
2007	41.40	14.00	14.50	30.20
2011	44.90	12.90	15.60	26.54
2012	45.60	12.86	15.90	25.66

资料来源：相关年份《中国统计年鉴》。

因此，在初次分配中，除对劳动者个人的因素要加以考虑外，还需要在整个宏观视野中，考虑提升劳动者报酬所占的比重。在劳动者报酬所占份额较低的情况下，即使调整了劳动者之间的分配关系（比如基于人力资本差异而形成的差距），也不能有效提升劳动者的收入而拉动消费。要形成橄榄型分配格局，就必须关注这一点，唯有劳动者报酬在初次分配中所占比例得到提升，以农民和农民工为主要代表的工人阶级的收入才会有所保障，他们滑落到贫困阶层的概率也才会降低，他们通过自己的代际教育支持，使自己的子女转化为中等收入阶层的可能性也才会增加。

2. 政府的再分配作用

所谓再分配，就是通过非市场之手——政府或其他主体在初次分配后进行的分配。政府通常采用的手段主要如下。

第一，收入所得税，即居民和企业等各个收入主体当期得到的初次分配收入应支付的所得税、利润税、资本收益税和定期支付的其他经常收入税。

第二，财产税，即居民等财产拥有者，根据现有财产状况，依法缴纳的动产税和不动产税，如房产税、遗产税等，政府以此对居民收入进行的调节属于存量调节。

第三，社会保险，即居民为维持当前和未来的福利而向政府组织的社会保险或各个单位建立的基金所缴纳的款项，如失业保险、退休保险、医疗保险等。

第四，社会福利，即居民从政府获取的、维持最基本生活的收入，主要包括低保金、抚恤金、生活困难补助等各类救济金。

第五，各类转移支付，包括政府内部转移收支，本国政府与外国政府、国际组织之间的援助、捐赠、会费等。所以，从这里可以看出，再分配手段主要由政府调控使用，这也是政府部门进行宏观管理以保持社会稳定的主要治理机制。

从近期的研究成果可以看出，中国的个人收入所得税，在 2011 年将税基提高到 3500 元之上时，只有 2400 万人在纳税。虽然最近几年人均收入有所提高，但纳税人到底有多少还需要查考。李实在研究中认为，个人所得税对收入差距的调控能力有限。企业所得税虽然能够征收，但为了鼓励就业，为了发展经济，也没有起到应有的作用。而对房屋等不动产的持有税，也正在研究当中。所以，真正能够在普遍意义上起作用的政府干预措施，就是社会保险和社会福利。但是，最近几年多项研究发现，社会保险尤其是征缴占比相对较高的企业职工养老保险，不但没有起到缩小收入差距的作用，反倒有拉大收入差距的趋势。毕竟，其制度设计的初衷，是以劳动者个人的工资为标准按比例征缴的，即使考虑以社会平均工资的 60% ~300% 实际缴纳，那下限与上限之间不同的缴费率，也会拉开退休金的实际差距。比如，那些以 300% 为基数缴费的企业，就会比以 60% 为基数缴费的企业高出许多。体制合并后的居民养老保险也存在同样的问题——城镇居民养老保险的退休金较高，农村居民养老保险的退休金较低。除此之外，公务员和事业单位工作人员的退休金又高于企业职工的养老金。这样，养老保险体系的多轨运行及筹资模式的差异，以及其获得的政府财政转移支付额度的差异，使养老保险蕴含了老年时期的收入不平等。

3. 居民的家庭再分配

在中国广大农村，家庭本身既是一个生产单位，也是一个分配和再分配单位。家庭成员之间的合作劳动通过对农作物收获的影响而决定家庭基于农业生产的收入。家庭内部的协议决策影响其成员之间的分工与合作。在城市中，家庭成员在进入不同企业并以个人的劳动参与而获得收入之后，也会将所得部分或全部贡献于家庭的消费与储蓄。所以，家庭具有很强的收入再分配功能。如果不计收入来源，而将其均等化为每一个成员的人均货币表现，我们就可以得到表2的信息：在2012年这个调查统计期，从“困难户”到“最高收入户”，其家庭人口数是趋于减少的。比如，“最低5%的困难户”的家庭平均人口数为3.33人，“较低收入户”的家庭平均人口数是3.21人，“中等偏下户”是2.99人，“中等收入户”为2.80人，“中等偏上户”为2.67人，“较高收入户”为2.58人，“最高收入户”为2.52人。这就是说，在家庭成员中的劳动力人口将劳动所得分配给家庭成员时，家庭成员越少，家庭成员中的就业面越高，其家庭成员的人均收入就越高，反之亦然。

从这里可以看出，家庭具有很强的收入再分配功能。在家庭劳动力将收入所得进行均分时，劳动力负担重的家庭的人均收入会比较低。

在这种情况下，如何利用税收、救助、扶持等国家治理杠杆，提升低收入家庭的平均收入水平，对橄榄型分配格局的形成具有非常重要的调节作用。

通过对初次分配与再分配现实效果的讨论，我们可以看出：

第一，在初次分配中，劳动者报酬所占份额还比较小。在资本与劳动者报酬的博弈中，资本得到的份额即营业盈余增长较快。所以，初次分配调整的主要方向，就是提升劳动报酬所占份额。在税收政策不变的情况下，因为营业盈余所占份额增长很快，可以考虑将其控制在一定比例，使劳动者报酬所占份额上升。这样，国民收入在初次分配中所占比重才有可能提高。

第二，在政府主导的再分配中，个人所得税对收入差距的调节作用还没有完全发挥出来。在全国7亿多劳动参与人口中，征税对象太少，难以达到收入分配政策调控的目标。“低保”等制度的实施效果也不显著①。

① “低保”制度对改善收入分配格局的效果也并不令人满意。根据李实等人的调查和估算，城市“低保”在很多省份确实有助于缩小收入差距，但是缩小的幅度也就是在1%左右；农村的情况也大致相同，农村“低保”制度对缓解农村的贫困也有很大的作用，但是对于调节农村收入差距的作用非常小。

表 2　2012 年全国城镇不同家庭户的收入与就业面比较

指标	数值	最低收入户		较低收入户	中等偏下户	中等收入户	中等偏上户	较高收入户	最高收入户
		合计	其中：困难户	10%	20%	20%	20%	10%	10%
		10%	5%						
调查户数(户)	65981	6590	3287	6601	13214	13220	13201	6593	6562
调查户数所占比重(%)	100	10.00	4.98	10.00	20.03	20.04	20.01	9.99	9.95
平均每户家庭人口数量(人)	2.86	3.30	3.33	3.21	2.99	2.80	2.67	2.58	2.52
平均每户就业人口数量(人)	1.49	1.31	1.21	1.53	1.53	1.48	1.47	1.50	1.58
平均每户就业面(%)	52.10	39.70	36.34	47.66	51.17	52.86	55.06	58.14	62.70
平均每一个就业者负担人数(人)	1.92	2.52	2.75	2.10	1.95	1.89	1.82	1.72	1.59
平均每人全部年收入(元)	26959.00	9209.49	7520.86	13724.70	18374.80	24531.40	32758.80	43471.00	69877.30
平均每人可支配收入(元)	24564.70	8215.09	6520.03	12488.60	16761.40	22419.10	29813.70	39605.20	63824.20
平均每人总支出(元)	22341.40	9164.94	7976.51	12134.80	15806.60	20447.70	26670.70	35705.60	54192.70
平均每人现金消费支出(元)	16674.30	7301.37	6366.78	9610.41	12280.80	15719.90	19830.20	25796.90	37661.70
现金占可支配收入比重(%)	67.88	88.88	97.65	76.95	73.27	70.12	66.51	65.14	59.01

注：本表中可支配收入即扣除了税收与社会保险等之后的收入。

在遗产税、房产税等缺位的情况下，只有社会救助或其他福利政策的介入，还难以起到显著作用。更何况社会保险，尤其是社会保险中的养老保险还不具有缩小收入差距的作用。

第三，居民形成的再分配——家庭成员之间的转移支付，的确可以对初次分配中的收入差距进行调控。但是，我们还需要创设更好的机制，使居民自己在家庭成员之间的再分配更符合宏观社会缩小收入差距的需要，也即为橄榄型分配格局的形成发挥更好的作用。

四 强化橄榄型分配格局的形成机制

1. 初次分配手段的强化

从现在的情况来看，要尽快形成橄榄型分配格局，就需要在初次分配和再分配中都加强“调控”力度。于2012年开始推行的“营业税改增值税”（即“营改增”）试点已大大扩大，但“营改增”的减税效果还没有显著表现在劳动者报酬的增幅上。在折旧不变的情况下，如果利润仍然保持在原有水平，劳动者报酬没有增加的主要原因，只能拿营业盈余的高位运行去解释。所以，**在初次分配中，还需要强化劳动者的讨价还价能力，并以此保证普通员工工资——劳动报酬的增长与所占比重**。事实上，劳动报酬的增长会伴随经济发展而上升，但只要其在初次分配中的占比不变，则资本分配到的占比就仍然会趋于在高位徘徊。即使政府降低税收，劳动者也拿不到应有的份额。要提高居民收入在国民收入分配中的比重，要提高劳动报酬在初次分配中的比重，初次分配手段的使用是必不可少的。

2. 个税税基需要伴随通货膨胀的上升而提升

在1980年税法的基础上，经6次修改而于2011年9月开始实施的现行税法，将税基提升到了3500元左右。但是，中国还是一个个体户从业人员占比重较高的国家，所以，新修订的税法对其纳税额度专门作出了区别规定。依照工资与薪金所得的超额累进税率，3500元及以下的不纳税，高于3500元的部分，在减去免税金额即3500元之后，才实施3%～45%的税率——收入越高，纳税率也越高。个体工商户的生产、经营所得和对企事业单位的承包经营、承租经营所得，适用5%～35%的超额累进税率，虽然也体现收入越高纳税率也就越高的调节原则，但最高不能超过35%。

虽然在实施之初，工资和薪金纳税人只有2400万左右，最近几年应该有所上升。但是，其调节收入差距的效果没有显现出来。其中的主要原因，主要在于很多该纳税的还没有纳税，亦即漏税严重。即使按照可支配收入（即在扣除了个税、社会保险费与其他福利之后的收入）来算，在中国的城镇，应该有一半左右的劳动者需缴纳个税。从表3可以看出，即使将可支配收入作为工资与薪金额，在将其以不同收入阶层的家庭人口和家庭就业人口进行换算后，按照每一个就业者的月收入计，20%的中等收入户、20%的中等偏上户和20%的较高收入户中的就业者就会成为个税纳税者。当然，在这中间，也存在户内就业者中收入差距较大而“被平均”为高收入者的可能。但是，总体而言，中等偏上户和较高收入户的就业者应该有可能成为个税纳税人。

表3　以人均可支配收入回推计算的家庭劳动力月均收入

指标	较低收入户	中等偏下户	中等收入户	中等偏上户	较高收入户
	20%	20%	20%	20%	20%
平均每户家庭人口数量(人)	3.25	2.99	2.80	2.67	2.55
平均每户就业人口数量(人)	1.56	1.53	1.48	1.47	1.5
平均每户就业面（%）	47.66	51.17	52.86	55.06	58.14
人均可支配收入(元)	11434	18483	24518	32415	56389
户收入(元)	37160.50	55264.17	68650.40	86548.05	143791.95
劳动力人均收入(元)	23820.83	36120.37	46385.41	58876.22	95861.30
劳动力月均收入(元)	1985.07	3010.03	3865.45	4906.35	7988.44

资料来源：根据国家统计局公布的2013年城镇人均可支配收入计算。

尽管家庭可支配收入中也包括了退休金等收入，但因为在总体上，人均退休金低于工资与薪金，再加上家户（household）规模已经很小，这预示着很多城镇老人已经与子女分家。在这种情况下，表3的估计应该是成立的。当然，因为城镇的房租收入也被计入了家庭可支配收入，但房租也

应该是纳税的，所以从纳税人的意义上来说，这些人也应该被个税所调节。当然，由于各种因素的影响，有一部分出租房屋的租户还没有合法纳税。

根据国家统计局公布的数据，2013 年全国农民工月均收入达到了 2609 元左右①。因为国家统计局统计的农民工既包括了离土不离乡的“本地农民工”，也包括了离开户籍地半年以上的“流动农民工”，而流动农民工的平均月收入高于本地农民工。因受“招工难”的影响，最近几年农民工的名义工资收入也有了很大程度的提升。实际上，不仅是农民工，就是包括了农民工在内的全国的流动劳动力的名义工资和薪金也在最近几年迅速增长。

表 4 将农民工与城市—城市流动劳动力进行了比较。从这里可以看出，在农民工中，“小学及以下”文化程度者月均收入超过 3500 元的达到 19.62%，“初中”文化程度者达到 25.17%，“高中/中专”文化程度者达到 29.20%，“大专及以上”文化程度者达到 41.33%。从“总计”栏还可以看出，农民工中已经有 26.04% 的人月均收入超过了 3500 元。

在城市—城市流动劳动力中，“小学及以下”文化程度者月均收入超过 3500 元的达到 24.05%，“初中”文化程度者达到 29.41%，“高中/中专”文化程度者达到 37.35%，“大专及以上”文化程度者达到 59.94%。从“总计”栏还可以看出，城市—城市流动劳动力中已经有 44.75% 的人月均收入超过了 3500 元。

表 4　流动劳动力的收入分布

文化程度		农民工			城市—城市流动劳动力		
		0～3500 元	3500 元以上	小计	0～3500 元	3500 元以上	小计
小学及以下	收入水平（元）	18936	4621	23557	581	184	765
	占比（%）	80.38	19.62	100.00	75.95	24.05	100.00
初中	收入水平（元）	67567	22730	90297	4146	1727	5873
	占比（%）	74.83	25.17	100.00	70.59	29.41	100.00

① 《2013 年农民工月均收入为 2609 元》，凤凰网，http://finance.ifeng.com/a/20140220/11705213_0.shtml，最后访问日期：2014 年 5 月 23 日。

续表

文化程度		农民工			城市—城市流动劳动力		
		0～3500元	3500元以上	小计	0～3500元	3500元以上	小计
高中/中专	收入水平(元)	22021	9081	31102	4659	2777	7436
	占比(%)	70.80	29.20	100.00	62.65	37.35	100.00
大专及以上	收入水平(元)	5051	3558	8609	4248	6357	10605
	占比(%)	58.67	41.33	100.00	40.06	59.94	100.00
总计	收入水平(元)	113575	39990	153565	13634	11045	24679
	占比(%)	73.96	26.04	100.00	55.25	44.75	100.00

资料来源：国家卫计委流动人口司2013年流动人口监测调查数据。

这就是说，如果以3500元作为税基来征缴个人所得税，就连26.04%的农民工都应该纳税。而在城市—城市流动劳动力者中，竟然已经有44.75%的人应该缴纳个人所得税了。如果今后的“招工难”仍然继续，或者通货膨胀率不见下行，则以名义工资的3500元为税基的个税征缴制度，就难以起到促进形成橄榄型分配格局的作用。在通货膨胀与人均收入水平连续上涨的情况下，个人所得税的税基就应该相应往上调整。唯有如此，才可能体现出个税调节高收入阶层收入的作用，也才能更显著地发挥减轻中低收入阶层负担的作用。

3. 强化社会保险的再分配作用

在很多国家，初次分配的基尼系数都比较高。比如，在发达国家中，澳大利亚的初次分配基尼系数是0.46，日本是0.52，美国是0.46，英国是0.46，德国是0.51，意大利是0.56，葡萄牙是0.54，波兰是0.57。但是，在这些国家经过个税与社会保险的调节后，基尼系数就会大大降低。比如，在2000年，经再分配的综合调整，美国基尼系数从0.46下降到0.38，日本从0.52下降到0.38，德国从0.51下降到0.3，法国从0.48下降到0.28，英国从0.46下降到0.34，经济合作与发展组织成员平均从0.45下降到0.31。

为什么社会保险会具有如此强大的收入差距调节能力呢？

从表5可以看出，年龄越小的劳动者，在高收入组分布的比例越高。因为市场经济的竞争，除家庭财富继承的影响外，主要是人力资本的竞

争。年龄越小的劳动者，其身体越健康，受教育程度越高，对高科技的适应能力也越强，也越能够胜任劳动强度较大的工作岗位。而对于年龄较大的人而言，其收入要么来源于退休金，要么来源于家庭其他成员的供养，或者来自自己的就业收入，不免要落入贫困阶层。中国的调查数据更为显著地证明了这种趋势。比如，在 18～35 岁年龄段人口中，居于“较低收入层”的比例为 14.25%，居于“中等偏下收入层”的比例为 14.30%，居于“中等收入层”的比例为 14.67%，但居于“中等偏上收入层”的比例为 24.78%，居于“较高收入层”的比例为 32.01%——从 18～35 岁年龄段到 65 岁及以上年龄段，居于较高收入层的比例一直处于下降的态势，到 65 岁及以上年龄段，就降低到 8.40%。但是，从 18～35 岁年龄段到 65 岁及以上年龄段，居于“较低收入层”的比例则一直处于上升的态势，到 65 岁及以上年龄段，上升到了 36.51%。

表 5　中国 2012 年分年龄段人口在各收入等级中的分布

单位：%

年龄段	收入 5 分层					总计
	较低收入层（20%）	中等偏下收入层（20%）	中等收入层（20%）	中等偏上收入层（20%）	较高收入层（20%）	
18～35 岁	14.25	14.30	14.67	24.78	32.01	100
36～55 岁	19.76	19.10	15.51	23.32	22.31	100
56～64 岁	31.34	24.89	16.04	14.95	12.79	100
65 岁及以上	36.51	24.17	14.63	16.28	8.40	100
小计	22.49	19.69	15.35	21.25	21.23	100

资料来源：中国社会科学院社会学研究所 2013 年 GSS 调查。

在这种情况下，如果能够有效提高老年人口的待遇，则基于家庭人均可支配收入而计算的收入差距就会相应缩小。但是，在提升老年人口的福利待遇，尤其是在提升老年退休金的待遇时，一定要掌握退休金越低、财政补助比重越高的原则。唯有如此，养老保险的代际转移才具有缩小收入差距的作用，并支持橄榄型分配格局的形成。当然，在医疗保险的转移支付中，只有更多地向低收入阶层倾斜，低收入阶层的身心健康才能有所保障，在医疗费用方面的负担就会减轻。可以说，向农村地区社会保障方面的制度覆盖以及保障功能的强化，会大大减轻农民阶级的日常负担，降低他们的相对贫困程度。因此，在某种程度上可以说，社会保障支持中等收入阶层发展的功能大于所得税所起的作用。

日本在 1980 年的税前基尼系数为 0.350，但到 2002 年却上升到了 0.498。即使经过所得税等的调节之后，其税后基尼系数也从 1980 年的 0.3301 扩大到 2002 年的 0.4941。这就是说，所得税对收入差距的调节作用受到了很多因素的影响而难以达到设计的目标①。但是，通过社会保险的再分配调节之后，收入差距会相对有所控制。比如，在不计社会保险与所得税的情况下，日本 1993 年的税前基尼系数为 0.4394，2005 年的税前基尼系数为 0.5263。但是，在加入社会保险与所得税等因素后，基尼系数则只从 1993 年的 0.3645 上升到 2005 年的 0.3873。在 2005 年，社会保险对降低收入差距的贡献率达到 24%，而所得税的贡献率仅仅为 3.2%②。到 2008 年，社会保险对降低收入差距的贡献率上升到了 26.6%，而所得税的贡献率则为 3.7%。

4. 地区收入差距还需要继续缩小

中国收入差距的形成，主要源于城乡收入差距与地区收入差距。最近几年来，支持收入差距趋于缩小的学者认为，正是流动农民工进城打工的转移支付以及离土不离乡农民工的劳务收入等的增长起到了积极的作用。当然，由于农民工进城打工人数迅速上升，在 18 亿亩土地红线的保障下，种地农民人数的缩小以及农产品与畜牧产品价格的上升，也起到了一定的作用。但是，不管怎么说，城镇化有效地缩小了城乡之间的收入差距。

比如，在 2013 年，农村居民人均纯收入实际增长为 9.3%，而城镇居民人均可支配收入实际增速只有 7%。过去连续 4 年农村居民人均纯收入的增速都高于城镇居民人均可支配收入的增速，实际上这也是导致过去几年中国城乡收入比缩小的部分原因。城乡收入比的缩小速度与力度，也体现着农民阶级收入改善的速度与力度。

---

① 王海涛、谭小军：《日本贫富差距扩大的原因及趋势分析》，《现代日本经济》2008 年第 4 期。

② 李菁：《日本所得税与社会保障对缩小收入差距的影响》，《涉外税务》2009 年第 1 期。

在城乡收入差距缩小的同时，中国东、中、西部地区之间的收入差距也趋于缩小。这表现在中、西部地区居民收入的增长速度快于东部地区。但是，目前的地区收入差距改善的效果还不是很显著。比如，在 2013 年上半年，按照不变价格计算，上海城镇居民人均可支配收入是 22243 元，而甘肃城镇居民人均可支配收入是 9327 元，前者是后者的 2.38 倍；上海农村居民人均纯收入为 12345 元，甘肃农村居民人均纯收入为 2736 元，前者是后者的 4.51 倍。但是，如果要将上海城镇居民人均可支配收入与甘肃农村居民人均纯收入相比，则前者是后者的 8.13 倍。

在建成橄榄型分配格局方面，地区收入差距的缩小具有重要意义：第一，其会消解低收入群体的地区集中度；第二，通过对中、西部地区收入的提高刺激民族地区经济与社会的繁荣，增强民族融合与民族团结。

五　建成橄榄型分配格局的政策性建议

通过前文的论述，我们可以知道，要建成橄榄型分配格局，需要从多个制度层面着手，细化收入分配的调节机制。这是一个系统性、整体性、长期性的经济社会政策调控过程。概言之，可以从以下几个角度选择政策投入。

1. 在初次分配中加大劳动者报酬的比重

强化初次分配调控力度的出发点，一方面在于减税，另一方面还在于调节劳动与资本之间的关系结构，强化劳动者在企业利润中的分配能力。而提升劳动所得的一个必要举措，就是强化工会对其会员的保护能力，建构三方谈判机制，保护劳动者的合法收入，**尤其是保护税前列支的社会保险方面的收入**。而当务之急，就是加大劳动执法检查力度，提升劳动合同的签订率。在国家财政兜底的情况下，企业职工社会保险的参加率，应该是初次分配与再分配中劳动者能够保障其权益的合法途径。现在，农民工在城镇的社会保险参加率很低，这在一定程度上影响了劳动过程的劳动者所得，使低收入群体难以进入中等收入阶层。社会保险在税前缴纳，这虽然有利于社会保险的扩面工作，但对于那些与企业尚未签订劳动合同的农民工来说，因为其未缴纳社会保险，所以，就使其在制度上易于陷入个税征收的可能。如果在税前缴纳了社会保险，则其当期现金收入可能降低，但未来的保障则会提升。尽管农民工的平均收入还不是很高，即使发生个税征缴，征收比例也不会太高，但在社会保险缺位的情况下，作为制度设计尚存在不公平和不公正的地方。另外，在社会保险缴费较高的单位，保险科目的设置与使用就具有合法避税的意义，只不过这些企业是将当期收入转化为退休收入而已。社会保险缴费越高，避税额就越高，这对某些国有企业上层来说，是一个理所当然获得预期收益的渠道。另外，有些地区还在税前列支企业年金，这有利于企业高层更多地获得初次分配，但却在客观上拉大了收入差距，没有调控住高收入阶层的收入。

2. 建立个人所得税税基随通货膨胀而提升的有效机制

在个税征收中，对工资和薪金的课税税基，是以名义工资为基准课税，但却忽略了通货膨胀的影响。而通货膨胀对不同的社会阶层具有不同的负面影响。收入越低的阶层花在食物等方面的开支比重较高，而食物、蔬菜与果品的价格在通货膨胀中往往表现得更高。这就使收入最低的阶层与收入次低层在通货膨胀中遭受更多的负面影响。

因此，在通货膨胀率比较低的时候，以货币表现的固定税基，可以长期实施。但是，在通货膨胀与社会发展比较快的历史时期，如果固化个税税基，并按照名义工资与薪金去征缴个税，那对中等收入阶层生活的改善就具有负面影响。在农民工平均名义工资提升到2609元之后，个税的税基就需要进一步提升。

3. 建立以家庭与个人皆可申报的个税申报体系，让劳动者既可以以家庭为单位也可以以个人为单位选择个税申报

现在，在征收个税的过程中，还没有考虑到家庭老年人口与幼儿人口的影响——对于那些劳动力占比较高的家庭来说，其收入的绝大部分会消费在自己身上，但对家庭中老人与孩子较多的劳动者来说，其还不得不将自己的收入分配给被抚养人口消费，从而使其家庭的人均可支配收入大大降低。这就出现初次分配中收入大体相同的劳动者，在家庭再分配中大大降低了消费水准。所以，个税改革的一个方向，就是以家庭为单位征缴，而不能仅仅以个人为单位征缴。在美国，就同时出台了以个人或以家庭皆可自由申报的个税制度安排以供纳税人选择。

在老龄化越来越严重地影响社会的发展时，社会保险不可能完全解决“养老问题”，也不能完全解决“养小问题”。世界主要发达国家的经验说

明，家庭成员之间的再分配，可以更加有效地解决收入差距问题。如果青年劳动者选择以家庭为单位申报个税，则同时需要建立退税制度。比如某人如果给自己的父母亲以赡养金，则可以以此来申报退税。为此，就需要尽快建立翔实的个人收入与社会保险信息系统。

4. 要大力加强社会保险的投入

中国社会保险投入偏低。即使在最近几年努力强化了民生投入之后，社会保险占 GDP 的比重也还比较低。根据 2013 年 3 月 5 日财政部在十二届全国人大一次会议上作的《关于 2012 年中央和地方预算执行情况与 2013 年中央和地方预算草案的报告》，在 2012 年中央预算主要支出执行情况中，社会保障和就业支出为 5753.73 亿元，完成预算的 100.1%，增长了 22%。虽然增长很快，但社会保障占财政支出的比重却比较低——大约只占 12%。在很多国家，社会保障类支出占据了财政支出的最高比重。现在，欧盟社会保障支出占 GDP 的比重已经达到 30% 左右。所以，要形成橄榄型分配格局，就需要加大社会保障投入，让老百姓共享改革开放与社会发展的成果。而只有加大这个方面的开支，社会保障的再分配功能才能够有效发挥，并通过向低收入阶层——主要是向老年群体和脆弱群体（比如单亲家庭或受疾病困扰的家庭）倾斜，缩小收入差距，支持中低收入阶层的生活。

但是，社会保障的再分配投入，却需要关注不同群体的收入差距问题。从现在的情况来看，在城乡居民社会保险合并之后，农村户籍的老年人口的退休金还很低，城市户籍老年人口的退休金稍高。企业职工平均养老金也低于事业单位和公务员的养老金。多轨运行的养老保险体系，在短期内难以弥合制度设计的差距，此时可以设想将财政投入率先用于提升居民养老保险。截至目前，企业职工退休人员的退休金，尤其是退休金较高的那部分人的月退休金数额，与前几年相比，已经有了很大程度的提升。比如，在 2014 年，北京市企业职工的退休金平均已经超过了 3000 元。而这意味着，在北京市有 1/3 以上的退休人员的退休金已经超过了 3500 元[①]——这实

① 《北京企退养老金连续 22 次上调平均水平首破 3000》，新浪网，http：//news. sina. com. cn/c/2014 - 03 - 01/024429593022. shtml，最后访问日期：2014 年 5 月 23 日。

际上已经高于大学生初职工作的工资了，但北京市的居民养老保险却只有几百元。

5. 继续实施缩小地区收入差距的政策，鼓励中、西部地区率先发展

从过去几年的发展经验可以看出，中、西部地区国民经济的增长，支持了居民可支配收入的增长。因为东、中、西部地区之间的差距还比较大，所以，对中、西部地区的支持政策还需要继续。

6. 提升人力资本，加强中下阶层劳动者的培训力度，扩大中下阶层子女的受教育机会

培训可以改善劳动者自己的收入，教育可以在社会流动过程中，通过子女一代的努力，降低贫困的代际继承率，给收入较低阶层以改变自己职业地位的机遇。因为初次分配是决定收入差距的基础，所以，要形成橄榄型分配格局，就需要在初次分配开始之前，决定劳动者的受教育程度。

7. 就业机会的公平公正，是接受过同样人力资本的劳动者是否可以进入其所预期的阶层的前提

只有理顺就业体制，消除人力之外的不公正影响，才会消除就业的不公平感。在现代社会，如果人们是因为人力资本的差异而居于不同的收入阶层，他们就会比较容易接受这些差异所带来的负面影响。但是，如果这些差距主要来自权力或关系等因素的影响，则人们对收入差距的合法性和合理性会产生怀疑，并产生情感意义上的抵触，这就会使社会不稳定。

加快形成科学有效的社会治理体制

陈光金*

党的十八届三中全会作出的《中共中央关于全面深化改革若干重大问题的决定》（以下简称《决定》）指出："全面深化改革的总目标是完善和发展中国特色社会主义制度，推进国家治理体系和治理能力现代化。"① 国家治理体系是由国家在经济、政治、文化、社会、生态等各个领域的治理方略构成的，国家治理能力是国家统筹各个领域的治理，使其相互协调、共同发展的能力。其中，社会治理是国家治理体系的一个重要组成部分。因此，《决定》同时提出要创新社会治理体制。社会治理创新是我国社会发展进程中的又一场深刻变革，是社会治理领域价值与制度的综合改革，也是我国在市场经济发展到一定阶段、国家经历了结构性变迁之后的必然抉择。实践告诉我们，如果没有社会治理创新，中华民族要真正实现伟大复兴与和平崛起必将面临重重困难。关于如何创新社会治理体系，《决定》明确地作出了四个方面的阐述：一是要创新社会治理的方式，二是要激发社会组织的活力，三是要创新社会矛盾预防和化解的机制，四是

* 陈光金，中国社会科学院社会学研究所所长、研究员。

① 《中共中央关于全面深化改革若干重大问题的决定》，《人民日报》2013 年 11 月 16 日。

要构建一个公共安全体系。当然，我们还要看到，《决定》在阐述其他方面的改革要求时所涉及的许多内容，尤其是关于社会事业改革方面的论述，也与社会治理体制改革和现代社会治理体系建设有着密不可分的关系。

现代社会治理体系的建设，是《决定》提出的国家治理体系现代化这一改革总目标的重要组成部分。创新社会治理体制本质上在于通过政府与社会关系的变革，确立一种政府和社会协同治理的国家治理体系，因而必然意味着政府与社会的关系的重大调整，意味着要建立一种新的现代社会运行机制和逻辑。现代社会治理体系，是现代社会治理体系与现代社会服务体系的有机统一，是政府的社会治理、社会服务与社会的自我治理和自我服务的有机统一，其根本目的在于通过新型社会治理体系的科学运行，更好地促进和改善民生，不断增进全体社会成员的共同福祉，同时更好地协调社会利益关系，调解和化解社会矛盾，促进社会和谐稳定、国家长治久安，为实现中华民族伟大复兴的中国梦奠定扎实的社会发展基础。

一　社会治理的理论与中国特色社会治理的内涵

社会治理理论是在西方发达国家发展起来的。这一理论的产生和发展，与20世纪70年代以来西方发达国家面临的一系列重大社会危机密切相关，包括急剧膨胀的公共支出带来的普遍的财政危机，政府过多包揽社会事务造成的信任危机以及社会公众要求更多地参与社会治理形成的民主危机等①，这些问题促使西方发达国家重新思考社会治理的理念、机制以及相关制度安排。90年代以来，国际上有多种有关治理的概念在流行，归纳起来，主要有以下几种观点。

1. 强调治理主体多元化，主张建立多中心治理模式

社会治理作为一种政治管理过程，自然也像政府对国家的统治一样，需要权威和权力，其最终目的也是维护正常的社会秩序。但是，治理理论

① 关学增：《当代西方国家的社会治理思潮》，《河南师范大学学报》（哲学社会科学版）2006年第4期。

家戈丹强调提出："治理从头起须区别于传统的政府统治概念。"① 治理与统治的本质性区别在于，治理虽然需要权威，但这个权威并不一定是政府。

治理与统治是两个不同的概念，治理的主体也必然不同。罗西瑙指出："与统治不同，治理指的是一种有共同的目标支持的活动，这些管理活动的主体未必是政府，也无须依靠国家的强制力量来实现。"②因此，治理的主体既可以是政府、公共机构，也可以是私人机构，还可以是公共机构和私人机构合作。治理理论家质疑政府作为单一中心治理者的合法性，认为公共机构的作用是有限的，主张建立一种多中心的社会治理模式，只要各种公共的和私人的机构行使的权力得到了公众的认可，就都可以成为在各个不同层面上的权力中心。他们指出，这种管理机制"虽未得到正式授权，却能有效发挥作用"③。

2. 强调改进社会责任的承担方式，主张推行国家与社会合作方式

治理理论家在主张多中心的基础上，提出了作为社会控制体系的治理，应该在政府与民间、公共部门与私人部门之间建立积极、有效的合作。他们之所以提出以治理代替统治，是因为他们在市场资源的配置中既看到了市场的失效，也看到了国家的失效。市场固然有其积极的作用，但它在限制垄断、提供公共品、约束个人的极端自私行为、克服生产的无政府状态以及在统计成本等方面，明显存在内在的局限性，仅用市场手段无法达到经济学中的帕累托最优。同样，尽管国家在推进社会发展的过程中有许多无可替代的作用，但仅仅依靠国家的计划和命令等手段，也无法达到资源配置的最优化，最终不能促进和保障公民的政治利益和经济利益。正是在这种情况下，社会发展潮流的推动和各国政府长期解决社会和经济问题经验的驱动，都使各国正在把原先由国家独自承担的责任转移给公民社会，即各种私人部门和公民自愿性团体，后者正在承担越来越多原先由国家承担的责任。他们希望通过建立这样一种共同参与、协同解决的公共

---

① 〔法〕让－彼埃尔·戈丹：《现代的治理，昨天和今天：借重法国政府政策得以明确的几点认识》，《国际社会科学》（中文版）1999 年第 2 期。

② 〔美〕詹姆斯·N. 罗西瑙：《没有政府的治理》，张胜军等译，江西人民出版社，2001。

③ 〔美〕詹姆斯·N. 罗西瑙：《没有政府的治理》，张胜军等译，江西人民出版社，2001。

责任机制，改变单纯依靠市场或国家协调可能带来的失效，弥补国家和市场在调控和配置资源过程中的某些不足，这种治理机制的特征“不再是监督，而是合同包工；不再是中央集权，而是权力分散；不再是由国家进行再分配，而是国家只负责管理；不再是国家‘指导’，而是由国家和私营部门合作”①。他们认为，这种机制既有益于弥补公共部门作用的不足，更有益于改进公共管理和公共服务方式，从而能在更高的层次上提高社会治理的水平和成效。为此他们特别提出，治理应是一种合作，是国家与社会的合作、政府与非政府的合作、公共机构与私人机构的合作、强制与自愿的合作。

3. 强调管理对象的全面参与，主张实现管理过程的上下互动

治理理论家认为，治理的实质在于政府与社会建立在市场原则、公共利益和普遍认同之上的合作，因此与传统的国家治理相比，在管理过程中权力运行的向度应该是不一样的。政府统治的权力运行方向总是自上而下的，它运用政府的最高统治地位和政治权威，通过发号施令、制定和实施政策，对社会公共事务实行单一向度的管理。而治理则是一个上下互动的过程，主要通过合作、协商、伙伴关系、确立认同和共同的目标等方式，实施对公共事务的管理。

治理的管理机制依靠合作网络的权威，其权力向度是多元的和相互的。治理要达到的目的是，在一个既定的范围内，运用社会各方合作的权威维持社会的秩序，在各种不同的制度关系中运用权力去引导、控制和规范公民的各种活动，以最大限度地增进公共利益，满足社会公众的需要。全球治理委员会于 1995 年发表了研究报告《我们的全球伙伴关系》。该报告认为，治理是各种公共的或私人的个人和机构管理其共同事务的诸多方式的总和。它是使相互冲突的或不同的利益得以调和并且采取联合行动的持续的过程。这既包括有权迫使人们服从的正式制度和规则，也包括各种人们同意或以为符合其利益的非正式的制度安排②。

---

① 〔瑞士〕弗朗索瓦－格扎维尔·梅里安：《治理问题与现代福利国家》，《国际社会科学》（中文版）1999 年第 2 期。

② Commission on Global Governance, *Our Global Neighborhood*, Oxford: Oxford University Press, 1995, p. 23.

4. 强调多样化管理方法和技术，主张改进政府的控制和引导方式

治理理论家认为，以往的社会治理是以政府为权力中心实行的管治型或统治型管理，其方法主要是政府发号施令或运用权威。他们指出，这种做法不能有效地建立良好的社会秩序，不能有效地满足社会公众多个方面的需求，反而会使公民社会因为无法获取应有的权益，无法最大限度地实现其利益，而对政府产生不满和怨恨。“在公共管理的事务中，还存在其他的管理方法和技术，政府有责任运用这些新的方法和技术来更好地对公共事务进行控制和引导。”①他们主张运用新的管理方法和技术重塑和整合传统的管理方式和流程，提高政府的办事效率和透明度，通过新方法、新技术与政府改革和社会服务的有效结合，使更多的社会组织和个人参与公共服务，促进公共服务的社会化。

治理理论为此提出了一系列使政府更好地对公共事务进行控制和引导的主张：放松规制，可以释放巨大的自由空间，保障公民权利；将一些政府职能通过向社会转移或委托代理等方式转移出政府，引入市场机制来更好地提供公共产品和服务；建立政府、市场和社会多元框架下公共领域的多中心治理模式，允许第三部门和私人主体从事某些公共部门的活动；扩大公民直接参与公共事务管理的渠道，并实行一定程度的公民自治，以提高公共政策的效率；实行政府组织变革，建设简单、高度分化、扁平化结构的弹性化组织，使决策权与控制权充分下放。治理理论家认为，这样的组织设计可以较好地实现政府与社会的沟通和互动。

在积极阐释社会治理内容和方式的同时，治理理论家还纷纷对社会治理目标进行探求，他们将治理要达成的理想化模式称为“善治”。在他们的不同表述中，善治应该具有以下一些特征：①参与性与协商性；②合法性；③责任性；④透明性；⑤法治性；⑥回应性；⑦有效性；⑧公正性。尽管各位论者对善治的构成要素有不同的见解，但他们都认为，善治是政府与公民对社会公共事务的一种合作管理，是国家与社会之间的一种新型关系，是两者结合的最佳状态，是实现公共利益最大化的一种全新的社会

① 〔英〕格里·斯托克：《作为理论的治理：五个观点》，《国际社会科学》（中文版）1999 年第 2 期。

治理过程。善治的这些主张体现出一种在社会治理过程中的公共利益最大化原则，以实现政府与公民之间的良好合作为目标，因此，在受到西方各国政府高度重视的同时，也受到社会各界的关注和积极评价。法国银行家玛丽－克劳德·斯莫茨认为，善治主张的有效性就在于："①公民安全得到保障，法律得到尊重，特别是这一切都需得到司法独立，亦即法制来实现；②公共机构正确而公正地管理公共开支，亦即进行有效的行政管理；③政治领导人对其行为向人民负责，亦即实行职责和责任制；④信息灵通，便于全体公民了解情况，亦即具有政治透明性。"[①]在这一时期，不少学者和国际组织也在如何实现有效的社会治理方面提出了不少观点，如"元治理""健全的治理""有效的治理"，但"善治"主张一直在其中居于主导地位。

《决定》提出了国家治理概念，并且全面论述了与政府治理、市场治理和社会治理相关的问题，这既是对国际上相关治理理论和治理实践的借鉴，也是在继承和发展马克思主义、发展中国特色社会主义理论体系以及总结我国30多年来经济社会发展的成功经验和时代要求的基础上提出的执政理念和理论。马克思和列宁在讨论国家理论时就曾指出，随着经济社会的发展，在国家的职能体系中，除了统治职能外，社会治理和服务职能将变得日益重要。国家的统治职能将走向消亡，而留下的就是它的社会治理和服务职能，到那个时候，国家与社会就重新真正统一起来。《决定》明确地提出了创新社会治理体制、构建现代社会治理体系的要求，无疑是尊重社会发展规律的体现，也是对现实经济社会发展要求的理性认识和科学把握。

当然，我国的社会治理体制改革和社会治理体系建设，是以坚持党的领导、坚持社会主义道路为根本前提的。这是我国即将建立起来的现代治理体系与西方国家倡导的社会治理的本质性区别所在。正如《决定》所指出的那样，在我国，"创新社会治理，必须着眼于维护最广大人民根本利益，最大限度增加和谐因素，增强社会发展活力，提高社会治理水平，

① 〔法〕玛丽－克劳德·斯莫茨：《治理在国际社会中的正确运用》，《国际社会科学》（中文版）1999年第2期。

全面推进平安中国建设，维护国家安全，确保人民安居乐业、社会安定有序”①。

二　改革社会治理体制、构建现代社会治理体系是中国发展新阶段的时代要求

改革社会治理体制、构建现代社会治理体系战略的提出，并不只是为了理论体系的创新和完善。经过30多年的改革、开放和发展，中国社会发生了巨大的变化，突出表现为经济体制深刻变革，社会结构深刻变动，利益格局深刻调整，思想观念深刻变化。由于这样一些重大变化，中国经济社会发展进入了一个新的阶段。改革社会治理体制、构建现代社会治理体系，是适应这个新阶段经济社会发展要求的必然选择。

1. 经济体制变革深刻改变了社会生活的组织方式

中国社会的巨大变化，最基础的是经济体制变革和社会结构变动。经济体制的深刻变革有两个最重要的特征：一是经济运行机制的市场化，二是经济所有制成分的多样化。这两个特征的形成具有极为深远的社会影响。关于经济市场化已经达到的水平，学术界有不同的估计，低的估计是认为中国经济市场化程度达到了50%～60%，高的估计认为已经达到了70%～80%。无论怎样估计总体的市场化程度，目前中国劳动力就业市场化程度超过80%应当是符合实际的。在经济所有制构成变化方面，非国有经济的规模已经超过国有经济。根据国家统计局发布的2008年第二次全国经济普查数据，在全国企业实收资本中，国家资本占33.4%，集体资本占3.0%，法人资本占25.5%，个人资本占22.9%，港澳台资本占6.1%，外商资本占9.1%。同时，在国内生产总值的所有制构成中，非公有制经济（含个体经济）所占比重也已经超过60%。这些变化从根本上瓦解了计划经济时代形成的“单位制”，绝大多数社会成员从“单位人”转变为市场化时代的“社会人”，粗略估计目前有70%以上的从业人员，是在“单位制”组织之外就业。这就意味着，在计划经济时代由国

① 《中共中央关于全面深化改革若干重大问题的决定》，《人民日报》2013年11月16日。

家通过单位承担的社会职能，现在必须由国家与社会共同承担。

2. 社会结构和利益格局的变化对社会体制产生深刻影响

社会结构和利益格局有三个大的变化，对我国社会体制产生了深刻而长远的影响。

一是城乡结构的变化。改革开放以来，2亿多农民离开了耕作的土地，甚至离开了生活的村庄，转变为从事第二、第三产业的劳动者，农业劳动者在总就业人口中所占比重，从1978年的70.5%下降到2010年的38%左右。如何使转变了职业的农民，能够在社会体制上融入城市生活，成为今后我国在社会发展方面面临的重大挑战。城市化是工业化之后我国发展新的推动力，但也带来了一种新的压力。

二是收入分配结构的变化。改革开放30多年来，我国从一个收入分配均等化程度很高的国家转变成一个在国际上收入差距很大的国家，衡量收入分配均等化程度的基尼系数，从改革初期的0.2左右上升到0.5左右。收入差距的扩大、分配不公以及与此相联系的腐败问题，成为引发很多社会问题的深层原因。如何调整收入分配结构、建立公平合理的收入分配秩序，成为建立有效的竞争机制、发挥国内消费对经济的拉动作用、维护社会和谐稳定的一项重要任务。

三是人口结构和家庭结构的变化。我国采取严格控制人口增长的政策，使我国人口的再生产模式从高出生率、低死亡率、高增长率转型为低出生率、低死亡率和低增长率。人口净增长量的大规模减少，为经济的发展和生活水平的普遍提高提供了有利条件，但也加速了老龄化过程。2008年中国65岁及以上老年人口占总人口的比例已经达到8.3%，一些大城市（如上海）的老龄化水平已经超过20%。与此同时，城市和农村的家庭结构都在发生根本性的变化，我国几千年来家庭代际的“金字塔形”结构，在城市里已经开始转变为“4-2-1”的“倒金字塔形”结构，长期以来传统的代际养老模式已经难以为继，迅速建立覆盖城乡的基本养老保险体制已经成为当务之急。养老保障的费用将成为未来财政的巨大压力，依靠延长工龄减缓压力的可能选择与就业的要求发生冲突，而依靠土地财政补贴又不是长远之计。

3. 中国经济社会发展进入新成长阶段，为经济社会协调发展提供了新的机遇

从2008年下半年爆发国际金融危机到现在已过去多年，根据经济复苏、就业恢复、消费增长、物价稳定等经济社会发展的关键指标，中国将率先走出国际金融危机的阴影，进入新一轮的增长周期，我们把这个新的周期称为中国经济社会发展的“新成长阶段”。“新成长阶段”最突出的含义是，新一轮增长周期的推动力，与过去相比将发生明显变化，将更加依赖于转变发展方式、加快城市化进程、扩大国内消费和实行全面的社会改革。

第一，工业化、城市化进程进入中期加速的新阶段。根据国际经验，在国内生产总值中农业增加值比重下降到5%以下，在就业结构中农业劳动者比重下降到30%以下，人口城市化水平超过50%，就标志着经济社会结构重大转型时期的到来。在中国国内生产总值构成中，农业增加值的比重2015年将下降到6%左右；在就业结构中，农业劳动者的比重2015年将下降到33%左右；在人口的城乡构成中，2011年城镇常住人口比重已达到50%的结构转换临界点，2015年将超过55%。这些指标表明，中国在总体上已经进入工业化、城市化进程的中期加速阶段，城市化将继工业化之后成为我国发展的重要推动力量。

第二，人民生活进入大众消费的新阶段。1978～2000年，我国用了20多年的时间，使人均国内生产总值从不到300美元增加到800多美元；人均国内生产总值在2003年突破1000美元后，2006年突破2000美元，2008年突破3000美元，2010年估算突破了4000美元。这表明我国人均产出和收入进入倍增时期，居民消费升级将成为常态。从现实情况看，住房和汽车等大额家庭消费开始进入普及阶段，教育、医疗、通信、旅游、文化等消费支出的比例迅速增加。这些特征都表明，中国总体上开始进入大众消费的新成长阶段，如果大众的实际消费能力能够水涨船高，那么，国内消费需求拉动经济发展的作用将会大大增强。

第三，国民教育进入大众教育的新阶段。中国已经实现了普及9年义务教育，职业教育和专业学位教育迅速发展，高等教育毛入学率2009年达到24%左右，迈入大众化阶段，整个国民的素质显著提高，15岁及以上人口中的文盲率从1982年的22.81%下降到2008年的7.77%。总的来说，中国正从人口大国和人力资源大国向人力资源强国转变，大众教育的新成长阶段已经到来，教育消费增长势头强劲，受金融危机影响很小。

第四，社会保障进入构建全民安全网的新阶段。近年来，中国社会保障扩大覆盖面的工作进展快速，覆盖城乡的最低生活保障体系基本建立，以城镇职工医疗保险、城镇居民医疗保险和新型农村合作医疗保险为主干的覆盖全民的医疗保障体系初步形成，覆盖城乡的养老保障体系快速推进，到2020年以基本养老保险、基本医疗保险和最低生活保障三项制度为支柱的覆盖城乡的社会保障体系将基本形成。全民安全网的建立，将对保障人民生活、稳定未来消费预期、提高即期消费能力，都会起到关键性的作用。

第五，改革从以经济体制改革为主进入了以社会改革为主的全面改革新阶段。30多年来，中国体制机制改革的重点领域一直是经济体制改革，尽管在其他领域也进行了不同程度的改革，但经济体制改革相对而言最为全面彻底，由此释放出了巨大的市场力量，显著地促进了国民经济的发展。当前，社会主义市场经济体制已经基本建立，但经济社会结构的巨大变迁要求进一步深化各个方面的体制机制改革，要求从经济改革扩展为全面改革。当前比较突出的改革任务是，要进行涵盖劳动就业、收入分配、社会保障、城乡社会建设、社会治理、事业单位运行、社区组织、社会组织的社会改革。

在“新成长阶段”，加快城市化进程、发展社会事业、扩大公共服务、完善社会保障体制、深化社会体制的改革，成为推动经济社会发展的重要任务。

综上所述，“社会建设”是一种新的理念和新的途径。之所以提出这种理念和途径，是为了适应我国发展进入新阶段的客观要求，为了应对我国发展过程中出现的新的重大挑战，为了把握新成长阶段的发展机遇，为了寻求新的发展动力和开辟新的发展前景。

三　构建现代社会治理体系的重点领域

现代社会治理体系建设实践涉及社会发展的方方面面，但在每一个时

期，社会治理体系建设工作都需要根据实际情况确定重点工作领域。从宏观上来看，当前我国社会治理体系建设最重要的领域主要是三个方面，即基本民生问题治理体系建设、社会安全治理体系建设和社会治理体制改革，它们构成了一个相对完整的系统。

1. 基本民生问题治理体系建设

所谓基本民生，就是直接关系广大人民群众生存发展的根本大计的主要民生领域。就人民群众生存和发展的内在逻辑来说，基本民生应当包括劳动就业、收入分配、住房与社会保障、教育和医疗卫生这样几个相互关联、相互支撑的重要领域。把基本民生建设视为社会建设的重点领域之一，这是由社会建设的目标决定的。基本民生问题治理体系建设的最重要领域是劳动就业、收入分配和社会保障。它们的发展始终是关系人民生存和发展的民生大计，是关系社会公平、正义的大事，是社会文明进步的基本标志。

（1）劳动就业。当前，中国劳动就业问题主要包括城镇新增劳动力就业、农村剩余劳动力转移和失业劳动力再就业、劳动力素质提升、就业结构调整升级以及建立全国统一的劳动力市场等。解决好劳动就业问题，既体现着公民劳动就业权利的实现，也是国民经济实现健康持续发展的重要保证。近年来，中国在劳动就业方面作出了巨大努力，但经济活动人口中的失业问题仍然比较严重。因此，解决好失业问题是做好就业工作的第一步。在此前提之下，结合中国经济结构亟须调整的经济发展总形势，劳动就业工作需要把加强劳动力培训、提高劳动力素质作为第二项重要任务。应当说，如果用受教育水平来测量，中国劳动力的素质是在不断提高的。据统计，到 2007 年，全国 15 ~ 64 岁劳动年龄人口平均受教育年限为 8.90 年，亦即接近初中水平。但是，从经济发展和经济结构调整对劳动力素质的要求来看，初中水平仍然是不够的。从世界上一些国家的经验看，当一国的经济发展进入中等水平阶段时，国民教育应当从普及初中向普及高中发展，同时推动高等教育大众化。除了通过发展普通国民教育来提高未来劳动力的素质外，大力发展劳动培训、提高存量劳动力素质也是一个关键。劳动就业工作的第三项重要任务，是进一步改革人口流动管理体制，消除计划经济时代遗留下来的各种制约劳动力正常流动以及侵害流动劳动力的基本社会权利的制度性藩篱，健全和完善全国统一的劳动力市场。

（2）收入分配。中国收入分配问题的焦点是差距过大，这一点已经成为中国社会的广泛共识。近年来，中国在缩小收入差距方面做了不少工作，包括实施城乡扶贫开发战略，大力实施西部大开发战略，多次提高最低工资水平，取消农业税费，提高个人所得税起征点，加大对农户和城乡贫困住户的转移支付力度。但是，这些措施在缩小收入不平等方面看来收效并不显著，不平等扩大的趋势没有得到根本扭转。究其原因，关键在于中国的初次分配不平等问题日趋严重。反思中国收入不平等问题不断加剧的过程，并对照国际上一些收入分配不平等程度相对较低国家的经验，收入分配调节需要三种重要机制共同发挥作用。第一种是经济机制，亦即经济增长和经济结构调整，国民经济增长做大了可供分配的“蛋糕”，经济结构调整导致了就业结构和职业结构的变化，扩大了中产阶级规模，降低了财产性收入在国民收入中所占份额，从而有助于缩小收入分配差距。第二种是国家再分配机制，主要包括税收与各种转移支付。许多国家的经验表明，良好的国家再分配体制机制在缩小收入差距方面的效果都相当明显。第三种是社会性机制，最主要的是社会相关利益群体集体参与收入分配的机制，包括工会运动的发展以及工资集体协商制度的建立和有效运作。因此，在现阶段，中国社会建设工作在调节收入分配、缩小收入差距方面的重要任务，首先就是要真正建立起上述三大机制并使其正常、合理、有效地发挥作用。

（3）住房和社会保障。住房问题近期已经成为在社会中反响巨大的社会问题。从表面上来看，是房价过高导致需要购房者买不起，实质问题则是缺少对保障性住房与市场化房产供给的合理规划和管理，因此房产政策改革的方向应当是以此为突破口，促使房地产业健康发展。除了保障性住房建设和供给之外，应当说，我国社会保障建设从种类上看已经相对齐全，但存在尚未实现全民覆盖、水平较低以及各项目发展不平衡、断裂或者“碎片化”的问题。还要注意的是，中国现行社会保障体系在落实转移支付时还具有某种程度的收入分配逆向调节效果。有鉴于此，中国社会保障制度和体系建设的下一步工作，一是继续扩大覆盖面，二是根据经济发

展水平不断提高保障水平，三是逐步建构相对统一的全国城乡保障体系，四是提高社会保障供给的公平公正性，解决目前社会保障方面存在的逆向调节问题。

（4）教育与医疗卫生。在现代社会，教育和医疗卫生事业的发展具有很强的外部效益，是提高国民素质、增强国家创新能力、提升国家软实力的公共品或准公共品，是经济社会现代化的根基性事业。在不同社会事业领域，社会建设的模式应当有所不同。教育和卫生事业的发展关系一个社会的机会结构，需要更多地重视公平。我国医疗卫生领域的改革经过几年的广泛讨论和研究，已经取得重大进展，这就是2009年4月公布的《中共中央、国务院关于深化医药卫生体制改革的意见》。对照起来，我国教育体制改革仍然任重道远。客观地说，对于教育事业的发展，国家给予了高度重视，1993年，中共中央、国务院制定并颁布了第一个《中国教育改革和发展纲要》①；2010年6月，中共中央政治局召开会议，审议并通过了《国家中长期教育改革和发展规划纲要（2010～2020年）》，对中国未来十年教育事业发展进行了科学规划和部署。未来十年是实现把中国从人力资源大国建设成人力资源强国重大战略的关键时期。

2. 社会安全治理体系建设

良好的社会秩序和有保障的社会安全是经济社会发展的基本条件。我国现阶段处于经济快速发展时期，也是社会矛盾冲突多发时期，各种可能引发社会安全问题和影响社会秩序的社会风险不断地累积起来。当前影响中国社会安全稳定的社会问题，大体可以分为三类。

第一类是各种刑事犯罪。改革开放以来，各种刑事犯罪的发生率始终居高不下。统计表明，1978～2008年，全国法院一审刑事案件数从14.7万件增加到76.8万件，年均增长8.59%，每万人口的一审刑事案件数从1.53件上升到5.78件。尤其是从1997年以来，此类案件前所未有地连续11年维持着增长趋势。第二类是各种具有人为性质的生产生活安全灾难。近年来，各种重大生产安全事故（尤其是矿难）、食品药品质量事故以及环境污染事故不断发生，造成了巨大的生命财产损失和广泛的社会信心损

① 中发〔1993〕3号文件。

失。环境污染事故导致的安全问题也不可忽视，而且经过二三十年的累积，近两年这种灾难也进入了多发阶段。第三类是各种深嵌在转型期社会结构之中的利益矛盾和冲突，突出表现为劳资矛盾冲突呈高发态势，信访和群体性事件的发生率也居高不下。

对于第一类具有常态性质的社会安全问题，可以通过加大公安打击力度来加以控制，而对于后两类问题和矛盾，则需要借助于更多的治本之策来治理。这些问题和矛盾得以产生的最主要原因，乃是社会转型时期各种利益主体追逐利益的行为失范以及由此引发的社会利益关系失衡和冲突。因此，我国要从根本上改变社会安全方面的严峻形势，就必须针对这些引发各种重大社会安全问题的深层次问题进行治理，尤其是对于愈益严峻的劳资矛盾和干群矛盾，特别需要从制度建设入手进行治理。

在社会安全建设实践中，除了各种日常性质的“维稳”工作之外，更重要的是要从改革和制度创新角度构建社会安全建设体系。一方面，要增加规范供给，弥补转型造成的规范断裂，消除各种利用规范断裂谋求非正当利益行为的空间；另一方面，要强化社会规范的统一约束力，解决规范缺席性质的社会失范，尤其要致力于消除破坏性的规范变通或潜规则对显规则的替代，切断这种失范与强势利益获得之间的联系，从而消除因社会利益关系失衡而导致非常态社会矛盾冲突的根源。同时，还要增强新社会规范的整合作用，建立合理有效的社会心理疏导机制，缩小各种负面社会情绪和心态放大社会问题和矛盾的效应。

3. 社会治理体制改革和现代社会治理模式建设

构建与当代社会建设目标相适应的科学合理的现代社会治理体制和治理模式，是现代社会治理体系建设的第三个重点领域。在过去 30 多年中，中国致力于改革计划经济体制，建设社会主义市场经济管理模式。正是这种模式转变，为中国经济持续快速稳定发展提供了动力源泉。现在开展社会建设，转变传统社会治理体制，构建新的社会治理模式，将为经济社会发展提供新的动力。

现代社会治理模式主要是指政府和社会组织为促进社会协调运行，对社会系统的组成部分、社会生活的不同领域以及社会建设的各个环节进行组织、协调、监督和调控的过程。换句话说，现代社会治理是一个以政府干预和协调为条件、以基层社区自治为基础、以非营利社会组织为中介、动员公众广泛参与的互动过程。在传统计划经济时代，我国社会治理的基本模式是，政府承担着几乎全部社会职能，以单位制为基础对社会实行总体控制，社会运行成为政府运行的组成部分。这是一种行政吸纳社会或社会运行行政化的治理模式。随着改革的深入和市场经济体制的确立，社会组织体系发生了深刻变化，传统的行政化单位体制逐步瓦解，国家在相当大的程度上失去了依托单位承担社会职能的组织基础，同时强调单位要在改革中剥离原来承担的社会职能，实现社会职能社会化（以及某种程度的市场化）。但是，社会治理体制改革却明显滞后，在一段时期里仍然习惯于以行政化手段进行社会管控。其突出表现是，对社区基层自治组织的管理，以及对其他社会组织的管理，都还具有深度行政干预的特征。这样，一方面国家在改革经济管理体制时努力把组织社会生活的职能转移给社会；另一方面社会却因为传统社会治理模式的延续而不能有效地自我发展和组织起来，难以承接这种职能转移。在现阶段中国社会发展进程中出现的一系列问题，大多与这一矛盾密切相关。

要解决好这一矛盾，就要在社会建设过程中构建现代社会治理模式，从宏观上来说就是要解决好三个方面的问题。

一是科学认识现代社会治理模式建设的主体目标。党的十八大提出，要“加快形成党委领导、政府负责、社会协同、公众参与、法治保障的社会管理体制”①。一般而言，现代社会治理既是政府向社会提供公共服务并且依法对有关社会事务进行规范和调节的过程，也是社会自我服务并且依据法律和道德进行自我规范和调节的过程。这两个过程相辅相成、缺一不可，但不能相互替代。这样，现代社会治理模式建设就包含着两个基本目标：一方面，要不断提高政府的社会治理能力和成效；另一方面，要加快社会的自我发育，增强社会自我治理的能力，扩大社会自我治理的范围。鉴于目前中国社会的发育发展明显滞后的现实状况，第二个目标的确立和实现显得尤为重要。中国改革开放30多年来之所以能够取得举世瞩

① 胡锦涛：《坚定不移沿着中国特色社会主义道路前进　为全面建成小康社会而奋斗——在中国共产党第十八次全国代表大会上的报告》，人民出版社，2012，第34页。

目的经济建设成就，最重要的一个原因就是政府在不断提高宏观经济调控能力和服务水平的同时，持续向非公有经济放权，扩大非公有经济的活动空间，放手发展非公有经济。目前，中国非公有经济占有60%以上的国内生产总值，提供了80%以上的劳动就业岗位。中国经济奇迹背后的这一建设逻辑，同样适用于中国的社会发展和社会治理体制改革实践。

二是改革和完善政府社会治理体制。现代政府社会治理的主要对象是公民个人、家庭、基层自治社区和非营利社会组织所不能办理的公共社会事务，这些社会事务涉及社会整体的公共利益，必须依靠国家权力和政府权威予以办理；现代政府社会治理的主要内容包括保障公民权利、协调社会利益、回应社会诉求、规范社区自治、监管社会组织、提供社会安全以及应对社会危机等；现代政府社会治理的主要目的，是培育合理的现代社会结构，促成公平公正的社会利益关系，化解社会矛盾冲突，维系社会整合、秩序和稳定，从而构建经济、社会与自然协调发展的社会基础和环境；而现代政府社会治理的依据则是规范政府相关行为、保障公民权利、促进社会公正、推动社会发展的系统社会立法，其主要手段和措施是适应不同社会发展阶段需要的社会政策。这四个方面构成了现代政府社会治理的基本逻辑、路径和模式，也为改革和完善政府社会治理体制规定了基本方向和内涵。为了建设现代社会治理模式，一切与此矛盾或背离的现行社会治理制度，都应被纳入改革和完善的对象。目前，尤其需要深化对城乡管理体制、社区管理体制、社会组织管理体制、公共资源投入管理体制的改革。

三是大力发展社会自我治理和自我服务。以社区自治组织、非营利社会组织和广大公民为主体的社会自治和自我服务，是现代社会治理模式的两大组成部分之一；培育和发展社会自治和自我管理能力，不断扩大社会自治和自我管理的社会空间，是推动社会治理模式现代化发展的关键环节；推动社会自主发展、传统单位制解体背景下的社会重新组织化、多主体平等参与以及多中心社会治理格局的形成，是实现社会治理模式现代化的主要路径。在当代社会，改变以政府为唯一中心的“单中心”治理结构，建立政府与社会平等合作的伙伴关系，形成政府与其他社会治理主体共同管理社会事务的“多中心”治理结构，提高社会自治与自我服务能

力，已经成为社会治理模式发展的基本趋势。中国现代社会治理模式建设面临的问题是，社会自我发展空间仍然较小，相对于强大的国家和市场而言，社会还处于弱势地位，自治和自我管理能力不足、条件有限，甚至难以有效承接经济组织在改革中剥离出来的以及国家相对退出后留下的社会治理职能。究其原因，一方面是政府社会治理体制改革滞后，“政社分离”进展缓慢，行政力量对社会的吸纳或干预仍然过强；另一方面是经济与社会发展失衡，对强势市场力量缺少必要的制衡，直接或通过影响公共政策而间接对社会形成挤压，突出表现为对公共资源配置、公共产品供给（如教育、医疗和社会保障供给）以及利益关系调节（如劳资关系调节）产生巨大影响，这种影响往往导致过于偏向市场力量的政策和社会后果。因此，解决这一问题的关键，仍然在于改革政府社会治理体制、促进经济社会协调发展。

四　现代社会治理体系建设的组织架构

有序、有效的社会治理要以合理的组织架构作为依托。改革开放以来，中国社会的组织结构发生了深刻的变化，从传统计划经济时代形成的单位化组织体系中分化出按照市场机制而非高度集中的中央计划运行的经济组织，以及以社会自治、自我管理和自我服务为核心的基层自治组织和非营利社会组织。这种变化标志着中国社会的组织结构正在发生现代转型。从宏观上来看，现代社会的组织体系主要由三大部门构成：第一部门是以政府机构为主体的国家组织，第二部门是以企业为主体的市场经济组织，第三部门是以非营利机构为主体的社会组织。换句话说，在组织分类上，除了“政府的”和“市场的”，剩下的都是“社会的”。或者说，除了“不营利的”组织（政府）和营利的组织（企业），剩下的都是非营利的社会组织。这三类组织对应着现代社会发展的三大基本功能要求：第二部门是经济建设功能要求的主要承担者（但也要在一定程度上参与社会建设）；第三部门是社会建设功能要求的主要承担者，而第一部门则承担着对第二部门和第三部门进行调控、监管并提供服务的功能。如果说社会建设需要国家（政府）、市场（企业）和社会（组织）三个部门的共同参与，那么这三大部门也都需要建构相应的组织体系，并且最终要整合成为密切联系、相互协调的社会建设组织架构。

作为第一部门，政府是社会建设所需公共资源的投入主体，并且扮演着领导、规划和统筹协调的角色。政府不能也不需要包办一切，其最重要的职责在于充分投入和合理配置公共资源，不断改革和完善社会治理体制，广泛动员社会各界积极参与，逐步实现全体社会成员公平公正地分享社会建设的成果。

在第二部门，企业单位主要通过承担企业社会责任的方式，来履行其作为社会建设主体的职能。企业社会责任的核心在于社区参与、生产过程社会责任、劳资关系社会责任三个方面。社区参与包括参与一般性的社区事项、农业发展、地方经济发展、社区发展、文化教育培训、环境保护、健康、住房、体育、福利等方面；生产过程社会责任包括环境保护、卫生与安全、人力资源以及企业责任伦理；劳资关系社会责任包括雇员福利和雇员参与，以及在企业决策和社会责任实践中把劳动者作为重要利益相关者加以考虑。相关研究结果表明，企业社会责任的履行与企业盈利的增长是相辅相成的。

在第三部门，除了国有事业单位外，官方、半官方社会组织和民间社会组织数量众多，尤其是民间社会组织绝大多数比较弱小，资源匮乏，能力欠缺，行为不规范，公信力不足，难以起到作为民间社会组织应有的作用。从国际经验来看，社会组织的再组织是它们独立自主解决这些问题的重要出路，主要途径是组建某种形式的倡导性和支持性联合组织，作为各类社会组织整合资源、交流互动、提升能力和公信力的平台。世界上许多国家和地区的社会组织都有类似的联合性组织平台。就中国而言，比较合适的做法可能是分行业、分领域或分地区组建社会组织的联合组织，形成有机联系的组织网络。组建社会组织尤其是民间社会组织的联合组织意义重大：一是有利于相关社会组织实现资源共享、能力共建，促进社会组织自我管理的规范化；二是可以由此凝聚社会组织的力量，有利于协调社会组织尤其是民间社会组织与国家和市场的关系，推动公民社会的成长；三是有助于节约国家管理成本，使国家的相关管理工作无须直接面对数以百万计的小型组织，而是主要面对这些联合性组织，通过与它们建立规范化、制度化的管理关系，实现对小规模组织的间接管理。

从三大组织的力量对比来看，中国改革开放以前的组织架构具有“强政府、弱市场、弱社会”的特征；改革开放以后，通过大力发展市场经济，逐步形成了“强政府、强市场、弱社会”的格局。在这种情况下，为了加强社会建设，需要对中国社会的组织架构进行合理调整，其关键则在于发展非营利社会组织，增强第三部门的力量，最终建设成“强政府、强市场、强社会”的组织体系。从中国的实际出发，建设和完善第三部门组织体系的重点，是发展和完善由以下四大类非营利组织构成的基本框架。

一是居民自治组织。这主要是指中国城乡社区居民的基层自治组织，在农村是村委会，在城市是居委会，近20年来，中国基层自治组织发生了深刻变化，农村经历了村庄合并和撤乡建镇的过程，城市经历了并正在进行居委会合并建立社区委员会的过程，基层自治组织的地域规模和人口规模在不断扩大，从20世纪90年代初到现在，中国农村居民自治组织从100多万个减少到60多万个，与此同时，城市居民自治组织也从10万多个减少到8万多个。在新的社会治理格局中，要特别注意发挥社区在基层社会治理中的作用。社区是居民自治组织，但同时也肩负着基层自我管理的任务，很多“社区服务中心”肩负着几十种服务功能，包括税收、治安、社会保障、社会福利、社会救助、就业、卫生、防疫等。有人用“社会千条线，社区一根针”来形容社区功能的广泛性，这种服务实际上也具有自我管理的功能。随着社会的发展变化，居民的各种生活需求也越来越多样化，社区功能也会出现一个广泛化的趋势。社区在基层社会治理中的作用越来越重要。随着社会主义市场经济的发展，人们维护自身权益的意识不断增强，这也会带来围绕权益保护而产生的一些权益纠纷，所以需要从社区的基层开始，建立起“把问题解决在基层”的机制。通过社区生活，人们会逐步认识到，公民意识不仅包括公民权益，也包括公民责任，与社会主义市场经济相适应，也要逐步地建立社会主义公民社会。社区具有成为社会主义公民社会的基础的趋势，这对中国未来的发展意义深远。

二是事业单位。这主要是指中国公立的教育机构、医疗机构、新闻出版机构、文化团体、科研机构等，它们实行不同于政府公务员管理体制和企业市场聘任管理体制的事业单位管理体制。目前全国的事业单位共有130多万个，从业者近3000万人，其各项事业经费支出占政府财政支出的30%以上。按照财政来源划分，共分为四种类型：政府全额拨款单位、政府差额拨款单位、自收自支单位、企业化管理单位。中国与其他发达国家不同的是，在其他国家由非营利的社会组织承担的社会功能和公益服务，在中国很多实际上是由中国特有的“事业单位”来承担的。中国事业单位改革的方向，是要建立一个能够与社会主义市场经济体制相适应、满足公共服务需要、科学合理、精简高效的现代事业组织体系。在这个方面，要研究社会发展领域不同于市场领域的规律，在政府机制和市场机制之间，探索多样性的、分类指导的管理方式：对纯粹的公益部门，在保证财政供给的同时，也要有“社会核算”制度和严格的预算约束；对政府购买服务的部门，要保证具有比政府办事业和完全市场运作更好的社会服务效果；对准市场化的部门，要有完善的规则来规范其经营行为和发展方向。

三是人民团体。这是指工会、妇联、共青团、科协、文联等，这类机构一般都具有自上而下的全国组织体系，在财政供给、行政职级、管理体系等方面也基本参照政府公务员体系（简称“参公执行单位”）。考虑到它们在我国社会组织结构中占有的特殊地位，在社会建设实践中要注重发挥工会、妇联、共青团等人民团体和行业协会在社会治理和公共服务方面的主要作用。这些机构有自下而上的完备的组织系统，有一支具有群众工作、思想政治工作和社会工作经验的人才队伍，它们不仅是党和国家联系群众的桥梁和纽带，而且能够在反映群众诉求、化解社会矛盾、提供咨询服务、参与社会治理等方面发挥独特的作用。

四是民间非营利社会组织。这包括社团、基金会和民办非企业单位，社会组织是在这三类之外，增加了中介服务组织，也包括市场中介组织。社团包括各种学会、协会、联合会等，基金会是指具有慈善功能的基金组织，民办非企业单位（简称“民非”）是指民办的各种非营利机构，其中60%以上是民办的学校、医院、福利机构等。目前全国在民政部门登记注册的40多万个各类民间组织的业务范围，广泛涉及教育、科技、文化、卫生、环保、公益、慈善等社会生活的方方面面。在社会建设实践中，要充分发挥社团、行业组织和中介组织等社会组织提供服务、反映诉求、规范行为的作用。要按照以人为本的要求，通过积极培育各类社会组织，加强和改进对各类社会组织的管理和监督，完善社会化服务网络，努力形成社会治理和社会服务的合力，才能不断地满足人们日益增长的物质文化需求。在当前和今后一个时期内，要以社会组织服务经济社会发展为核心，以提高社会组织能力建设为重点，推进管理体制创新，建立法制健全、管理规范、分类管理、分级负责的民间组织管理体系。要适应发展社会主义市场经济和转变政府职能的需要，着力培育和发展经济类、公益类、农村专业经济协会和社区民间组织，支持和引导科技、教育、文化、卫生、体育领域的社会组织以及随着人民生活水平的提高而逐渐涌现的新型组织。同时，要加强对社会组织活动的依法监管，形成社会组织自我发展、自我管理、自我教育、自我约束的运行机制，加大对非法、违法、违纪民间组织的查处力度，打击邪教组织、黑社会性质组织、非法传销组织和社会敌对组织，保证社会组织的健康发展。尤其要抓紧研究制定社会组织基本法，在社会组织的登记注册、人才使用、税费缴纳和过程管理等方面提供有利于它们健康发展和发挥作用的基本规范。

五　现代社会治理体系建设的资源保障

现代社会治理体系建设既是管理也是服务，其最终目的是促进社会发展，增进全体社会成员的共同福祉，因而是一项庞大的系统工程，需要大量资源投入。经过30多年的发展，中国已经具备了一定条件来满足这一资源投入需求，现在的关键是公共资源的合理配置和社会资源的有效动员，以及大规模的人力资源培育发展。

1. 合理配置公共资源

国家公共资源对社会发展的投入，是社会发展最重要的财力资源保证。在加大国家公共资源投入社会发展的力度方面，首先要科学认识这种投入的性质和意义。社会发展投入绝不意味着公共资源的纯粹消耗。与经济建设投入一样，社会发展投入具有很强的生产性功能，即推动人民福利的共同增长，促进社会机会获得的公平公正，实现社会结构的转型优化和利益关系的良好调节，从而能够为经济社会持续健康发展培育新的动力源泉。进而言之，社会发展投入所获得的产出，是服务于整个社会并且具有长远意义的公共产品，具有最大的包容性和共享性。而且，政府职能的转变也必然要求国家公共资源配置结构的重大调整。

客观地说，改革开放以来，国家投入社会发展领域的公共资源一直呈增长趋势。例如，社会文教支出占国家财政总支出的比重，从 1978 年的 13.1% 上升到了 2006 年的 26.8%。然而，从现代社会治理的需要来说，中国公共资源的投入仍然不足。据经济合作与发展组织统计，2005 年，经济合作与发展组织 26 个成员公共财政社会净支出相当于国民总收入的比重平均为 25.5%，其中韩国该比重较低，为 9.5%；法国该比重则高达 35.3%。在中国的各项公共财政支出中，大概有 4 项支出明显属于社会支出，即教育支出、社会保障和就业支出、医疗卫生支出和城乡社区事务支出，2009 年这 4 项支出合计为 27146.1 亿元，相当于当年国民总收入的 7.9%。可见，国家公共资源配置结构还有巨大的调整空间。

按照现代社会治理和现代社会发展的需要并且避免社会发展投入给国民经济造成过大压力的原则，应考虑在未来 5 年内逐步将中国社会发展净支出占国民总收入的比重提高到 12% 左右，为此需要进一步调整公共财政支出的结构。在今后 5 年中，应考虑将公共财政支出中的社会支出比重提高到 60% 左右（2009 年该比重为 35.6%），同时将经济建设支出、行政管理支出和其他支出的比重都控制在 10% ~15%。从国际比较来看，这样的结构有利于公共财政资源较多地投入社会发展领域。例如，2005 年，在美国联邦、州和地方政府的财政支出中，经济性支出占 8.4%，政府性支出占 6.5%，社会支出占 58.9%，国防支出占 10.2%，其他支出占 16.0%。

如何确定政府间财政支出结构是一个广受争议的问题，中央集中财力过多往往被认为是致使政府间财政支出结构不合理的主要原因。然而，从统计上来看，改革开放以来，中央财政支出占全国财政总支出的比重一直处于下降趋势，到 2009 年仅为 20%，地方政府支出占 80%。如果考虑预算外支出，则地方政府支出比重将会更大。2009 年，在全国预算外支出中，中央政府仅占 6.3%，地方政府占 93.7%。中国政府间财政支出结构问题主要在于省、地、县三级政府支出结构不合理。根据 2008 年 16 个省

和自治区的统计年鉴提供的数据计算，2007 年，省（自治区）级政府本级财政支出比重平均为 25.1%，地（市、州、盟）级政府本级财政支出比重平均为 24.4%，县（市、区、旗）级政府支出比重平均为 50.5%。调整政府间财政支出结构，有两种思路可供选择。第一种思路是在维持现有中央与地方政府公共支出结构的前提下，降低省、地两级政府支出比重，提高县级财政支出比重，实现公共财政资源向基层倾斜。第二种思路是降低地方政府支出比重，提高中央政府支出比重，同时由中央政府直接担负更多的社会公共服务供给职责。在当前社会公共服务供给职责严重下沉的情况下，第一种思路不失为现实的选择。然而，从长远来看，第二种思路更为可取，更有助于在全国范围内实现公共服务供给的均等化，尤其是社会保障的全国统筹。实际上，在成熟的市场经济国家，中央（联邦）政府的财政支出比重大多在 60% 左右，同时，中央（联邦）政府直接承担着广泛的社会服务供给职责，这也是这些国家的社会公平程度更高的重要原因所在。

2. 有效动员社会资源

对于现代社会治理来说，非公共的社会资源也是重要的资源来源。从国际经验来看，社会资源投入主要有三种来源，一是各种机构的内部社会建设投入，例如作为现代企业社会责任组成部分的企业社会发展投入。二是以成立各种民间非营利组织为途径和方式的社会投入，这些组织在启动以后一般可以通过非营利的有偿服务来自我维持和发展。三是各种形式的社会捐赠，包括慈善捐助。

非公共的现代社会治理投入，从有形的价值量来看，不可能成为一个国家的社会发展投入主体。例如，据经济合作与发展组织统计，2008 年，该组织 26 个成员的非公共社会总投入占国民总收入的比重平均为 3.8%，净投入所占比重为 2.9%，远低于公共社会投入的相应比重。但是，非公共的社会投入具有更为重要的社会价值，即体现社会的广泛动员和参与，起到凝聚人心的作用，对此我们应当予以高度重视。

比较起来，中国的非公共社会发展投入还是比较有限的。例如，据统计，2009 年中国慈善捐助总额为 509 亿元，相当于同期国内生产总值的 0.17%、国家财政总收入的 0.75%。而同期美国社会慈善捐款总额达到

3000亿美元，占当年美国国内生产总值的2%左右，相当于美国财政总收入的10%。因此，如何在体制机制方面进行改革创新，推动企业等机构的内部社会建设投入，发展民间社会组织，培育社会捐赠文化，畅通社会捐赠渠道，从而更好地动员社会资源投入社会发展领域，是中国在加快社会建设步伐方面迫切需要研究的一个重大课题。

3. 培育发展职业化、社会化和专业化的社会治理人力资源

现代社会治理需要人力资源的巨大投入。一般而言，社会治理的人力资源由职业化和社会化的人力资源组成，职业化的社会治理人力资源是指各种就业于社会治理各个专门领域的人才队伍，而所谓社会化的人力资源，则是指以各种非职业化方式参与社会治理的人员，具有代表性的是各种志愿者。

职业化的社会治理人力资源主要来自政府相关部门、公办社会事业服务机构、官方社会团体和群众组织、基层社区自治组织以及非营利民间社会组织。目前，政府相关机构工作人员、公共事业单位职工队伍、公共财政支持的群团组织和中介组织工作人员、城乡基层社区自治组织工作人员、非营利民间社会组织专职工作人员，总量在4000万人以上，占全国就业总人数的6%左右。他们是职业化社会治理人力资源体系的主要组成部分。作为中国社会治理职业化人力资源存量，其规模相当可观。但是，从实际需要来看，这还远远不够。仍以经济合作与发展组织成员为例：2007年，除土耳其、智利、爱沙尼亚、以色列和斯洛文尼亚外，其余29个成员在教育、卫生和社会工作等领域就业的劳动力所占比重平均达到约23%，其中当然包括营利性机构的工作人员，不过其份额不会超过非营利机构工作人员，即使按两者规模大致相当来估计，在这些国家，非营利的教育、卫生和社会工作等领域的就业人员比重也应当在12%左右。据此预测，中国对职业化社会治理人力资源的需要，应在现有水平上翻一番，并且从结构优化角度看，主要应当在社会工作等领域增加人力资源。目前，国家计划培养300万人的社会工作者队伍，这主要是从政府需求角度考虑的结果；实际上还有大量非营利民间社会组织也同样需要职业化的各类社会工作者，且其需求规模更大。

社会化的社会治理人力资源以各类志愿者为代表。近年来，中国社会

的志愿精神有了较大幅度的发展，志愿者人数迅速增长。据统计，到2009年，全国规范注册的志愿者总数已达3047万人。从国际经验来看，志愿者队伍是非常重要的社会凝聚力量。当然，与世界上其他许多国家相比，中国社会的志愿精神和志愿者队伍的发展都比较滞后，亟须加快培育健全的志愿精神，发展志愿者队伍。同时，我们必须注意到，社会化的社会治理人力资源并不限于志愿者队伍，社会治理是全社会的事业，社会利益关系的调节、社会冲突矛盾的化解、公民素质的提升、新型社会规范的形成以及对社会发展工作的社会监督，都需要全体公民的广泛参与。可以说，这种广泛参与正是现代社会治理体系建设的社会基础。

社会治理人力资源的专业化，主要是指职业社会治理人才队伍的专业化，特别是专业社会工作人才队伍的建设。相关从业人员需要更新观念、更新知识、增强技能、提升素质，成为现代社会治理各领域的专业人才。职业社会治理人才队伍实现专业化，一方面要通过常规教育体系的持续培养，另一方面需要加强相关培训。当然，包括广大志愿者在内的非职业社会发展参与者，同样要在知识和能力等方面接受一定程度的训练，更重要的是要形成积极参与的意识。现代公民意识（包括权利意识和责任意识）的养成、公民社会行为规范的内化、基本的参与知识和技能的掌握，是建设好非职业社会治理人力资源的基本要求，而最主要的途径则是把这些内容纳入整个现代教育体系，通过教育体系传播公民知识，培育公民意识，塑造公民人格。在这个方面，除了课堂学习之外，校园社团活动和学校社会工作实践将发挥极为重要的作用。

六　构建现代社会治理体系的体制机制建设

所谓机制，是指一个系统的各个组成部分相互联系、相互作用的过程和方式，是系统运行规律的反映。如果说，政府治理的主要机制是以人民赋予的公共权力为基础的行政干预，市场治理的主要机制是基于经济效率最大化考虑的市场竞争，那么，社会治理的主要机制就是以贯彻权利平等原则的人民福利共同增长为宗旨的社会参与，这不仅意味着平等参与社会治理实践过程，而且在原则上还要求平等分享社会发展成果。当然，参与并不是社会治理的唯一机制，还需要有其他重要机制与之配合，形成一套有效运行的机制组合。总结世界各国的相关经验，社会治理的机制组合，除了社会参与之外，至少还应当包括另外三种重要机制：以满足最真实、最迫切的社会治理需要为优先考虑的社会需求响应机制，以社会福利最大化为根本目标的资源使用优化机制，以及旨在确保社会治理资源投入得到合理有效利用的政府监管和社会监督机制。

社会参与机制强调社会治理过程的合作参与以及社会资源的动员整合。要使这一机制有效运行，至少需要满足三个条件。一是在社会治理各个主体之间建立平等合作的伙伴关系。无论第一部门、第二部门还是第三部门，在社会治理实践中，虽然职能和责任各异，但权利和地位平等，不建立起这样的伙伴关系，社会参与就要大打折扣。在这个方面，最重要的是要增强第二部门参与社会建设的积极性和责任意识，提升第三部门以及广大公民参与社会治理的权利和能力（亦即“增权”和“增能”），只有这样，才能避免重走第一部门“包打天下”的老路。二是建立有效的权利诉求表达渠道，保证不同社会利益群体都能够充分、合理地表达他们的权利诉求。尤其重要的是，要通过适当的制度安排，促进社会权利诉求表达的社会化和组织化，从而实现权利诉求表达的有序化和理性化，防止社会利益矛盾和冲突因为表达渠道不畅而走向激化。三是构建各种社会建设主体依法就他们的诉求进行民主协商的平台。中国一些地方的相关实践表明，民主协商不仅是协调社会利益关系的重要机制，也是管理各种社会公共事务的重要方式。

社会需求响应机制是一种要求根据最迫切的实际需要调整社会治理资源配置结构的准则，在社会治理资源有限的情况下尤其如此。一方面，从长远来看，我们要逐步提高公共资源投入社会建设的比重，最终使该比重达到60%以上，这是社会建设的巨大需求所决定的。另一方面，社会建设包括文教卫生、社会保障、就业保障、收入保障、住房保障、社会救助和城乡基层社区治理等诸多领域，社会建设资源在这些领域的配置结构，需要根据不同建设阶段的优先考虑加以确定，其原则是体现公平公正，努力提供人人可及的公共社会服务和产品，尽量缩小人们所获得的公共服务和产品在数量和质量上的差异。在现阶段，中国公共社会服务和产品供给存在严重的非均等化问题，不同社会群体获得这些服务和产品的机会不平等，亟须通过有针对性的社会治理工作来加以解决，这就需要把满足人民群众最现实、最迫切的需要作为社会治理资源投入的优先考虑，而不是对任何需求都作出同等的响应。对于什么是最真实、最迫切的需求，应当根据社会治理的根本目标以及广大人民群众的呼声进行权衡。总之，现代社会治理的需求响应机制要求以民主科学、公平公正的社会治理资源投入决策作为保证。

资源使用优化机制是要求充分发挥社会治理资源使用的社会效益的准则。从国际经验来看，一般可以通过两种途径来提高社会治理资源使用的社会效益。一种途径是在公共管理和社会服务领域适当引入市场机制，这是发达国家近年来进行新公共管理改革的基本思路，但应当限于那些既能给管理者和服务提供者带来一定水平的盈利，又有利于提高公共服务的质量和效益的领域，如基础设施建设、保障性住房建设、劳动培训等领域。另一种思路是国家以公共资源向非营利社会组织“购买”相关服务，前提是服务提供者遵守非营利原则；同时，为了确保资源使用的成本效益和社会效益，服务提供者应当具有可选择性，服务购买方应当在多个服务提供者之间选择具有良好资质、能力和社会公信力的合适的服务提供者。当然，中国有自己的国情，国家在第三部门拥有大量从事社会治理和服务工作的机构，包括各种事业单位和官方、半官方社会团体，基层社区自治组织也继续承担着大量行政职能并接受国家财政的支持，它们是中国现阶段最主要的社会治理和服务提供者。对于它们来说，上述两种途径的适用性都是有限的，需要通过改革和创新它们的管理体制、运行机制，以实现社会建设资源使用的优化。

有效的政府监管和社会监督机制，是防止社会治理资源被滥用、盗用以及提升资源使用的成本效益和社会效益的保障机制。无论是公共资源还是社会资源的配置和使用，都需要真实、有效而全面的监管和监督。政府监管的主要手段是对资源使用过程进行检查和审计，并依据资源投入目标对使用结果进行科学评估。监管的主体是政府，而监管的执行则可以是政府自身，也可以是独立的第三方，还可以是资源使用者内部的民主评议，具体使用何种方式，需视资源使用者的机构特性而定，对于合适的监管对象，甚至可以考虑三管齐下。社会监督主要是指政府以外的社会利益相关方对社会治理资源配置和使用的监督，包括舆论监督、捐助者监督以及公民个人监督等。在现代社会中，舆论监督的重要性是不言而喻的。为了充分发挥舆论监督的作用，需要加快改革新闻出版制度，调整媒体结构，支持民间媒体（尤其是网络媒体）的发展，同时通过相关立法对媒体行为和媒体管理进行规范。捐助者监督主要针对公众捐助的社会建设资源的配置和使用，任何捐赠者都有权对他们所提供的资源的配置和使用进行监督，只要他们提出要求，捐赠接受者都应当提供有关捐赠使用情况的信息，回应捐赠者的质疑，对此，必须从法律上予以确认并提供相应的制度保障。最后，无论是政府监管还是社会监督，都要以社会建设资源配置和使用的公开透明为前提，为此，需要建立起完备的信息披露制度。

各种机制要充分发挥作用，需要以相关制度和体制作为依托和保障。根据社会治理的规律和要求，加快社会治理体制改革步伐，构筑起相关的制度体系，是保证现代社会治理可持续推进的稳定基础。概括地说，社会治理相关制度体系包括三个层次的制度安排。

一是社会治理基本法律体系。要进一步完善国家宪法和相关法律法规，构建现代公民权利体系，作为社会治理法律和制度体系的基础、目标和社会治理成效的检验标准。现代社会公民权利主要包括三个内容：民事权，即公民个人的基本人身权利和财产权；政治权，即公民的平等政治参与权；社会权，由获得经济福利、社会安全以及享有达到通行标准的文明生活等权利组成。中国现行宪法和法律总的来说对这三组公民权利都有相关规定，需要进一步整合，有些涉及公民平等权利的法律还需要进一步明确。

二是直接规范社会治理实践的社会立法体系。从法理的角度看，与社会治理相关的立法都属于社会立法范畴，包括劳动就业和培训立法，反贫困、家庭补助、住宅立法，教育立法，医疗卫生事业立法，社会保障立法，社会组织立法，慈善事业立法，企业社会责任立法等。目前，中国社会立法需要解决的主要问题有两个：各领域立法的整合程度较低，与公平正义的基本要求还有距离，需要对现行法律、法规和政策进行清理、整合和完善，提升它们的公平正义水平以及它们的整体性、系统性和协同性；部分社会治理领域只有法规、条例、规划纲要甚至政策方案层级的规范，

例如在收入分配、劳动培训、住房、医疗卫生事业、社会组织和企业社会责任等方面就是如此，现在亟须将它们提升到国家法律层级。

三是社会治理保障制度和政策体系，其目标在于为现代社会治理的具体运行提供制度化的保障。在这一层次，财税体制、投入体制、人才制度以及信息公开制度尤为重要。与社会治理相关的财税体制改革，核心是向政府以外的社会治理参与主体提供税收支持，例如对机构和个人的慈善捐助和社会组织募集的资金给予税费减免待遇等。投入体制主要是指公共资源尤其是国家财政预算对社会建设投资的制度化安排。人才制度建设的重点，一方面是要为社会建设职业人才队伍的成长提供制度条件；另一方面是要把社会组织尤其是民间社会组织员工的劳动就业、技术职称和社会保障等纳入全国统一的制度体系，保证社会组织能够吸引人才，留住人才，发挥人才的积极性。信息公开制度是政府监管和社会监督机制得以有效运行的制度基础，尤其是社会监督，如果没有信息公开制度，就更是无从谈起。现代网络技术的发展为全面建立信息公开制度提供了技术条件，各级政府的门户网站，社区的信息化建设，非营利社会组织的网站、网页建设，都是信息公开制度得以实现的保障，但要使信息公开制度成为社会建设相关保障制度，还需要对信息公开的形式、内容、反馈要求等作出明确规范。

一段时期以来，我国各地在创新社会管理的名义下开展了一系列相关体制改革实践，其中相当多的实践在理念和目标上与构建现代社会治理体系的需要是比较吻合的，从而为我们改革社会治理体制、构建社会治理体系积累了经验，值得进一步研究和总结。同时，一些打着“创新社会管理”的旗号所做的事情，与构建现代社会治理体系的要求还有一定距离，需要在改革社会治理体制、构建现代社会治理体系的新的实践中予以纠正。

第四篇

生态文明、党的建设体制改革

改革生态环境保护管理体制

潘家华　庄贵阳　马建平　朱守先*

改革开放30余年来，我国以经济建设为中心，经济增长迅速，人们的收入和生活水平普遍提高，取得的成就举世瞩目。然而，与此同时，资源能源环境约束日益趋紧，生活、生态环境不断退化。2013年，雾霾席卷了华北、东北、东南沿海乃至波及西南地区，几近半个中国。全国各地地表水和地下水资源污染严重，质量下降，饮水卫生难有保障。2014年发布的首次全国土壤普查结果显示，从点位监测看，全国土壤总的超标率达到16.1%，总体情况不容乐观。耕地土壤环境质量堪忧，耕地点位超标率（土壤超标点位的数量占调查点位总数量的比例）高达19.4%。此外，重金属镉污染加重，全国土地镉含量增幅最多超过50%。不仅如此，水土流失、草原退化、土地荒漠化、湿地萎缩、垃圾围城、生物多样性下降等环境问题均需重视和解决。曾几何时，蓝天白云、江河清澈、山川秀美、牛羊成群，“美丽中国”本是现实，但而今已变成中国的“环境梦”。环境破坏的严酷现实表明，现有的生态环境保护管理体制未能也难以有效保护我国的生态环境。为再建、再现“美丽中国”，党的十八届三中全会

* 潘家华，中国社会科学院城市发展与环境研究所所长、研究员；庄贵阳，中国社会科学院城市发展与环境研究所研究员；马建平，中华女子学院讲师；朱守先，中国社会科学院城市发展与环境研究所副研究员。

指出，要“紧紧围绕建设美丽中国深化生态文明体制改革，加快建立生态文明制度，健全国土空间开发、资源节约利用、生态环境保护的体制机制，推动形成人与自然和谐发展现代化建设新格局”①。本文将在梳理我国生态环境保护管理体制现状的基础上，分析现行生态环境保护体制面临的现实困境，并探讨未来对其进行优化改革的路径。

一 中国生态环境保护管理体制的基本架构与总体特征

1. 中国生态环境保护管理体制的基本架构

所谓生态环境保护管理体制是指环境保护管理机构设置及其内部的权责利配置，以及为实现生态环境保护任务和目的的环境管理法规、制度、方法、机制的总称。我国环境保护管理专门机构的设置是随着环境保护与经济增长矛盾的不断严重而逐步加强和升级的。从 20 世纪 70 年代开始，我国开始重视环境保护。1973 年，在国家建委下设立环境保护办公室；1988 年，从建设部分离成立国家环境保护局，成为国务院的一个直属机构；1998 年，国家环境保护局升格为国家环保总局，2008 年再次升格成为环境保护部。同时，传统的宏观管理部门和自然资源利用管理部门，例如国家发改委内设资源环境司、应对气候变化司，国家林业局、国家能源局、国家海洋局、中国气象局、水利部、农业部、工信部等，也都分别增设或不同程度地强化了资源、环境、生态等相关机构和职能。

从生态环境保护管理专门机构的设置情况看，环境保护部是国家环境保护行政主管机构，根据职责划分主要内设了政策法规、科技标准、污染物排放总量控制、环境影响评价、环境监测、污染防治、自然生态保护、核安全管理、环境监察等司局，根据业务需要配套下设华北、华东、华南、西北、西南督查中心，环境监测总站，环境规划院，环境科学研究院，环境应急事故与调查中心，环境与经济政策研究中心，核安全中心，环境保护基金会等督察、监测、科研、政策及资金管理支持机构。在全国 31 个省、直辖市、自治区中，除海南省整合国土资源和环境保护职能而

① 《中共中央关于全面深化改革若干重大问题的决定》，《人民日报》2013 年 11 月 16 日，第 1～3 版。

设立国土环境资源厅外，其他均设立环境保护厅（局）。各省、直辖市内的市（区、县）相应设立环保局。环保厅、环保局对照环保部业务职能部门相应内设管理和执行机构。在少数乡镇（片区）设有环境保护联络人或者环境监察分局（分队、中队）等基层环保机构。从行政领导体制看，在业务领导方面，实行环保部—环保厅—环保局的垂直管理模式；在人事、财务领导方面，实行各级地方政府对环保厅（局）的属地管理模式，即环保厅（局）的人员编制、职务任免、经费拨付由各级地方政府负责。

从管理法规、制度、手段、方法、机制等方面看，全国人大、环境保护的专门机构和相关部门制定、修改并完善了一系列法律、法规和政策体系，包括以《环境保护法》《水（大气、噪声、固体废物）污染防治法》《节约能源法》《清洁生产促进法》《排污费征收使用管理条例》《水污染物排放许可证管理暂行办法》《污水处理设施环境保护监督管理办法》《排放污染物申报登记管理规定》等法律法规以及各类污染物排放标准为主体的环境保护法律体系；依照法律法规规定相应建立了行政许可、排污许可证、排污费征收、环境影响评价、环境监察以及“三同时”“限期治理”“排污申报登记”“污染物总量控制”“城市环境综合整治定量考核”等环境管理制度，推行使用环境监测、环境遥感、污染物排放总量控制、重点流域（行业、排放企业）监控、污染防治、环境执法等管理手段；将环境和生态保护重点目标纳入国民经济和社会发展五年规划的约束性手段；针对特定严重环境问题采用专项污染治理行动等环境治理方法，部分地区制定排污权交易基准价格，引入排污权交易机制；做好环境公报、环境信息公开、宣传教育、国际合作、受理举报投诉等日常环境管理工作。上述这些要素形成了目前我国生态环境保护管理体制的基本架构。

2. 中国生态环境保护管理体制的总体特征

经过40余年的发展，我国生态环境保护职能机构体系已比较完备，相关的法律法规已成体系，生态环境保护目标也已成为国民经济和社会发展五年规划的约束性指标，成为考核政府官员政绩的重要内容。公众、企业和非政府组织均发挥各自的作用，现代环境治理体系已具雏形。然而整体而言，现行生态环境保护管理体制架构呈现出“散”“弱”“松”等特征。

首先，生态环境保护相关机构设置和职能划分比较分散。除了环境保护专业机构外，在综合管理部门、其他职能部门均相应内设生态环境相关机构，履行环保相关职能。表1列举了目前我国生态环境保护相关机构设置和职能配置的情况。其中，生态环境保护相关机构分布较广，例如在国家发改委下设资源节约和环境保护司、应对气候变化司；工业和信息化部下设节能与综合利用司，司内设立环境保护处；国土资源部下设地质环境司；国家海洋局下设海洋环境保护司；农业部下设农业生态环境与保护总站等。表1也显示，环保产业发展、气候变化、工业污染控制、水环境、交通环境保护、农业农村环境保护、林业和野生动植物等生态环境保护、海洋环境保护、气象环境等生态环保相关职能分散在不同部门，环保专业机构与这些部门都程度不同地存在职能交叉。可见，我国生态环境保护机构设置和职能配置都十分分散。

表1　中国生态环境保护相关机构设置和职能配置的情况

部门	生态环境保护相关机构	生态环境保护相关职能
国家发改委	资源节约和环境保护司	综合分析经济社会与资源、环境协调发展的重大战略问题，促进可持续发展；研究提出环境保护政策建议，负责国家发改委内部环境保护工作的综合协调，参与编制环境保护规划，组织拟订促进环保产业发展和推行清洁生产的规划和政策，指导拟订相关标准；提出资源节约和环境保护相关领域及城镇污水、垃圾处理中央财政性资金安排意见，以及能源资源节约、综合利用、循环经济和有关领域污染治理重点项目国家财政性补助投资安排建议；组织开展能源资源节约、综合利用、循环经济和环境保护的国际交流与合作
	应对气候变化司	气候变化应对相关职能
工业和信息化部	节能与综合利用司	拟订并组织实施工业、通信业的能源节约和资源综合利用、清洁生产促进政策，参与拟订能源节约和资源综合利用、清洁生产促进规划和污染控制政策，组织协调相关重大示范工程和新产品、新技术、新设备、新材料的推广应用
国土资源部	地质环境司	依法管理水文地质、工程地质、环境地质勘察和评价工作；组织监测、监督，防止地下水过量开采引起的地面沉降和地下水污染造成的地质环境破坏

续表

部门	生态环境保护相关机构	生态环境保护相关职能
交通运输部	综合规划司	负责中央管理水域水上交通安全事故、船舶及相关水上设施污染事故的应急处置,依法组织或参与事故调查处理工作;指导公路、水路行业环境保护工作,承担公路、水路规划及建设项目环境影响评价和水土保持的管理工作
水利部	由于水是环境的重要组成部分,所以在一定程度上水利部是生态环境保护领域的重要部门	
农业部	农业生态与环境保护总站	承担农业资源环境保护、农村能源建设以及农业农村节能减排的有关政策法规研究和技术示范推广工作;承担全国农业资源环境保护和农村能源体系建设的业务指导工作;牵头组织全国性农业环境监测工作,参与组织全国农业环境监测网络建设,组织拟订农业环境监测技术方案、技术规范,开展基本农田等农产品产地环境污染、农业面源污染监测与评价;承担外来入侵生物调查、监测预警和防治技术方案研究及示范推广工作;承担农业环境污染突发事件应急监测和农业环境污染事故纠纷仲裁监测工作,协助开展重大或跨区域农业环境污染事故调查工作;承担全国农村能源与农业资源环境信息统计,承担有关国际环境公约农业领域履约和应对的技术支撑工作,参加全球农业温室气体研究联盟的有关活动
国家海洋局	海洋环境保护司	承担海洋环境保护事务的综合协调工作;拟订海洋环境保护工作战略和方针政策;拟订海洋环境保护与整治规划、标准、规范;组织开展海洋环境的监测、监视与评价,编制国家海洋专项环境信息;拟订污染物排海标准和总量控制制度;承担海洋工程建设项目、海洋油气勘探开发和海洋倾废对海洋环境污染损害的防治工作,承担海洋生态损害的国家索赔工作;监督海洋生物多样性和海洋生态环境保护;监督管理海洋自然保护区和特别保护区;组织全国海洋环境监测、监视网络,监督陆源污染物排海
国家林业局	由于森林资源也是环境的重要组成部分,所以在一定程度上,国家林业局也是生态环境保护领域的重要职能部门,承担全国林业、湿地、野生动植物、自然保护区等资源开发利用与保护相关职能	
中国气象局	管理城市环境气象预报,组织论证并审查大气环境影响评价等	

其次，生态环境保护法规、政策、机构处于相对弱势的地位。一是相对于经济增长，生态环境保护处于弱势地位。各个地方、各级政府都优先

确保完成经济技术指标，然后才是力争完成生态环境保护相关指标。2014年1月22日，国家发改委公布“十二五”规划实施情况中期评估结果，经济技术增长指标大多好于预期，而多数环境相关指标进展缓慢，甚至恶化。其中，非化石能源占一次能源消费比重、单位国内生产总值能耗下降幅度、二氧化碳排放强度下降幅度进展较慢，氮氧化物排放总量不降反升①。二是相对于其他职能部门，生态环境保护机构处于弱势地位。由于经济增长目标优先于环境保护目标，所以在各级地方政府组成机构中，环保机构与那些经济增长促进职能部门和经济资源掌控部门相比，权力和地位都处于弱势地位，与这些部门之间进行工作协调的难度较大。三是相对于政府权威，环境保护相关法律法规处于弱势地位。例如，有些地方政府为加快本地区经济发展，对于部分尚未通过环境影响评价的大型项目，便仓促上马施工，完全无视生态环境保护相关法律法规，造成生态环境破坏和经济资源浪费。

最后，生态环境保护管理总体松弛。一是环境标准执行相对宽松。在整体上，我国环境标准比欧美国家宽松，且不少地方存在选择性执行污染物控制项目、适用环境标准错误等问题，削弱了环境标准的约束和规范作用。加之市场竞争压力、环境治理成本、环境执法成本等多种因素，导致环境标准体系在执行过程中常常被打折扣，环境标准限制收严阻力和压力较大。二是环境监管难以到位。基层环保部门人力、物力、财力有限，而污染排放单位、排放源、排放污染物种类众多，环境监测监管空间广阔，重点监管已力不从心，全面监管则更难以到位。三是环境执法不严。在环境保护管理工作中，部分地方环保机构没有严格环境执法，存在放任企业排污的现象，借以增加排污费和罚没款收入；也存在受制于地方政府，难以对某些经济增长和利税贡献较大的排污企业进行严格环境执法等问题。

二　中国现行生态环境保护管理体制存在的问题与不足

在现行生态环境保护管理体制下，虽然各级各类环保部门和环保机构

① 《发改委公布“十二五”规划中期评估结果：总体进展顺利　节能减排指标滞后》，中国网络电视台，http：//news. cntv. cn/2014/01/22/VIDE1390364460470760. shtml，最后访问日期：2014年5月23日。

付出了巨大的努力，生态环境保护管理体制已经发挥了重要的积极作用，然而出于体制、政策以及基本制度等多个方面的复杂原因，生态环境保护管理效率和效益仍然偏低，难以遏止生态环境持续退化的趋势。主要表现在如下五个方面。

1. 责权分离

目前，地方多数环保机构的人员编制权、干部人事权、财政支持权由当地政府所掌握，“位子”“帽子”“票子”均由当地政府决定，环保机构工作人员在实施环境监管和环境执法时，难免要权衡并顾及地方政府的意见。虽然地方政府同时肩负发展经济和保护环境的责任，但经济增长指标是其主要考核指标，与地方政府经济利益和政绩评价直接相关，在经济目标和环境目标发生冲突时，不少地方政府往往牺牲环境而优先保障经济目标的实现。毕竟，环保部门加强环境监管，严格环境执法，势必增加地方企业环境成本，在提高地方政府招商引资质量的同时也降低其引资速度，在对排污企业尤其是地方产值和利税大户实施环境处罚甚至勒令其停产整顿时也影响当地经济总量增长和政府利税收入增加，间接触碰地方政府经济利益，不少地方政府便会出面干预环境执法，往往造成环保工作有法难依，执法不严，违法难究，许多污染排放企业该罚未罚，该停未停。由此可见，环保机构人权、财权属地管理体制是造成地方环境监管和环境执法独立性不足的制度原因。

2. 协而不调

由于大气污染和江河水体污染跨越行政边界，环境行政属地管理体制很难协调处理跨区域的环境污染的预防、控制、治理、补偿和问责事宜。目前我国的区域环境协调大多属于“事后协调”（即在跨区域环境污染事故和纠纷发生之后的临时应急协调解决），而“事前协调”（即跨区域环境污染防控协调）较少，相应机制严重缺失。另外，由于权责分离，环保部门作为政府的弱势部门难以有效协调其他部门，削弱了环保力度。

跨区域污染问题，既有省际污染问题，也有省内市域之间的污染问题，这些跨区域污染问题的解决都有待在实践中探索建立行之有效的跨区域环境协调机制和运行模式。例如，长江下游水体污染是长江沿线各省份工业排污、农业污染、生活排污以及水上运输等有毒有害物质多地域、多源头排放所致，没有谁能弄清楚各省份、各排放主体该为此承担多大责任。京津冀、东北、江浙等区域的雾霾均是各地区工业、交通、生活大气污染排放所致，各省份、各排放主体贡献各有多大、应由谁承担多大责任无法弄清，因而也无法问责。面对跨区域环境污染问题，行政区划环境管理体制失灵。在雾霾袭来时，多数地方政府采取公务车和机动车限行、工矿企业临时限产限排、建筑工地停工停建等治标不治本的应急措施，缺乏有效、高效的解决机制和治本之策。

此外，环境保护广泛性和系统性的特点决定了环保部门与其他诸多部门职能交叉较多，环境保护复杂性的特点又决定了环境保护需要其他部门的密切配合，其中包括与国家发改委、工业、国土资源、农业、林业、水利、交通、海洋、科技、安全、外交、知识产权等部门的职能交叉。《环境保护法》第一章第七条规定："国务院环境保护行政主管部门，对全国环境保护工作实施统一监督管理。县级以上地方人民政府环境保护行政主管部门，对本辖区的环境保护工作实施统一监督管理。"虽然该条规定赋予了环保部门统一监督管理的职能，使环保部门有权参与指导、协调、配合其他部门的环境相关工作，但并未作出细致的、硬性的、可操作的规定。如果其他部门在矿产资源、土地资源、水利资源、林木资源开发利用过程中重经济效益而轻环境效益，环保部门为保护环境与其他部门进行协调的难度较大，这种局面使环保部门很难从源头上预防、控制环境污染和环境破坏，源头保护很难落实，统一监督管理很难到位。虽然分管部门有责任在各自领域内保护环境，但由其失责造成的问题在一定程度上又需要环保部门承担和解决，环保部门也成为公众问责的主要对象。环保职能分散分解在多个部门，环保部门职权不充分，作为地方政府的弱势部门与其他部门协调工作困难，也是削弱环保力度的重要原因。

3. 行政主导

目前，我国生态环境保护管理倚重行政手段较多，依靠市场手段较少。从总体来看，近年来，为实现节能减排降污目标，各地政府较多采取淘汰落后产能、调整产业结构的措施。这些措施在短期内和局部区域内效果显著。然而，从全国整体来看，结构调整刚性较大，一个地区淘汰的产能和产业可能转移到环境要求较低、环境监管薄弱的中西部或农林地区，高排放产业在总的经济结构中占比并未下降，甚至上升，污染排放只不过在国内从一个地区转移到了另一个地区。经测算，黑色金属冶炼及压延加工业、非金属矿物制品业、化学原料及化学制品制造业、石油加工炼焦及核燃料加工业、电力热力的生产和供应业、煤炭开采和洗选业、有色金属冶炼及压延加工业、石油和天然气开采业这 8 大高排放产业产值占国内生产总值的比重从 2000 年的 30% 上升到 2012 年的 71.4%。从理论上来说，并没有绝对的高排放、高污染产业，只要环境技术足够先进以至于可以全部或大部分回收利用排放废物，环境产业和环境服务业足够发达以至于可以低成本助力排污企业在源头防治污染，那么高排放产业也可以转化为清洁产业。环保产业和环境技术发展相对滞后也与相关职能分散有关，目前环保部门的职权是参与指导和推动环保产业发展，难以根据环保实际需求主导推进环保产业发展和环境技术进步。推动环保产业发展和环境技术进步，环保部门比其他部门更有优势，也负有更大责任。

征收排污费是环保部门遏制污染排放、保护生态环境的重要行政管理手段。根据《排污费征收管理条例》相关规定，目前我国排污费征收和使用严格实行“收支两条线”制度，征收的排污费一律上缴财政，环境保护执法所需经费由本级财政予以保障。排污费应当全部专项用于环境污染防治，任何单位和个人不得截留、挤占或者挪作他用。排污费纳入财政预算，列入环境保护专项资金进行管理，主要用于重点污染源防治，区域性污染防治，污染防治新技术、新工艺的开发、示范和应用以及国务院规定的其他污染防治项目。在这种管理制度下，排污费征收环节相对规范，大多做到了公开、公平、公正。据排污费征收快报初步统计，2013 年全国排污费征收开单 216.1 亿元，比上年增长 10.7 亿元，增幅为 5.2%；征收户数为 43.1 万户，比上年增加 7.8 万户，增幅为 22.1%①。排污费征收过程比较合理，主要是防止其性质异变成“排污许可费”，成为许可企业无节制排污和地方环保机构借以创收的工具，那么排污费就由限制污染排放的“阀门”异化成许可污染排放的“缺口”。但是，排污费使用环节不

① 《2013 年全国排污费征收开单 216.1 亿元》，中华人民共和国环境保护部网站，http://hjj.mep.gov.cn/pwsf/gzdt/201401/t20140113_266325.htm，最后访问日期：2014 年 5 月 23 日。

够合理。在理论上，排污费的性质是排污企业为其生产而排放产生的环境外部性而支付的环境成本，所缴纳的排污费转化为财政收入，那么财政部门和环保部门如何将这部分财政收入有效地转化为环境效益以消除环境外部性，值得深思。在现有制度安排下，排污费使用环节存在以下问题：一是财政部门对环境污染防治、环境技术研发示范推广、环境项目建设等环保资金需求信息掌握不如环保部门充分；二是环保部门对资金的运用、支配受财政部门制约；三是当前的排污费收入远不足以满足环保防治修复发展资金的需求；四是排污费支出流向和结构信息不够公开透明，缺乏公众监督。这些问题的存在影响了排污费使用的环境效益。

4. 红线缺失

划定生态红线，就是要守住生态环境退化底线。长期以来，为了发展经济，各级政府大都缺乏生态保护、环境质量、资源利用底线意识，全国各地普遍缺乏对经济发展和资源开发利用不得触碰的生态红线的认识。随着经济发展与生态环境矛盾的加剧，才逐步从建立自然保护区，到建立重要生态功能区，再到提出全国主体功能区规划，然后到 2011 年国务院《关于加强环境保护重点工作的意见》首次提出，要在重要生态功能区，陆地和海洋生态环境敏感区、脆弱区等区域划定生态红线。由于全国大气环境、水环境、土壤环境等自然生态环境持续退化，已经到了不容再继续退化的程度，因此及早划定并严守生态红线就十分紧迫。然而，划定生态红线是一项复杂的系统工程，从口号提出到正式实施非常艰难，需要克服经济发展目标与环境保护目标协调、国家与地方利益协调、地区之间利益协调、部门之间权责利协调等难题，需要逐步建立利益协调和生态补偿机制，完善生态红线保护制度，涉及林地、湿地、荒漠植被、物种、水利、海洋、永久基本农田用地等组合红线的划定，并在全国范围内深入调查研究，采取科学方法统筹经济环境制度诸多因素之后予以划定。

划定生态红线，除了要在生态空间和资源保存数量方面确定下限外，还需要在有条件的地区逐步探索确定污染物排放上限。如果缺乏污染物排放上限，就会使数量庞大的合规合法合标个体微量排放游离在环保监管范围之外。例如，目前环保部门从上到下都将主要资源和精力用于监控重点污染排放单位和排放源，但对于合规合法合标的单个微量排放，缺乏有效对策加以防治，很多处于监管盲区。虽然单个合规合法合标排放数量较少，但由于其排放群体规模庞大，导致排放总量较大，其环境影响不容忽视。以北京为例，2002～2012年北京市排污费征收金额大幅下降，从2002年的1.92亿元下降到2012年的0.34亿元①，在一定程度上说明北京市辖区违规违法超标排放大幅下降。然而，近两年频繁出现雾霾以及中心城区难见星空的污染大气层，在较大程度上是合规合法合标排放累积的结果。其中，数量庞大的机动车合规合法合标尾气排放贡献较多。除此以外，工业、建筑等领域也存在数量庞大的合规合法合标排放群体。这些合规合法合标排放大多处于环保监管执法盲区，由其累积造成的环境外部性也大多交由环境自净功能消除，当超过环境容量造成严重环境问题时政府再斥巨资解决。即便不断提高排放标准，合规合法合标排放总量规模依然巨大，不容忽视。如何防治和抑制合规合法合标排放，值得探讨。

5. 执法缺位

生态环境保护执法缺位有多个方面的表现，具体包括以下四个方面。

（1）农村生态环境保护执法严重缺位。目前，在乡镇一级，环保机构建制严重不足，在部分地区设立了环境保护联络员、环境监察分队或中队等多种形式的环保机构，但总体上在广大农村地区缺乏统一规范的基层环保机构，环保人员配备不足，环保专业素质和监察能力不高，环保队伍不稳定，农村环保力量相当薄弱。另外，近年来，农村经济发展迅速，乡镇企业数量和规模增长较快，许多被发达地区和城市淘汰的产业和产能向农村地区转移，乡镇政府也加大了招商引资和土地资源开发力度，加之环保技术落后，环境监管薄弱，企业偷排、生态破坏等现象比较普遍，这些因素都给广大农村地区带来了现实的环境威胁。此外，农村生活污水排放、生活垃圾堆放、农药化肥污染等环境问题也需要加以解决。总之，现有的基层环保力量远不能适应农村环境保护的需要。

（2）部分环保工作人员不能严格执法。部分环保工作人员政治素质和业务素质较差，服务意识淡薄，有愧于“环境卫士”称号。“分分钟搞

① 《2000～2012年各地区排污费征收情况表》，中华人民共和国环境保护部网站，http：//hjj. mep. gov. cn/pwsf/gzdt/ 201312/P020131203550138828737. pdf，最后访问日期：2014年5月23日。

垮一间厂”，是广东省清远市清城区环保局局长陈某的“名言”①。这虽然不具有普遍性，但也具有典型性：一方面，这暴露出环保队伍中部分环保干部和工作人员政治思想素质较差，不能尽忠尽责，不仅没有严格监管，从源头防治污染保护当地环境，相反，甚至将环境执法权力视为要挟企业，向企业谋取个人利益的工具。普遍存在的问题是，在没有排污总量控制的情况下，许多地区排污企业按照规定缴纳排污费，环保机构消极监管，甚至希望排污企业多排放，以增加执法收入。不作为、乱作为现象是包括环保部门在内的各个职能部门的共性问题。另一方面，这也反映出环保系统内部教育、监督、纪检、问责等内在约束机制存在不足，有待健全。

（3）环境管理基础条件薄弱影响执法。环境立法、环境设备、环境科研是支撑环境管理的基础条件。以土壤污染为例，土壤污染问题严重，形势严峻，是长期以来轻视土壤环境保护、土壤保护立法滞后带来的恶果。其他许多环境问题都需要从实际出发加强立法。在环境监管执法过程中，取证困难是普遍存在的现象。例如，许多工矿企业利用夜间偷排废气、废水和固体废物，尤其是偷排废气，大风一吹烟消云散，没有先进监测设备很难取证，因而也很难依法进行处罚。另外，环境污染的“因”“果”关系复杂，要弄清楚造成环境污染的原因以及由环境污染造成的后果非常困难，这便需要加强环境基础科学研究。例如，京津冀地区雾霾成分构成、来源贡献比例等基础问题至今没有权威研究结果公布，其影响及影响程度更无从知晓，环境外部性也无法估算，也不便于高效率、低成本地采取治本之策。另外，许多地区的环境污染对周边群众健康造成严重影响，但推定污染与周边村民疾病之间的因果关系极为困难，受害个人更无法科学归因，环境责任追究和环境事故损害补偿便难以进行。克服这些障碍都需要环境基础科学研究的支持，也是加强环境保护管理的必要条件。然而，我国环境基础科学研究相对薄弱，投入也相对不足。在2013年环保部的支出预算中，科学技术支出预算为152409.98万元，其中基础研究

① 《目击者忆乌市暴恐案　车直冲不少老人受伤》，新浪网，http://video.sina.com.cn/v/b/123294856-1800457345.html，最后访问日期：2014年5月23日。

支出预算为600万元，仅占0.39%①。

(4) 环境举报公开制度不健全影响执法。全国各地存在许多长期视而不见的污染，排污企业违法违规偷排现象时有发生，周边环境影响程度比较严重时才会引起环保部门和地方政府重视，暴露出环保监督举报制度体系不完善，环境污染举报渠道不畅通，投诉程序不便利，需要构建畅通、便利的公众监督举报投诉制度体系。另外，环境污染、环境容量、环境产业、环境技术、经费使用等基础数据库需要逐步建立和公开，便于公众知情和进行监督，对促进环境管理十分有益。

四　中国生态环境保护管理体制的改革思路与路径选择

建设生态文明，再建“美丽中国”，严格监管所有污染物排放行为，切实做好从源头预防到末端治理和修复，遏止生态环境恶化势头，促进经济绿色转型，提升经济增长质量，需要改革现行生态环境保护管理体制，改进环保顶层设计，优化生态环境保护管理制度和机制，强化环保队伍和能力建设，提升生态环境保护和环保部门在经济社会发展中和政府组成机构中的地位，提高生态环境保护工作效能，使环保部门成为恪尽职守、人们满意的环境卫士。

1. 凝聚转型意识

第一，解决经济增速下滑、产业结构优化、产能过剩化解等经济难题要求经济绿色转型。加强生态环境保护，改革生态环境保护管理体制，促进环境产业和环境技术发展，将为经济增长注入新的动力，为产业结构优化注入绿色先进成分，并借势挤出污染落后产能、化解过剩产能，开创我国经济发展的新格局。

第二，力促经济绿色转型，扩大环境保护投入。环境投入也是投资，也将成为促进就业增长的新源泉。加强生态环境保护，需要大幅增加环保投入，环境技术研发、环保仪器设备产业发展、环境治理修复、环境基础设施建设、环境专业人员技术培训等都将形成巨大的资金需求。以财政资金带

① 《环境保护部部门预算2013》，中华人民共和国环境保护部网站，http://www.mep.gov.cn/zwgk/czzj/，最后访问日期：2014年5月23日。

路，撬动社会资本跟进，将打开巨大的市场空间，创造大量就业机会。

第三，青山绿水等自然资源是资产，是国家和社会公众的共同财富。过去，开门见青山，抬头望蓝天，挖地三尺出清泉，江河溪渠清澈见底，早晨空气新鲜，白天蛙声鸟语，夜晚可以数星星，不胜枚举，一切类似的自然资源似乎都是免费存在的、没有价值的。而今，它们在全国许多地方已不复存在，国家、地方政府和社会公众都需要改变观念，视青山绿水等自然资源为宝贵资产，珍惜、保护、修复自然资源，使自然资源等公共财富世代留传。

第四，有限度地允许生态环境保护影响经济增长。多年来，处理经济增长与环境保护的关系令各级各地政府十分纠结。既不能只顾经济增长"竭泽而渔"而祸害子孙，也不能只顾保护环境"缘木求鱼"而原地踏步。但是，30 多年的经济增长实践又残酷地表明，生态环境损害必须止步。因此，需要尽快形成生态环境保护管理体制，探索允许生态环境保护有限度地影响经济增长乃至促进经济增长的新管理模式，建立与之相适应的新管理体制，提高生态环境保护在国民经济社会发展中的重要性和约束力，同时提升环保部门在政府组成机构中的地位和监管执法的权威性。

2. 强化红线约束

（1）划定红线。2014 年 1 月，中国环境保护部印发了《国家生态保护红线——生态功能基线划定技术指南（试行）》。接下来，需要在国家层面统筹协调，由环保部牵头，联合林业、水利、国土资源、海洋、农业、发改委等相关职能部门，在各级地方政府和环保机构的密切配合下，讨论纳入"生态红线家族"的指标体系，按照分清轻重缓急的原则，结合地方经济发展和环境保护实际情况，从特定地理区域、自然资源使用上限和污染物排放总量上限三个方面选定红线指标，划定系列生态红线。划定红线，难免会引发环境保护与地方发展的矛盾，引发部门之间的权责利划分的矛盾。总的原则是，地方经济发展短期利益给国家环境保护长期利益让路，对后者造成的局部经济损失适当予以补偿，与生态红线相冲突的发展规划则相应作出修改，同时按照"谁保护、谁受益""谁贡献大、谁得益多"的原则，逐步建立生态补偿机制；环保、林业、水利、海洋、农业、国土等职能部门协同配合，坚持系统、科学、效率的原则，统筹划设

生态红线，避免各自为政、划定的红线相互之间交叉打架。

（2）严格执行红线。生态红线划定以后，严格执行红线就成为关键。为保障生态红线得以落实，成为地方政府、单位和个人不该触碰的“高压线”，就需要尽快制定相关法律法规、配套政策和管理办法，建立严格的保障制度，同时构建监测网点、分级管理的长效监管机制。逐步实行最严格的源头保护、损害赔偿和责任追究制度，坚决以法治手段、刚性约束守护好青山绿水，守住生态保护红线。

（3）适时动态调整红线。生态红线的划定不能一蹴而就，不是一成不变的，需要适时作出动态调整，调整周期可以为3～5年。由于各种现实矛盾的存在，在目前不具备划定红线条件的地区，可以适当迟延到条件更成熟时再划定；对目前尚不急迫的红线指标，可以推延到下一周期再划定；在有条件的地区，可是先行试点划定污染物排放上限的红线，其他地区再适时划线；随着环境保护与破坏的动态演变，需要纳入保护范围的地区将在新周期内列入红线保护范围。

3. 完善治理格局

（1）完善机构设置。改革人权、财权属地管理体制，将人权、财权、事权统一实施垂直管理。在3～5年内在全国范围内，逐步推行省（直辖市）环保厅—市（县、区）环保局—乡镇环保分局（环保所）垂直管理体系，先将人权、财权、事权统一到环保厅层级，在省（直辖市）范围内增强环保执法的独立性，提高生态保护效能，在人权、财权方面仍然由省（直辖市）领导和掌握，省（直辖市）一把手同时肩负经济增长和环境保护责任，把握两者关系之间的“度”，在业务方面仍然接受环保部领导。在省（直辖市）环保机构垂直管理体制建成后3～5年内，根据经济增长与环境保护关系处理实践与效果，评估该体制的合适度。如果生态环境持续恶化，则表明环境监管执法的独立性和力度还需要进一步加强。到2020年前后，应该考虑构建环保部—省（直辖市）环保厅—市（县、区）环保局—乡镇环保分局（环保所）的垂直管理体系，为全国经济增长设置强有力的绿色“阀门”，遏止生态环境恶化势头，确保生态环境逐步得到改善。为此，需要在广大农林地区，在乡镇层级因地制宜地设立环保分局（所）、环境监察大队（中队）等机构，强化农林地区土壤、水、生态环境保护力量。

另外，环保部门是与其他部门存在职能交叉较多的部门，与发改委、工业、农业、林业、水利、科技、国土、海洋、交通、航空、国防、安全等多数机构存在职能交叉。国家需要逐步厘清环保部门与这些部门之间的职能交叉领域，相对提高环保部门在政府机构组成中的地位，更加重视生态环境保护问题，赋予环保部门更大的职权和主导权，遵循有利于提高生态环境保护效率和效能的原则在部门之间配置职权。例如，可以将温室气体排放监测监管、气候变化应对、促进环境产业和环境技术发展等职能和职权划入环保部管辖范畴；在农业、林业、水利、海洋、国土资源开发等领域赋予环保部门更大的生态环境保护管理干预权力，以便环保部门在各类资源开发利用的源头防止发生生态环境破坏。可以考虑适时将水利、海洋、林业、气象等职能部门并入环保机构，整合生态环境保护力量，提高生态环境保护效能。

（2）健全生态环境保护法律法规体系。法律、法规和环境标准是环境执法的依据。为适应党的十八届三中全会作出全面深化改革决定的新形势，适应改革生态环境保护管理体制的需要，有必要全面检视现行环境相关法律法规标准体系，对诸如土壤污染、地下偷排等过去监管薄弱领域需加快环境立法，对《环境保护法》等法律法规中不适用、不合理的条款加以重新修订，对操作执行困难的法律规定加以进一步细化，对滞后甚至空白的环境标准加以完善和制定。

（3）加强生态环境监督管理。一要强化内部教育、监督、纪检、激励和约束机制，增强环保干部和工作人员忠于职守的敬业精神和为人民服务的公仆意识。教育广大干部队伍增强环保意识，淡化创收意识，宁可减少排污费收入，也要从源头防治污染排放。加强内部监督和纪检工作，坚决严肃查处以权谋私、勒索要挟监管对象等违纪违法行为。二要添置必要的环境监测仪器设备，招录一批专业素质高、政治素质过硬的青年环保人才，充实环保基层组织，对现有环保人员加强政治思想教育和业务培训，打造一支政治过硬、作风过硬、业务过硬、纪律过硬的环保队伍。三要建立起信访、网络、邮件、“12369”热线、领导信箱等多种举报投诉渠道，简化举报投诉程序，方便企业和社会公众对环保执法人员的贪污勒索行为

和对工矿企业的偷排行为进行举报投诉，提高反“贪”、反“污”的威慑力和受理效率。

4. 构建区域协调机制和问责机制

环境问题超越行政管辖界线，江河流域、省与省之间、市与市之间乃至乡镇之间都存在彼此关联，需要协同应对和解决环境问题。也就是说，区域间生态环境保护协调是行政区划管理体制下普遍存在的问题。目前，区域间环保协调机制更多的是针对出现重大环境问题、环境事故或者环境纠纷进行应对和解决的临时协调机制，在这些问题、事故或纠纷解决后，协调小组或机制便被解散或解除，本质上属于“事后”协调，而且大多属于临时应对机制，没有建立长效规范的协调模式。应该说，这种临时应对协调模式有成功经验，也取得了短期效果，但在协调机制被解除后问题很容易反弹。与经济领域区域间便于分割不同，生态环境具有整体性、系统性、关联性，决定了区域间环境协调需要建立长效机制。在省（直辖市）层级，可以由环保部根据地缘、江河流域等基本环境状态，设立省际环境协调小组，组长可由分管副部长，或者由环保部环境监察局负责人，或者由环保部下属督查中心负责人，或者指定某省环保厅负责人为协调小组组长，相关省（直辖市）环保厅负责人为小组成员。区域间环境协调小组可以定期或不定期就省际、市县际等各自区域内的环境发展规划、地方环境法规和标准、环境预警预防措施、环境监测监察情况和经验、环境突发事故应对、环境联防联治、环境信息共享等环境相关问题进行交流，做好基础预防工作，从源头根绝严重的环境问题、事故和纠纷出现，变目前的“事后协调”机制为“事前协调”机制，这样更有利于堵塞污染边际产业从政治经济优势地区向政治经济弱势地区转移，防止污染在国内不同地区之间渗透，形成联防联控环保合力，提高区域间生态环境保护管理整体效能，也大大降低环境治理成本，保护生态环境容量。

为保障区域协调机制顺利运转，还需要逐步建立环境权益配置机制。一是要建立污染者治理机制。不仅要敦促污染单位内部防治污染排放，而且要探索建立由其承担因其损害的环境治理修复费用和人身财产损害赔偿费用。二是要建立生态补偿机制。在流域范围内，在区域之间探索建立生态补偿机制，谁保护、谁治理，谁就是受益方；谁排放、谁污染，谁就是补偿方。生态补偿机制与区域协调机制相互衔接，协力促进流域、区域等跨界生态环境保护难题的解决。三是要建立效率促进机制。提高环境保护效率，需要创新管理制度，创新生态保护激励机制。各个地方和部门可以因地制宜地创新管理制度和激励机制，促进生态环境保护效率提升。

部门协调、地区协调之所以困难，原因在于缺乏追责。任何环境污染和生态破坏，必然"事出有因"。上游污染下游，企业污染大气，环保监察不力，破坏自然生态，其责任皆可追溯。大而化之、地区保护、乱用权力、执法缺位、有恶不办，是生态环境保护体制效率缺乏的根源所在。只要追责，严格问责，预警预防、监测监察、突发事故应对、环境联防联治、环境信息共享等机制，就会自然而然建立并运转。

所谓责任追究，说到底，涉及的是利益问题。企业污染治理或赔偿的支出超过其收益，企业自然会改进技术或停产。生态服务的受益者，当然也要支付生态保护的成本，没有"免费的午餐"。只要问责、追责，政府就绝对不需要去强令"关停并转"，市场机制就会提供解决方案，而且是高效的、可持续的方案。

5. 建立自然资产负债平衡制度

逐步在全国范围内建立自然资源资产负债表，将生态环境资源、污染状况、治理状况等环境基础信息都纳入环境资源资产负债表，便于掌握全国生态环境保护重点、环境污染动态、环境治理动向，摸清全国环境家底。环境资源资产负债表内容相对较多，可以由易到难，由简到繁，由粗到细，由重点到全面，由试点地区到全国范围，逐步建立健全环境资源资产负债表管理制度。在试点地区选择方面，可以在东部、中部、东北部、西北部、西南部等地区综合考虑自然资源拥有状况、经济发展状况、污染排放和治理状况、示范效应以及生态红线试点等因素选择适合的试点省份。例如，在东北地区可以考虑选择排污费较高的辽宁省，在东部经济发达地区可以考虑选择环境资源丰富和排污费征收额较多的广东、浙江和江苏三省，在中部地区可以考虑选择河南和江西两省，在西北地区可以考虑选择陕西省，在西南地区可以考虑四川和贵州两省。同时，组织环境领域的专家队伍设计和编制环境资源资产负债表，统计、测算试点地区的环境资源、环境容量、污染累积排放、污染治理修复进展等环境资源资产负债

表基本构成项目内容，充分掌握基础数据，在明确本地区环境资源和环境负债的基础上，向政府部门和环保部门提出环境保护、治理、修复重点领域和措施，环境产业发展和环境技术需求以及环境专项投资等生态环境保护政策建议。在自然资源资产负债平衡制度实施以后，再将自然资源资产变动状况纳入领导责任考核体系，作为领导年终政绩考核和离任责任审计的重要指标，使增加环境资源资产成为各级各地政府执政的内生动力。

切实加强和改善党对全面深化改革的领导

邓纯东　陈志刚*

改革开放是党在新的历史条件下领导人民进行的新的伟大革命，是决定当代中国命运的关键抉择。加强和改善党对全面深化改革的领导，是全面深化改革取得成功的根本保证。30 多年来，党领导全面深化改革积累了丰富的经验，也存在一些需要加强和改善的地方。

一　党领导全面深化改革的成功经验

党的十一届三中全会揭开了改革开放的序幕，从此中国进入了改革开放的新时期。30 多年来，党领导人民进行了改革开放的伟大实践，中国大地上发生了翻天覆地的变化，取得了举世瞩目的成就，也积累了许多宝贵的经验。

1. 坚持解放思想、实事求是，始终把握改革的正确方向

全面深化改革，涉及经济体制、政治体制、文化体制、社会体制、生态文明体制和党的建设制度改革，其广泛性、深刻性前所未有。而且，由

---

* 邓纯东，中国社会科学院马克思主义研究院党委书记、院长；陈志刚，中国社会科学院马克思主义研究院研究员，党建室主任。

于国内国际形势复杂，推进改革的敏感程度、复杂程度前所未有。在这种情况下，如何确保改革沿着有利于党和人民事业发展的方向前进，是我们党在领导和推进改革的过程中必须解决的重大课题。回顾30多年来的改革历程，改革之所以能够顺利推进并取得历史性成就，根本原因在于我们党在坚持解放思想的同时，始终坚持科学社会主义的基本原则，坚持改革的社会主义方向。方向问题至关重要。坚持什么样的改革方向，决定着改革的性质和最终成败。在改革开放之初，邓小平就明确指出，改革的性质是社会主义制度的自我完善和发展。30多年来，党在全面深化改革的伟大实践中，创造性地探索和回答了什么是马克思主义、怎样对待马克思主义，什么是社会主义、怎样建设社会主义，建设什么样的党、怎样建设党，实现什么样的发展、怎样发展等重大理论和实际问题，始终坚持和完善人民代表大会制度这一根本政治制度，坚持和完善中国共产党领导的多党合作和政治协商制度、民族区域自治制度以及基层群众自治制度等基本政治制度，坚持公有制为主体、多种所有制经济共同发展的基本经济制度，既不走封闭僵化的老路，也不走改旗易帜的邪路，排除各种干扰，确保改革不变质、不走样，成功应对了种种风险和考验，取得了举世瞩目的伟大成就，揭开了中华民族伟大复兴的光明前景。

2. 把握全面深化改革的领导权、主导权，作出总体部署

改革开放始终是在党的领导和主导下进行的。30多年来，全面深化改革的具体规划和具体部署，无论是联产承包责任制改革、物价体制改革、国企体制改革、财税体制改革、产权体制改革等，还是行政审批制度改革、国家机构改革、干部人事制度改革、文化体制改革、社会体制改革，都是由党主导的，具体内容也是由党设计的。虽然国内国际一些力量试图左右改革，要求改革回到封闭僵化的老路上去，或者走改旗易帜的邪路，但党始终把握深化改革的领导权和主导权，坚持以“一个中心、两个基本点”为主要内容的社会主义初级阶段基本路线，不为困难风险所惧，不为杂声噪声所扰，不为传闻谣言所惑，确保改革有序推进。

3. 全面提高党的建设科学化水平，确保党成为领导改革开放的坚强领导核心

30多年来，我们党清醒认识、准确把握党所处的历史方位和肩负的历史使命，高度重视党的自身建设，坚持以改革创新精神推进党的建设新的伟大工程。邓小平在改革开放之初就赞同陈云的看法："执政党的党风问题是有关党的生死存亡的问题。"他告诫全党："中国要出问题，还是出在共产党内部。""对这个问题要清醒。"[①] 党的十三届四中全会以后，江泽民同志提出了"治国必先治党，治党务必从严"[②] 的思想。党的十六大以后，胡锦涛同志根据世情国情党情的新变化和面临的新挑战，提出了"提高党的建设科学化水平"[③] 的新命题和新要求。党的十八大报告又推进了一步，要求"全面提高党的建设科学化水平"[④]。30 多年来，我们党立足于世情、国情、党情，冷静观察和把握时代特征、环境变化及其发展趋势，把探索解决什么是社会主义、怎样建设社会主义，实现什么发展、怎样发展与建设什么样的党、怎样建设党联系起来，使党的建设同党肩负的历史使命要求相一致，并随着实践创新和理论创新成果的不断丰富发展为党的建设总目标不断注入新内容，使新的伟大工程与新的伟大事业紧密联系、相得益彰，在党的十八大报告中提出了"建设学习型、服务型、创新型的马克思主义执政党"[⑤] 的新目标。在党的自身建设上，党的认识不断深化发展，根据形势的发展先后明确提出了加强党的制度建设、反腐倡廉建设、执政能力建设、先进性建设、纯洁性建设的新课题和新任务，从而形成了以党的执政能力建设、先进性建设和纯洁性建设为主线，以党的思想建设、组织建设、作风建设、反腐倡廉建设、制度建设为内容的党的建设新布局。改革开放以来，我们党坚持不懈地加强党的自身建设，思想理论建设成效显著，党内民主不断扩大，党内生活准则和制度不断健全，党的各级组织不断加强，干部队伍和人才队伍朝气蓬勃，党的作风建设全

① 《邓小平文选》第 2 卷，人民出版社，1994，第 358、380 页。

② 《江泽民文选》第 3 卷，人民出版社，2006，第 177 页。

③ 《中共中央关于加强和改进新形势下党的建设若干重大问题的决定》，人民出版社，2009，第 10 页。

④ 胡锦涛：《坚定不移沿着中国特色社会主义道路前进　为全面建成小康社会而奋斗——在中国共产党第十八次全国代表大会上的报告》，人民出版社，2012，第 49 页。

⑤ 胡锦涛：《坚定不移沿着中国特色社会主义道路前进　为全面建成小康社会而奋斗——在中国共产党第十八次全国代表大会上的报告》，人民出版社，2012，第 50 页。

面加强，党内法规更加完善，反腐倡廉建设深入推进，党的领导水平和执政水平、拒腐防变和抵御风险的能力明显提高，党领导改革开放和社会主义现代化建设的能力显著提高，在增强党的阶级基础的同时扩大党的群众基础，从而经受住了长期执政的考验、改革开放的考验、发展社会主义市场经济的考验，成为全面深化改革和中国特色社会主义事业的坚强领导核心。

4. 坚持渐进改革的策略，正确处理改革、发展和稳定的关系，确保改革的顺利推进和稳步前进

全面深化改革是一个复杂的系统工程。30 多年来，我们党既大力推进改革发展，又正确处理改革发展稳定的关系，坚持改革是动力、发展是目的、稳定是前提，把不断改善人民生活作为处理改革发展稳定关系的重要结合点，在社会稳定中推进改革发展，通过改革发展促进社会稳定，在当今世界发生广泛而深刻的变化、当代中国发生广泛而深刻的变革的大环境下，始终保持社会大局稳定。在改革的过程中，我们党并没有采取苏东国家的“休克疗法”，而是在强调大胆探索、勇于创新的同时，坚持改革既要总揽全局、突出重点，又要“摸着石头过河”，先易后难、循序渐进，在实践中积累经验，不断提高改革决策的科学性、增强改革措施的协调性，推进经济体制、政治体制、文化体制、社会体制以及其他各个方面体制的改革相协调，使改革获得广泛而深厚的群众基础。每项重要改革方案的制订和实施，都充分考虑国家财政、企业和群众的承受能力，把握出台的时机、节奏和力度，并根据实施过程中出现的新情况、新问题，及时加以调整和完善。对于重大改革措施，坚持先行试点，取得经验后再逐步推开，努力保持经济稳定增长、社会稳定有序。改革开放的伟大成就充分证明，我们党所采取的渐进改革方针是成功的。

5. 加强和改善党的领导方式和执政方式，确保党对改革的领导科学、规范、有效

党的领导方式和执政方式是否科学，极大地影响着党的执政能力，决定着党的执政成效。十一届三中全会以后，我们党认真总结了新中国成立以来的经验教训，明确提出必须改革和完善党的领导方式和执政方式，以解决党政不分、以党代政的问题。邓小平指出，党和国家领导制度的主要弊端是官僚主义、权力过分集中、家长制作风、干部领导职务终身制和形形色色的特权现象，对这些弊端必须"进行有计划、有步骤而又坚决彻底的改革"[①]。党的十二大党章明确规定，党的领导主要是政治、思想和组织的领导，党必须在宪法和法律规定的范围内活动。党必须保证国家的立法、司法、行政机关，经济、文化组织和人民团体积极主动地独立负责地协调一致地工作。党的十三大以后，逐步开始了从党政职能分开的角度探讨党的领导方式和执政方式的改革问题。党的十三届四中全会以后，江泽民同志明确提出："现在历史条件变了，社会环境变了，党肩负的任务变了，因此党的建设和党的领导的方式、方法，也必须相应地加以改变或改进。"[②] 党的十五大在阐述依法治国基本方略的时候，提出了"总揽全局、协调各方"[③] 的新思想，明确规定了改革和完善党的领导方式、执政方式所必须遵循的基本原则、基本要求。2001 年 9 月召开的党的十五届六中全会，对这一基本原则作出了进一步的阐述，第一次明确地把"总揽全局、协调各方"提到中央和地方各级党委在同级各种组织中发挥核心领导作用的"基本原则"的高度。十六大以后，我们党围绕着改革和完善党的领导方式和执政方式，加强对权力的监督和制约，进行了新的实践和探索。党的十六大又进一步把"总揽全局、协调各方"提升为中央和地方各级党委在处理与人大、政府、政协以及人民团体和其他各种组织之间相互关系的过程中正确执行民主集中制的基本要求。党的十六届四中全会从加强党的执政能力建设的总体要求出发，提出了改革和完善党的领导方式的各项任务，要求把提高党的执政能力与体制建设、机制建设和制度建设密切联系起来，要"以改革和完善党的领导体制和工作机制为重点"[④]。在总结半个多世纪党执政的主要经验时，十六届四中全会还明确强调"必须坚持科学执政、民主执政、依法执政，不断完善党的领导方

① 《邓小平文选》第 2 卷，人民出版社，1994，第 333 页。

② 中共中央文献研究室编《十三大以来重要文献选编》（下卷），人民出版社，1993，第 2083 页。

③ 中共中央文献研究室编《十五大以来重要文献选编》（下卷），人民出版社，2003，第 2008 页。

④ 中共中央文献研究室编《十六大以来重要文献选编》（中卷），中央文献出版社，2006，第 275 页。

式和执政方式”①。党的十八届三中全会进一步提出了“推进国家治理体系和治理能力现代化”的重要目标，对改革和完善党的领导方式和执政方式提出了新要求。改革开放30多年来，党不断适应形势发展的需要，不断改进党的领导方式和执政方式，不断推进政治体制改革，既借鉴人类政治文明的有益成果，又绝不照搬西方政治模式，极大地推进了中国特色社会主义政治的发展。通过正确处理党委和政府、人大、政协、人民团体的关系，坚持党的领导、人民当家作主和依法治国有机统一，支持和保证人民通过人民代表大会行使国家权力，健全社会主义协商民主制度，完善基层民主制度，既充分调动了广大人民的积极性，确保了人民当家作主的实现，又保证了党领导人民有效治理国家，为全面深化改革提供了政治保证。

6. 尊重人民主体地位，发挥群众首创精神，紧紧依靠人民推动改革

人民群众是党的力量源泉和胜利之本。改革开放是人民的要求和党的主张的内在统一，是亿万人民自己的事业。我们党坚持一切为了群众、一切依靠群众，从群众中来，到群众中去，最广泛地调动人民群众的积极性、主动性、创造性，从人民中汲取智慧，紧紧依靠人民推动全面改革，坚持问政于民、问需于民、问计于民，既通过提出和贯彻正确的理论和路线方针政策带领人民前进，又从人民的实践创造和发展要求中获得前进动力。在改革开放之初，邓小平提出了“三个有利于”的判断标准：“应该主要看是否有利于发展社会主义社会的生产力，是否有利于增强社会主义国家的综合国力，是否有利于提高人民的生活水平。”② 江泽民同志进一步提出了“立党为公、执政为民”③ 的思想。党的十六大以后，胡锦涛同志更是明确提出“以人为本”的思想，要求坚持发展为了人民、发展依靠人民、发展成果由人民共享，不断实现好、维护好、发展好最广大人民的根本利益④。十八大后，党中央还积极开展了以为民、务实、清廉为主

① 中共中央文献研究室编《十六大以来重要文献选编》（中卷），中央文献出版社，2006，第381页。

② 《邓小平文选》第3卷，人民出版社，1993，第372页。

③ 中共中央文献研究室编《十五大以来重要文献选编》（下卷），中央文献出版社，2003，第2011页。

④ 中共中央文献研究室编《十六大以来重要文献选编》（中卷），中央文献出版社，2006，第1091页。

要内容的党的群众路线教育实践活动。改革开放以来的实践也一再证明，正是基层和群众的探索实践、创新创造，推动着改革车轮滚滚前行。从“大包干”到股份制，从农业规模经营到混合所有制经济发展，一个个来自基层和群众的新招、实招、硬招，破解了改革发展方面的许多难题。

改革开放是一项伟大的事业，党领导全面深化改革的成功经验是弥足珍贵的，必须坚定不移地坚持，并在新的实践中加以丰富发展。

二　完善党对全面深化改革的领导需要进一步高度重视和正确处理的几个问题

当前，我国改革已经进入攻坚期和深水区，为了确保全面深化改革取得成功，党的十八届三中全会作出了系统部署。为了加强和改善党对全面深化改革的领导，有几个重要问题需要高度重视和正确处理。

1. 坚持和完善中国特色社会主义制度，始终坚持改革的社会主义方向

经济基础决定上层建筑。在私有制的基础上只能建立资产阶级专政的国家，而不可能建立代表多数无产阶级利益的社会主义国家。而社会主义国家只能建立在公有制的基础之上，作为无产阶级政党的共产党其政权也只有建立在公有制的基础之上。因此，保持公有制的主体地位，这是巩固党在全面深化改革中的领导地位的制度前提。邓小平曾指出：“一个公有制占主体，一个共同富裕，这是我们所必须坚持的社会主义的根本原则。我们就是要坚决执行和实现这些社会主义的原则。”① 在社会主义初级阶段，我们不能实行纯粹的公有制，而只能实行公有制为主体、按劳分配为主体的基本经济制度。动摇了这个基本经济制度，就动摇了党的执政根基，党就不能算是无产阶级政党、马克思主义政党，改革就会走上邪路。只有坚持以公有制为主体，公有资本控制着国民经济的命脉，发挥着主导作用，才能形成具有最广泛群众基础的共同利益和共同理想。

公有制的主体地位并不是体现在数量上的绝对优势，而是体现在质量和对国民经济的控制力上。但是，关于如何理解这个“控制力”，长期以来争论不休。学者们认为，公有制的主体和控制力主要指公有资产占主

① 《邓小平文选》第3卷，人民出版社，1993，第111页。

体，但是对此有三种不同的理解：第一，公有资产占社会资产总量的50%以上；第二，公有资产在各种所有制资产结构中占优势地位，其他各种所有制资产所占的比重都低于公有制资产；第三，公有资产占国民经济命脉的重要部门资产的优势地位。

对这些问题不从理论上说清楚、说透彻，中国特色社会主义理论就没有说服力，就不能理直气壮地说中国在坚持和发展社会主义，中国特色社会主义就会成为一个“筐”，什么都可以往里装，就可能被人诟病为“中国特色资本主义”。这个问题不说清楚，坚持和完善中国特色社会主义就会成为一句空话。

“全面深化改革的总目标是完善和发展中国特色社会主义制度，推进国家治理体系和治理能力现代化。”[①] 要推进国家治理体系和治理能力现代化，就必须始终坚持和完善中国特色社会主义制度，绝不能照搬西方制度。要坚持和完善人民代表大会制度，坚持中国共产党领导的多党合作和政治协商制度，绝不能照搬西方的两党制或多党制；坚持党对军队的绝对领导，绝不能搞西方所鼓吹的军队国家化；坚持依法治国、依法执政，但绝不能搞一些别有用心的人所鼓吹的照搬西方政治制度的宪政。全面深化改革是为了党和人民事业更好地发展，是为了完善和发展社会主义，不是为改革而改革，不是为了赢得某些人的掌声、迎合某些人的诉求。必须始终保持清醒头脑，不为各种错误观点所左右，不为各种干扰所困惑，不生搬硬套西方的思想理论和制度模式，坚持一切从实际出发，以我为主，该改的坚决改，不能改的坚决守住，牢牢把握改革的领导权和主动权，始终坚持改革的社会主义方向。

2. 加强制度的顶层设计，使各项具体制度明细化，推进各项重大决策的科学化、民主化、规范化，确保党对全面深化改革的决策的制定科学、落实有力

在中国这样一个人口众多、生产力落后、具有悠久文明的国家进行社会主义建设和改革，是一项前无古人、充满挑战的全新事业，必须在不断

---

① 《中共中央关于全面深化改革若干重大问题的决定》，《人民日报》2013年11月16日，第1~3版。

实践、不断探索中推进。“摸着石头过河”，这是富有中国特色、符合中国国情的改革方法。实践证明，中国的渐进式改革，避免了因为情况不明、举措不当而引起的社会动荡，是卓有成效的。“摸着石头过河”，体现了马克思主义认识论，不仅在改革开放初期需要“摸着石头过河”，在当前和今后进行全面深化改革的过程中也仍然需要“摸着石头过河”。同时，我们也要清醒地认识到，改革是一个系统工程，经济体制、政治体制、文化体制、社会体制和生态体制密切相关。“不谋全局者，不足以谋一域。”一些地方在实践中存在“头痛医头、脚痛医脚”的现象，没有从整体上、全局上对体制、机制、制度进行统筹设计，致使在具体的制度和体制上存在冲突、矛盾和不协调、不严密的地方。例如，明明知道不顾及群众合理利益的强拆会引起老百姓的不满，可还是会不断出现强拆。这就是因为我们的制度设计存在问题，干部政绩评估、公共财政等制度上存在不合理，才会导致这种不合理的现象。又如，我们出台了一系列调控房价的措施，但最终各地在落实中却大多成了“空调”。其中一个很重要的原因在于，房地产已经成为全国许多地方财政收入的主要来源。所以，不改变经济增长结构，不改革财税体制，不改变分配体制，还有不建立以保障性住房为主的住房保障体系，房价就难以实现有效的调控，“住房难”的问题就难以解决。再如，对于生态环境问题，虽然2003年就提出要实践科学发展观，但这几年来很多地方生态环境仍在继续恶化。其原因不仅有生态管理体制不健全的问题，还有经济体制、政治体制、社会体制、干部考核机制以及文化观念的问题。另外，当前之所以众多人对教育体制改革、医疗体制改革、住房保障体制改革十分不满，就在于涉及教育、医疗、住房管理部门在改革中也已经在一定意义上成为利益集团，它们比较多的是从维护部门利益的角度来推进改革，而忽视了处于社会底层的广大民众的利益。

当前，我国改革处于深水区和攻坚期，仅仅“摸着石头过河”是不够的。中国犹如一艘巨大的轮船，为了确保航行的安全，就必须在深入调查研究的基础上提出科学的顶层设计，更加注重改革的系统性、整体性、协同性，对经济体制、政治体制、文化体制、社会体制和生态体制等作出统筹设计，加强对各项改革关联性的研判，努力做到全局和局部相互配

套、治本和治标相互结合、渐进和突破相互促进。要明确提出改革的总体方案、路线图、时间表。推进局部的阶段性改革开放要在加强顶层设计的前提下进行，加强顶层设计要在推进阶段性改革开放的基础上来谋划。推进制度创新，要鼓励大胆探索、勇于开拓，允许“摸着石头过河”，也要在实践调查的基础上，加强顶层设计，要理顺制度各个部分之间的逻辑关系，注重制度体系结构的完整性和各个部分之间的功能耦合，做到各个部分之间相互衔接、相互补充，从而形成社会发展的合力，充分发挥中国特色社会主义制度的优势。必须从纷繁复杂的事物表象中把准改革的脉搏，把握全面深化改革的内在规律，特别是要把握全面深化改革的重大关系，处理好解放思想和实事求是的关系、整体推进和重点突破的关系、顶层设计和“摸着石头过河”的关系、“胆子要大”和“步子要稳”的关系、改革发展稳定的关系，坚持全局和局部相互配套、治本和治标相互结合、渐进和突破相互促进。在加强制度的顶层设计的过程中，特别是对于涉及民生利益的重大体制改革决定，要防止部门立法的弊端，要坚持制度出台的科学性和民主性，在科学研究的基础上充分征询广大民众的意见。在推进各项改革的进程中，党还要加强督察、落实，坚决反对“上有政策，下有对策”的做法，坚决维护党的政治纪律。

在顶层设计中，特别需要进一步理顺政府与市场的关系，切实转变政府职能，推进行政审批制度改革。当前，我国社会主义市场经济体制已经初步建立，但是政府与市场的关系并没有完全理顺，特别是政府对市场不当干预过多与监管不到位并存，价格扭曲、行业垄断、权力腐败等问题依然突出，市场在资源配置中的决定性作用受到诸多制约。从被揭发出来的一些案件看，很多钱权交易的腐败行为，都发生在领导干部直接插手微观经济行为的过程之中。如何正确处理政府与市场的关系，既是推进经济体制改革的重大课题，也是推进政治体制改革的重大课题。而在教育、医疗、住房等公益事业领域，政府没有承担起应有的责任，实行了过度的产业化政策，以至于出现了“上学难”“看病难”“住房难”的问题。

继续推进改革，要对市场在资源配置中的决定作用的范围作出明确的界定和限定。不能把市场配置资源理解为资源私有化，也不能理解为在一切领域中都由市场来配置资源。必须始终维护公有制的主体地位，坚持国家对国土资源的绝对控制。在教育、医疗、住房、社会文化等公益事业领域中，也不能完全由市场进行配置，政府应该自觉地承担起提供公共产品的主要责任，加强财政的投资，而不能完全依赖市场。必须区分资源的市场配置、处置和资源的国家所有、提供，这两者涉及不同的方面，并不是截然对立的，可以并行不悖、互相补充。

3. 切实坚持以社会主义核心价值体系引领社会思潮，坚持以马克思主义中国化的最新成果武装全党，统一群众的思想认识，确保党在意识形态领域的领导权

思想领导是党的领导的重要内容之一，但是思想教育的松懈却是改革开放以来一直存在的重大问题。1989 年邓小平在总结十年改革开放的经验时曾指出，我们党在改革开放以来“最大的失误是教育”①。虽然此后党中央在认识上注意到思想教育问题的重要性，并采取了一些举措，但在实际工作中，在强调效率优先、“GDP 挂帅”的前提下，精神文明建设并没有被放在与物质文明同等重要的地位。邓小平提出的坚持“两手抓、两手都要硬”的方针并没有落到实处。由于精神文明建设的弱化，市场经济所引导的金钱至上观念、等价交换观念泛滥，一些党员干部由此放弃了全心全意为人民服务的宗旨，放弃了人民利益第一的原则，放弃了艰苦奋斗、无私奉献的精神追求，以至于理想信仰缺失，整个社会风气也为利己主义、功利主义、极端个人主义所充斥，以至于道德失范、价值式微、诚信缺失、物欲横流、黄赌毒泛滥，封建迷信活动也沉渣泛起，坑蒙拐骗、尔虞我诈的现象屡见不鲜，食品安全、药品安全、生产安全已经成为危害全社会的重大问题。社会主义荣辱观所倡导的最基本的道德准则，反映的正是一些干部群众失去道德底线的严峻形势。而且，在全面开放的形势下，一些学者、干部借口马克思主义的一些具体结论或个别论断与今天的现实不符，否定马克思主义的指导地位，宣扬西方的新自由主义思潮、社会民主主义思潮，鼓吹所谓的“普世价值观”，推销西方的政治制度。通过精巧的包装，一些充斥着西方新自由主义基调的政策也在一些领域中得以推行。在“不争论”方针的助长下，一些错误的思潮没有得到有力

① 《邓小平文选》第 3 卷，人民出版社，1993，第 306 页。

的驳斥，以至于一些党员干部思想混乱，弄不清中国特色社会主义与新自由主义、社会民主主义的本质区别，对马克思主义缺乏坚定的信仰，对中国特色社会主义缺乏道路自信、理论自信、制度自信。

社会主义是人类文明前进的方向。宣传社会主义核心价值，应该理直气壮。必须毫不动摇地坚持马克思主义的指导思想，坚持用马克思主义中国化的最新成果武装全党，引导和统一多元化的社会思潮。要加强中国特色社会主义意识形态建设，切实摒弃“以阶级斗争为纲”的思维模式，而需要从“执政党”的角度来确立意识形态工作理念，探索在新形势下进行意识形态工作的新方式。思想宣传工作，应以正面宣传为主，弘扬主旋律。要把科学的世界观、人生观、价值观的教育，法治观念的教育，党史国情的教育贯穿于小学、中学、大学教育之中。在坚持“百花齐放、百家争鸣”的前提下，对思想领域中的非马克思主义思潮、反马克思主义思潮进行批判和斗争，对少数别有用心的人妖魔化党的领袖的言论和行为进行坚决抵制和批判。要继续加强网络管理，坚持以马克思主义占领和引导网络阵地。只有确保党在意识形态领域的领导权，才能为全面深化改革提供强大的舆论支持和精神动力。

4. 切实增强自我净化、自我完善、自我革新、自我提高能力，确保党的凝聚力、战斗力、向心力

改革开放以来，我们党高度重视自身建设，取得了很大的成就，但也存在一些问题，主要是：一些干部领导科学发展的能力不强，一些基层党组织软弱涣散，少数党员干部理想信念动摇、宗旨意识淡薄，形式主义、官僚主义问题突出，奢侈浪费现象严重；一些领域消极腐败现象易发多发，反腐败斗争形势依然严峻。对于这些问题，党要高度重视，要以改革创新精神全面推进党的建设新的伟大工程，全面提高党的建设科学化水平。

一要抓好思想理论建设这个根本，坚持以中国特色社会主义理论体系武装全党，不断推进学习型党组织建设，深入开展党性教育。当前，世情国情党情的新形势使党的建设面临着新挑战，众多党员干部面临着本领不足的恐慌。为了切实应对党所面临的“四大危险”“四大考验”，必须切实加强学习，提升马克思主义理论素养和党性修养，提高党员干部应对国内国际各种复杂形势的能力。数据显示，2012 年我国 18 ~ 70 周岁国民图书阅读率为 54.9%，比 2011 年的 53.9% 上升了 1 个百分点；2012 年我国 18 ~ 70 周岁国民人均纸质图书的阅读量为 4.39 本，与 2011 年的 4.35 本相比基本持平。与世界上一些发达国家相比，我国的国民阅读水平更显落后。联合国教科文组织进行的一项调查显示，全世界每年阅读书籍数量排名第一的是犹太人，平均每人 1 年读书 64 本。而中国 13 亿人口，扣除教科书，平均每人 1 年读书 1 本都不到。许多党员干部在调查中反映，要么不喜欢学习，要么忙于工作而没有时间学习。一个不能学习的民族是没有希望的民族，也不可能为创新提供积淀。只有加强党员干部的学习培训，使学习制度化，建设“学习型政党”“学习型社会”才不会成为一句空话。

二要以密切党群关系为核心坚持不懈地推进作风建设。十八以来新一届党中央提出了“八项规定”，针对“四风”问题，围绕保持党的先进性和纯洁性，在全党深入开展了党的群众路线教育实践活动。我们必须清醒地认识到，群众路线教育实践活动有期限，但贯彻群众路线没有休止符，作风建设永远在路上。作风问题具有顽固性和反复性，形成优良作风不可能一劳永逸，克服不良作风也不可能一蹴而就。党的优良作风不是通过一场短期的“运动战”“歼灭战”就可以形成的。只有长期抓、经常抓，把他律变成自律，一时的、短暂的、易变的行为才能变成长期的、固定化的制度。建立健全改进作风的常态化制度，才能形成自觉践行群众路线的良好风尚，形成自觉抵制官僚主义、形式主义、享乐主义和奢靡之风的氛围。

三要积极发展党内民主，坚持和完善民主集中制。党内民主是党的生命。对于党员，过去强调得比较多的是党员的义务，而对党员的民主权利则谈得较少。要深入学习、遵守、维护党章，保障党员的主体地位，健全党员民主权利保障制度，落实党员知情权、参与权、选举权、监督权，对侵权现象及时加以查处。要正确处理党委会、全委会、党代会之间的关系，明确界定其权责，完善议事规程和决策程序。为了使党代会代表发挥出实体性民主作用，要探索推行县以上党代会代表常任制，扩大党代会代表的知情权、动议权、议决权、监督权、弹劾权，实行党代会代表提案

制、质询制和联系党员群众制度，切实推进党内民主实体化进程。推行市县级以上党的代表大会按年度召开的制度。健全各级党委主要负责人代表党组织向党代会报告工作并由党代会审议的制度。明确各级党的全委会和常委会作为党员代表大会执行机关的职责和权力，明确党委（党组）书记的权责。建立和健全全委会和常委会议事规则，明确重大事项的类别和标准，规范会前酝酿程序，完善民主议决制度。要区分委任制和选任制干部，完善干部考核评价机制。

四要以刮骨疗毒和壮士断腕的勇气切实推进反腐倡廉建设。腐败问题，是关系党的生死存亡的重大问题。不切实有效反对腐败，党和政府就不能得到广大人民群众的拥护，全面深化改革就不能健康顺利推进，就会面临亡党亡国的危险。为此，要着力完善反腐倡廉惩防体系建设。其一，加强诚信体系建设，制定和完善相应的法律、法规，将公务员的诚信伦理行为法制化，建立公务员诚信档案，规范公务员廉洁从政行为。实行国家工作人员家庭财产申报制度。其二，加强对权力的制约和监督，切实改变以前存在的“上级监督下级太远，同级监督同级太软，下级监督上级太难，组织监督时间太短，纪委监督为时太晚，群众监督太虚，舆论监督太弱”的现象。进一步探索一种在党的统一领导下的决策权、执行权和监督权既适当分离又互相协调的权力制衡与监督机制。要提升纪委的监督地位，提升省级以下纪委对同级党委进行监督的权力。《中共中央关于全面深化改革若干重大问题的决定》要求完善双重领导体制，赋予上级纪委对下级纪委书记的提名权，强化上级纪委对下级纪委的领导，加强对同级党委常委尤其是“一把手”的监督。要反对任何超越宪法和法律的特权，确保党依法执政、以宪执政。要充分发挥监督的综合效力，建立纪委、人大、政协、金融、审计、税务、司法、新闻各个部门共同参与、协调配合的监督体系。要把权力关进制度的笼子里，并把权力运行的程序和监督的安排明细化，做到权力行使到哪里，监督就跟进到哪里，让权力在阳光下运行。还要走群众路线，要切实完善选举制度、举报制度和利益激励机制，切实改变我国群众实名举报率较低的现象，保证人民群众能够监督并愿意监督政府。其三，加大腐败惩治力度。腐败现象与党的性质水火不相容，因此贪腐案件无大小。坚持有腐必反、有贪必肃，继续执行“既要抓老虎，又要拍苍蝇”的做法，继续狠抓“八项规定”，绝不允许歪风邪气蔓延。坚持对党风廉政问题常抓不懈，从根本上扭转不正之风，实现干部清正、政府清廉、政治清明。

五要加强和完善党内制度体系，加强制度的检查落实。虽然改革开放以来党内规章制度不断完善和发展，但是仍然存在一些问题。一方面是激励不足，在激励制度上没有建立完备的体系。另一方面是制度的可操作性差、督查不够、难以落实，存在实体性制度多、程序性制度不足，重制度制定、轻制度执行，制度执行的自由裁量空间过大，制度之间也存在不严密配套的问题。另外，领导干部法治意识不强，制度执行还存在成本大、代价高的问题。一些领导干部面对制度，不是竭力维护，而是千方百计逃避，寻找制度的漏洞，钻制度的空子。为此，要在清理现有制度的基础上，构建一个科学严密的制度体系，并狠抓制度的宣传、督察、执行。

5. 维护社会公平正义，进一步理顺公平与效率的关系，切实维护广大人民群众的根本利益

社会公正是社会主义的重要特征，也是社会主义相比于资本主义的一个最重大的优越性。公平正义是社会主义制度的首要价值，它应该成为社会主义的自觉追求、本质要求。放弃公平正义的追求，社会主义就不够格，就会丧失政权的合法性。社会主义社会只有自觉地以公平正义作为自己的首要价值，才能站在道义的制高点上，才能理直气壮地说自己搞的是社会主义，才能凝聚人心，才能坚定人们的社会主义信仰，才能迎接资本主义社会的挑战。否则，不践行公平正义，不在根本制度、政策上保证公平正义，就会动摇人们的社会主义信念，任何加强社会主义信念的教育都难以有成效，人们就很难拥护这种社会主义。所以，也可以说，公平正义是中国国家安全的制高点。

在改革开放之初为迅速打破平均主义吃“大锅饭”的低效率局面，“效率优先、兼顾公平”发挥了比较积极的作用。但是，由于对“发展是硬道理”存在片面理解，片面理解和执行“效率优先、兼顾公平”这一政策也带来了一些社会不公问题。比如，在分配问题上，虽然我们党一直强调要走共同富裕的道路，但在实践中城乡区域发展差距和居民收入分配差距扩大的问题还未得到有效解决。不仅如此，这种“效率优先、兼顾

公平”的理念还从经济领域泛滥到教育、医疗、住房等领域，致使“上学难”“看病难”“住房难”现象严重。党的十七大强调：“初次分配和再分配都要处理好效率和公平的关系，再分配更加注重公平。”① 但是，迄今为止，贫富差距扩大局面并没有得到有效缓解，基尼系数达到 0.473，依然超过 0.4 的警戒线，社会矛盾明显增多。社会不公问题长期不解决，必然危及党和国家的长治久安。

实现社会公正，首先要努力实现分配公平，要切实维护广大人民群众的根本利益，不断缩小差距，提高广大劳动人民的生活水平。分配公平不仅仅是一个经济层面的问题，而且是一个政治问题，它关系党的执政基础。中国共产党只有为大多数人谋幸福，走共同富裕的阳关道，才能占领道义上的制高点。其次要努力实现权利公平，使人民的各项权利得到保障，不断以党内民主带动人民民主，并旗帜鲜明地反对腐败。再次要努力实现机会公平，消除城乡差别，保障人民群众公平获得教育的机会、就业的机会、医疗保障的机会。当然，由于我国生产力发展水平还不高，我们的社会保障只能是比较低水平的。最后要完善社会主义的基本经济制度、民主制度、法律制度、司法体制机制、保障制度、财政制度，并使各项制度得到落实。

总之，要全面深化改革，就必须毫不动摇地坚持党的领导，要在深刻把握改革的内在规律、正确处理改革的重大关系的基础上，确保党的领导科学、有力、有效。

① 胡锦涛：《高举中国特色社会主义伟大旗帜　为夺取全面建设小康社会新胜利而奋斗——在中国共产党第十七次全国代表大会上的报告》，人民出版社，2007，第 39 页。

中国特色新型智库

刘佳骏*

一　智库的发展特征与现实要求

智库之所以不同于传统意义上的智囊群体，在于它深深地打上了现代社会的烙印，并且具有自己的一系列特点。这些特点使它有别于历史上的任何咨询机构，也决定了它存在的历史性、必要性和重要性，以及不可替代的社会功能。当今科学技术发展越来越完善，全球化进程不断加快，各国政府在决策时所涉及的内容越来越多，其范围也越来越广，因此智库在其中所发挥的作用也就愈加凸显。西方智库的发展历史相对较长，且无论是在规模、经验还是所涉及的领域，都已经相当成熟，这其中尤其以美国最为成功，如兰德公司、布鲁金斯学会以及斯坦福国际咨询研究所等。

1. 强调采取跨学科、跨部门的研究方式

作为现代社会发展需要的产物，智库广泛采用了跨学科、跨部门的研究方式，针对具体问题组织研究群体，进行自然科学、社会科学和人文科学的跨学科研究，力求从整体上尽可能深刻地认识自然现象和社会现象，使许多错综复杂的问题迎刃而解。智库这种跨学科、跨部门的研究方式，既是科学知识体系发展的内在逻辑，也是解决日益复杂的科学、经济和社

* 刘佳骏，中国社会科学院财经战略研究院。

会各种决策问题的客观需要。从智库的社会功能看，它所提供的决策研究和决策咨询结果应该具有科学性、可行性和可操作性，其获得决策研究、决策咨询结果的途径，也应该是科学有效的，并能够使研究咨询者事半功倍。正如马克思所说："不仅探讨的结果应当是合乎真理的，而且得出结果的途径也应当是合乎真理的。"①

2. 亟须制订周密和符合实际的研究计划

在当今世界，社会的发展变化加剧，各种棘手的问题不断涌现，客观上需要智库具有较强的适应性。具体而言，在决策研究和决策咨询方面要有"柔性"或伸延性。因此，国外著名的智库一般都拥有周密和符合实际的研究计划。以美国的斯坦福国际咨询研究所为例，该所的研究计划都是根据当时的社会需要制订的，即首先从工业界和社会上进行广泛的调查，在发现和确定主题以后才拟订，因此其研究计划总是具有很强的现实性。除此之外，为了保证信息的可靠性和准确性，这些智库都有各自的图书馆以及专门的情报信息网，同时政府也很重视给予智库以信息上的大力支持。

3. 需要运用新的研究方法和手段

智库的诞生和发展是以科学的方法为背景的，尤其是从当前的发展趋势看，用户对决策服务的要求日益提高，这就促使研究机构不得不运用新的研究方法和手段。过去的系统论、信息论、耗散结构论等方法正逐步升级到系统分析、预测技术、调查方法以及定性和定量分析法等。国外优秀的智库非常重视研究方法的不断改进和创新。以美国著名的兰德公司为例，该公司从创立之日起就不断地发展研究并逐步完善了一系列研究方法和预测技术，如"启发式规划""系统分析""成本效用分析""线性和非线性规划"等。他们研制的"计划、程序和预算编制系统"（PPBS）已被联邦政府广泛用于军事预算以及联邦政府预算的编制。

4. 采用多种形式的产品宣传和成果推广

西方智库都非常重视产品宣传及成果推广，原因在于研究成果的广泛传播，能够加强智库与学术界、新闻媒体、实业界和官方的联系，从而达

① 《马克思恩格斯全集》第1卷，人民出版社，1995，第112页。

到扩大智库的社会影响力以及提升智库声誉的目的。此外，它们进行产品宣传和成果推广的形式也是多种多样的。例如，美国的布鲁金斯学会除了向决策者提供产品外，还会通过国会听证会、政策评述、媒体采访、报纸社论以及互联网等方式将研究成果公布于众。而且该学会还组织一系列广泛的教育项目，其目的就是增进公众对那些有争议问题的理解，以便形成良好的互动机制。

二　中国智库的发展现状与问题

智库在现代社会中产生的影响巨大，当前国际学术界关于智库的研究主要以西方的智库作为研究对象，特别是美国智库，往往被学者定义为国际智库发展的典范。近年来，随着中国“智库热”的兴起，关于中国智库的研究也日益增多，但是，由于受到中国特殊的社会体制、法律法规和政策文化的影响，中国智库无论是在组织形式方面，还是在运营机制方面与西方的智库相比都还存在较大差距。自改革开放以来，面对社会主义市场经济竞争和社会发展进步的大潮，中国各个层面和领域对决策咨询都产生了巨大的需求，尤其是在推进决策科学化和民主化的进程中，直接促进了各具特色的智库在中国的蓬勃发展。然而，在看到我国智库不断发展的同时，我们更应该清醒地认识到，与美国这样的智库发达国家相比，我国智库的发展仍有着明显的差距。

1. 中国智库的发展历程

从总体上看，我国智库经历了从成立到初步发展的四个阶段。

第一个阶段（1949～1966年），体制内创立时期。在改革开放之前，出于特定的历史原因和体制约束，我国的政策性研究机构主要集中于体制内部。在新中国成立初期，百废待兴，当时的国家领导人已经认识到了科学技术对社会发展和国防建设的重要性，于1949年11月由政务院设立了参事室（我国官方智库的雏形）。在这一时期，我国政策研究机构的独立性相对较弱，由于受到当时国内国际政治经济环境的影响，学术研究与理论宣传必须服务于国家的基本政策方针与政治路线。当时智库内的科研人员通常被西方学者称为官方知识分子，他们对于国家的方针政策以及国际外交基本上没有话语权。虽然，他们其中也不乏掌握深厚理论知识与专业

素养的专家，但这些专家的研究成果始终逃脱不了党中央和政府的思想，很难进行开拓性研究。

第二个阶段（1967～1976年），停滞时期。“文化大革命”的十年浩劫使得我国智库的发展也停滞不前。在这一时期，除了一小部分受到特殊保护的专家和科研机构外，全国的学术研究活动都或多或少地受到了政治运动的干扰和冲击。

第三个阶段（1977～1991年），全面恢复时期。具有中国特色的智库稳步发展。1977年5月，原中国科学院哲学社会科学学部重组为中国社会科学院，随后各省份的社会科学院也相继成立，由此标志着中国以研究社会科学为主的专业性智库的全面崛起，从而也迎来了我国智库发展的“第一个活跃期”。例如，1981年国务院先后成立了4个研究中心，分别是国务院经济研究中心、国务院技术经济研究中心、国务院价格研究中心和国务院农村发展研究中心，1985年国务院经济研究中心、国务院技术经济研究中心和国务院价格研究中心又合并成为国务院发展研究中心。

第四个阶段（1992～2000年），初步繁荣时期。官方智库的政策咨询工作在社会上得到认可，业务量逐渐增加，研究质量也不断提高，从事的领域也在不断拓展，从而也迎来了我国智库发展的“第二个活跃期”。在这一时期，我国智库不再仅仅局限于关注国家方针政策的研究，而是进入多元化和多领域的发展阶段，其中既有学术研究、政策分析，也有企业咨询和商业规划等。与此同时，传统官方研究机构中的一部分优秀人士又抱着创建独立智库的热情，从国家政策研究部门走出来，“下海”组建了我国第一批民间智库。另外，在这一时期，随着国家分别启动创建世界一流大学的“211工程”和“985工程”，高校下属的智库机构也开始高速发展，国内一些重点高校还纷纷成立了众多政策研究和咨询机构，从海内外吸纳各种学科的人才，使得大学附属型智库也初具规模。

进入21世纪之后，随着我国国家经济实力的快速增长，为了适应日益激烈的国际战略竞争的需要，对智库所发挥的作用也越来越重视。尤其是近年来，国内外环境急剧变化、国民经济高速增长、社会深层次矛盾日益凸显，迫切需要智库这种专门从事政策研究的决策咨询机构为国家各项政策提供智力支持，其特殊的地位是不可替代的。

2. 中国智库的发展现状

从资金来源和机构归属上分，我国智库大致可以分为三类：第一类是政府部门下属的事业单位性质的研究机构，即官方智库，如国务院发展研究中心、中国社会科学院下属的专业研究所以及中国国际问题研究所等；第二类是大学附属的研究机构，如北京大学国家发展研究院（原中国经济研究中心）、清华大学国情研究中心等；第三类是民间注册企业的研究机构，即民间智库，如天则经济研究所、二十一世纪教育发展研究院和北京三略管理科学研究院等。如今中国智库的格局，就是“三分天下、官方独大”。

（1）官方智库：中国的“旋转门”。在上述三类智库中，当属官方研究机构参与政策建议的历史最悠久。以中国国际问题研究所为例，该所成立于1956年，是新中国第一所专门从事国际问题研究的机构，由当时的外交部第一副部长张闻天提议并主持设立。起初，研究人员是诸如孟用潜、陈翰笛、吴半农等这些革命时期的革命家、社会活动家、国际法专家以及翻译家等。他们的共同特点是，既具有从事外交或政治活动的经验，也具有较高的理论水平。

“近水楼台先得月”，这正是官方智库在政策研究上的真实写照。以中国国际问题研究所为例，该研究所直属中华人民共和国外交部，是中国从事国际问题综合性研究的重要机构。该研究所前身为创设于1956年的“中国科学院国际关系研究所”。从其多年运行经验来看，国际问题研究所的优势首先在于研究的政策性很强，这一点与外交部的思路正好契合，因此对中央决策的参考价值较大。此外，直接快捷地获取双边关系、多边关系、国内政局形势等方面的第一手材料，并从中捕捉到带有趋向性发展的消息，也是其优势所在。国际问题研究所除了研究外交政策以外，还承担着为外交部储备并输送干部的职能。所里的每个研究人员在工作一段时间后，必须到使领馆进行锻炼，一期是四年。这是因为，研究人员只有具备了外交工作的实际经验，才能够摆脱学院式的研究方法和学院式的知识结构，向有深度的政策分析研究方向发展。事实上，历任国际问题研究所的所长都是外交官出身。与此同时，在研究所和驻外期间表现突出的研究人员还有可能被任命为大使或公使，类似这样的例子不计其数。如此看

来，“旋转门”机制在中国并不是不存在，只是力度相对比较小，政府与研究机构之间的人才流动性也比较差。比如外交部只从其下属的事业单位吸纳和招募人才，显然，这一做法并没有向高校甚至是社会上的研究机构开放。

（2）大学附属型智库：参政与育人。既没有官方的政治压力与体制羁绊，同时又比民间智库更容易接近政府部门，这是大学研究机构得天独厚的优势。以清华大学中美关系研究中心为例，该中心创建于 2007 年 9 月，其主要活动集中于以下几个方面：举办学术交流活动、定期出版书刊和学术报告以及承担一些政府课题。与官方智库不同的是，大学研究机构并没有天然的渠道与政府部门建立联系，靠的是个人的人脉关系及掌握的资源。该中心与财政部、国台办、外交部都有合作。该中心承担政府课题不是以经济为目的，而是为了扩大影响力，课题经费一般都不足以覆盖整个研究，所以要大力从社会上募集资金。与其他类型的智库相比，教育以及培养人才的功能在大学研究机构中显得尤为突出，这与其教书育人的独特氛围和条件是分不开的。清华大学公共管理学院院长薛澜对大学智库与政府部门的关系进行了概括：“大学一般作基础研究，在政策性上，大学的研究比部门内研究机构的研究更外围，但相对来讲也更客观。学校可以做长期研究，能够做得更长远深入。实际上，我国高校参与实际政策制定过程的有很多。”比如，清华大学国情研究中心与国家发改委规划部门有很多联系，“十一五”规划和“十二五”规划都参与了思路研究。清华大学公共管理学院 NGO 研究所与民政部民间事务管理部门有很多合作，公共管理学院廉政建设研究中心与中纪委也有一些联系。

（3）民间智库：公众的“传话筒”。无论是在资金来源方面，还是在政策支持或是信息获取方面，与官方智库和大学智库相比，民间智库都处于劣势。事实上，目前我国的民间智库仅占智库总数的 5% 左右，数量和规模都很小，最大的也只有 20 个人左右，年运作资金仅为约 200 万元。2006 年 11 月，“中国首届智库论坛”在北京召开，评选出了中国十大智库，分别是中国社会科学院、国务院发展研究中心、中国科学院、中国军事科学院、中国国际问题研究所、中国现代国际关系研究院、中国太平洋经济合作全国委员会、中国科学技术协会、中国国际战略学会以及上海国际问题研究所。显然，这十大智库无一例外都是官方智库，且都是政府部门下属的研究机构。尽管这个评选结果已经过去了好几年的时间，但仍然透露出了中国智库格局的些许端倪，即不管是在政策影响力还是在规模上，官方智库仍然占据了绝对优势。

从首届中国智库论坛评选出的十大智库里面民间智库为零的事实可以看出，目前我国民间智库正处于一种比较尴尬的境地。但现实是，政府决策需要来自各方不同的意见和声音，民间智库的出现，客观上为政府决策提供了选择的多样性。尽管有着自身不可避免的一些缺陷，如它对官方的需求理解可能是不及时的，对于政策制定复杂性的把握也可能不到位，等等，但与体制内的官方智库和大学附属型智库相比，由于民间智库的特殊性和独立的身份，它们的声音更加真实，观点更加客观，表达方式也更加自由。更为重要的是，由于视野以及分析问题的角度不同，民间智库更能够反映公众意见，从而使政府决策变得更加科学、民主和公正。因此，促进民间智库的发展对推动我国经济社会的进一步发展、提高我国的“软实力”具有重要的战略意义。

3. 中国当前智库发展存在的主要问题

在过去的数十年里，我国智库不管是在类型、规模上还是在数量上都得到了迅猛发展，可以说已经进入一个快速壮大的“黄金时期”。但是，在快速发展的背后我们也应注意到与国外一些知名智库之间的差距。造成我国智库建设与发展不足的原因，既与智库自身有关，也与我国智库的发展环境不健全、体制机制不完善有关。

（1）咨询主体即官方、半官方智库缺乏相对独立性。根据西方的智库理论，智库应该是不受政府或财团直接控制的独立法人研究实体。而当前我国的智库，出于体制上的原因，绝大部分都是政府出资或者与政府有着密切关系的研究机构，或者称为“体制内”科研机构，智库的运作具有很强的“官本位”色彩。其研究经费大多由国家财政负担，也就是靠“吃皇粮”，研究者属于政府终身公务员编制，工资和职位由政府决定。这种与政府合二为一的决策咨询体系往往会异化和失去公共性或民间性的本质，成为政府政策的宣传者和诠释者，很难提出具有质疑精神的意见或者是建议。

在政府决策中，政策咨询服务也往往向官方智库倾斜，甚至由官方智库所垄断，因此民间智库很难进入政府的决策咨询领域，进而导致民间智库发育迟缓。即使是一些半官方性质的大学附属型智库，除非与政府部门保持良好的关系，否则也很难进入政府的决策咨询体系。从某种程度上可以说，这种“政府控制智库，智库服从政府”的体制会大大降低我国智库的社会公信力，其研究成果也难免遭到公众的质疑。

（2）提供决策产品的能力与质量欠佳。智库研究工作的质量完全依赖于研究人员的能力。换言之，一个智库的水平，与其所拥有的研究人员的能力是密切相关的。一个智库，必须拥有一批学有专长、潜心研究国内外形势的专业人才，只有这样，才能提供具有专业水准的报告。国际上但凡有所建树的智库机构都必然拥有一支十分专业的高水平研究团队。例如，兰德公司就将自己的成就归功于有许多诺贝尔奖得主的高水平的研究团队。应该说，中国绝不缺乏高素质的学者，但如何将这些学者组织起来，并且组建成高质量的智库，才是当务之急。

（3）国内智库影响力弱，国际话语权较小。从目前来看，我国智库在参与国际事务和国际重大问题的研究方面，能力不强，话语权弱小，难以与活跃在全球政治经济社会诸多方面的西方智库相匹敌。比较典型的就是在2008年的西藏“3·14”事件、西方“抵制北京奥运会”、新疆“7·5”事件等案例中，中国智库在论述我方的观点方面相对处于弱势，在西方舆论界没有自己的声音。

改革开放造就了“中国模式”或“北京经验”。“中国模式”是在广泛吸收借鉴西方发达国家经济和社会发展的成功经验的基础上，结合中国实际创造出来的，是在中国广大民意和中国老百姓的聪明才智的基础上，结合领导核心的智慧创造出来的。“中国模式”开创了不同于西方的社会制度下发展经济、改善民生的途径，突破和改写了西方经典理论，创造了中国人的奇迹。但是，我们的社会科学界对“中国模式”或“北京经验”关注得很不够，研究得很不够，宣传得也很不够，甚至出现了“集体失语”的现象。反观西方学者，其热心的程度和研究的深度令我们汗颜。若我们再不发声，我们再“谦虚不语”，就会放弃研究的主导权，就会丧失话语权。

一国智库的国际话语权的大小是与其所在国家的国际政治以及经济地位紧密相关的。一方面，具有重要国际影响力的国家需要本国智库为其在国际事务中发声，体现本国利益诉求；另一方面，智库研究能力的高低反过来也会对本国的国际政治以及经济地位产生极大的影响。换言之，如果一国智库在国际问题上的研究深入，研究成果得到国际认可，那么本国的国际影响力也会随之倍增；反之，如果一国没有知名智库机构，即便是拥有较强大的国际硬实力，其国际“软实力”也会随之而大打折扣。

4. 中国智库发展面临的主要体制障碍

中国智库当前存在的一些问题在很大程度上是由于自身特有的体制所决定的，在推进智库机构发展的进程中，需要克服制约中国智库发展的机制瓶颈。

（1）国内智库起步较晚，发展定位不够清晰。解决智库的发展定位，其核心就是正确处理好智库与政府之间的关系。目前，关于我国智库的角色定位存在两大误区：一种误区认为，我国的智库特别是官方智库，由于是政府出资设立的，因而其研究也要服从于政府的安排，承担政府交办的科研任务，为政府出台的政策进行理论性解释，甚至要为政府的一些政策失误寻找理由，全力为政府政策保驾护航。另一种误区认为，独立性是智库存在的核心价值，智库要想完全摆脱政府的影响，提出自己独立的政策规划和设想，在有些时候甚至要不惜与政府唱反调，以此来体现智库独立研究的意义和价值所在。应该说，这两种观点对于目前我国智库的发展都是不利的。事实上，智库与政府的关系不是非要划清界限，相反，应该是在相互合作中保持相对的独立性。

其实，保持相对的独立性并不意味着要和政府保持距离。其一，政府是智库研究产品的最终消费者。智库与政府保持良好关系，有助于智库将研究成果更好地向后者输送。其二，政府是智库获得政策研究所必需的信息以及数据的最主要途径。没有这些资料，研究成果的质量就很难得到保证。其三，保持相对的独立性并不意味着智库不能公开赞同政府的观点。因此，刻意与政府保持距离对智库而言不仅没有必要，而且也没有任何好处。真正的独立性丧失，表现在个别智库被某些利益集团收买，成为利益集团的代言工具。

智库真正要做到的是在如何发挥对政府的影响力与保持其研究的独立性之间寻找出一个最佳的平衡点。事实上，智库的影响力和独立性是相辅相成的。一方面，智库的影响力有助于其保持独立性。智库一旦有了影响力，政府和社会各界对其研究成果的需求就会越大越多，那么智库获得的研究经费和影响渠道也就更多，这样就能帮助智库摆脱依附于单一财政来源的局面。另一方面，智库的独立性是其影响力的基础。智库保持独立性能更好地取得政府和社会的信任。一旦智库的非独立观点被政府和社会所察觉，其研究成果的价值也会随之大大降低。

（2）管理体制不健全，缺乏与智库研究建设相适合的评价机制。受到传统体制机制的影响，目前我国智库在运作体制方面还存在一些具有普遍性的问题，如科研考核制度、成果推销制度等。在科研考核方面，由于受到传统职称评定体系的影响，智库科研人员往往面临着决策咨询与学术研究之间的冲突，具体表现在科研人员为了满足科研考核需要，不得不在学术期刊上发表文章，而其从事的智库研究成果却往往得不到所在机构的认可，造成机构评价与社会评价之间的脱节。在成果推销方面，我国智库传统的手段是以出版专著或发表论文为主要途径，而国际上的知名智库往往更重视通过公共渠道发布成果，让政策思想更快捷地影响公众。

要加强我国智库的建设，就必须加快我国智库专业化建设的步伐以及管理体制的进一步完善。对于智库的发展而言，为了保证其独立性就必须形成自己的专业性。智库的专业性就包括建设专业人才队伍、形成专业特色以及咨询工作的专业特点等。利用其综合性的优势和强大的人才优势去大力拓展国际市场，是美国大型智库的一贯做法。除此之外，美国的大型智库几乎都有自己主要的专业及主攻方向，如兰德公司擅长于军事战略，布鲁金斯学会擅长于中东问题，美国对外关系委员会擅长于外交政策，美国战略与国际问题研究中心擅长于国防政策，美国企业研究所擅长于贸易和经济政策，胡佛研究所则擅长于美俄关系，等等。这些对我们智库往专业性更强的方向发展都很有启发意义。而事实上，智库的专业性建设与其管理体制的完善是密不可分的。从行业来看，科学且行之有效的行业管理对智库的发展是很有必要的；从智库的内部管理体制来看，若想智库的专业性得到充分发挥，就需要有一套属于本智库的独特管理模式与之相适应。

（3）智库运行配套环境不完善，对智库的认识存在诸多误区。从根本上来说，智库要发展，有两个至关重要的外部条件：一是要自上而下形成一个尊重专业独立性的政府决策氛围；二是全社会要有比较开放的公共空间，也就是公共舆论，鼓励更多的专业人士参与决策。依目前的情况来看，我国智库发展的社会环境并不太具备。

首先从政府部门对待智库研究的态度来看，政府部门要么将智库视为可有可无的决策支撑机构，要么要求智库承担本不该由它们承担的职能。事实上，我国政府对智库的扶持力度与西方那些发达国家相比，显然是远远不够的。例如，对政策咨询工作认识不到位、重视不足的现象仍然在一些地方和部门中存在；与此同时，政策咨询意识淡薄的现象也随处可见，而且越到基层情况越严重。除此之外，由于财政拨款是我国大多数智库的主要经费来源，这是与其大多隶属于各级行政部门分不开的，因此从体制方面而言，智库似乎总处于一种可有可无的地位。官方智库尚且如此，那些非官方智库就更不用说了。

其次从目前社会民众的态度来看，对智库的认识也存在诸多误区，往往将智库视为政府利益的代言人，而非公共利益的代表。要完善我国智库发展的外部环境，还需努力构建智库市场化的运作体制，让智库积极应对市场的变化。其一，智库必须有自己的经费来源，因为对于经费的过多依赖容易造成咨询工作独立性和客观性丧失的后果；其二，对于智库而言，独立的人才管理权也是相当有必要的，因为若仍然坚持过去那一套编制内的管理方式，不仅容易造成人才交流受限，研究人员工作懒散、创造热情乏力的后果，而且还容易引起“沉默是金”的不良习惯，即以沉默对待新见解的弊病；其三，智库必须有独立设置课题的权利，因为那种指派性的课题不仅使智库的发展受到了限制，更为关键的是，它在扼杀创新课题设置的同时还丧失了创意性的咨询研究，这些对智库来说都是非常不利的。

三　对中国社会科学院智库建设的技术性建议

面对变化中的世界，智库的发展和智库之间的合作将越来越起到重要的作用。中国社会科学院是一个有中国特色的智库，我们不仅提供思想和观点，而且提供专门知识；不仅承担政策研究功能，而且承担社会科学的基础研究功能；不仅继承和弘扬中华民族的传统文明，也吸引世界各国科学领域的科学成果，根据时代需要发展具有中国特色、中国风格、中国气派的哲学社会科学创新体系。

1. 智库研究是学术发展的最高阶段，要强化学术型智库的政策研究与综合研究功能

中国社会科学院拥有大量知识扎实、学术水平高、研究方法科学的政策研究相关专家、学者，应充分利用好这批人才资源，充分调动他们的积极性和主动性，使学术型智库的政策研究和咨询功能得以充分发挥。对现在的中国社会科学院学术型智库的科研布局也应进行改造，从学科取向转向需求取向，将基础理论的侧重点放在对国家发展具有重要意义的基础理论研究上，将研究的重点转移到事关国家经济社会发展的战略决策性问题，并最终形成政策研究的特色和优势，进而办成以现实问题研究为主、以决策服务为导向的智库。

对于智库研究和学术研究之间的关系，我们有这样的判断：智库研究是学术发展的最高阶段，智库的产品是学术研究的最高境界，要对整个社会的运作进行研究，要影响社会，这就是智库产品。智库产品不是纯理论层面的，而是和实际相连的，都是试图去改变和影响这个世界的，是影响社会、改变世界的顶级的产品，让它真正有用，这也是做学问的最高境界。建立在学术研究基础之上的学术产品，是应该得到较高评价的。

智库研究，面对的是需求者提出的需求，对于中国社会科学院这样的智库来说，凡是从中央那里提出的需求几乎没有一件是单凭一个专业或者学科能够解决的，大都属于综合性的问题。智库研究的对象是综合性的，而且越来越综合。智库的研究领域需要专业合并、学科合并。现在面对的任何一个问题，都是特别复杂的问题。智库发展要以相对狭窄的带有综合性特征的研究对象来满足党和政府提出的关于智库建设方面的需求。未来中国社会科学院智库建设，也需要建立能够有助于多学科“会诊”综合性问题的机制，才能使我们的智库称得上智库，而不是一般的研究机构。

2. 打造具有创新能力、核心竞争力与影响力的中国社会科学院智库

在经济领域和科技领域，我国学习和吸纳外国的先进技术和先进管理经验，取得了巨大成就，而在社会领域如何解放思想、大胆创新、博采众长是一个亟待解决的问题。西方发达国家政策咨询业之所以取得辉煌发展的一个重要因素就是研究方法的不断创新。美国的智库就创造了一整套科学、先进的研究方法和手段。中国智库在数量上虽然已经与美国不相上下，但是创新能力却相差甚远。

智库要有竞争力，必须要有创新能力。这分为三个方面：第一，提出新概念、新观点的能力。一些新概念往往是由智库最先提出来，慢慢发展成制定整个社会政策的先导，包括中国发展过程中提出来的和平发展，这种概念其雏形往往都是学者的理念。国际上“软实力”的概念，就是来自智库。通过智库的引领，使社会媒体、社会大众形成一种共识，能够知道未来发展的方向，这是智库创新的一个体现。第二，发现问题的能力。解决问题的根本前提是发现问题。智库作为介于政府、大众和学者之间的一个结构，占有比较有利的地位。第三，解决问题的能力。智库提供最直接的方案，能在解决问题的思路方面提供一些独特的观点。

中国社会科学院智库建设的重点在于两个影响力：一个是学术影响力，它是做决策产品的支撑，如果没有就做不了完整系统的智库产品。另一个是决策影响力，它是最终使智库的产品走向决策层（不一定是政府决策层，还可以是企业决策层）的关键通道。在所有的影响力中，如果把学术影响力和决策影响力作为两个最基本的目标，其他的影响力是可以随之而派生出来的。打造智库影响力，关键问题是研究者要确实具有职业化的理念和素养，要用自己的研究成果真正解决问题。

3. 强调多方合作研究，建立开放互动协同的运行机制

在进行智库研究的时候，面对的对象是综合性的，个人不能独立完成。在一个学者很难调动他所拥有的全部知识、全部技术的储存去破解某个问题的时候，就必须合作。这个合作可能还不只一两个人，而是一个大的梯队协同作战。特别是当智库的需求紧急、面临紧迫问题的时候，就得有一个协同作战的机制来支撑。必须走出一条多学科、多专业、能够彼此融合的研究道路。

智库只有与社会建立起广泛的联系与互动，才能形成较大的社会影响力。中国社会科学院作为国家级智库必须率先确立“开门办公”的理念，

与政府、企业和大学建立起一套成型的互动机制，广开渠道、广交朋友，吸收广大民众的建议，为政府部门解决难题，才能充分展现智库的社会价值。从我国智库的发展现状考虑，可以在中国社会科学院每个机构设立科研工作咨询委员会，广泛吸收来自政府、企业和大学的知名人士为咨询委员，建立起一套社会知识体系。

4. 加强与国内外智库的交流与联系，建立具有特色的高端智库

出于历史和体制的原因，我国政府对智库的管理属于一种垂直性的领导，而智库之间的横向联系与协调则相对较弱，甚至出现重复建设的情况，其结果是工作效率低下、研究资源遭到浪费。对此，中国社会科学院的智库应该根据自己的优势针对某些特定问题，建立、完善专家数据库系统；而这些小型的数据库应该在各个智库之间实现资源共享，以提高智库的知识层次、工作效率以及信息处理能力。

世界发展到现在，中国发展到今天，很多问题是我们从来没有遇到过的。新情况、新问题、新矛盾需要我们用新视角、新方法、新举措来应对和解决。而且，无论是在国际上还是在国内，许多新情况、新问题、新矛盾经常是交织在一起的，单靠一个学科或一个研究机构的力量是无法解决的。在经济和社会问题上，我们不能就事论事，在国际问题上我们更不能简单和片面理解。在充分依靠中国社会科学院科研人员的同时，还要充分依托其他研究院和研究所的力量，对本学科领域的重大理论和现实问题进行综合性分析研究，立足经济看社会、看政治，立足社会看政治、看经济，立足中国看世界，立足世界看中国。要坚持“请进来”和“走出去”相结合，加强与国内国际知名智库之间的交流与合作，加强与党和国家决策部门之间的联系与沟通，不断开拓研究视野，不断扩大自身的决策影响力、学术影响力、社会影响力和国际影响力。

中国智库的发展面临历史性的机遇，这首先是因为中国政府重视，也是时代的需要。世界格局正在发生深刻变化，中国与外部环境正在互动发展，中国国内经济社会也面临一系列前所未有的变化和问题。正确理解和应对外部环境的变动、中国与外国环境之间的关系以及中国自身发展所面临的问题，对于世界和平与发展、对于实现中国梦和中华民族伟大复兴，具有至关重要的意义。

强化反腐倡廉体制机制创新

中国廉政研究中心课题组*

构建科学有效的反腐败体制机制，是有效遏制腐败问题的基本保障，也是反腐倡廉建设的重要内容。党的十八大以来，新一届中央领导集体在不断加大打击腐败力度的同时，对健全和改革反腐败体制机制提出了新的更高的要求。

一　深化反腐败体制机制创新的背景

党的十八届三中全会通过的《中共中央关于全面深化改革若干重大问题的决定》明确提出要“加强反腐败体制机制创新和制度保障”①。中纪委三次全会又进一步明确了深化反腐败体制机制创新的重点内容和具体要求。在当前全面深化改革的关键时期，通过体制机制的完善与创新，推动反腐败向纵深发展的意愿和呼声显得非常迫切。

---

* 课题组组长：孙壮志，中国社会科学院中国廉政研究中心副理事长兼秘书长、研究员。课题组成员：蒋来用，中国社会科学院中国廉政研究中心副秘书长、副研究员；王田田，中国社会科学院中国廉政研究中心助理研究员；王继锋，中国社会科学院中国廉政研究中心助理研究员；田坤，中国社会科学院中国廉政研究中心助理研究员；贠杰，中国社会科学院政治学研究所研究员；刘小妹，中国社会科学院国际法研究所副研究员；陈建波，中国社会科学院马克思主义研究院助理研究员。

① 《中共中央关于全面深化改革若干重大问题的决定》，《人民日报》2013 年 11 月 16 日，第 1 ~ 3 版。

1. 遏制腐败蔓延态势需要从体制机制上寻求突破

腐败蔓延势头是否能够得到有效遏制，是检验反腐败政策是否合理、反腐败体制机制是否科学的最具说服力的标准。长期以来，我们党旗帜鲜明地反对腐败，持续保持对腐败的高压态势。改革开放至今，共有 140 多名省部级干部因腐败问题被查处；仅 2013 年，全国纪检监察机关接受信访举报 195 万件（次），党纪政纪处分 18.2 万人，查办县处级以上干部 6400 多人①，20 名省部级干部接受组织调查，体现了新一届中央领导集体的治腐决心。但是，同时我们也应该看到，当前工程建设、土地管理、矿产开发、产权交易等领域的腐败易发高发态势仍未得到有效遏制，在一些重要岗位甚至出现“前腐后继”的现象，如河南省交通厅连续 4 任厅长因腐败问题被查处。与此同时，有的地区、行业出现腐败集团化、家族化的现象，腐败手段呈现隐蔽化、智能化、欺骗性、诡秘性特点，腐败行为的包装更加严密，腐败行为潜伏期延长，并向新的领域蔓延，腐败易发高发已成为影响党群、干群关系的重要因素。一方面，这是因为我国正处于经济体制、社会结构深刻变化，各种利益深刻调整的变革期，各种社会矛盾凸显，滋生腐败的土壤仍然存在。另一方面，在某种程度上这也反映了我国当前的反腐败体制机制仍有较大的改进空间。实践证明，要最大限度地防治腐败，就必须及时调整与改善传统的工作模式，推动反腐败体制机制与时俱进。

2. 全面深化改革的战略部署需要反腐败体制机制创新同步跟进

党的十八届三中全会作出了全面深化改革的战略部署，改革力度和范围超乎想象，第一次把经济、政治、文化、社会、生态文明等领域的改革统筹考虑、系统谋划，体现了当前各领域、各环节改革的关联性、互动性。反腐败体制机制改革涉及经济社会发展的方方面面，既是全面深化改革的重要一环和“五位一体”改革的重要组成部分，也是其他领域改革得以顺利推进的重要保障。将反腐败体制机制改革纳入全面深化改革的总体框架，与经济体制、政治体制、文化体制、社会体制、生态文明体制改

① 《纪检监察机关 2013 年立案 17.2 万件有案必查》，新华网，http://www.js.xinhuanet.com/2014-01/10/c_118906053.htm，访问时间：2014 年 3 月 5 日。

革同步推进，是党和国家从强化权力制约监督、建设廉洁政治的高度，在对当前腐败形势进行理性认知、对反腐败进展和成效进行客观评估的基础上，作出的重要战略部署。腐败依附的权力类型、刺激腐败发生的内在动机、腐败得以实现的表现形式，在不同的经济社会发展时期明显不同，在上层建筑和社会关系改革调整的节点最容易积聚。改革必然伴随利益格局的调整，由于新旧体制难以“无缝”衔接，容易出现新的腐败机会。只有不断改革和创新反腐败体制机制，才能不断提高腐败治理能力，才能形成“魔高一尺，道高一丈”的腐败防控局面。因此，必须把反腐败体制机制改革与深化经济体制、干部人事制度、司法体制等方面的改革统筹规划，同步推进，才能真正从源头上防治腐败。

3. 各地反腐倡廉建设的创新探索需要从体制机制上作出回应

在探索构建符合中国特色的反腐倡廉道路方面，体制机制建设是关键。改革开放以来，党和国家把构建符合中国实际的反腐败体制机制作为治理和解决深层腐败问题的重要举措。各级党委成立了由纪检、法院、检察、监察、审计等单位主要领导参加的反腐败协调小组，确立了“党委统一领导，党政齐抓共管，纪委组织协调，部门各负其责，依靠群众支持和参与”的党风廉政建设和反腐败领导体制与工作机制，实行派驻机构统一管理，建立了专门的预防腐败机构，反腐败体制机制在探索中不断创新，在发展中不断完善。一些地区和部门针对反腐倡廉建设中遇到的实际问题，积极探索整合反腐力量、提高反腐机构的相对独立性和权威性、运用科技手段提高制度的执行力、监督制衡“一把手”的权力、加强反腐败的群众参与度、完善反腐败国际合作水平的路径，其中的一些有效的做法和经验，需要从体制机制的层面予以巩固、完善和推广，一些在实践中面临的困惑和难题、制约和瓶颈，需要从体制机制层面寻求解决路径。

二　在深化反腐败体制机制创新方面亟待解决的主要问题

从我国反腐倡廉建设的发展历程不难看出，我国反腐败领导体制与工作机制，是我们党在长期与贪污腐败行为作斗争的实践中探索形成的，是符合中国国情和不同阶段发展实际的，但随着党风廉政建设和反腐败斗争的持续深入，我国反腐败体制机制在具体实践中也面临一些亟待改进的

问题。

1. 在“双重领导”体制下，党委和纪委的关系如何进一步明确

1978年恢复和重建党的纪律检察机关以来，纪律检查体制经历了从一开始的由同级党委领导，到由同级党委和上级纪委双重领导、同级党委为主，再到党的十二大党章确定“党的地方各级纪律检查委员会和基层纪律检查委员会在同级党的委员会和上级纪律检查委员会双重领导下进行工作”的“双重领导”机制。在“双重领导”体制下，纪委与同级党委属于一种领导与被领导的关系，也是一种监督与被监督的关系。随着时代的发展，这种体制暴露出一些问题。“双重领导”体制的实践表现主要是党委只强调对同级纪委的领导，缺乏接受同级纪委监督的意识。有的地方把同级纪委当成党委的一个工作部门，忽视了纪委是由党代会选举产生的“两委”之一，这在一定程度上导致了纪委在协调落实党风廉政建设任务时面临一定的困难。相比较而言，上级纪委的领导只是业务上的指导，纪委在人事上缺乏相对于同级党委的独立性，纪委书记特别是副书记的职务晋升往往由同级党委决定，这样纪委就难以对同级党委特别是主要领导实行监督，往往在查办腐败案件、履行党内监督职责方面，就会有较多的顾虑。有过这样的实例：腐败案件被上级纪委查处之后，发现下级纪委早已收到相关信访举报，甚至已掌握了案件线索及事实证据，但因为同级党委不支持或者不同意，导致相关腐败案件没有得到及时查处，不仅养痈遗患，同时也损害了纪检监察工作的权威性。

2. 在反腐败机构职能相对分散的情况下，如何形成工作合力

我国反腐倡廉建设的职能机构主要有党的纪律检察机关、国家司法机关、政府监察机关和审计机关以及国家预防腐败局，它们各司其职，执纪执法队伍较为庞大，但实践中也存在职能分散、形不成工作合力的问题。比如国家部委的党风廉政建设，有中央和国家机关纪工委，有派驻纪检组、监察局，有内设的机关纪委，每年中央巡视组或审计署还要进行巡视或审计，监督的力度不可谓不大，覆盖面不可谓不广，但几乎都有人手不足的问题，查办案件还要依靠中纪委的相关案件检查室。从各反腐败机构的协调配合看，重大复杂案件联合查办的机制没有完全形成，各执纪执法机关在防治腐败方面不能非常紧密地配合，致使在党纪政纪及法律处理上衔接不够顺畅，落实不到位。此外，人事、金融、税务、公安、房管等与反腐败和监督工作密切相关的部门，其防治和发现腐败的功能还未得到充分发挥。造成以上问题的重要原因之一是反腐败协调机制缺位或作用发挥不够。虽然在县级以上各级党委都成立了反腐败协调小组，但不是常设机构，只是不定期召开协调会议，形成的意见有时缺乏约束力和执行力，有的甚至只是沟通情况，组织协调反腐败的作用发挥得不够。

3. 如何通过完善权力制约体系来监督各级党政主要领导

腐败的发生与权力的滥用密切相关，我国一直在探索建立和完善权力运行的监督制约机制。从多年的实践来看，取得了一定的成效，但权力过于集中，权力配置不科学，权力边界不清、运行交叉等问题仍然在一定范围内存在，特别是在领导班子内部无法形成有效监督的问题没有从根本上得到解决。一方面，对权力运行过程缺乏有效的程序制约。尤其是“一把手”权力过载，且得不到必要的制约。另一方面，民主集中制、集体领导在有的单位流于形式；个别身居“要职”的领导干部习惯于独断专行，不尊重班子成员的意见，随意越权包揽；有的班子成员原则性差，不愿“得罪”主要领导，使一些以权谋私的错误决定也能通过合法程序。在目前建立的由立法监督、司法监督、行政监督、党内监督、舆论监督、政协民主监督等所构成的监督体系中，主体很多，但普遍离“核心”权力较远，且透明度不够，存在信息不对称的问题，往往形同虚设，有的监督手段和方式缺乏必要的制度依据，限制了其监督作用的有效发挥。

4. 为避免浪费反腐资源，如何进一步明晰纪检监察机关职责

行政资源是一种稀缺的珍贵公共资源，必须用在“刀刃”上。一个国家在一定时期内，可用于反腐败和廉政建设的资源是有限的，资源配置是否合理决定了反腐败的效率和质量。在相当长的时间内，不少纪检监察组织，特别是基层的纪检监察机关对中心工作、职责定位、主责主业认识模糊，反腐倡廉建设各项工作平均用力，或者将主要资源投向相对次要的方面。有的纪检监察机关没有认识到惩治的预防价值，在党风廉政建设中求稳厌变、以防代惩。有的党委和政府给纪检监察机关交办了不少与反腐倡廉职能无关的任务，使其主业不突出、往往疲于奔命，大大挤占了查处腐败案件的资源。某省纪检监察机关组织对省、市、县三级派驻机构进行

调查，结果显示：50%的省直派驻机构、67.7%的市直派驻机构和71.7%的县直派驻机构，长期没有查办案件。在当前腐败在一些地区、一些部门易发高发的严峻形势下，切实实现纪检监察机关转职能、转方式、转作风已成为当务之急。

5. 符合职业特点的纪检监察干部管理制度如何完善

作为特殊的“纪律部队”，纪检监察干部在从业要求、待遇保障、日常管理等方面具有较强的特殊性。从职业特点看，纪检监察干部需要精通党纪国法，又要有一定的工作经验和社会阅历，才能被任命。面对当今腐败行为日趋智能化、隐蔽化和国际化的形势，纪检监察队伍的专业水平也亟待提高，能力和素质需要适应复杂工作的客观需要。此外，各级纪委成员构成还不够科学合理。比如，部分党政领导干部和企业负责人等被监督对象成为各级纪委委员，使纪委成员成为一种权力分配和政治待遇，实际上弱化了纪委的监督作用；而纪检监察专职干部、基层一线的工人农民代表、社会组织和专家学者中的党员又很难通过选举成为纪委委员，影响了纪委监督作用的发挥。从职业风险看，纪检监察工作的对抗性、敏感性都比较高，需要有很强的奉献精神，应该获得较好的保障。但是，基层纪检监察组织职数少、职级低、待遇差、发展空间有限，不容易吸引和留住优秀人才，现有的纪检监察干部保障制度没有体现职业特点和职业风险，不利于推动纪检监察干部队伍的专业化、职业化和正规化建设。

同时，对纪检监察组织及干部自身的监督也需要建立必要的机制。对纪检监察干部的信任不能代替监督，已经成为共识，但如何有效监督纪检监察组织和干部尚需要进一步制度化、规范化。从最近中纪委及地方纪委通报的个别纪检干部的违纪违法案件来看，纪检干部并不天然具备百毒不侵的能力。在纪检监察组织内部设立干部监督机构或监督岗位、严肃处理违法违纪的纪检监察干部、举办纪检监察组织“开放日”活动等监督举措，需要上升为必须遵循的制度。虽然从整体上来讲纪检监察干部素质较高，但如果不建立起科学有效的、内部与外部监督相结合的监督体制，仅靠严格要求也难以保证队伍的纯洁性。

三　各地创新反腐败体制机制的实践探索与基本特点

近年来，不少地区在不突破既有体制和法律框架的前提下，结合本地区和本部门的实际，积极探索推动反腐败体制机制的改革创新，取得了一些积极的成效。

1. 探索完善“一把手”权力制约机制

在现阶段，纪委对同级党委监督乏力突出地表现在“一把手”“监督难”上。为解决这一问题，各地从两个方面进行了探索：**一是分解“一把手”的权力，解决“一把手”权力过载问题**。近年来，广东、辽宁、江西、浙江、山西等多个省份都尝试以“若干不直接分管”约束“一把手”，按照分工负责原则来确定主要领导干部分管的事项、掌握的权力以及应负的责任，将集中于“一把手”的权力分解为由领导班子其他成员共同行使。明确规定“一把手”不得直接分管人事、财经（务）、工程项目建设、大宗物品采购、行政审批、行政执法等事项，减少其对具体事务的插手干预，使“一把手”把主要精力集中在履行监管职责上。此外，为限制“一把手”通过影响力左右决策的问题，不少地区还推行了党政正职“末位表态”制度，领导班子讨论“三重一大”事项时，党政正职必须在听取领导班子成员和其他参会人员意见后再归纳总结并表态，不对重大决策议题事先定调或作引导性发言，对意见分歧较大的，暂缓决策，防止党政正职以集体决策之名规避责任。**二是推行“一把手”向党委或纪委全委会述职述廉，解决决策权与监督权不对等的问题**。山东、湖北、湖南、宁夏、广东等地探索完善主要领导向党委或纪委全委会述职述廉，以及上级党委或纪委常委成员同下级主要领导干部谈话的制度。湖南省要求，厅级党政“一把手”向省纪委委员公开述廉，报告履行“一岗双责”的情况，抓党风廉政建设、个人廉洁从政的情况以及“三重一大”事项集体决策等制度的执行情况，现场接受省纪委委员、省党代表、省人大代表、省政协委员的质询和评议，“差”票超过1/3的由纪委向同级党委提出免职、责令辞职或降职的建议。

2. 探索党员干部行为监督预警机制

为实现监督“关口前移”“抓早抓小”和提前预警，不少地方开始探索强化对党员领导干部的日常观测和监督预警，及时发现和解决苗头性问题，防患于未然。

（1）探索个人有关事项报告抽查和公开机制。个人有关事项报告制

度，是加强领导干部廉洁自律监督的重要制度安排。针对报告的真实性受到质疑以及报告结果难以运用等问题，一些地区和部门就个人有关事项报告制度的信息收集、分析处理、核查以及结果运用等方面进行了探索。①抽查核实。广州市南沙区率先试水抽查核实工作，按照15%的比例抽查核实有关重大事项申报的情况。浙江省实行省管干部提拔申报制度，要求省管干部考察人选在考察预告发出之日起1～2天内，向考察组申报个人有关事项，提供相关凭证材料并向组织书面作出真实性承诺。对有多套房产的进行重点核查分析，对购房资金数额较大的，除必须提供家庭近10年的收入情况外，对其他经济来源也要作出书面说明。股票、基金或期货等投资账户中金额超过50万元的，须提供本人任现职以来该账户交易清单复印件。②任前财产公示。安徽庐江县和青阳县、辽宁锦州市古塔区、江苏无锡市北塘区、江西黎川县、广西桂林市全州县等地试行了领导干部任前家庭财产申报公示。③对申报不实的行为进行问责。江苏省金湖县将上半年新提拔的26名科级干部和2012年度各单位领导班子述廉考核列末位的46名班子成员作为首批个人事项报告抽查对象，并对其中存在个人房产状况、婚姻状况申报不实以及个人开办公司等情况的10名科级干部进行了问责。

（2）建立公职人员行为记录和考评机制。为加强对公职人员的行为约束，部分地区探索建立了干部行为的日常观察机制，延伸干部监督的触角，构建“干部监督网络”。一方面，整合纪检、组织、检察、审计、计划、统计、财政、工商、信访等部门的信息资源，形成干部勤政廉政的内部监控机制。例如，深圳市龙岗区实行了党政机关公职人员个人诚信记录制度，综合记录公职人员在思想、工作、生活、经济、遵守法纪等方面的诚信表现，与评优评先、提拔任用、人员管理等挂钩。另一方面，从对干部“八小时以内”的监督向“八小时以外”延伸，从干部的工作圈向生活圈延伸，形成干部道德行为的外部约束机制。浙江湖州市探索推行社区评议领导干部，由社区党组织根据平时了解、掌握、核实的领导干部个人修养、社会交往、家庭生活、公益活动、遵纪守法等情况，如实填写“领导干部社区表现记实卡”，定期或不定期地向组织部门反馈。此外，不少地方建立了“领导干部道德考评机制”，将婚丧嫁娶、休闲娱乐等方面的情况纳入公职人员道德管理范围。江苏省南通市不仅对党员干部道德操守方面作出了细化规定，同时还制定了相应的问责办法，针对党员干部缺乏爱心，不见义勇为，欺骗组织和群众，存在婚外情等违背婚姻、家庭伦理道德不良行为等十种需要问责的情形，根据程度的不同，可采取诫勉谈话、责令公开检查、通报批评、调整岗位、停职检查、免职、责令辞职（辞退）等问责方式。

（3）建立防止领导干部利益冲突机制。防止利益冲突是加强领导干部从政道德建设、从源头上防治腐败的重要举措。近年来，北京、上海、浙江等地在防止公职人员利益冲突方面开展了实践探索，针对利益回避和离职后从业行为限制、礼品礼金、财产申报等关键问题建立配套制度。在规范离职后从业行为方面，上海市规定公务员在办理离职手续时，组织人事部门要对其进行离职谈话，明确告知《关于规范本市公务员离职后从业行为的若干规定》的内容，要求申请辞去公职或提前退休的公务员说明离职理由和去向，作出有关从业的书面承诺。对于公务员离职后从事经商办企业活动的，要求其及时向原单位纪检监察组织和组织人事部门进行登记备案。在规范兼职取酬方面，浙江省要求各级党委、政府及其有关部门不得再审批党政领导干部到企业等经营性单位兼职，党政领导干部经批准兼任职务的，均应按工资管理关系在主要任职机关领取工资、奖金及享受其他福利待遇，一律不得在兼职单位领取任何形式的报酬。

3. 构建对行政权力运行进行监督和制约的机制

（1）建立阳光用权机制。在实践中，各地在实行全方位信息公开的同时，进一步改革行政审批制度，推行政府及工作部门权力清单制度，依法厘清权限，公开权力运行流程，着力提高权力运行的透明度。例如，广东佛山市南海区推行了行政审批的“三单”制度，即进行事前（负面清单）、事中（准许清单）、事后（监管清单）权力全链条管理，在划清市场与政府边界的同时，实现政府审批权力约束以及网络透明化监督。

（2）运用科技手段管控权力风险。近年来，现代信息技术在反腐倡廉建设领域得到了广泛应用，突破了我国现有监督体制的局限，提升了权力监督的专业化和科学化水平。例如，福建、四川、云南、重庆、内蒙古等地将“制度加科技”方式广泛运用于行政审批、财政收支、政府采购、工程建设、产权交易等关键环节，通过电子信息技术对权力进行科学分解和合理配置，改造和优化流程，促进了权力规范化、制度刚性化和信息公开化。一些国有企业在内部管理方面推广应用企业资源计划系统（ERP系统），把电子信息技术融入制度建设和企业管理流程之中，对经营管理全过程和资金流、物资流、信息流实施动态监控，实现了精细化管理和廉洁风险科技防控。

（3）建设对权力运行进行监督的电子监察系统。山东省济南市将38个行政执法部门的所有行政处罚事项，全部纳入行政执法业务和电子监察系统，将全市正在实施的4326类行政处罚事项进行全面梳理，合并压减到2864类，并建立数据库实行统一编码管理，初步实现了“执法信息网上录入，执法流程网上运行，执法活动网上监督”。目前，全国绝大部分地区在纪检监察机关主导下均建立了电子监察系统，在行政审批、招投标、财政收支、产权交易等重点领域和关键环节，嵌入网络、视频等监控技术，实现对公共权力运行、公共资金使用和公共资源交易的跨地区、跨部门、全过程监控和动态分析预警，以此来提高监督的有效性和针对性。

4. 探索创新纪检监察工作机制

（1）整合纪检监察、审计、反贪等部门的反腐败力量。在这个方面，处于改革前沿的广东省力度较大。佛山市顺德区以建立“大监督”体系为目标，整合组建了区政务监察和审计局，与区纪委机关合署办公，负责对全区党务、政务工作进行纪律和绩效监督。针对市直重点企（事）业单位资金流量大、业务范围广、专业性强、监督难到位的问题，佛山市专门成立了企（事）业单位党风廉政建设工作巡查办公室（简称为“巡查办”），定期对辖区内的企事业单位进行廉洁状况审查。“巡查办”兼具监督和发现腐败的职责，其主任为副处级，可根据需要协调办案、审计等各方力量参与巡查，起到了较强的监督作用。为摆脱各职能部门“单打独斗”防治腐败的局面，深圳、珠海等地进一步整合反腐败资源，推行反腐败“大部制”。深圳前海深港合作区（功能区）成立的廉政监督局，归口市纪委管理，由前海廉政监督局的编制内人员和市检察院、市公安局、市审计局三个部门派驻人员组成，设案件调查处和预防腐败处（社区工作处）。前海廉政监督局对编制内人员和派驻人员实行统一管理，对日常工作进行统一调配，其编制内人员和各单位派驻人员在履行日常监督职能时，以前海廉政监督局工作人员身份统一对外开展廉政监督工作；在履行职务犯罪侦查、经济犯罪侦查、审计调查等职能时，由符合执法主体资格的派驻人员依照法定权限和程序执行，形成集纪检监察、审计、经侦、反贪于一体的基层反腐败工作合力。珠海市横琴新区2012年专门成立了廉政办公室，整合纪检、监察、检察、审计等部门，设立综合部、纪检监察部、审计监督部、反贪污贿赂和反渎职侵权部四个部门，分别属于珠海市纪委、监察局、审计局、检察院派驻机构，接受横琴新区党委、纪委和市纪委的领导，业务工作分别实行对口指导。

（2）“分片归口”设置派驻机构。为强化垂直管理，整合基层纪检监察资源，四川、云南、河北、河南、山东、江西、浙江、湖北、广东、海南等地先后启动纪检监察机构“整合力量，分片归口设置”试点工作。各级纪委职能重心下移，即在保持目前纪检机构基本领导体制不变的前提下，各级纪委实行下派一级的工作方式。成都市成立了七个派出纪工委、监察分局，其工作经费、行政组织关系、人员工资福利、年度考核奖惩等全部由市纪委、监察局机关统管。深圳宝安区将全区十个街道纪检监察力量进行整合，设置了七个纪检监察派驻组，在区直部门层面，宝安区根据职能不同设置了三个纪检监察派驻组，分别针对政府工程和政府采购、司法和行政执法以及教育、卫生等重点领域加强监督。在不增加机构、不增加编制、不增加人员的前提下，区纪委、监察局对派出机构实行直接领导，对各派驻机构的业务工作和干部实行统一管理。

（3）对派驻机构实行双向考核。为强化上级纪委对下级纪委的领导，一些地区和部门探索建立了下级纪委向上级纪委报告工作、定期述职、约谈汇报等制度，加强上下级纪委之间的沟通和联系。山西省纪委从完善派驻机构统一管理、保证纪检组长履行监督职责的角度入手，从2013年起，对省直派驻机构省管干部采取省纪委监察厅和驻在部门（单位）双向考核的办法进行，省纪委监察厅考核意见占60%、驻在部门考核意见占40%，考核档次最终由省纪委监察厅确定。各派驻纪检组长均要向省纪委提交述职述廉报告，由委厅班子成员、机关各业务厅室进行评议，同时在省纪委机关内网予以公布。省纪委常委会根据委厅领导班子的测评意见、

机关各相关业务厅室的测评意见、省目标责任考核领导组办公室反馈的考核意见等方面的情况，综合研究确定派驻机构省管干部年度考核等次。

5. 探索群众有序参与反腐的有效机制

在加强内部监督的同时，很多地区探索外部监督的有效途径和办法，发挥党代表、人大代表和政协委员的监督职能，创新群众参与反腐败工作的有效机制。

（1）“两代表一委员”参与监督。北京、上海、河南、广东等地修改并完善了特邀监察员制度，定期组织特邀监察员参与反腐倡廉专题调研、案件查处、专项检查和政风行风评议等工作，发挥监督作用。江西龙南县将“两代表一委员”、各阶层代表和专门监督机关人员（纪检监察、司法、审计）等，按4:5:1的比例组成“阳光使者”监督队伍，持证上岗，对受聘单位及其领导班子进行询问、质询和评议。部分地区还实行了党代会常任制和党代表任期制。内蒙古兴安盟的党代会年会审议“两委”（旗委和旗纪委）、三个党组（人大党组、政府党组、政协党组）、四个部门（组织、宣传、政法、统战）工作报告，审议事关经济、社会发展和党建方面的重大事项，对届内新增的“两委”委员进行票决，对“两委”及“两委”委员专题述职进行评议，审议重要干部的增补及履职情况。党代表在闭会期间享有开展活动、参与监督等职权，通过“代表联系”“情况通报”“视察调研”“列席会议”“重大事项决策征询”“党代表评议”等履行党代表职责。

（2）建设政民互动平台。为实现群众意见的合理表达，更好地发挥群众监督作用，全国许多城市设置了“12345”市长投诉热线，通过现代通信技术，整合分散在各个单位的投诉热线、政风行风热线、投资环境监督热线、政务服务投诉热线等，实行“一号对外、集中受理、分类处置、统一协调、各方联动、限时办理”的工作模式，服务于群众的监督投诉。辽宁省“民心网”成立12年来，已成为群众进行网络维权、网络议政、网络监督的重要平台。通过“民心网”，群众不仅可以对公共服务和社会管理提出意见和建议，还可以对全省85家政府部门、229家公立医院和1387所公立学校的行风建设和服务情况进行公开评议，其评价结果将成为部门政风、行风考核的重要依据，对政风行风建设起到了真正的监督作用。

（3）加强非公企业反腐败。随着非公领域腐败案件的增多，在沿海经济发达地区，不少地方开始将反腐倡廉建设向民营企业、中介组织延伸，探索构建非公领域反腐败机制。福建省晋江市建立了市、镇（街道）、企业“三位一体”的工作网络，形成“上下联动、齐抓共管”的工作格局。在市一级，市纪委增设非公企业纪检工作室，为副科级行政机构；设立了市非公企业纪工委，由非公企业纪检工作室主任兼任纪工委书记。在镇（街道）一级，设立了企业纪委，接受所在镇（街道）企业党委和所在镇（街道）纪委的双重领导；在企业一级，在规模较大、已成立党委的企业设立纪委，在规模相对较小、已成立党支部（党总支）的企业配备纪检委员。广东省佛山市在538家规模以上非公企业建立了纪检组织，并建立了“政企廉洁诚信联盟”，发挥企业、行业协会、商会在抵制、打击失信和腐败行为方面的作用。

各地在反腐败体制机制创新方面呈现出“多点开花”的局面，从总体来看，主要有以下三个特点：①以纪检监察为主导。一方面，纪检监察机关是反腐倡廉建设的主要机关，推进体制机制改革和创新是纪检监察机关的职责所在。另一方面，在具体工作中，纪检监察机关往往对体制机制的缺陷感受最为深切，因此，其深化反腐败体制机制创新的意愿也最为迫切。②以县区试点为主要方式。反腐败体制机制建设涉及方方面面，在条件不成熟的情况下，为降低改革风险，只能选取某个局部作为试点。从各地的探索不难看出，在体制机制创新方面，往往受到编制、人事、上位法等多个方面的约束，难以形成真正突破，不少地方的实践探索是对既有体制的修补或延伸，或者是对某项具体工作的地区化尝试，有些在突破既有的体制和组织方式的同时，还保留了原有的组织体系，以便于与上级对接。例如，广东顺德将监察和审计机关并入纪委机关，由纪委直接行使监察和审计职能，但这一做法也并没有否定政府对合并后审计监督的控制权。③以问题为导向。各地在进行体制机制创新的过程中，往往碰到什么问题解决什么问题，各种基于本地需要而研发的反腐败措施，往往内容比较分散，缺乏全局性的统筹规划和协调机制，在严峻的反腐败形势面前，有时会捉襟见肘，难以克竟其功，使得改革往往达不到预期的目标。

四 国（境）外创新反腐败体制机制的有益做法

在创新反腐败体制机制方面，我国可以参考和借鉴国（境）外的有效做法与经验。目前世界各国的反腐败体制基本上可以分为议会主导型和行政主导型两大类。在实行议会主导型反腐败体制的国家，议会在反腐败体制中占据主要地位，主要反腐败机构由议会产生，受议会监督，对议会负责。例如，英国议会有权否决和修正内阁政府提出的议案，也有权质询任何内阁成员。行政监察专员产生于议会，对议会负责，拥有足够的权威。行政监察专员对贪污腐败案件可以直接进行起诉，独立于行政部门，其监察工作不受干涉和影响。在反腐败体制由行政主导的国家，行政部门在反腐败中占据主要地位，发挥主导性作用，主要反腐败机构由行政部门或行政长官直接管辖，受其监督，并对其负责。以韩国为例，韩国反腐败委员会由总统设立，对总统负责，拥有广泛权力保障有效开展反腐败。但是，反腐败机构容易受到影响或干涉，独立性和权威性较差。

虽然在理论上可以将国（境外）反腐败体制划分为以上两类，但实际上各国反腐败体制的具体架构与实施执行均各具特色。与此同时，在全球化快速发展的背景下相互借鉴交流较多，反腐败体制趋同性的现象也较为明显，多数国家（地区）采取了一些具有普遍性的措施和做法。

（1）建立多部门紧密合作的反腐败体制。多个专门机构按分工各自承担反腐职责，是各国、各地区共同的做法。例如，克罗地亚在反腐败方面有预防腐败和有组织犯罪办公室、反腐计划执行委员会、利益冲突委员会、反洗钱司、国家审计办公室、公共采购办公室、中央采购局等。相关反腐败机构职责明确，相互协调配合有力，是反腐败取得效果不可缺少的条件。例如，北欧各国建立了跨部门联合调查侦办制度，在调查腐败类型经济犯罪、收集罪证方面建立了跨部门合作机制。反腐败专门机构与其他部门配合也十分紧密，如瑞典国家反腐败署与审计、税务部门密切协作，搭建了腐败案件调查网络；经济犯罪调查局每年受理的案件75%以上来自税务署和破产债权人，其他来自金融监管机构、海关、欧盟事务机构、会计师和公众。

（2）建立独立权威的腐败案件调查机制。确保反腐败机构独立查办腐败案件，是在廉洁国家和地区被实践证明比较有效的举措。新加坡反贪污调查局曾经先后隶属于四个不同的部，但由于权力有限，在行使职能中处处受到限制和干扰，反腐效果一直不理想。20 世纪 70 年代，反贪污调查局直接归总理领导，工作局面得以根本改观。我国香港 50 ~ 70 年代先后四次调整和充实反腐败机构的力量，其地位被逐步提升，但由于反腐败主体与反腐败对象的关系没有理顺，反腐败机构在行使职能时遭受各方掣肘，很难对权力部门及官员的腐败进行有效治理，导致腐败形势日益恶化。直到专门成立直属于总督府的廉政公署，赋予其足够的权力和手段，高发的腐败态势才得到遏制。很多国家认识到了保障反腐败机构独立调查地位的重要性，纷纷采取相应措施。例如，韩国 2002 年 1 月成立了“韩国反腐败独立委员会”，依据反腐败法赋予其很大的权力，保证其独立性和中立性。一些国家的反腐败调查机构权能较多，可以逮捕涉嫌贪污受贿的人，搜查和扣押文件、物品或财产，有的甚至拥有使用特殊手段的权力。例如，挪威国家经济和环境犯罪调查诉讼署可使用电话监听等手段调查案件。不少国家的反腐败机构聘用高端专业人员调查腐败案件。例如，瑞典经济犯罪调查局约有 400 名人员，包括检察官、警官、经济调查员和行政人员，调查员需要有很强的税务、商业运作和账目簿记等方面的专业知识和技能。每个调查处都配备经济犯罪检察官、经济警官、审计员和经济专家。

（3）建立执行有效的反腐败法律体系。较为廉洁的国家和地区普遍建立了以宪法为基础的法律体系，政党和其他社会组织以及个人行为均在统一的法律体系下进行，反腐败机构根据法律授权开展工作并接受监督。这些国家和地区的法律体系比较完善，对公职人员工作、生活、言论和行为作出了详细规定。例如，新加坡宪法规定禁止公务员经商，制定了公务员法、公务员守则和纪律条例、财产申报法、公务惩戒性程序规则等行政法，公布实施了刑法、防止贪污法、没收贪污所得利益法等刑事法律，还有一套五卷本的《职业规范指导手册》。触犯法律者均被追究，严格执法，是这些国家的共性特征。这些国家和地区很少出现数额巨大的腐败案件，一个重要的措施就是对腐败“零容忍”，能够切实做到“小腐即惩，小错即纠”。例如，美国规定公职人员收受礼品合法限额为 20 美元，超过

限额者则属于受贿。新加坡反贪污法规定，对公职人员收受礼金或物品，无论数额大小，只要与其所承担的职权有联系，均为受贿。冰岛刑法典规定，公务员为本人或他人索取、收受或者承诺接受与其履行职务有关的、其没有权利获取的礼物或其他所得的，为贿赂犯罪。

（4）建立有力的权力监督机制。权力接受多方有效制约和监督是保证廉洁的基本前提。北欧国家均设置了司法总监、国会监察专员及各类专业监察专员来监督政府。新加坡官员必须定期和制度化轮岗交流，批准发给执照和许可证，实行双重检查制度，确保一个官员的决定由另一个官员审查或监督。芬兰各个政府机构均设有审查官，虽然该职位不是很高，但可以对行政首长作出的决策提出质疑，并进行独立调查。一位部长可以不顾审查官的异议通过某项决策或制定某项规定，但没有审查官的签署，该决策不受法律保护。大多数国家成立了独立性和权威性强的审计部门，监督政府及公共部门的财务收支情况。例如，德国联邦审计局完全独立于立法、行政和司法之外，依法随时可以进行审计。意大利的审计过程和审计结果向社会公开，公民经申请可参加预算及经费收支的讨论。有的国家和地区保障新闻记者的采访权、报道权和批评权。例如，欧洲很多腐败案件都是首先由新闻媒体披露的，大到政府对外政策，对官员而言，小到自己花钱购衣买物之类的生活细节都会被媒体曝光。欧洲各国及其他一些国家将加强银行监管和控制现金作为遏制腐败的重要措施，防止腐败所得的款项经过银行支取、存储或转移。法国 20 世纪 50 年代开始建立“国家稽查特派员制度”，加大对国有资产的监督。

（5）形成信息充分公开透明机制。保证公众获知政府部门或重要公务人员的非保密信息，成为各国、各地区反腐败的关键举措。欧洲发达国家均颁布了“信息自由法”，尊重公民的知情权。西班牙规定，公民有权根据宪法及其他法律规定获得公共管理的记录文件。在芬兰，获得公共机关掌握的信息是宪法赋予公民的一项基本权利，公民在索取相关信息时，不需要向有关机关解释理由。公民如果认为自己的知情权受到了侵犯，可以向司法总监和议会监察专员申诉。公共机关必须采取措施确保公众获得相关信息，如必须制定索引置于公共领域，必须积极公布关于自身活动等相关信息。法律要求确保公众可以轻易地获得相关信息，如将信息放置在图书馆里或者网络上。在北欧国家，居民上网可以轻松地获得政府的相关信息。瑞典1766年就通过了公民有权查阅官员乃至首相的财产与纳税情况的法律，现在几乎所有欧洲发达国家均实行这一制度。美国“政府道德法”要求被总统提名者都要公开个人财产情况，以使公众和媒体知晓是否存在利益冲突情况。芬兰的个人信息采集、管理以及顾客信息资料保存系统非常发达，人们可以轻松获得某人的投资信息和财产情况。尽管不要求公职人员申报其工作外活动、受雇用等情况，但其兼职行为很快会被发现。

（6）建立社会各方积极广泛参与的机制。鼓励和争取公民和社会组织大力支持和主动参与，是不少国家应对腐败高发易发的重要举措。韩国反腐败法明确规定要加强与民间组织的合作。2005年，韩国政治部门、公共部门、企业和公民共同签署《韩国反腐败与透明公约》，成立公民社会组织反腐败与透明公约委员会，来监督和评估该公约的实施和信息传播。克罗地亚政府成立了由11个人组成的防止利益冲突委员会，其中6名是议会议员，其余为社会知名人士。印度中央监察委员会创建了“清洁印度委员会”，加入该委员会的除了中央监察委员之外，还有一些著名的法官、工商业协会、非政府组织以及各大城市中的银行业调查员、保险业调查员等。2001年，南非创建了由民间社会、商业界和政府三方组成的“全国反腐败论坛”。1999年4月，南非中央和省级政府部门设立了举报热线，政府社会发展部设立24小时免费热线电话以及专门的电子邮箱，供民众检举社会保障系统的腐败和欺诈行为。在比较清廉的国家，企业已经成为反腐败的重要社会力量。例如，瑞典国有公司特别是一些金融企业，在经营中有意识地防范腐败。国际瑞典基金将经济合作与发展组织《打击在国际商业交易中向国外公共机构官员行贿的公约》精神融入公司“认股和股东协议”及“贷款合同”之中，将商业贿赂视为对合同条款的违反。瑞典出口信用公司特别要求融资申请人出具书面文件，保证被担保的交易未牵涉任何贿赂。在贷款申请表格和贷款文件上，瑞典出口信用公司设有反贿赂条款。

（7）建立细密严格的公务员管理体制。在相对廉洁的国家和地区，都实行公务员制度，制定了具体的、可操作的法律制度和职业规范，对公

务员进行严格管理。芬兰实行“职位制”，所有新设职位、空缺职位，向所有公民开放，并不限于现职的公务人员。美国19世纪后期开始的文官改革运动把择优录取的原则引入对官员的录用，1883年促使国会通过了“彭德尔顿法”。德国政府规定，公务员五年内必须轮岗交流。对于容易滋长腐败的部门，规定一般三年必须轮岗；警察等特殊职业人员执行公务必须两人以上，不能单独行动。在新加坡，一旦成为公务员，就必须申报财产，并在法院作资产宣誓证词。购买股票必须经过批准，不准私人经营买卖或兼职，不准接受任何人赠送的礼品，不得接受宴请，不能向下属借款，向亲友借款不得超过本人三个月的工资；不准进酒吧、舞厅、红灯区；不准穿时装或奇装异服，不准留长发。丹麦规定，公务员不得接受礼物或其他利益，不能接受免费或优惠的旅游服务、交通工具、门票、旅行补贴或宴会等。在特殊情况下，才可以接受价值较低或具有象征意义的礼物。公务员接受多方监督，违反法律将受到严惩。例如，新加坡规定，公务员不申报财产或作虚假申报都是犯罪，对于申报的财产说不清来源，则会被推定为贪污所得。

（8）建立公职人员廉洁保障机制。新加坡认为，政府有责任确保公务员有适当的收入来减少贪污。政府每年委托咨询机构调查私营企业的工资水平，适时调整公务员薪酬。20世纪70～80年代，新加坡政府就曾连续四次给公务员加薪。新加坡公务员还享有医疗福利、贷款优惠、住房优惠、集体保险等多种福利待遇，还建立了公积金制度，当公务员违法贪污后，全部公积金就将被取消。我国香港和澳门建立了公务员薪酬调查制度，参考企业人员收入水平，确定和调整公务员收入。芬兰根据本国的经济发展水平，为公职人员提供中等水平的薪酬待遇，虽然并不非常高，但足以保障其维持体面的生活，加上公职人员享有较高的社会地位，受到人们的尊重，使得公务员成为一种比较吸引人的职业。法国公务员的工资高于社会平均水平，而且随着职务的升迁，收入会不断增加，福利待遇优越，每年可领13个月的工资，享受安家费、子女入托、入学补贴、公休、病假、产假等不少于25种补贴和社会福利，退休后还可领取一笔可观的退休金。

（9）建立和完善反腐败国际合作机制。在一个开放的世界里，不能关起门来反腐败。除了经济发达特质之外，目前比较廉洁的国家和地区也是开放度较高之地，它们非常重视与其他国家和地区开展反腐败合作。例如，芬兰批准加入了《在国际商业交易中反对行贿外国公职人员公约》《打击涉及欧洲共同体官员或欧洲联盟成员方官员的腐败行为公约》《反腐败民法公约》《反腐败刑法公约》《联合国反腐败公约》等国际公约。芬兰积极参与各类国际性机构提出的反腐败议题，通过提供资金支持、技术援助等方式，支持世界银行、世界经济论坛、“透明国际”等国际组织开展反腐败项目。联合国、世界银行、经济合作与发展组织等通过国际条约或公约在全球范围内搭建反腐败体制。区域性反腐败合作体制为各国反腐败提供了新的平台。例如，欧盟通过了《欧共体金融利益保护公约第一备忘录》，将主动腐败（行贿）和被动腐败（受贿）规定为刑事犯罪。欧洲委员会出台了《反腐败刑法公约》，敦促各成员方制定腐败犯罪的统一标准。2003 年 7 月，非洲联盟首脑签署了《非洲联盟反对和防止腐败公约》。拉美地区重要的反腐败公约是《美洲国家反腐败公约》。亚洲地区一些国家共同制定了《亚洲和太平洋地区反腐败行动计划》。2003 年 12 月，18 个国家签署了倡议书，提出在政府部门、私人机构和市民社会中先采取反腐行动。

五　新时期创新反腐败体制机制的思路与建议

党的十八大提出建设廉洁政治的重大任务，要求做到干部清正、政府清廉、政治清明。在建设廉洁政治方面，改革是动力，法制是保证，体制机制是关键。根据党的十八大以来关于体制机制改革的一系列部署和当前反腐败斗争的形势任务，新时期创新反腐败体制机制应遵循以下思路。

一是注重顶层设计和系统推进。反腐倡廉建设是国家治理体系的重要组成部分，健全反腐败体制机制涉及党的建设和国家政权建设的方方面面，事关党和国家反腐败斗争成败和改革发展稳定大局。因此，改革反腐败体制机制，不能单打独斗，必须在国家层面加强谋划，确定细密的操作方案和路线图，努力使反腐败体制机制改革与其他各项改革同步谋划、同步推进，争取政策上相互配合、实施中相互促进。同时，由于全国中、东、西部差异较大，在不同发展阶段体制机制建设面临的任务和重点各不

相同。全国上下实行整齐划一的反腐败体制机制不符合现实。在操作层面，可采取试点先行、逐步推进的策略，以重点领域和关键环节的突破带动全局工作的开展。可以分别在东、中、西部选取有代表性的地区，也可以针对国有企业、金融、司法、医疗卫生等重点领域，鼓励试点地区或行业积极探索、先行先试，探索符合中国国情、具有中国特色的反腐败体制机制。

二是运用法治思维和法治方式。习近平总书记强调："凡属重大改革都要于法有据。在整个改革过程中，都要高度重视运用法治思维和法治方式，发挥法治的引领和推动作用，加强对相关立法工作的协调，确保在法治轨道上推进改革。"① 反腐败体制机制创新同样须纳入规范化、制度化轨道，在整个改革过程中，都要高度重视运用法治思维和法治方式，发挥法治的引领和推动作用，确保在法治轨道上推进改革。一方面，反腐败体制机制创新要以宪法和党章作为配置组织资源的根本依据，以既有的法律制度体系为准则，遵循党的组织决策原则和相关法律程序；另一方面，对于在体制机制建设方面存在的具有普遍性的问题也要通过加强反腐败立法来解决，把经过实践检验成熟有效的反腐败体制机制及时通过法定程序上升为国家意志。

三是遵循科学制约权力的原理。腐败问题产生的一个重要原因是权力得不到有效制约和监督。因此，要完善反腐败体制机制，就必须紧紧围绕强化对权力运行的制约和监督这个核心。按照这样的思路，必须按照中央已经多次提到围绕权力制约的基本思路，构建决策权、执行权、监督权既相互制约又相互协调的权力结构和运行机制。一方面，要按照制约和协调原则科学配置权力，形成"以权制权"的制衡关系，保障权力运行"不出轨"；另一方面，要"把权力关进制度的笼子里"，构建"以责制权"的约束机制，做到权责一致、规范有序、相互协调、运行顺畅，使权力切实发挥作用，促进党和国家各项事业的发展。

四是借鉴历史经验和国际上的有益经验。从古今中外的历史来看，腐败往往与经济高速发展、社会急遽转型如影随形，目前世界上公认的清廉

① 《习近平：凡属重大改革都要于法有据》，《新京报》2014年3月1日。

国家几乎都曾遭遇过腐败高发的特殊时期。而在不同的历史阶段，在不少国家也不乏借助创新举措化解政权危机和借助创新反腐败体制机制走出腐败高发期的成功范例。我国古代也不乏通过整肃吏治、革新监察体制实现政治清明的做法。这些对于正面临腐败问题长期性、艰巨性、复杂性考验的中国来说，都可以作为体制机制创新的重要参考。因此，推动反腐败体制机制创新，应以更开放的态度、更宽广的眼界，加强信息交流、经验共享和技术援助，研究和借鉴国际上在反腐败体制机制方面的成功经验，进一步增强社会主义市场经济条件下有效防治腐败的能力和水平。

基于以上思路，我们提出在当前和今后一个时期内加强我国反腐败体制机制创新的具体建议如下。

1. 优化整合反腐败机构和力量，构建“大反腐”体制格局

在既有的反腐败领导体制和工作机制的基础上，进一步明晰和优化反腐败体系职责与权力关系，加强反腐败的统一领导和协调机制，突出发挥监督执纪、案件查办功能，构建机构优化、分工明确、责任清晰、衔接有效的“大反腐”体制格局。

首先，在条件成熟时成立“国家反腐败委员会”。可考虑在现有中央反腐败协调小组办公室的基础上，探索成立国家反腐败委员会，作为中央关于反腐败工作的决策和议事协调机构，其配置可参照中央国家安全委员会，由党的总书记担任主席。该机构应主要负责全国反腐败工作的组织协调、综合规划、政策制定、检查指导，承担国家反腐败法规纪律执行和实施情况的监督检查、重大腐败案件的督查督办以及对反腐败专门机构的监督职责。在省、市、县各级反腐败协调领导小组的基础上，参照中央设立各级反腐败委员会，加强对管辖范围内反腐败工作的统一协调和监督检查，委员会委员可由反腐败相关部门负责同志以及经济、司法、侦察等领域的专家组成。

其次，凝聚专业化的办案力量。进一步整合纪检、监察、检察、法院、审计等反腐机构的职能与资源，提高发现腐败与打击腐败的专业化水平。在既有体制框架下，可探索推行地市以下各级纪委与检察院反贪局合署办公，共同履行案件发现和查处的职能。这样既能解决反腐败力量分散、职能重叠等问题，形成打击合力，又能解决纪委案件调查手段单一、

专业性不强和法律授权不充分等问题。与此同时，可进一步优化整合发现和惩处腐败的工作流程，明确部门内部和各个部门之间的职责关系。例如，纪委与反贪局合署办公后，专门负责案件线索的搜集和调查，检察院负责对腐败行为提起公诉，法院负责判决和执行。这种“串联式”打击腐败的工作模式，既可以发挥各个部门的职责优势，又可以形成各个环节之间的相互制衡关系，提高反腐败的规范性和有效性。

最后，构建“监察审计合一”的行政监督机构。行政监察和审计监督同属于政府内部监督，两者职能相近，业务相通，工作性质相同，根据“精简高效”原则，可探索在一定层级以下予以合并，实行“监审合一”，共同行使行政监督职责。这样既能提高行政监察的针对性和有效性，增强行政监督力量，又能解决审计任务繁重与审计力量不足的矛盾以及审计机关发现案件线索的移交问题，提高行政监督的权威性和威慑力。在地市以下可以探索使监察局“回归”政府序列的模式，在部委仍“回归”为内设机构，与审计部门合并。

2. 规范同级党委和纪委的关系，完善党内监督体制

在反腐败工作实践中，同级党委、纪委的具体领导和监督关系不够顺畅，始终是制约反腐败工作成效的一个重要因素。党的十八大和十八届三中全会提出了一系列改革党内监督体制的要求，应通过具体工作机制建设予以落实。

一是构建党内反腐败责任考核机制。《中共中央关于全面深化改革若干重大问题的决定》中明确指出：“落实党风廉政建设责任制，党委负主体责任，纪委负监督责任。”① 在具体操作中，应进一步明确和细化党委和纪委的职责分工，构建客观科学的责任评价体系，督促党委和纪委守好“责任田”。可学习和借鉴韩国、西班牙等国的做法，依靠客观中立的第三方评价机构，建立科学有效的评估指标，动态采集社会公众对地方和部门反腐败工作的认可度、满意度和信心度等反腐败工作信息，以数据比对分析为基础，对各个地区的反腐败成效进行跟踪评估和排名。评估结果和

---

① 《中共中央关于全面深化改革若干重大问题的决定》，《人民日报》2013 年 11 月 16 日，第 1 ~ 3 版。

排名情况在一定范围内公开，形成落实反腐败工作的责任压力，以此引起有关部门和地区的重视，督促其采取相应的治理举措。

二是提高纪委在同级党委中的地位。依据党章规定，党的纪律检查委员会的地位应明显高于党的组织、宣传、统战等部门，其主要负责人在党内应拥有较高的地位。为此，可以考虑由纪委书记担任同级党委副书记。中央机关的纪委书记（纪检组长）可考虑担任党委（党组）副书记，监察厅（局）长可成为党委常委或党组成员，以改变一个时期以来纪委组织协调反腐败难度较大的现象。为了突出监督权，还可以考虑构建党委、人大、政协、政府、纪检委“五套班子”并行的工作机制，对“一把手”形成科学、匹配的权力制约结构。另外，各级纪委书记（纪检组长），可以考虑主要从各级优秀的监察厅（局）长中异地提拔产生，使大批政治可靠、廉洁自律又具有丰富反腐经验的纪检监察干部成为纪检监察机关的主要负责人。

三是实行办案的垂直领导。须尽快明确党的纪律检查双重领导的具体内容和操作方式，特别是在查办腐败案件和对下级纪委书记、副书记的提名考察方面，亟须出台更加细化、明确的实施办法，使上级纪委加强领导有章可循。首先，查办腐败案件以上级纪委领导为主，线索处置和案件查办同时向同级党委和上级纪委报告。其次，强化上级纪委对下级纪委的业务领导，上级纪委负责对下级腐败案件的督促指导和检查，严格办案标准和程序，执行分类处置标准，严格办案流程与程序。最后，明确干部人事由上级纪委提名和任命，下级纪委的业务考核由上级纪委负责，建立健全下级纪委定期报告工作、述职述纪、约谈汇报等制度。

3. 适应现代法治国家要求，强化反腐败立法保障

健全的法律体系是体制机制创新的保障。要依据宪法和党章，加大反腐败立法力度，建立健全符合中国特色的反腐败法律体系。

一是制定专门的反腐败法。要在整合部门法和法律解释的基础上，制定一部国家级的、具有纲领性作用的专门法典，作为反腐败与廉政建设的基本法，并使之成为与刑法、民法等部门法具有同等地位的基本法律。通过反腐败立法，确立我国反腐败的战略方针、根本任务、基本原则、体制机制、主要制度以及法律责任等重大问题，将党政合一的纪检监察检察体

制固定下来，保证党对反腐治权工作的政治领导，实行反腐治权政策与法律的有机融合和高度统一。

二是健全反腐倡廉党内法规和国家法律体系。要重视党内法规制度的清理和完善及其与国家法律法规的衔接配合。一方面，党中央和国务院应牵头清理反腐败方面的党纪法规和制度文件，及时把一些基本的、经实践检验成熟的、逐步实现“全覆盖”的反腐败体制机制，如派驻制度、巡视制度，通过法律程序，上升到反腐败法律层面，使之受到国家强制力保障，增强其刚性约束。另一方面，要适当修改刑法、公务员法、预算法、审计法等法律法规中的相关规定，使反腐败法与其他法律法规衔接起来。要适应《国际反腐败公约》的要求，在我国法律范围内逐步建立和完善缉捕、引渡、涉案款物追缴等涉及追赃追逃国际合作的法律法规。此外，还要加强对新型腐败现象和腐败问题的立法。例如，针对腐败所具有的“时空分离”“主体分离”的隐蔽性，可借鉴日本刑法的经验，规定公职人员的“事后受贿罪”；从法律层面研究和明确“礼”和“贿”的区分，明确违纪、违规、违法的数额界限，治理“零存整取”的腐败问题等。

三是健全和完善反腐治权的法律救济机制。纪检监督体制的一体化、反腐法律体系的一体化以及法律救济机制的一体化，必须配套、同步建设。如果不能完善和健全权力制约机制和权利保障机制，那么，集中、提升纪检监督权的改革就很可能会事与愿违，不仅治理腐败的效果不稳定，而且还可能滋生新的特权团体。应建立“两级终局”的反腐败救济制度，全面受理调查对象关于申辩权、人身权、知情权和财产权方面的申诉，同时要特别保护举报人的权益，在现实生活中举报人往往处于“弱势”地位，应避免其受到报复和伤害。要建立更加规范、透明、公开的纪检办案程序，不断完善纪检监察工作的各项制度规定，努力推进纪检监察工作的制度化、法治化。

4. 推动反腐败重心前移，建立“抓早抓小”的腐败防控机制

有效遏制腐败的关键不在于“严惩重判”，而是争取做到“逢贪必抓”。我国反腐败斗争的经验表明，反腐败的严峻形势并没有随着打击腐败力度的增强、反腐败规模的扩大和惩戒官员级别的提高，而从根本上迅速得以扭转。这说明传统的反腐败机制在一定程度上存在战略导向方面的误区。换言之，严惩重判是必要的手段，但不是遏制腐败的根本性措施。完善腐败发现和惩处机制，真正改变官员对腐败行为的预期，严格制度执行的严肃性，“小腐即惩，小错即纠”应成为今后反腐倡廉工作的重点方向。在当前，继续加大查办大案、要案的力度，保持反腐高压态势，对于惩戒和遏制腐败是非常必要的手段，不能放松。同时，要切断大案、要案的源头，防止“苍蝇”变成“老虎”，逐步实现反腐败工作的重心前移。在工作层面，要坚持“抓早抓小”，对党员干部身上的问题早发现、早提醒、早纠正、早查处，对出现问题苗头倾向的党员干部实行早期诫勉谈话制度，对各种违纪现象要及时给予处分。

同时，要发挥个人事项报告制度的预防功能。①完善个人有关事项报告的审核抽查机制，明确审查权限和程序，把按一定比例核实报告信息真实性的做法进一步规范化和经常化，形成监督和震慑效果，倒逼官员进行诚信申报。②完善金融实名制度、户籍制度、财税制度等配套制度，建立全国联网的金融、户籍、房产、工商、税务、社保、审计、公安等信息共享平台。③对申报不实行为给予惩处并在一定范围内适度公开。抽查结果的公开范围可以根据不同对象由内向外逐渐扩展，先在党组织内部（如组织部和纪委）公开，然后在适当范围内向党内普通干部和党员公开，再向本单位内部全面公开，等条件成熟了再向社会公开。

总而言之，我们的反腐败体制机制具有鲜明的中国特色，要始终坚持党的一元化领导，完善党委领导、各部门齐抓共管的协作机制。体制机制的创新涵盖面较广，当前需要重点改革的是反腐败的工作机制，为进一步深化体制机制改革创造条件。可以优先考虑的策略是：突出纪委的办案、监督职责，加强对派驻机构的统一管理；把行政监察职能还给政府，探索纪委办案机构与检察院反贪局合署办公；改进巡视制度，可以考虑把巡视组完全纳入纪委系统，赋予其更加明确的监督职责；成立国家反腐败委员会，监督纪委的工作，防止纪委权力过大，国家以及地方的反腐败委员会一方面发挥协调职责，另一方面可以对纪委的办案形成必要的监督；逐步拓展社会公众和舆论参与监督的渠道和方式，降低发现腐败的成本，最大限度地挤压腐败分子活动的空间。只有如此，我们才能早日实现建设廉洁政治的总体目标。

后　记

2013年11月12日，党的十八届三中全会通过了《中共中央关于全面深化改革若干重大问题的决定》（以下简称《决定》），提出全面深化改革的总目标是完善和发展中国特色社会主义制度，推进国家治理体系和治理能力现代化，强调改革是包含经济体制、政治体制、社会体制、文化体制、生态文明体制和党的建设在内的全方位改革。

为贯彻落实好十八届三中全会精神，中国社会科学院在三中全会胜利闭幕的第二天即召开院党组扩大会议，经过深入研究，根据三中全会精神以及《决定》中提到的中国改革发展过程中亟须解决的重大理论问题和现实问题，提出了一批“贯彻落实十八届三中全会决定院直管研究选题”，希望集中全院科研力量围绕三中全会提出的重要议题作出理论阐释并提出政策建议。

“贯彻落实十八届三中全会决定院直管研究选题”共有21项，涵盖经济体制改革、政治体制改革、文化体制改革、社会体制改革、生态文明体制改革和党的建设制度改革六大领域，既有对国家治理、社会主义市场经济、依法治国等基本问题的研究，又有关于财税金融改革、收入分配改革等前沿问题的研究，还包含有关社会公平正义与人民福祉、延迟退休、“单独二孩”政策、网络监管等当前热点问题的研究。

2013年12月16日，我主持召开“贯彻落实十八届三中全会决定院直管研究选题”任务布置会，动员了14个研究所21个研究团队近100位学科带头人及科研骨干参与该选题的研究工作。经过半年多的研究攻关，“贯彻落实十八届三中全会决定院直管研究选题”已经取得一批重要成果，形成了研究报告21篇，发表在《要报》《专供消息》上近20篇，多项成果受到中央和有关部委的关注和好评。

为将十八届三中全会的精神落到实处，与全社会共享贯彻落实十八届三中全会精神成果，我院将“贯彻落实十八届三中全会决定院直管研究选题”研究成果结集出版，命名为《全面深化改革二十论》。

十八届三中全会为党和全国人民进一步指明了全面发展中国特色社会主义的前进方向。中国社会科学院作为马克思主义的坚强阵地、中国哲学社会科学的最高殿堂以及党中央国务院的思想库和智囊团，高举中国特色社会主义旗帜，明确全面深化改革的方向，充分发挥本院的学术积累和研究优势，为全面深化改革建言献策。本书就是我们理论和现实研究相结合的产物。

当然，本书中也会存在这样那样的不足和疏漏，希望读者在阅读之后给我们的工作以建议。

李培林
2014年7月

图书在版编目(CIP)数据

全面深化改革二十论/李培林主编. —北京:
社会科学文献出版社, 2014.10
ISBN 978-7-5097-6314-8

Ⅰ.①全… Ⅱ.①李… Ⅲ.①改革开放-研究-
中国 Ⅳ.①D61

中国版本图书馆CIP数据核字(2014)第178847号

全面深化改革二十论

主　　编/李培林

出 版 人/谢寿光
出 版 者/社会科学文献出版社
地　　址/北京市西城区北三环中路甲29号院3号楼华龙大厦
邮政编码/100029

责任部门/社会政法分社(010)59367156　　责任编辑/曹义恒　童根兴
电子信箱/shekebu@ssap.cn　　责任校对/岳中宝
项目统筹/童根兴　曹义恒　　责任印制/岳　阳
经　　销/社会科学文献出版社市场营销中心(010)59367081　59367089
读者服务/读者服务中心(010)59367028

印　　装/北京鹏润伟业印刷有限公司
开　　本/787mm×1092mm　1/16　　印　　张/27.25
版　　次/2014年10月第1版　　字　　数/433千字
印　　次/2014年10月第1次印刷
书　　号/ISBN 978-7-5097-6314-8
定　　价/108.00元